法庭中的
科学证据

评价和科学意见

本书受到"中央高校基本科研业务费专项资金"资助

（ supported by"the Fundamental Research Funds for the Central Universities" ）

Forensic Evidence in Court

Evaluation and Scientific Opinion

法庭中的
科学证据

评价和科学意见

[英] 克雷格·亚当 著　*Craig Adam*

李 冰 译

中国政法大学出版社

Forensic Evidence in Court: Evaluation and Scientific Opinion by Craig Adam
ISBN: 9781119054412

版权登记号：图字01-2023-5501号

图书在版编目（ＣＩＰ）数据

法庭中的科学证据：评价和科学意见/(英)克雷格·亚当著；李冰译.—北京：中国政法大学出版社，2023.12
书名原文：Forensic Evidence in Court：Evaluation and Scientific Opinion
ISBN 978-7-5764-1210-9

Ⅰ.①法… Ⅱ.①克… ②李… Ⅲ.①证据—研究 Ⅳ.①D915.13

中国国家版本馆CIP数据核字(2023)第229119号

出　版　者	中国政法大学出版社
地　　　址	北京市海淀区西土城路 25 号
邮寄地址	北京 100088 信箱 8034 分箱　邮编 100088
网　　　址	http://www.cuplpress.com（网络实名：中国政法大学出版社）
电　　　话	010-58908289(编辑部)　58908334(邮购部)
承　　　印	固安华明印业有限公司
开　　　本	650mm×960mm　1/16
印　　　张	27.5
字　　　数	390 千字
版　　　次	2023 年 12 月第 1 版
印　　　次	2023 年 12 月第 1 次印刷
定　　　价	99.00 元
声　　　明	1. 版权所有，侵权必究。
	2. 如有缺页、倒装问题，由出版社负责退换。

前言

　　本书想要讨论的主要内容是科学与科学意见是如何冲击和影响法庭辩论的。本书由一位法庭科学专家撰写，主要面向的读者群体是法学、法庭科学专业的研究人员，尤其针对那些正处于攻读法庭科学学士学位的后期阶段、正在攻读研究生课程的学生或法庭科学从业人员。因此，尽管本书在适当的位置对相关科学进行了简要回顾与扩展，但作者在撰写时已经假定读者对与证据检验和分析有关的基础知识和技术问题有基本了解。法院是贯穿本书的主要背景。本书通过描述来自不同司法辖区的案例——主要是英美法系地区的案例——来论述专家意见的演变，进而说明专家和法律专业人士所面临的困难，并为课堂教学的讨论材料提供来自真实世界的实践背景。

　　尽管本书是教育性文本，而不是研究专著，但本书所述的研究领域在专业实践和学术研究方面都有发展和进步。因此，有必要对支撑专业实践的学术问题做相关的讨论，具体而言，本书纳入了最新的研究，这些研究旨在解决当前的困难，并可能直接影响未来的专家证言。

　　为了达到撰写本书的目的，本书内容共分为三个部分。第一部分主要包括两方面内容，一是对过去三十年法庭科学对法庭的影响进行回顾，二是对解释和评价科学证据的方法已经存在并将继续发展的这一总体背景进行介绍。

第二部分从第 5 章开始，将会重点介绍作为专家证人的专门技术人员，以及如何通过解释实验结果，尤其是通过似然比的逻辑评价来形成科学意见。这部分将会涉及围绕上述相关问题而开展的诸多讨论。

最后一部分内容从证据类型的角度对科学意见进行了介绍。从对利用严格数据库形成定量方法的完整 DNA 图谱证据进行概述开始，讨论逐步转向其他类型的证据，如鞋印、玻璃和纤维，这些证据的解释更加偏向定性分析，因此相关的数据库也更容易受到质疑。后面的章节涉及的是诸如笔迹和血迹形态分析之类的证据，这些证据意见的形成更多地依赖个别专家的经验，而实际上，法官可能认为他们自身就可以通过审查证据来实现对此类证据的评价。

非常感谢伊恩·埃维特（Ian Evett）博士和迈克·艾伦（Mike Allen）先生阅读并评价了本书的草稿，他们的反馈意见对于提高讨论的准确性和清晰度有很大的帮助，但最终责任仍由笔者承担。此外，笔者还要感谢妻子艾莉森（Alison）在本书编写过程中所提供的宝贵建议、耐心与支持。

克雷格·亚当
2016 年 1 月

◆ 第二部分 ◆

第一部分

第1章

专家科学意见的可采性概述

1.1 可采性、可靠性和科学证据

从发现犯罪到法庭审判的调查与法律程序，最终应确保正确识别有罪人员和免除无辜者的责任。但在许多情形下，这些程序本身的复杂性以及程序对法律辩论影响的复杂性，都可能妨碍科学与法律问题的讨论，甚至使其结论发生翻转，最终可能导致不公正的结果。本书主要关注科学证据对法律辩论的影响。此问题的核心是理解如何将专家们的发现正确地解释、评价和传达给法院，以及法院如何从专家意见中得出适当的推论，从而就最终问题做出裁决。这样做的前提是，法院必须确信该科学是有效的，且该证据与其审议的问题有关。

虽然多年以来，相关性的概念在大多数司法辖区的法律中已被奉为圭臬，但是在最近的一段时间里，关于如何向法院提供科学证据、专家作为专家证人的作用等广泛争论不断涌现。造成这种情况的原因有很多，其中包括科学技术的重大进步，调查人员应对更复杂和广受关注的犯罪的需要，日益提高的关注度以及法律界和立法者对这些事件的持续应答。本书第一部分的各章旨在对多个司法辖区的相关问题进行详细描述和讨论。

这些内容作为本书的先导部分，通过介绍各司法辖区相关情况，筛选出一些关键问题，以这些关键问题为线索的具体分析将在后面进一步论述，这样的结构安排对于读者捕捉分析路径、理解本书的内容很有帮助。

4　　法律规定专家证人既可以向法院提供事实型证据，也可以提供意见型证据。在法律系统内，法官有权决定任何证据是否与正在辩论的案件有关。但是，在此抽象规则的实施中，存在许多不同的具体化规则和实践做法。在许多司法辖区，这些具体化规则的形成很大程度上是由判例推动的，具体方式是先由上诉法院的里程碑式判决阐明案件的法律要点，然后适用于后续的案件。这样，尤其是在英美及相关司法辖区，以国家层面的法律变更以及政府和机构的其他相关活动为标志，有关法院处理科学证据的法律规范已经存在并且仍在不断发展。

在过去的三十多年中，法院对科学证据的关注主要集中在以下三个问题上：

（1）证据是否可以被法院采纳？

可采性包括证据是否与法律辩论相关，并因此具有法律辩论的价值（证明价值），以及各种其他因素，例如专家证人的地位、方法论的质量以及科学基础。可否采纳由法官决定并且该决定是绝对的，因为专家证人将被允许或不允许作证。一些法律权威称，法官是专家证据的"守门人"。法官所做出的是否采纳的决定以及做出该决定时的依据对法律程序至关重要。

（2）证据可靠吗？

可靠性可能会促进可采性，但可靠性本身就是一个复杂的概念，在不同法院和司法辖区，对其的处理方式存在很大差异。从根本上说，法院必须评价科学方法的有效性，以及专家所做的评价是否完全基于其工作成果。但是，这在多大程度上促进了可采性，或者可靠性是否能够成为决定证据法律分量的一个因素，仍值得商榷。因此，重要的是可靠性的程度，而不一定是证据是否可靠。苏珊·汉克（Susan Haack）这样总结这两个因素的重要性：

"可采性是绝对性的，而可靠性是持续性的。"

——汉克，引自科尔（Cole），2007年

（3）证据的重要性是否经过正确评价后传达给法院？法院是否正确理解？

专家有责任设计和实行实验测量并分析结果，然后解释其在案件背景中的含义。但是，作为专家证人，对这项工作的解释必须提交法院，以便法官、陪审团和法律专业人士可以充分理解其对辩论的重要性。在法庭科学的各个子学科之间，在各个专家之间以及在各个法院和辖区之间，这一过程的可实现程度和完成方式存在很大的差异。本书将对科学证据的评价和提交过程进行讨论。

据了解，专家证据被提交给法院已经有大约 200 年的历史了，为什么最近才如此激烈地展开关于可采性、可靠性以及科学意见质量的争论？在维多利亚时期，科学专家证人经常在法庭上相互争吵。专家间的这种公开交战往往会削弱公众对科学客观性的评价以及专家本身作为公正的真理追求者的声誉。在 20 世纪上半叶，随着法庭科学的专业化以及许多专业知识逐渐被整合到区域和国家实验室中，这种情况有所缓解。但是，从 1970 年开始，情况再次发生变化，如"垃圾科学"之类的批评越来越多，尤其是在美国，专家受到其雇主（通常为大公司）利益的影响，司法不公的现象不断出现，而法庭科学和专家证人被认为是造成这一问题的重要原因。

在法律程序已经明显遭到破坏且存在司法不公的情况下，开始进行相关讨论是方便且有益的。尽管此种情况的出现并不能归结于任何单一的原因，但 DNA 证据分析的影响可能比其他任何因素都具有意义，因此这将是本书的出发点。

1.2　DNA 革命的影响

科林·皮奇福克（Colin Pitchfork）因强奸和谋杀林达·曼（Lynda Mann）和道恩·阿什沃思（Dawn Ashworth）而被判有罪，这是首例因 DNA 证据发挥重要作用而成功起诉的案件。但并不能因此忽视这项调查所具有的第二个里程碑式的意义。警察最初与莱斯特大学的亚历克·杰弗里斯（Alec Jeffreys）接触并尝试对其使用新的 DNA 鉴定技术的原因是，他们已从名为理查德·巴克兰（Richard Buckland）的人那里得到了其中一起谋杀案的供认，并且正在寻找科学证据证明他参与了其所否认的第二起案件。当分析表明巴克兰不是这两起犯罪中精液样本的来源时，这种革命性的技术就防止了潜在的司法不公。DNA 证据对反驳和推翻其他法庭证据以及证人证言和嫌疑人供述的影响，为今后 30 年间对错误定罪的不断质疑和纠正提供了动力。

然而，在法庭科学范式中，更确切地说，在法庭科学证据的评价及其对法律辩论的影响方面，DNA 引发了一场更深刻、更细微的革命（Saks and Koehler，2005 年）。一百年来，指纹证据一直是衡量其他法庭科学技术的黄金标准，并且作为个人识别物，已经得到法庭的公认，不受质疑。不仅"指纹是唯一的"这一观念深入人心，而且法律专业人士和在法院工作的非专业人士都对检验过程十分信任，坚信指纹检验人员作为专家证人得出的犯罪现场指印与犯罪嫌疑人的指纹匹配的结论。通过提供此类明确的证词，指纹在法庭上的证据分量高于所有其他法庭科学证据。

DNA 证据横空出世后，立即成为指纹证据的竞争对手。很容易看出为什么"DNA 指纹"一词变得流行，因为新技术的加入明显有助于提高其绝对正确性。与指纹相比，DNA 证据不仅说明了两个特征之间的匹配，还得到了该特征在相关种群中稀有性程度的补充说明，并且与指纹证据以专家提出的独特性主张为基础不同，DNA 证据是得到种群遗传学领域的严格科学研究支持的。因此，DNA 被认为是客观而科学的，而指纹的解释在很大程度上取决于主观标准，这些标准是根据检验人员个人的判断和经验来实施的。在随后十年左右的时间里，DNA 证据以其强大的科学基础被确立为个人识别的新标准。相比之下指纹比对，事实上还包括法庭科学中的许多其他技术，由于本身的科学基础问题，其有效性和可靠性受到了公众的质疑以及越来越多来自法律界、科学界甚至是政府及机构的审查。因此，"DNA 指纹"的概念被废弃了，"DNA 图谱"成为公认的术语。此外，其他法庭科学方法也有责任提供统计支持，以加强其科学意见表述，从而提高其质量，以满足新的生物特征识别技术的要求。由于与其他特征（例如咬痕）类型的证据相比，这一要求仅对某些类型的证据（例如玻璃或鞋印）较为容易，因此对各种类型的证据的有效性和可靠性提出的质疑越来越普遍。

DNA 证据在法庭上的出现也导致了对专家证词措辞更严格的评价，尤其是诸如"匹配"之类的术语的使用。这种及类似的表述已被广泛用于许多形式的证据，而这种使用往往没有考虑如何以客观的方式解释或证明。随着对 DNA 图谱比较所依据的科学基础的接受度提高，很明显，对于许多其他形式的法庭科学证据，专家得出的匹配结论的价值往往在法律辩论中被夸大。在传达血清学（血液分组）检验和微观毛发检验的结果时尤其如此，尽管它们在一定程度上能提供有用的分类特征，但陪审团甚至许多法庭科学专家通常认为它们具有极高的个性化特征，因此其具有的证据价值经常被法庭高估。

综上所述，DNA 证据在法庭科学领域内的应用，引发了许多对其他形式的科学证据的价值和法律意义的质疑，并指出了许多错误的解释或夸大的观点。因此，该学科发生了两次革命：首先，对过去定罪的案件进行法律审查促进了司法误判的认定——将在以下各章中进行探讨；其次，法庭科学的许多科学基础受到法律界、科学界以及政府的质疑。后续章节将以这两个问题为主题展开具体讨论。

1.3　司法误判

如果法院经过审判最终判决被告有罪，这一判决可以通过以有限的理由（包括程序上违法）向上级法院上诉来推翻。在某些情况下，发现其他事实或证据可能会导致判决被撤销，在这些案件中，该情形的发生有时间限制并且既可以由司法或行政机关启动，也可以由当事人本人启动。在这些情况下，最初的定罪可称为"司法误判"或"错误定罪"。在 2011 年，英格兰和威尔士最高法院对此类

7

案件进行了审议，并宣布：

> "……'当新的或新发现的事实最终表明针对被告的证据已经被破坏以致无法据其定罪时'，就会发生司法误判。"
>
> ——王室（亚当斯）诉司法大臣，2011 年

最高法院还确定了可以撤销有罪判决的情形。第一种情形是，有新的证据能够清楚证明被告无罪。如果在审判时能获得这些证据，那么"讲理的陪审团"要么不会给被告定罪，要么会对定罪存有质疑。第二种情形是，调查或审判的程序有严重错误，从而导致不正当的判决。

尽管在一个世纪前，人们已经开始认识并研究司法误判，但在过去的三十年左右，人们才对其发生的原因和情况进行了更深入的研究。虽然正如下文将看到的那样，法庭科学的错误有时是造成此类事件的原因，但正确的法庭科学，包括基于 DNA 图谱识别个人的新方法，仍然为发现和消除司法误判做出了巨大贡献。科研人员、法律专业人士和政府机构开始热衷于对不同国家的特定司法误判情形进行调查、研究，这说明了这些事件的严重性，还对引起这类事件的一系列原因进行了汇总归纳。

1.3.1 英 国

自 20 世纪 70 年代以来，在英国本土发生了一系列与北爱尔兰"动乱"有关的严重爆炸事件。这些恐怖事件造成了许多英国士兵和平民死亡，警察承受着必须将肇事者绳之以法的巨大公共和政治压力。然而，无论是在上诉中还是在关注司法误判的竞选活动中，许多有罪判决后来都被推翻了，然而被定罪的人已经在监狱中度过了很多年。具体包括吉尔福德四号案（the Guildford Four，1974 年，1989 年获释）、伯明翰六号案（the Birmingham Six，1975 年，1991 年获释）、马奎尔七号案（the Maguire Seven，1976 年，1991 年获释）和朱迪思·沃德案（Judith Ward，1974 年，1993 年获释）等。在这

些案件得到平反之后，以审查潜在的司法误判并及时提交上诉法院为职责的刑事案件审查委员会（Criminal Case Review Commission, CCRC）于 1995 年成立。尽管如此，近年来仍出现了许多与北爱尔兰局势无关的错误定罪案例，例如肖恩·霍奇森（Sean Hodgson，1982 年，2009 年获释）和迈克尔·雪莱（Michael Shirley，1987 年，2003 年获释），这两人都被新的 DNA 证据证明无罪；斯蒂芬·唐宁（Stephen Downing，1974 年，2002 年获释），其第二次上诉以证词不可靠和血迹形态需要重新鉴定为由被维持；巴里·乔治（Barry George，2001 年，2008 年获释），其在射击残留物证据经过重新评价后被释放。

1.3.2　美　国

在美国，许多州都存在死刑。因此，对于死刑犯来说，防止错误定罪，提高公众对司法误判的严重程度及其原因的认识尤其重要。一些州成立了无辜者委员会来审查案件，例如 2000 年伊利诺伊州州长瑞安（Ryan）的案件。1992 年，无辜者计划作为一个非营利性的法律组织成立，其最初是卡多佐法学院的一部分，致力于为那些被错误定罪的人洗清冤屈。该组织已经积累了有关此类案件的大量信息，为学术研究提供了宝贵资源。后来，2012 年，密歇根大学法学院建立了国家免责登记系统，该系统数据库提供了自 1989 年以来美国境内所有错误定罪案件的数据。这些项目积累的统计数据使 DNA 分析作为调查错误定罪的一种手段而受到重视。这些数据还有助于揭示其他引起司法误判的主要因素，例如警察或法庭科学人员的无能、证人的误认等。

1.3.3　加拿大

在加拿大，史蒂文·特鲁斯科特（Steven Truscott）一案毫无疑问是错误定罪的早期典型案例。1959 年，年仅 14 岁的特鲁斯科特因性侵和谋杀被判有罪，最初被判处死刑，但在 1960 年上诉后被改判为无期徒刑。特鲁斯科特于 1969 年获释，但直到 2007 年才被宣判无罪。在同一时期，还有其他几起重大的司法误判，其中最著名的当属几起谋杀年轻女孩的案件：唐纳德·马歇尔（Donald Marshall，1971 年，1989 年报告）一案、托马斯·索菲诺（Thomas Sophonow，1981 年，2001 年报告）一案、盖伊·莫林（Guy Morin，1992 年，1995 年获释，1998 年报告）一案和詹姆斯·德里斯克尔（James Driskell，1991 年，2005 年获释）一案。这些案件通常都要经过多年省级以上的公共调查，而且在所有案件中，报告不仅对调查和法律程序做出了严格批评，还对证据的法庭调查和随后的法庭质证也做出了同样的批判。加拿大进行的这些调查以其研究问题事实深入，以查明整个司法系统中的问题和司法失灵原因为目的的透彻性而在全世界受到高度评价。麦克法兰（Macfarlane）甚至将莫林案的调查报告描述为：

> "……可以说，这是对错误定罪的成因及其避免方法进行过的最全面的司法审查。"

> ——麦克法兰，2006 年

近期，加拿大对司法误判的调查已经发生了质的飞跃，超越了个人谋杀罪的范围。根据查尔斯·史密斯（Charles Smith）博士提供的儿科法医病理学证据，能推导出至少有五个人被错误地判定犯有谋杀罪。这是古奇调查（Goudge Inquiry，2008 年）的主题，稍后将在第 1.6.1 节中讨论。

1.3.4　澳大利亚

毫无疑问，近几十年来澳大利亚最广为人知的司法误判就是爱丽丝·张伯伦（Alice Chamberlain，1982 年，1987 年被宣告无罪）因在全家去艾尔斯岩附近的内陆露营时谋杀其年幼的女儿阿扎里亚（Azaria）而被定罪。这件与婴儿有关的案件由于母亲声称其孩子是被野生动物叼走而引起了广泛争议。经过皇家委员会的调查（Morling Report，1987 年）和上诉听证会之后，张伯伦被无罪释放。然而，直到 2012 年，在一些证明了婴儿确实被野狗叼走的案件发生后，死因裁判法庭才真正裁定阿扎里亚的死因是野生动物的侵袭。

在接下来的 30 年中，进一步确认有罪判决是否错误几乎成为皇家委员会和上诉听证会工作的主题，在这些案件中人们逐渐发现，往往是法庭科学证据导致了之后的司法误判。其中最著名的案件当属爱德华·斯普拉特（Edward Splatt）一案，斯普拉特在 1978 年因为一系列将他与谋杀现场联系起来的间接痕迹证据而被以谋杀定罪。在随后的两次调查（Moran，1981 年；Shannon，1984 年）强烈批评了南澳大利亚州的法庭公共服务系统后，斯普拉特最终于 1984 年获释。最近，又有一位名为法拉赫·贾玛（Farah Jama）的男性仅仅基于 DNA 检验的证据就被以强奸定罪，然而定罪所依据的唯一证据最终被证明是由于实验室污染所导致的错误结果。该案件推动了维多利亚州和新南威尔士州对 DNA 检测服务质量的进一步审查。

澳大利亚在司法误判方面的经验使改革参与者将重点放在各个州，甚至是整个联邦的法庭科学和证言的质量上，特别是在张伯伦案和斯普拉特案之后。因此，国家法庭科学研究所（Nation Institute of Forensic Science）成立了：

"……通过与法庭科学界的相关机构合作，共同促进法庭科学的发展，成为法庭科学界不可或缺的平台与基础支撑。"

——澳新议会联盟-国家法庭科学研究所，2015 年

1.4　冤案平反：DNA 证据的力量

DNA 检验的高证据价值，加上在犯罪发生多年后仍可从证据材料中追溯获得高质量检验结果的能力，使得 25 年来对错误定罪的认定大幅增加。第一个与此相关的案件是加里·多森（Gary Dotson）一案，在庭审时的法庭科学证词具有误导性的前提下，多森于 1979 年在美国伊利诺伊州以强奸被定罪。按照多森的表述，精液提供者

和受害人都属于相对罕见的 B 型血，然而，尽管法院被告知检材与多森的血型一致，但针对受害人阴道拭子的血清学分析实际上并没有证据价值。1988 年在拭子中发现的 DNA 图谱，不仅排除了多森的嫌疑，还能得出受害人的男友为精液的潜在来源的结论。因此，新的 DNA 技术的使用为多森的无罪释放和 1989 年的出狱提供了证据。

10　　近期的无罪宣告判决使更多被错误监禁时间较长的人重获自由。1979 年 12 月，特雷莎·德·西蒙尼（Teresa de Simone）在英国南安普敦被强奸和谋杀。肖恩·霍奇森（Sean Hodgson）于 1982 年基于证据做出供认，从而被审判并定罪，后来其以血型证据的证据价值有限且仅为次要间接证据为由撤回了供认。在审判中，霍奇森承认自己是是"撒谎成性"的人。1998 年，有人试图根据 DNA 分析重新审判此案，但相关权力机关声称没有保留必要的实物证据。尽管如此，该案仍被提交上诉法院，依据是新的 DNA 图谱证据显示，从受害者身上提取的精液样本并不是来源于霍奇森，最后霍奇森在入狱 27 年后获释。

目前，DNA 证据仍为在全球范围内确认司法误判和为司法误判的受害者洗清冤罪做出了主要贡献。特别是在美国，这些案件受到无辜者计划和其他组织的监督。其提供的统计数据不仅说明了这些证据对法律程序的影响，而且还说明了法院目前已经发生且仍在继续发生的错误定罪案件的规模以及随之而来的公众对司法体系信心的下降。例如，在美国，1989 年至 2012 年间由美国国家无罪释放登记处确定的 873 起无罪释放的案件中，至少有 325 件是由 DNA 证据证明的（Gross and Shaffer，2012 年）。导致司法误判的原因不仅包括错误的法庭科学和证言，还包括各种其他因素，这些将在接下来的内容中详细讨论。

1.5　错误定罪的原因

在过去三十年左右的时间里，世界各地对司法误判案件进行了大量的研究、调查和报告，这些研究、调查和报告对造成误判的原因有着非常一致的认识。尽管各个司法辖区中每个因素的重要性都有所不同，但在刑事司法系统内部以及法庭调查和专家证言的提供上，各个国家导致司法误判的因素范围都是显而易见的。尽管重点必须放在那些科学因素上，但总结所有有争议的因素也是有帮助的。麦克法兰（2006 年）确定了一系列"倾向性情形"，这些情形为潜在司法误判的出现提供了背景条件。其中包括案件的公众关注度过高，导致司法工作人员承担较高的定罪压力；无论任何原因导致的被告在道德上不占优势的情况；不顾证据，仅以"赢得比赛"为目的的法律环境；过分认定被告有罪，即使是通过不正当方式也必须定罪的案件。在此背景下，刑事司法系统中可能还有其他更具体的因素可直接导致错误定罪。麦克法兰（2006 年）等将这些"直接原因"确定为：

（1）目击者的误认；由于这种证据依赖人类的感知能力和记忆力，因此通常是不可靠的。

（2）警方的调查方法不当；这包括从能力不足、调查无效到执法不当等一系列因素，具体包括警察暴力执法、伪造或掩饰隐瞒证据。其中一个重要因素是"先入为主"的思维模式，警察在调查前已经在内心确定犯罪，因此调查人员是在使用法庭科学来证实自己的怀疑，而不是寻找揭示真相的线索。

（3）专家与警察或检察官之间的沟通不畅是一种系统障碍，不仅妨碍调查，还可能会导致对科学证据本身的误解以及对其含义和意义的误解。

（4）对刑事司法专业人员的培训不足可能会对调查工作甚至是法律程序中其他阶段的工作产生影响。

（5）警察缺乏法庭科学意识可能会导致科学证据被误解或被忽略，以致未能在调查中得到有效利用。这通常是由培训不足或培训效果不佳以及缺乏专业学习所致。

（6）检察官可能有不当行为，或者有关证据没有向辩方出示。

（7）如果提起公诉是基于被拘留、有犯罪记录或者受到诱导的证人提供的证词，此类证据通常是不可靠的。

（8）辩护律师可能不称职，不能充分、专业地代表被告人。

（9）控方可能会通过警方的策略、被告的精神健康或其他人格问题或其他情况，以虚假供词为依据提起诉讼。

（10）间接证据可能具有误导性或容易被误解。

此外，还有其他与不可靠的科学证据极其相关的因素，对此需要进行更详细的讨论。

1.6　不可靠的科学证据

科学证据之所以会出现不可靠的情形，其原因可能具有普遍性，也可能因特定证据类型而异。

1.6.1　专家证人的地位和专门知识

专家证人可以不是专家，但至少要在证言所要证明的领域具有专门知识。在作证时，陪审团可能会考虑到其具有专家的身份而不假思索地接受其证词。在法医病理学领域，专家证据经常由经验丰富且著名的执业医生和顾问提供，但术业有专攻，他们所要作证的领域可能会偏离其专业领域，或者他们确实不知道或不愿承认其知识的局限性。例如，查尔斯·史密斯博士自 1981 年起，将发生在安大略省的多起儿童死亡案件中的情形认定为摇晃婴儿综合征而做出的错误证言，至少导致了 20 起案件中的父母被错误地以谋杀年幼子女而定罪量刑。随后的古奇调查（2008 年）对此进行了说明：

> "史密斯博士是儿科病理学家，不是法医病理学家，他既没有经过正规法医病理学培训，也没有获得资格认证。"
>
> ——古奇调查，2008 年，执行总结，第 11 页

12　　事实上，史密斯在接受调查时表示，尽管在此期间他在该领域进行过演讲并获得了较高的声誉，但他并没有将法医病理学视为一门独立的学科。古奇总结说，史密斯不仅对法医病理学没有基本的

了解，而且还没有意识到这一情况可能会对专家证词的有效性造成不良影响。

　　"专家必须意识到自己专业知识的局限性，仅在自己的专业领域内作证，而不是在法庭上夸大其长，史密斯博士显然没有遵守这一基本原则。"

　　　　　　　　　　　　　——古奇调查，2008 年，执行总结，第 14 页

　　在英国，经验丰富的儿科医生罗伊·梅多爵士（Sir Roy Meadow）于 1999 年在萨利·克拉克（Sally Clark）被指控谋杀其两个小儿子的案件中提供了证词，而辩方认为克拉克的两个小儿子均死于婴儿猝死综合征（Sudden Infant Death Syndrome，SIDS）。然而，当梅多错误地使用相关人群中发生这种情况的统计数据时，其所想要证明的问题显然超越了其专业领域。事实上，梅多的错误非常严重，以至于英国皇家统计学会（the Royal Statistical Society，RSS）发表了一份声明来强调这一错误并做出警告：在统计问题上，没有资格的知名专家可能会向法院提供错误信息。最终，克拉克在 2003 年基于新的科学证据再次提起上诉后获得释放。克拉克案将在第 19.2 节中讨论。

1.6.2　专家不中立

　　在大多数情况下，专家的不公正表现为放弃其他解释方法而特意强调证词中支持控方观点的那部分。在 20 世纪 70 年代对英国大陆的轰炸行动中，朱迪思·沃德（Judith Ward）于 1974 年被判 12 项谋杀罪，原因是其在全国各地制造了三次爆炸。对其不利的证据包括所谓的供词，并有法庭科学证据证明她曾接触过硝化甘油，而且在她居住的一个商队中也发现了这种爆炸物的痕迹。沃德否认曾参与处理爆炸物，但其当时并未提起上诉，直到英国内政大臣将该案转交给上诉法院之后，沃德才被免除罪行，并于 1993 年获释。最关键的是，本次上诉对声称含有硝化甘油的拭子残留物的化学分析

结果的有效性、可靠性以及最后的解释进行了彻底的调查和批评。特别是发现专家们隐藏了一些实验数据，这些数据能够证明靴油中的染料可以使这种爆炸物的测试呈现阳性结果，从而削弱控方的证据。且在最初的审判中也没有透露其他处理爆炸物二次转移而造成污染的相关问题，而这些都是对控方不利的。上诉法院法官认为，这些专家对于污染问题没有披露相关科学信息，从而误导了法院，并放弃了中立的立场，试图支持警方和控方，这导致了严重的司法误判。

> "在刑事调查中以中立和公正的方式提供协助是政府法庭科学专家的明确职责，他们必须为正义而行动……"

> ——王室诉沃德案，1993 年

13

1.6.3 证据有误

警方对于 1997 年发生在苏格兰基尔马诺克市的马里恩·罗斯（Marion Ross）谋杀案进行的调查，实际上导致了两次司法误判，这两次误判都是基于指纹的错误识别。大卫·阿斯伯里（David Asbury）被判有罪是因为在他家一个装钱币的锡罐上发现了一枚指印，经鉴定是受害人留下的。但在阿斯伯里的上诉中，来自苏格兰以外地区的指纹专家的最新证据显示，这一鉴定是不正确的，受害人罗斯实际上并不是这个指印的来源。阿斯伯里随后于 2000 年被无罪释放。然而，这起案件的特别之处在于，相关人员在受害者家浴室门框上发现的另一枚指印被认定为来自雪莱·麦基（Shirley McKie），而麦基曾作为警察参与调查过这起谋杀案。麦基一直否认自己曾进过这所房子，也否认自己是这一痕迹的来源，她在 1999 年因伪证罪受审。而这一次，是来自苏格兰刑事记录办公室以外的证词——两名来自美国的专家认为将门框上的指印认定为来自麦基的这一鉴定是错误的，从而再次成功地让法庭相信麦基是无辜的。麦基案将在第 13.6 节中讨论。

1.6.4　专家的夸大评价

专家证人可能夸大了证据的重要性。在以往的法庭科学分析中，毛发的物理比对是最能够定性的法庭科学分析之一，而对证据的解释和评价几乎完全取决于专家的判断和经验。毛发检验的基础是一个比较和分类的过程，但是几乎没有任何数据能够体现毛发属于哪一类别，并且结论也没有科学依据。有一些专家声称个体特征和独特性格会导致毛发出现特殊的状态，甚至还引用了支持其证词的推定统计数据。实际上，最近联邦调查局审查了过去有关微观毛发比较的专家证词，发现90%的报告中都涉及错误的陈述。

1987 年，吉米·雷·布罗姆加德（Jimmy Ray Bromgard）因在美国蒙大拿州强奸一名儿童而被定罪，但之后在对受害者内衣污渍的 DNA 分析中证明他不是精液的来源，其最终也在两年后获释。而当时对其提起诉讼的唯二证据是儿童对目击者的初步辨认以及对从受害者被褥中找到的头发和阴毛进行的法庭科学检验。专家证人在审判中作证道，这些毛发证据表明：

"……与从布罗姆加德身上收集的头发和阴毛具有相同的微观特征……"

——吉米·雷·布罗姆加德诉蒙大拿州，2004 年，第 19 段

专家证人还在没有任何统计数据的情况下声称：

"……这些头发有万分之一的可能属于除布罗姆加德以外的任何人。"

——吉米·雷·布罗姆加德诉蒙大拿州，2004 年，第 23 段

实际上，后来证明头发确实来自受害人，但是可以将布罗姆加德排除在阴毛的来源之外。州犯罪实验室因未能充分培训和监督毛发检验人员而受到批评，布罗姆加德在无罪释放后获得了巨额赔偿。

盖伊·保罗·莫林（Guy Paul Morin）于 1984 年在加拿大安大

14

略省被控强奸和谋杀其邻居的孩子克里斯蒂娜·杰索普（Christine Jessop），最初被无罪释放。然而，莫林在再次审判中被定罪，直到1995年，在提交了新的DNA证据后，才在入狱十多年后获释。据称证明莫林与受害者之间有过身体接触的重要证据是发生了转移的毛发和纤维。人们发现这些毛发在微观上与莫林的毛发相似，对此的解释是这些毛发"可能来自莫林"（Report of the Kaufman Commission，1998年）。在使用胶带剥离后发现的成千上万的纤维中，有几种"可能"与提取自莫林的样本纤维有着同一来源。调查这起误判的皇家委员会批评这位专家在将该发现传达给警方时夸大了其对毛发证据的评价，从而导致莫林被捕。委员会的报告进一步批评该专家在评价中使用了"一致"和"匹配"等词，因为它们可能导致法院误解法庭调查结果。

1.6.5　不道德行为

证词可能是基于不道德行为而产生的，甚至可能是由专家证人捏造的。2004年，杰奎琳·布莱克（Jacqueline Blake）对其在联邦调查局担任法医生物学家期间的不当行为表示认罪，因为其在实验室著作中对其在2002年间进行的多次DNA分析做了虚假陈述。尤其是在使用毛细管电泳法时，她故意没有遵循联邦调查局DNA分析的程序，没有处理阴性对照和空白试剂以确保该过程不受污染，而这些行为实际上会使其所有的工作都无效。尽管她的不当行为尚且没有直接导致任何司法误判，但由于联邦调查局的质量保证程序无法有效监督其行为，因此也将大大削弱该实验室工作的可信度。

1987年，格伦·戴尔·伍德尔（Glen Dale Woodall）因轮奸被错误定罪，主要根据是弗雷德·扎因（Fred Zain）提供的证词，而扎因提供的有关受害人体内精液来源者的血型这一血清学证据是被夸大且具有误导性的。在发现伍德尔的定罪只是众多依靠来自扎因的证据的案件之一后，伍德尔在1992年被无罪释放。此后，扎因因行为不端和不称职而受到调查，且相关机构于1993年向西弗吉尼亚上诉法院提交了报告。最终结论是，扎因不仅篡改实验室记录，提供欺诈性报告，大规模作伪证，还通过常年在法庭上积极支持控方的手段来赢得声誉。1994 年，扎因面临多项罪名指控而被起诉，但最终判决陪审员未能做出，因为扎因在重审前去世了。

1.6.6　人为错误

法庭科学分析可能受到人为错误、执行人员训练不足以及对程序和质量保障措施缺乏重视的影响。对犯罪嫌疑人手中的炸药残留物使用推定检验是处理 20 世纪 70 年代发生于英国的轰炸案件的一大特征。尤其是在处理 1975 年发生的伯明翰六号案时，格里斯（Griess）测试的硝化甘油检验结果对其被捕和最终定罪起着至关重要的作用。这些测试是在莫尔坎贝警察局临时进行的，该测试证明了六名男子中的两名从伯明翰到爱尔兰旅行时曾接触过这种炸药。连同在警察拘留期间所做的供认，成为控方的主要证据。最终发现，执行测试的专家没有遵循标准的分析程序或进行控制以检查污染情况。此外，1991 年上诉中还提出了一个疑点，由于格里斯测试并非针对硝化甘油，因此获得阳性结果可能是由于其他化学痕迹，包括玻璃器皿上的肥皂污染，吸烟产生的残留物，甚至是在测试前几个小时玩扑克牌的嫌疑人身上产生的残留物。由于对严格质量保证程序和对测试进行适当控制的疏忽，这位专家的证词导致了重大的司法误判，使得六名男子在错误被判入狱 16 年后才被无罪释放。

1.6.7　未经验证的方法

该方法本身或作为其基础的科学可能尚未得到业界的验证，因此其证明价值是未知的。1991 年 12 月，调酒师金·安科纳（Kim Ancona）被发现死于其在美国亚利桑那州菲尼克斯市的工作场所。尽管对其衣服上残留的唾液进行了血型检测，但当时并未进行 DNA 鉴定，唯一的法庭科学证据就是其身体上的咬痕。经过调查发现是雷·克朗（Ray Krone）在当天晚上帮助受害者关闭了夜总会，而当发现克朗不规则的牙齿印记与受害者身体上的痕迹明显相似时，执法人员将克朗逮捕。在对克朗的审判中，两名法医牙齿学家均在作证时认为是克朗留下了咬痕，再加上克朗与先前提取的唾液痕迹属于同一血型，一并构成了对克朗不利的全部证据。最终克朗被判犯有谋杀罪并处死刑。然而，在上诉和第二次审判之后，该判决被减为无期徒刑。最终，在服刑 10 年后，克朗于 2002 年被无罪释放，因为对当时留存的唾液进行的 DNA 分析排除了克朗为唾液来源的可能，并将一名被定罪的袭击者肯尼斯·菲尔（Kenneth Phillips）确定为来源。

在克朗被无罪释放之前就有法医牙齿学评论（Pretty and Sweet，2001 年）表明，法医咬痕分析不准确和不可靠的根本原因是该分析过程未以任何科学基础为依据，或者说没有发现任何能够证明人类牙列唯一性的真实证据。几年后，美国国家研究委员会（National Research Council，NRC）在《美国法庭科学加强之路》(Strengthening Forensic Science in the United States：A Path Forward，2009 年）这一报告中再次重申了法医咬痕分析的弱点，认为咬痕比对是法医牙齿学中最有争议的课题。

1.6.8　对新技术的过度自信

法庭对 DNA 图谱证据的信任是通过将可靠的技术应用于可识别来源的细胞材料（例如血液、精液或身体组织）而确立的。如果样本肉眼不可见并且包含的细胞数量较少时，即使是通过扩增技术成功地获得了图谱，对这项技术本身所持有的信心也仍然难以维持。在 1998 年 8 月北爱尔兰奥马发生汽车炸弹爆炸后，肖恩·霍伊（Sean Hoey）因谋杀 29 人而受到审判，此时解释和评价这种新的低拷贝数 DNA（LCN DNA）证据的困难就凸显出来了。本案中，主要的法庭科学证据是从爆炸现场取回的炸弹机械部件拭子中获得的 LCN DNA 图谱。显而易见的是，在审判中，警察、法庭调查人员以及法庭实验室的工作人员均没有意识到在面对潜在的 LCN DNA 材料时，需要采取更强的预防措施来处理犯罪现场以防止污染并确保证据的连续性。该案的初审法官认为：

> "……就任何一项期待依赖低拷贝数 DNA 检验结果的物证而言，在进行任何检验之前就理所应当地认为其完整性已经被确定了是难以令人信服的。"

——女王诉霍伊案，2007 年，第 61 段

此外，辩方和控方的专家证人就 LCN DNA 图谱分析作为法庭科学证据的核心方法是否确实可靠，是否经过验证，是否得到英国、荷兰和新西兰科学界的真正接受等问题提出了相互矛盾的证词。因此，最终霍伊因对其的指控不成立而被无罪释放。霍伊案将在第 11.2 节进一步讨论。

1.7　专家与实验室

除了专家证言、技术水平和个别专家能力方面的缺陷外，法庭科学实验室的运作和管理问题也在总体上助长了司法误判。例如，质量控制程序可能无法防止个人错误的发生或确保个人的专业能力，在某些情况下，这种根本性的问题使特定实验室在很长一段时间内进行的法庭科学分析都受到了质疑。在怀疑或已经发现这种系统性问题的情况下，有关部门通常会进行重大审查。例如，对联邦调查局实验室 1997 年进行的爆炸物相关案件的审查、2004 年进行的 DNA 分析的审查以及 2004 年对布兰登·梅菲尔德（Brandon Mayfield）一案进行的错误指纹检验的审查。其他审查涉及对基于实验室先前推广的特定技术的基本有效性的质疑，例如对子弹的成分分析，联邦调查局在进行广泛审查后于 2005 年停止使用该方法，之后在 2015 年停止使用对毛发证据的显微检查。

加拿大安大略省的法医科学中心（Center of Forensic Sciences, CFS）在盖伊·莫林于 1995 年因谋杀克里斯蒂娜·杰索普被定罪而上诉成功后接受了调查。考夫曼调查（Kaufman Inquiry）证实，CFS 对该案中重要毛发和纤维证据的处理行为不当，而在审判中，该证据对证明莫林和受害者有过密切接触起了关键作用。报告认为：

"CFS 对莫林先生被错误逮捕、起诉和定罪的'贡献'确实很大。"

——考夫曼报告（Kaufman Report），1998年，
第 2 章，第 250 页

17　　在接到举报人的指控后，2009 年澳大利亚维多利亚警察法庭服务中心对毒品样品的存储和处理情况受到了调查。相关报告指责实验室的管理层未能确保工作人员遵守正确的政策和程序，从而有可能影响实验室在刑事司法系统中的作用。其他地区也出现了相似的情况，在 2011 年，雪莱·麦基案的误判问题被拨正后，苏格兰各地的指纹检验程序都受到了审查。

尽管如此，直到现在，美国的州级和县级实验室仍存在问题并在继续发酵，据报道，仍有许多地方出现专家行为不当、能力不足甚至是不道德的实例。这些都促使人们呼吁对所有法庭科学实验室进行管理以及正确的认证，包括使其与调查当局划清界限。这个问题将在第 4.4 节中进一步讨论。

1.8　结　论

本章的讨论表明，科学的质量保障和从犯罪现场到法庭的整个法庭科学过程的质量保障，都是专家意见可采性、合法性和有效性的基础。遗憾的是，在发生多起错判事件后，刑事司法系统才意识到法律和法庭科学程序的弱点和失误，而这一过程在很大程度上得益于大约三十年前引入的 DNA 图谱分析。为了进一步了解专家和法庭在考虑专家证言时面临的问题，需要详细讨论科学证据的可采性，这将是下一章的主题。

参考文献

1. Australia New Zealand Policing Advisory Agency（ANZPAA）National Institute of Forensic Science［Online］.（2015）. Available at https：//www. anzpaa. org. au/fo-

rensic-science/10636〔Accessed 30 November 2015〕.

2. Bromgard v State of Montana; Civil rights complaint CV-04-192-M-LBE, 2004.

3. Cole S. A. (2007).Where the rubber meets the road: thinking about expert evidence as expert testimony, *Villanova Law Review*, 52 (4), 803-842.

4. Goudge S. T. (2008).Inquiry into pediatric forensic pathology in Ontario. 〔Online〕. Available at http://www. attorneygeneral. jus. gov. on. ca/inquiries/goudge/report/v1_en_ pdf/vol_1_eng. pdf〔Accessed 12 October 2015〕.

5. Gross S. R. and Shaffer M. (2012). Exonerations in the United States, 1989-2012, Report by the National Registry of Exonerations, 〔Online〕. Available at http://www. law. umich. edu/special/ exoneration/Pages/about. aspx〔Accessed 12 October 2015〕.

6. Macfarlane B. A. (2006). Convicting the innocent: a triple failure of the justice system, *Manitoba Law Journal*, 31 (3), 403-484.

7. Morling Report (1987). Summarised by Coroner Lowndes. Available at http://law2. umkc. edu/ faculty/projects/ftrials/chamberlain/moorlingreport. html〔Accessed 12 October 2015〕.

8. National Research Council: Strengthening Forensic Science in the United States: A Path Forward, Document 228091. 〔Online〕. (2009). Available at http://www. nap. edu/catalog/12589. html〔Accessed 10 October 2015〕.

9. Pretty I. A. and Sweet D. J. (2001). The scientific basis for human bitemark analyses-a critical review, *Science and Justice*, 41, 85-92.

10. Queen v Hoey〔2007〕NICC 49.

11. R (Adams) v Secretary of State for Justice〔2011〕UKSC 18, 11 May 2011.

12. R v Ward〔1993〕2 All ER 577.

13. Report of the Kaufman Commission on proceedings involving Guy Paul Morin. 〔Online〕. (1998). Available at http://www. attorneygeneral. jus. gov. on. ca/english/about/pubs/morin/〔Accessed 12 October 2015〕.

14. Saks M. J. and Koehler J. J. (2005). The coming paradigm shift in forensic identification science, *Science*, 309, 892-895.

拓展阅读

1. Adam A. (2016). *A History of Forensic Science: british beginnings in the twentieth*

century. Routledge.

2. Cole S. A. （2006）. The prevalence and potential cause of wrongful conviction by fingerprint evidence, *Golden Gate University Law Review*, 37, 39-105.

3. Edmond G. （2014）. The science of miscarriages of justice, *University of New South Wales Law Journal*, 37 （1）, 376-406.

4. Etter B. （2013）. The contribution of forensic science to miscarriage of justice cases, *Australian Journal of Forensic Sciences*, 45 （4）, 368-380.

5. The Fingerprint Inquiry Report- Scotland. ［Online］. （2011）. Available at http://www. webarchive. org. uk/wayback/archive/20150428160022/http://www. the fingerprintinquiryscotland. org. uk/ inquiry/3127 - 2. html ［Accessed 12 December 2015］.

6. FBI laboratory announces discontinuation of bullet lead examinations ［Online］. （2005）. Available at https://www. fbi. gov/news/pressrel/press - releases/fbi - laboratory-announces-discontinuation-of- bullet-lead-examinations ［Accessed 12 October 2015］.

7. FBI/DOJ （2015）. Microscopic hair comparison analysis review ［Online］. Available at https://www. fbi. gov/about-us/lab/scientific-analysis/fbi-doj-microscopic-hair-comparison-analysis-review ［Accessed 12 October 2015］.

8. Garrett B. L. and Neufeld P. J. （2009）. Invalid forensic testimony and wrongful convictions, *Virginia Law Review*, 95 （1）, 1-97.

9. Giannelli P. C. （2007）. Wrongful convictions and forensic science: the need to regulate crime labs, *North Carolina Law Review*, 86, 163-235.

10. Giannelli P. C. （2011）. Daubert and forensic science: the pitfalls of law enforcement control of scientific research, *University of Illinois Law Review*, 53, 54-90.

11. Gould J. B. , Carrano J. , Leo R. and Young J. （2013）. Predicting erroneous convictions: a social science approach to miscarriages of justice, NIJ report from award 2009-IJ-CX-4110.

12. Gould J. B. and Leo R. A. （2010）. One hundred years later: wrongful convictions after a century of research, *Journal of Criminal Law and Criminology*, 100 （3）, 825-868.

13. Gross S. R. , Jacoby K. , Matheson D. J. , Montgomery N. and Patil S. （2005）. Exonerations in the United States 1989 through 2003, *Journal of Criminal Law and*

Criminology, 95 (2), 523-560.

14. Innocence project. [Online]. Available at http://www. innocenceproject. org/ [Accessed 12 October 2015].

15. Lynch M. (2003). God's signature: DNA profiling, the new gold standard in forensic science, *Endeavour*, 27 (2), 93-97.

16. Path to Justice: Preventing wrongful convictions: Department of Justice, Canada [Online]. (2011). Available at http://www. ppsc-sppc. gc. ca/eng/pub/ptj-spj/ ptj-spj-eng. pdf [Accessed 12 October 2015].

17. R v Clark [2003] EWCA Crim 1020.

18. R v R G (Sean) Hodgson [2009] EWCA Crim 490.

19. Report on the prevention of miscarriage of justice: Department of Justice, Canada [Online]. (2005). Available at http://www. justice. gc. ca/eng/rp-pr/cj-jp/ccr-rc/pmj-pej/pmj-pej. pdf [Accessed 12 October 2015].

20. Review of the FBI's handling of the Brandon Mayfield case: Office of the Inspector General, US Dept of Justice [Online]. (2006). Available at http://www. justice. gov/oig/special/s0601/exec. pdf [Accessed 12 October 2015].

21. Royal Commission of Inquiry into Chamberlain Convictions, Report, Commonwealth Parliamentary Papers [Online]. (1987). volume 15, paper 192. Available at http:// www. nt. gov. au/justice/courtsupp/coroner/findings/other/appendix_a_chamberlain_ findings. pdf [Accessed 14 December 2015].

22. Thompson W. C. (2009). Beyond bad apples: analysing the role of forensic science in wrongful convictions, *South-Western Law Review*, 37, 1027-1050.

23. Trager R. (2014). Hard questions after litany of forensic failures at US labs, Chemistry World. Available at http://www. rsc. org/chemistryworld/2014/12/hard-questions-after-litany-forensic-failures-malpractice-labs-us [Accessed 12 October 2015].

24. USDOJ/OIG Special Report. (1997). The FBI Laboratory: an investigation into laboratory practices and alleged misconduct in explosives-related and other cases [Online]. Available at https://oig. justice. gov/special/9704a/ [Accessed 12 October 2015].

25. US Department of Justice. (2004). The FBI DNA laboratory: a review of protocol and practice vulnerabilities [Online]. Available at https://oig. justice. gov/

special/0405/final. pdf [Accessed 12 October 2015].

26. Victorian Ombudsman. (2009). Investigation into the handling of drug exhibits at
    the Victoria Police Forensic Services Centre [Online]. Available at https://
    www. ombudsman. vic. gov. au/getattachment/64fbc7f6 – c51b – 439d – aac8 –
    e451381572b8//publications/parliamentary – reports/investigation – into – the –
    handling–of–drug–exhibits–a. aspx [Accessed 12 October 2015].

第2章

法律视野下的可采性

本章将重点探讨世界各地法院所提出和讨论的有关专家证据可 采性的问题和标准，正是这些问题促使各个国家从国家层面上关注制定规则和准则的必要性。通过对里程碑式案例的探讨，并且对"应当单独考虑证据的可采性还是应当与证据的可靠性一同判断"这一问题进行研究，有助于确定可采性的标准。本章将重点介绍此类问题对专家意见的提出所产生的影响。

2.1 证据的可采性、相关性和可靠性

在英语司法辖区和英联邦的某些地区，尽管有的表现为大陆法与部分普通法并存（如苏格兰），但大部分地区的法律体系是在普通法的基础上建立的。而大陆法是欧洲大陆和世界大部分地区法律体系的基础。本文的第 4.1 节将以这一法律体系为背景对专家意见进行详细讨论。普通法系致力于通过不断制定判例法的方式来进行内部修正以确保法律体系能够公平地处理案件。在该体系下，案件中的法律要点得以确立并可能因法院的判决而发生演变，因为法院判例的法律效力决定了的法律辩论必须遵循判决的内容。但这并不意味着议会没有制定法律框架，而仅仅表明法院在审查这些法律以及解释时必须非常仔细，因为法院确立的司法判例与原来的成文法具有同样的法律效力，即司法判例会成为先例，与原来的法规一样具 有法律效力。因此法律是通过解释的方式来形成的。

与证据有关的专门法律也要遵循同样的程序。当前讨论中的基本问题是专家证词（意见证据）与其他形式的证人证言之间的区别。根据普通法，证人在法庭上只能陈述事实信息而不能对所见所闻发表任何意见。另一方面，专家证人的证词可能既包括事实证据，也包括意见证据，但这必须与所讨论的内容有关。什么是专家？

> "专家证人享有的特权在于，对于在其专业知识范围之内以及在大多数陪审员的知识和经验之外的事项，他们能够为陪审团提供意见证据。"
>
> ——法律委员会：英格兰和威尔士的刑事诉讼
> 专家证据，2011 年

因此，这就成为法庭决定采纳此类证据的出发点。但是，专家证人专业知识的性质、水平和相关性仍需要法庭确定。此外，专家证词还可能面临着不同程度的质疑，这都为法庭的工作带来了新的困难。此时，法官的最终作用是担任专家意见可采性的"守门人"。

在决定是否采纳专家证据时，法官可能需要考虑许多相互联系且往往比较复杂的因素。但这些问题最终可以归纳为两个方面：相关性和可靠性。相关性与证据的证明能力有关，具有相关性的证据可以作为事实审判者——陪审团对案件结果做出最终决定的依据。但是，如果具有相关性的证据对法庭审判的帮助远低于其导致不公正偏见、混乱或严重拖延司法程序所带来的危险，那么该证据将不会被采纳。

由于意见所涉及的知识范围超出了法官的常识，因此确保其可靠性至关重要，否则法官、陪审团和律师将无法决定证词是否有效和正确。确定可靠性的基础，并确认对这一问题的研究是否确实是可采性的必要先决条件或者是否有助于确定证据的重要性，是法庭探讨的主要问题之一。

特别是对于科学专家证据，尽管从一般意义上普遍认为其具有较高的可靠性，但是在很多情况下专家证词都受到了质疑，如该科学属于新兴领域，尚未正式确立。因此，已有的司法判例将影响随后的辩论。

近年来，关于可采性的讨论越来越多，迫使许多司法辖区的法院做出了一些相关的重要判决。有趣的是，许多导致可采性法律标准发生变化的里程碑式案件都是民事案件，比如涉及健康、安全或医疗问题的法律标准的案件。在法庭科学的主流分支学科中，尽管也有研究该学科边缘领域的专家，但却很少有专家作证的例子。尽管如此，这些裁决的结果最终还是与其他一般专家证据一样，适用于所有法庭科学专家证据。

鉴于美国对如何在普通法背景下设立恰当的可采性标准的研究历史更加悠久，本书对于可采性标准研究的介绍将从美国开始，再逐步转移到那些坚持普通法基础，但对可采性标准的认识不那么清晰甚至将可采性概念与法庭对证据重要性的认识混于一谈的国家。美国的经验也可以作为其他司法辖区研究的参考。本书所讨论的案例包括了许多重要的经典案例，但本书的目标并不是进行全面的调查研究。相反，本书是为了说明在一般情况下这些案例是如何推动可采性标准发展的。

2.2　可采性在美国的发展

除了地区、州和联邦一级的法院外，美国的法院体系还包括州和联邦两级的上诉法院，每个州都有一个最高法院，美国联邦最高法院是终审法院。有些案件的审理可能在这些法院之间发生转移，因此整个法院系统对可采性问题都进行过讨论。

2.2.1　可靠性和弗莱伊标准

自 1923 年弗莱伊（Frye）一案判决后，近一个世纪以来针对解决专家科学证据在法庭上可采性问题的法律标准和程序的研究在美国一直备受关注。在此之前，美国法院采用的是与英国类似的做法，即将证人的专业知识作为可采性的基础。在詹姆斯·弗莱伊（James

Frye）谋杀罗伯特·布朗（Robert Brown）医生一案的审判中，一名曾用血压测量值作为被告说谎指标的专家证人被传唤出庭作证。然而，此案中的问题焦点不是该证人是否具有专业知识，而是血压测量值的突然变化是否与个体撒谎有关以及该技术是否在科学界被广泛接受。辩方主张这项技术并没有记录在案的成功先例，法院接受了这一观点。对此，法院的判决总结为：

> "当一项科学原理被发现刚刚跨越实验阶段和已证明阶段之间的界限时，其性质是很难界定的。当出现这种处于模糊地带的情形时，必须认识到证据能力原则的重要性。虽然法院在承认从公认的科学原理或发现中推断出的专家证词方面会有很长的路要走，但从中推断出来的东西必须有足够的证据支撑，使其能够在其所属的特定领域内被普遍接受。"
>
> ——弗莱伊诉合众国案，1923 年

这就确立了所谓的弗莱伊标准，即专家证据的科学性必须在其领域内获得认可，才能被法院采纳。具有一般可接受性这一可采性标准基本上是证据可靠性的基础，因为法院作为一个整体应该对提出的科学意见不会误导其审议或影响其裁决有信心。在 20 世纪 70 年代，许多新的分析技术被开发出来，尽管弗莱伊标准没有被所有的州采纳，但仍常常被严格适用于案件中。这导致一些法庭科学证据由于过于新颖且证词背后的科学依据尚未被承认而不被法庭采纳。

23　2.2.2　符合弗莱伊标准：1970 年美国诉斯蒂费尔案

1970 年 10 月，美国上诉法院审理了奥维尔·斯蒂费尔（Orville Stifel）针对其通过邮寄炸弹谋杀丹·罗内克（Dan Ronec）的指控提起的上诉。控方提供的证据包括对炸弹碎片和从被告工作地点获得的比对材料所进行中子活化分析（NAA）的结果。当时，NAA 是一项可以根据材料的微量元素组成对材料进行强有力的特征分析的新技术。专家证人詹姆斯·斯科特（James Scot）认为：

"……在他看来，邮寄标签和纸板管碎片与保洁公司的同类产品具有相同的'元素组成'，并且在'合理的科学确定性范围内'，它们是'同一类型，同一制造'。"

——美国诉斯蒂费尔案，1970 年，第 58 段

这一观点与通过另一种更为成熟的显微镜和原子吸收分析技术所得到的观点一致。斯蒂费尔上诉理由是，NAA 技术过于新颖，根据弗莱伊标准，该专家证据不可采，因为：

"……这项测试太过新颖且不可靠，尚未被其特定领域的专家普遍接受。"

——美国诉斯蒂费尔案，1970 年，第 60 段

双方均提出需要更多的专家证人来讨论 NAA 是不是科学界接受的一种技术，其中有些人主张已经有大量支持该方法的研究刊物出版，以及近年来 NAA 证据已被其他法院接受。对此，上诉法院法官认为：

"……测试的新颖性或是缺乏绝对的确定性均不能成为其不被法庭接受的理由，任何一项有用的新技术都有被法庭认可的一天……"

——美国诉斯蒂费尔案，1970 年，第 81 段

因此，法院驳回了上诉，并裁定初审法院在本案中承认中子活化分析结果的做法是正确的。

2.2.3　可采性与守门人角色：多伯特标准

进一步推动科学证据可采性标准发展的不是一场刑事审判，而是一项针对某大型公司的民事诉讼。当时，专家证据的可采性问题尤为突出，因为人们发现司法领域有这样一种趋势，一些公司诉讼案件中的专家为了支持他们的代理人，会做出带有偏差的行为，并

且在一些大公司与自然人的诉讼中出现使用垃圾科学来进行对抗的情况。此外，弗莱伊标准与更新后更宽松的《联邦证据规则》第702条之间的矛盾正在变得越来越明显，相关问题将在第 3.1.1 节中具体展开。当时，《联邦证据规则》第702条规定：

> "如果科学、技术或其他专门知识有助于事实审理者理解证据或确定有争议的事实，则具有知识、技能、经验、训练或教育资格的专家证人可以以意见或其他形式作证。"
>
> ——《联邦证据规则》，1975 年，第702条

24　　美国上诉法院 1993 年对多伯特诉麦雷尔·道制药公司案（Daubert v Merrell Dow）的判决，意在调和并澄清法院对科学专家证词可采性的立场。

名为麦雷尔·道的制药公司生产了一种适用于孕妇的名为本代汀（Bendectin）的抗恶心药物，据称有孕妇在怀孕期间服用了这种药物导致孩子出现先天缺陷。其中两个孩子杰森·多伯特（Jason Daubert）和埃里克·舒勒（Eric Schuller）共同起诉该公司赔偿损失。该公司在法庭上的立场是，没有科学研究能证明这种药物是造成先天缺陷的原因，而孩子的律师则认为，原告的证据实际上是以动物细胞和活体动物为研究对象，同时以对药理学研究和先前发表的流行病学研究的重新诠释为基础的，因此是可采的。联邦法院判决驳回了原告的诉讼请求，并支持麦雷尔·道公司一方的观点。法院认为，原告的证据不符合弗莱伊标准，因此不可采纳。该判决指出，动物研究和基于分子的药理学研究没有也不可能证明该药物与孩子的先天缺陷之间存在直接的因果关系，而且对先前发表的数据进行重新分析这一过程本身并没有经过同行审查，因此其可靠性尚未得到证实。同行审查是指专家通过阅读，理解和接受某个领域内其他人员的工作方式，并将其认可为真实可靠的新知识的标准惯例。

讽刺的是，在通过引用一部分弗莱伊标准来证明该判决的合理性的同时，法官还另外宣称弗莱伊标准已被更宽松的《联邦证据规

则》第 702 条所规定的可采性标准所取代。法官代表法院再次重申：

> "……必须确保所采纳的所有科学证词或证据不仅相关而且可靠。"
>
> ——多伯特诉麦雷尔·道制药公司案，1993 年

判决书对此进行了扩展：

> "……专家通常会区分'有效性'（该原则是否支持其所声称的结果？）以及'可靠性'（原则的适用是否产生一致的结果？）……尽管'准确性、有效性和可靠性之间的差异非常小，以至于彼此之间的区别不会超过一个鸡腿'。"
>
> ——多伯特诉麦雷尔·道制药公司案，1993 年

尽管大多数专家会质疑这开玩笑般的最后一句话，但在许多州采纳了这一判决之后，这些观点变得至关重要。综上所述，该裁决通过强调有效的科学方法的重要性以及指定审判法官作为可采性的守门人，来阐明在考虑科学专家意见时相关性和可靠性是十分重要的。

> "根据《联邦证据规则》，'普遍接受'并非采纳科学证据的必要先决条件，但《联邦证据规则》（尤其是第 702 条）确实将确保专家证词具有可靠性和关联性的职责分配给了初审法官。基于科学有效原则的客观证据是满足这些要求的。"
>
> ——多伯特诉麦雷尔·道制药公司案，1993 年

多伯特案的判决将弗莱伊标准这一在美国联邦一级以及一半以上的州被普遍接受的标准替换为了基于相关性和可靠性的规则，后者是通过对与方法论和科学依据的有效性、准确性和可采性有关的具体问题进行分析来评价的。更具体地说，该判决列出了以下几点法院应具体解决的问题（第 24~30 段，此处为解释）：

（1）证词所基于的科学方法和技术是否经过诸如提出适当的假设并进行实验的方式来检验？

（2）是否对该方法论进行了同行审查以检验其有效性，这种审查是否以诸如发行出版物等方式证明？

（3）用于检查该证据的特定技术的错误率是否已知？此次工作的执行是否遵循这些测试的标准程序？

（4）方法和基础科学是否被相关科学界普遍接受？

自从多伯特案判决以来，这些标准在特定案件中的应用遭遇了许多困难，并在法律界、科学界以及其他研究领域引起了广泛的争议和讨论。

2.2.4　多伯特三部曲

在多伯特诉麦雷尔·道制药公司案之后，还有另外两项诉讼判决对美国的专家证据可采性规则做出了微小但重要的修正。这三项判决一起被称为"多伯特三部曲"。

2.2.5　1997年通用电气公司诉乔伊纳案

罗伯特·乔伊纳（Robert Joiner）是通用电气公司的电工，后来患上肺癌。乔伊纳声称在通用电气公司的工作使他接触了多种化学物质，尤其是多氯联苯、呋喃和二噁英，这些化学物质导致了这种疾病的恶化。乔伊纳的起诉得到了专家证据的支持，该证据表明他患癌症的原因可能是接触了这些物质。上诉法院面临的问题是，地方法院法官在不承认这一专家证据时，是否没有运用适当的法律决策技巧——"滥用自由裁量权"。有人认为，使用有关多氯联苯致癌性的动物相关研究和四个流行病学研究作为科学依据，并不足以使专家得出接触这些化学物质与疾病之间存在直接的因果关系这一结论。因此，判决不仅质疑数据的相关性，还质疑它是否确实支持专家证人的结论。

> "但是结论和方法并非完全不同……法院可能会得出结论认为，数据与所提供的意见之间的分析性太强。"
>
> ——通用电气公司诉乔伊纳案，1997年

这项判决强调法官作为守门人的作用，认为法官有必要在审前　26
阶段召集高素质且客观中立的专家，在需要对可否采纳的决定进行
深入理解和解决细小争议的情况下，就此类技术问题提供咨询意见。

2.2.6　1999 年锦湖轮胎公司诉卡迈克尔案

尽管《联邦证据规则》第 702 条可以适用于科学、技术或其他
专家证据，但多伯特案的判决仅涉及科学证言。在锦湖轮胎公司诉
卡迈克尔案（Kumo Tire Company Ltd & Patrick Carmichael）中，被告
卡迈克尔先生一方的专家证人是一名轮胎故障分析专家，其认为制
造缺陷是导致卡迈克尔先生的一个轮胎发生致命爆胎的原因。而锦
湖轮胎公司则认为该专家证人所提供的证据不可采，因为根据《联
邦证据规则》第 702 条的规定，该专家证人的方法并不可靠。法院
认为，从尖端的科学知识到工程技术和其他以科学为基础的专业技
术领域，难以在专业知识范围内做出区分。因此，本案中的轮胎安
全检查应当适用多伯特标准，而法官应当成为判断可采性的守门人。
这一判决的意义在于，将多伯特标准的适用范围扩展到所有的专业
技术证据，既包括那些被认为属于直接科学的专业技术证据，也包
括那些被认为是基于经验的专业技术证据。

尽管有所发展，但目前在美国仍有许多州并不承认和适用多伯
特三部曲中前两个案例的判决。

2.2.7　多伯特听证会：2002 年美国诉丹尼斯·穆尼案

在多伯特标准出现后，辩方常常以不符合这些标准为由，对法
庭证词提出质疑。在许多情况下，法官会下令进行单独的审前听证
会，以决定相关专家证言的可采性。这被称为"多伯特听证会"
（Daubert Hearings），其在确定那些建立在较弱的科学基础上的证据
类型和法庭科学的过程中发挥了重要作用。

2000 年 11 月，丹尼斯·穆尼（Dennis Mooney）在缅因州沃特
维尔发生的一起事件中被判犯有抢劫罪、共谋罪以及使用或携带枪
支实施暴力犯罪。一件不利的证据是其写给女友的信，在信中穆尼

承认参与了犯罪，不过在庭审中穆尼否认这是他的笔迹。穆尼在受审前提出主张，要求排除控方在笔迹分析和指纹检验中的专家证言，理由是这些证言不符合最近根据《联邦证据规则》第 702 条实施的多伯特标准。因此，另一场单独的多伯特听证会审议了这一点。

27　　根据其过去的成功经验和在法庭上的审查，指纹证据被认为是可采的。而人们也一致认为，笔迹分析属于公认可靠的专业知识领域，多年来美国法院已经接受通过对笔迹证据的比较来进行证明的方法是可靠的。因此，听证会裁定：

> "虽然笔迹分析并不完全科学，但它显然是一种受《联邦证据规则》第 702 条规制的一种技术专长。"
>
> ——美国诉丹尼斯·穆尼案，2002 年

该主张并未质疑专家在该领域的专业知识，而是认为：

> "……笔迹分析无法根据任何数据确定某一特定文字的'作者'。"
>
> ——美国诉丹尼斯·穆尼案，2002 年

但是，这在听证会看来是无关紧要的，因为《联邦证据规则》仅要求：

> "……专家证词或多或少能够协助陪审团决定有争议的事实。"
>
> ——美国诉丹尼斯·穆尼案，2002 年

听证会对被告在主张中引用的几个案件进行了审查，包括法院允许专家指出相似和不相似的特征，但否定了关于专家就笔迹来源发表意见的权利的例子。听证会以《联邦证据规则》第 702 条规定——专家证人可以"以意见或其他方式"作证为依据，拒绝了这种存在"争议"的证词。

在此基础上，听证会驳回了被告的主张，从而允许专家证人作

证。在证明该决定正确时，法官认识到多伯特标准的目的并不是排除证词，例如基于笔迹分析之类的已经被弗莱伊标准所承认的技术。在满足《联邦证据规则》第 702 条的情况下，对专家意见可靠性的任何质疑都应通过交叉询问的方式来解决，而不是盲目地排除证词。

2.3　可采性在加拿大的发展

与美国一样，加拿大的司法辖区分为十个省、三个地区的地区一级法院和联邦一级法院。但与美国不同的是，加拿大在最近几年才为专家证据制定了与多伯特标准相似的可采性标准。此前，加拿大采用的是类似于英国的法律，即更为自由的普通法原则，并不存在与弗莱伊标准相类似的标准。

2.3.1　1994 年王室诉莫罕案

这个具有里程碑意义的案件是 1994 年在安大略省法院提出的上诉案件，该案反对上诉法院之前做出的关于撤销执业儿科医生奇克马尔·莫罕（Chikmaglur Monan）四项性侵女童的罪名的决定。该案件的专家证据来自一位名为希尔（Hill）的精神病医生，该专家声称其确定该袭击者同时具有恋童癖和性心理变态，这是很不寻常的，只有很少人同时具备这两种心理特征。希尔作证道： 28

> "莫罕医生不具备大多数性犯罪者所属的三个群体中的任何一个的特征。"

——王室诉莫罕案，1994 年

据此，对莫罕的起诉失败。上诉法院需要解决的问题是希尔医生的证词是否具有可采性。此案的审议是根据有关采纳专家证据的原则进行的，法官们将这些原则归纳为：

- 证词与案件的相关性。

应从成本效益的角度考虑这一点，因为意见的可靠性将影响其与法院审议的具体问题的相关性。这意味着应该对新技术或科学知识领域的可靠性进行准入测试。

> "如果逻辑上相关的证据会带来的不利影响远超其能够带来的证明价值；或是对其调查需要花费的时间成本与其价值不相称；再或是证据对事实审判者，尤其是陪审团具有误导性，且与其可靠性不成比例，那么基于此类原因，这些证据可能会被排除。"
>
> ——王室诉莫罕案，1994 年，第 21 页

- 作证有助于事实调查的必然性。

证词的实质内容应当超出法院的知识范围，例如，关于科学或技术问题。但是，其不应扭曲事实调查过程或高于陪审团的判断。如果证据不可靠，法院就没有必要考虑该证据。

- 不满足任何排除规则。

专家证据应与证据规则下的相关条款正确关联。

- 专家资质合格。

证人应当证明他们拥有特定的知识，这些知识是通过学习或经验获得的，并且与其证词的实质内容直接相关。

虽然这些标准没有具体表明，但法院仍谨慎地强调，在考虑可采性时，特别是在涉及新技术和新的知识领域时，仍应考虑证词的可靠性。

> "……从前文可以看出，提出新的科学理论或技术的专家证据需要经过特别审查，以确定其是否符合可靠性的基本门槛，以及在某种意义上是否必要，如考虑在没有专家协助的情况下，事实审理者是否将无法做出满意的裁判意见。证据越接近最终问题的观点，该原则的应用越应严格。"
>
> ——王室诉莫罕案，1994 年，第 25 页

在这种特殊情况下，上诉法院的法官认为，没有数据表明希尔

医生的方法被普遍接受或者这种心理特征的匹配是一个可靠的过程，甚至没有数据表明不同特征类别的划分可以以任何可靠的方式来完成。据此，希尔医生的证言被宣布不可采。 29

2.3.2　2009 年王室诉艾比案

继莫罕案后，随后发生的案件加强并明确了将专家证据提交加拿大法院的程序。在王室诉艾比案（R v Abbey）中，一名社会学家作为专家证人，意图证明纹身的样式与加拿大街头帮派之间的联系。证词尤其想要说明，该谋杀案被告脸上刻有的泪滴纹身是一枚标记，表示其杀死了一名同伙黑帮成员。初审法官以缺乏可靠性为由排除了这一证据，具体原因是其中所涉及的研究领域较为新颖且缺乏相关出版物，错误率未经证实，样本量也较小。但上诉法院认为，该证词来源于社会科学领域的专家知识，应采用更灵活的方式来分析其是否可采。多伯特式的标准在这里并不合适。该判决特别强调：

> "……法官必须做出权衡以履行守门人的职责，即使提出的证据符合可采性的标准，但该证据对审判所起到的作用是否大于采纳其所带来的时间成本、偏见等风险，以及证据是否过于复杂，仍然可能使陪审团陷入混乱。"
>
> ——王室诉艾比案，2009 年

本案澄清了基于莫罕规则法官作为守门人的作用，尽管这些规则没有多伯特所定义的那么严格。此外，现有的法庭科学技术在很大程度上仍未受到这种审查，而这种审查只留给了基于新技术领域的证据。

2.3.3　2007 年王室诉特罗希姆案

最近，加拿大最高法院做出的一些判决表明，针对可采性标准问题，加拿大的立场正在逐渐接近多伯特标准。这一转变是由过去 20 年中出现的一些司法误判（见第 1.3.3 节）和一些著名案件［例如王室诉特罗希姆案（R v Trochym）] 推动的。1995 年，斯蒂芬·特罗希姆（Stephen Trochym）因杀害其女友唐娜·亨特（Donna Hunter）而被判二级谋杀罪。该案件的关键证据之一是受害人邻居的证词，该证人声称其在谋杀发生当晚看到特罗希姆进入了受害人的公寓，然而这份证词是在证人被催眠时获得的，但是陪审团并不了解这一情况。后来，该证据在安大略省的上诉法院因可采性问题受到质疑。

按照大多数陪审团成员的观点，上诉法院判定通过催眠获得的证据不可采，因为它所依据的科学过于新颖以至于未达到必须满足的要求。其缺点包括错误率未知且缺乏任何关于其准确性的证据，或者实际上根本没有证据表明该技术属于一个有效的研究领域。

> "当考虑评价新型科学证据可靠性的因素时，很明显，人们对催眠技术及其对人类记忆的影响还不够了解，以至于无法得出催眠后的证词在法庭上是足够可靠的这一结论。"
>
> ——王室诉特罗希姆案，2007 年

30   上诉法院的法官在一定程度上认可了多伯特标准，认为其能为建立新的科学证据可采性标准提供"可靠的基础"，例如在催眠状态下获得的证人证言。尽管如此，加拿大法院并未坚持在加拿大适用多伯特标准，且实际上很少会因为可靠性的问题而排除专家证据，尤其是对于常规或公认的方法。

2.4   可采性在澳大利亚的发展

最近几年，澳大利亚的证据法走上了独立的发展道路，且与同曾为英联邦国家的加拿大相比，其发展受美国的影响较小。与加拿大一样，澳大利亚也是联邦制国家，由六个州和两个地区的地区法院负责处理绝大多数案件，而联邦最高法院则是终审法院。1995 年的《联邦证据法》试图在整个联邦范围内实现统一（统一证据法），但迄今为止，只有联邦法院和一些州立法院遵守这一标准。

2.4.1　1984 年王室诉博尼顿案

近几十年间一个最突出的问题是，法院在确定证据可采性时，是否能够就技术方法的细节询问专家证人。这是向南澳大利亚最高法院上诉的王室诉博尼顿案（R v Bonython）所争议的主题。

在本案中，上诉人博尼顿（Bonython）因伪造签名非法获取财物而被定罪，但之后他以案件中专家证人戴利中士（Sergeant Daly）的证词不应被采纳为由提起了上诉。在最初的庭审中，法官罕见地允许在陪审团在场的情况下对戴利证词的可采性进行听证，以确认戴利作为笔迹和签名分析专家的地位。律师询问戴利，如何通过对签名的检验得出意见？尤其是需要多少参考签名才能确定其与可疑签名有着同一来源？

> "当时法官认为，该问题与证据的证明力有关，而与证据的可采性无关。在与律师讨论的过程中，这位博学的法官表明了其观点，即旨在确定证人形成其意见所依据的材料不充分的问题，与证据的证明力有关，而与可采性无关。"
>
> ——王室诉博尼顿案，1984 年

就此问题，上诉法院同意了初审法官的观点，同时表明判断可采性时应考虑如下两个问题：

（1）得出意见的方法是否在专家作证的技术类别范围之内，且该方法是否经过充分的认可并成为已被普遍接受且可靠的知识体系？

（2）证人是否已经获得足够的知识或经验，使其能够在庭审中提出有价值的意见？

若同时满足上述两点，那么对方法的任何讨论都将影响该意见的分量。换句话说，对证词所采用的技术问题提出异议的质证，最终影响的是该证据在法官心中权重的大小。在这种情况下，专家实际上可以通过提及所需参考签名的最低数目的方式，来说明得出该证词所依据的方法的可靠性。

2.4.2　2001 年牧田公司诉斯普洛尔斯案

然而，从新南威尔士州上诉法院对牧田公司诉斯普洛尔斯一案（Makita v Sprowles）的审理开始，法院才真正对专家证人采用的方法以及这些方法与意见本身之间关系产生兴趣。斯普洛尔斯女士（Ms Sprowles）受雇于牧田公司，她因在工作中摔倒受伤而起诉公司。在最初的审判中，专家证人莫顿教授（Professor Morton）就混凝土楼梯的表面质量是否足以导致事故的发生进行了说明。莫顿得出意见的科学原理实质上是滑动的最小安全阈值至少为 0.4~0.5 的摩擦系数，而楼梯的摩擦系数为 0.34。据此，法院认定楼梯不安全，判定公司应当承担责任并向斯普洛尔斯女士支付一大笔赔偿金。

牧田公司不服判决提起上诉，最终上诉法院推翻了原审判决。上诉法院对摩擦系数的数值提出质疑，其关键理由是，莫顿无法证明数字的准确性，并且在发生事故的楼梯处从未出现过类似的滑倒事件。因此，上诉法院倾向于基于以下观点的最后一句得出结论，而不是根据专家的证词：

"……如果该意见是以假定或已被接受的事实为基础，则必须以其他方式对这种基础进行确认和证明；必须确定，意见所依赖的事实为其奠定了良好的基础……如果这些问题尚不明确，就无法确定意见是否完全基于专家的专业知识。如果法院不能确定这一点，那么严格来说，该证据就是不可采的，即使可采，其证据分量也是很低的。"

——牧田公司诉斯普洛尔斯案，2001 年，第 85 段

这项判决将可采性与专家解释事实数据并进行评价的推理过程直接联系起来，使法院能够确定该意见的有效性和可靠性。这一规则通常被称为"基本原则"，指意见必须严格以专家确定且可接受事实为基础。

2.4.3　2011 年达斯雷夫有限公司诉霍查尔案

纳瓦夫·霍查尔（Nawaf Hawchar）曾是达斯雷夫有限公司的石匠，其声称自己患上矽肺病是由于工作场所的二氧化硅粉尘水平超出安全标准所致。霍查尔的律师请巴斯登博士（Dr Basden）作为专家证人来支持霍查尔于 2009 年在尘埃疾病法庭提出的赔偿要求。霍查尔的主张得到了支持，但达斯雷夫有限公司向新南威尔士州的上诉法院提起了上诉，上诉法院最终于 2010 年维持了原审判决。然而，在 2011 年的再次上诉中，尽管澳大利亚最高法院仍然维持了对达斯雷夫有限公司不利的原审判决，但支持了部分专家证人的证言不具有可采性的观点。

巴斯登博士证词的关键部分涉及对霍查尔经常工作的场所内二氧化硅粉尘颗粒浓度的测量，并将该测量值与法定标准进行比较。巴斯登称，霍查尔工作场所的二氧化硅粉尘含量是法定最高浓度的一千倍以上。在巴斯登的报告及对其的交叉质证中，其给出了二氧化硅粉尘浓度的各种数值，并使用了诸如"相当大比例的硅尘"等意义不明确的字眼。此外，巴斯登没有提供任何有关霍查尔先生可能吸入的粉尘浓度的计算依据，也没有亲自测量过这些浓度。法院关注的是，专家的能力和经验没有达到可以进行详细的定量计算以及在特定条件下进行估计的程度，巴斯登最初也同意这一观点。

上诉法院的观点是：

> "他没有提供任何证据来表明他测量过可吸入二氧化硅粉尘的浓度，也没有提供任何证据表明测量过被调查者工作场所的尘埃浓度以及在该尘埃浓度下可吸入部分的浓度。他没有解释他是如何根据自己的专业知识推理的……因此，该证据是不可采的。"
>
> ——达斯雷夫有限公司诉霍查尔案，2011 年，第 137 段

专家证言中的这一重要部分之所以不可采，是因为法院认为给

出的数据并非"完全基于"这位专家证人的知识。这一点通过在判决中增加如下内容得到了加强：

> "未能证明证人所表达的意见是证人在经过培训、研究或经验总结的基础上所掌握的专业知识，这一问题关系到证据的可采性，而不是证据的权重。"
>
> ——达斯雷夫有限公司诉霍查尔案，2011 年，第 42 段

与牧田案相同，意见的可采性与证人专业知识和论点的明确性之间有着密切的联系，从而使专家意见与该专业知识有关并变得可靠。这也意味着对证据权重的考虑应以可采性为基础，不应将二者视为单一程序的两个方面。然而，在实践中，澳大利亚法院不愿直接提及可靠性，在采纳专家证词方面通常较为自由，因此存在：

> "……在审判与事实认定上有关有效性和可靠性的问题。"
>
> ——埃蒙德（Edmond），科尔（Cole），
>
> 坎利夫（Cunliffe）和罗伯茨（Roberts），2013 年

2.5 可采性在英格兰和威尔士的发展

在英格兰和威尔士，处理专家证据的原则来自普通法，而法院在处理可采性问题和判断专家资格时采取了相当宽松和务实的做法。多年以来，这种做法通过对疑难上诉案件的裁判得以修正和控制，因此并没有发生重大变化，也没有引起很大的争议。事实上，若干裁判中明显矛盾的观点对于聚焦或澄清这一司法辖区内的采纳标准毫无帮助。

2.5.1 1975 年王室诉特纳案

1974 年 2 月，特伦斯·特纳（Terence Turner）因用锤子杀死女友而被判谋杀罪，因为女友表示特纳并非其所怀孩子的亲生父亲。

尽管特纳声称自己没有任何精神疾病，但还是对此提起了上诉，理由是来自精神病学专家的证据表明，其行为是由于对女友的过度依恋而产生的激情犯罪。但是，法官认为该证据是不可采的，因为在诸如此类属于"常识和经验"的问题上，法院并不需要专家意见，上诉法院的裁判表示：

> "当专家向法庭提供的是超出法官或陪审团知识经验范围的信息时，该专家意见才是可采的。如果在没有帮助的情况下，法官或陪审团能够根据已被证明事实得出自己的结论，此时就不需要专家意见。"
>
> ——王室诉特纳案，1975 年

这些观点将关注点集中在专家证言的本质和可采性标准上。此外，如果证人能够使法院相信其专门知识与法院审议的事项相关，那么其证词应被采纳。

有趣的是，不论其他地区如何认识可靠性问题，英国法院似乎认为这是一个关系到证据分量的问题。因此，没有任何讨论或标准将可靠性作为专家证言可采性的条件。另外，近年来对证人，尤其是辩方证人的资格和专业领域提出质疑的情况逐渐减少。

2.5.2　2001 年王室诉吉尔福伊尔案

在此案中，吉尔福伊尔（Gilfoyle）被判以绞刑因其谋杀了他怀孕的妻子，尽管仅凭医学证据就能在谋杀和自杀之间得出判断。随后，本案进行了两次上诉，其中第二次上诉是在 2001 年 CCRC 移交之后提出的，其中辩方提供了自杀笔记和其他遗留文字等具有心理特征的证据，以显示死者去世时的心理状态。该证词之所以被认定为不可采，不是因为对专家的专业水平有任何质疑，而是因为：

> "……其报告没有明确告知法院可以用来判断其观点质量的参考标准：没有数据库将真实的自杀案件和存疑的自杀案件进

行比较，也没有大量的学术著作认可其方法。"

——王室诉吉尔福伊尔案，2001年，第25段

其他法院也拒绝了类似的证词，吉尔福伊尔的第二次上诉也没有成功。

该裁判提供的标准使法官在进行可采性判断时，能够验证专门知识领域的实质内容和专家据此得出意见的推理过程。虽然没有具体提及可靠性，但本裁判的内容显然涉及证词的基础，以及法院了解专家证人如何根据其确定的事实来证明自己观点的必要性。此外，王室诉吉尔福伊尔案的上诉推动了可靠性问题从可采性到意见权重的转变。

34

2.5.3　2004年王室诉卢特雷尔案

2003年，杰拉德·卢特雷尔（Gerrard Luttrell）与另外六人一起，因处理的赃物价值超过600万英镑在雷丁王室法院被判有罪。卢特雷尔不服定罪，其认为从监控视频中提取的唇语证据不应被采纳，因为这是新颖且不可靠的，或者法官至少应当提醒陪审团注意其局限性。在最初的审判中，专家意见是由一位合格且经验丰富的唇语专家通过观察卢特雷尔的一段与犯罪活动有关的对话获得的。但是，当另一位专家进行验证时，该名唇语专家的正确识别率只有50%左右，并且有另外两名专家认为该种证据具有内在的不可靠性，尤其这还是从监控中获得的。尽管如此，初审法官还是认为该证据是可采的，并且反对唇语分析是不可靠的知识经验的观点。

上诉法院支持了这一观点。有趣的是，尽管上诉法院补充认为意见的权重由陪审团评价，但其也认为澳大利亚博尼顿案（1984年）为可采性的判断提供了两个必要条件（请参阅第2.4.1节）。卢特雷尔的律师认为，应对该证据的可靠性和有效性进行进一步的测试，因此，应向法庭解释该方法并对其进行质证。此项主张被法庭拒绝，理由是，分析唇语是一种后天获得的专业知识技能，而不是一门科学学科，因此这种测试是不合适的。这种观点与美国在1999

年的锦湖轮胎案中所采取的观点相反。尽管这是在确定可采性时必需考虑的因素，但普遍的观点是，可靠性应有助于陪审团对证据的重要性进行审议。与吉尔福伊尔案不同，该裁判显然没有将可靠性作为确定可采性的主要因素。

但是，上诉法院的确补充认为，在本案以及其他类似的案件中，法官应当提醒陪审团注意唇语证据或类似证据具有局限性，提供该意见证据的专家可能不完全准确：

> "……如果经验、研究或常识表明，某种特定类型证据所隐含的危险难以向陪审团予以提醒时，有必要给予'特殊警告'来应对这种情况。"

——王室诉卢特雷尔等案，2004 年

上诉法院的观点是，在原审中陪审团已经适当地了解了有关卢特雷尔案中唇语证据的局限性，因此驳回了卢特雷尔的上诉。本案例表明，法院可以采纳已知不可靠的专家证据，只要陪审团了解这种不可靠的性质，并在评价证据的权重时加以考虑。

在评价更为不确定的心理特征分析技术时，有必要将本法庭对唇语证据的观点与吉尔福伊尔案法庭的观点进行比较。在确定可采性时，专业领域当然要经过仔细审查，但可靠性问题往往应作为陪审团开展审议证据重要性工作的一部分。

2.6　关于可采性的总结

35

对这些案件中出现的可采性问题及其对相关性和可靠性的影响进行总结是非常有益的。图 2.1 所示的流程图说明了这些案例所暴露的主要问题，以及这些问题如何影响专家意见的采纳和传达过程。尽管不同司法辖区中出现的问题有着不同的侧重点，但并非实质上的不同，因此该图能够在不同司法辖区内通用。

36

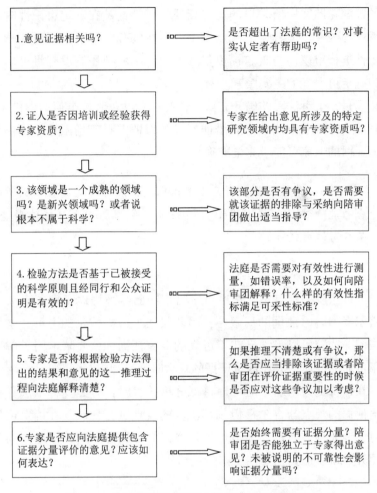

图2.1 意见证据的可采性：法庭焦点问题的总结

2.6.1 相关性和专业知识

确保证据不在法庭的常识范围内（1），并确认证人具有专家资质（2）是相对无争议，并且是较早被上述所有司法辖区所采纳的标准。但在某些情况下，法官可能会认为陪审团能够在没有专家协助的情况下进行独立评价从而得出全部意见或部分意见。更重要的问题是，法院需要花费多少成本才能够评价专家所提供的专业知识是否完全适当并具有足够的深度，以至于能够证明其在每个特定案件中均具有可靠性和准确性。

2.6.2　意见的科学依据

建立可靠性的核心体现于两点（3 和 4），在那些具有里程碑意义的案例中出现的大多数相互矛盾的观点和方法也由此产生。在美国，尽管措辞比本书总结的内容更为详尽和具体，但多伯特标准在本质上已经系统性地涵盖了这些问题。在加拿大，尽管没有像多伯特标准那样明确，但也基本上对这些问题进行了讨论，并且在讨论时会涉及相关性和专业知识的问题。相比之下，澳大利亚和英格兰则采取了更为灵活的处理标准，即通过平衡对可采性的质疑（例如以可靠性不确定为由）与陪审团根据意见做出证据分量判断之间的关系来解决。另一方面，这些司法辖区的法院表现得更为谨慎，还强调了陪审团必须充分了解专家从事实基础到得出意见的这一推理过程（5）。这一点美国的有关人员也有提及。可采性评价的一个共同特点是利用单独的听证会或案中审讯程序来进行，例如美国的多伯特听证会。在该听证会上，可在没有陪审团参与的情况下，在审判开始之前做出可采性判断的决定。尽管法院已经认识到了可靠性的问题，并努力采用诸如多伯特标准等方式将可靠性评价作为可采性评价所需考虑的关键问题，但相关司法实践表明，这一观念并没有被各个司法辖区所广泛接受。正如埃蒙德等人的观点：

> "……有太多的证据是基于价值未知的技术，并且其表达方式会对完全不了解该领域的非专业人士产生特殊的影响，最终还作为控方证据被法院所采纳。"
>
> ——埃蒙德，科尔，坎利夫和罗伯茨，2013 年

2.6.3　证据的权重

37

在本次讨论中，最重要的问题可能是陪审团如何确定证据的重

要性以及这与专家意见所提供的评价内容之间是何种关系（6）。多伯特标准的主要目的是确保只有可靠和有效的法庭科学结果才能提交给陪审团（守门人角色）。这些规则并不处理证据评价的问题，而是直接处理可采性问题。最理想的情况有两种：一是专家证据符合标准且陪审团是在确定其背后的科学是有效并已被证明的情况下来考虑证据的权重，二是直接排除专家意见。但是，一些可靠性尚未被证实且权重将通过某种程序由陪审员判断的证据得到了英格兰和澳大利亚一些法院的积极鼓励。

在过去十年左右的时间里，有关可采性问题的讨论以及确定证据可靠性的重要程度及其实现方式被日益关注，并一直推动着与专家证据相关的法律审查准则的发展。虽然美国对法庭科学的重视程度日益提高，但在英格兰，法院在可靠性问题上采取的做法不一致一直是一个突出的问题。正如雷德梅恩（Redmayne）的观点：

> "……现行的（英格兰和威尔士）法律是不完整的，因为没有明确规定科学证据的支持者所要承担的举证责任，而且现行法规对法官在审查科学证据时应考虑何种因素并没有提出足够的指导性意见。"
>
> ——雷德梅恩，2001 年，第 137 页

这些都为下一章的进一步讨论提供了适当的线索。

参考文献

1. Dasreef Pty Limited v Hawchar (2011). HCA 21.

2. Daubert v Merrell Dow Pharmaceuticals Inc, 509 US 579 113 S Ct 2786, 1993.

3. Edmond G., Cole S., CunliffeE. and Roberts R. (2013). Admissibility compared: the reception of incriminating expert evidence (i. e., forensic science) in four adversarial jurisdictions, *University of Denver Criminal Law Review*, 3, 31-109.

4. Federal Rules of Evidence (USA). [Online]. (1975). Available at http://www. gpo. gov/fdsys/pkg/ STATUTE-88/pdf/STATUTE-88-Pg1926. pdf [Accessed 2 December 2015].

5. Frye v United States 293 F 1013（DC Cir 1923）.

6. General Electric Company v Joiner, 522 US 136（1997）.

7. Kumo Tire Company Ltd v Patrick Carmichael, 119 S Ct 1167（1999）.

8. Law Commission: Expert Evidence in Criminal Proceedings in England and Wales, Law Com No 235, The Stationary Office [Online]. (2011). Available at https://www.gov.uk/government/uploads/system/uploads/attachment _ data/file/229043/0829.pdf [Accessed 2 December 2015].

9. Makita（Australia）Pty Ltd v Sprowles [2001] NSWCA 305.

10. Queen v Bonython [1984] 38 S A S R 45.

11. R v Abbey [2009] 97 O R（3d）330.

12. R v Gilfoyle [2001] 2 Cr App R.

13. R v Luttrell and others R v Dawson and another [2004] EWCA Crim 1344.

14. R v Mohan [1994] 2 S C R 9, [1994] S C J No 36.

15. R vTrochym [2007] S C C 6.

16. R v Turner [1975] 1 All ER 70.

17. Redmayne M.（2001）. *Expert Evidence and Criminal Justice*. Oxford: Oxford University Press.

18. United States v Dennis Mooney, 315 F 3d 54 2002.

19. United States v Stifel, 433 F 2d 431 1970.

拓展阅读

1. Bernstein D. E. and Jackson J. D.（2004）. The Daubert Trilogy in the States, *Jurimetrics Journal*, 44, 351-366.

2. Boylan-Kemp J.（2008）. *English Legal System: the fundamentals*. Sweet and Maxwell.

3. Cromwell The Hon T. A.（2011）. The challenges of scientific evidence, The Macfadyen Lecture [Online]. Available at http://www.scottishlawreports.org.uk/publications/macfadyen-2011.html [Accessed 2 December 2015].

4. Durston G.（2005）. The admissibility of novel "fields" of expert evidence, *Justice of the Peace*, 169, 968-971.

5. Edmond G.（2012）. Is reliability sufficient? The Law Commission and expert evidence in international and interdisciplinary perspective（Part 1）, *International Jour-*

nal of Evidence and Proof, 16（1）, 30-65.

6. Edmond G. and Roach K. （2011）. A contextual approach to the admissibility of the state's forensic science and medical evidence, *University of Toronto Law Journal*, 61（3）, 343-409.

7. Federal Rules of Evidence（USA）［Online］. （2015）. Available at http://federalevidence. com/ downloads/rules. of. evidence. pdf［Accessed 2 December 2015］.

8. Giannelli P. （1994）. Daubert: Interpreting the Federal Rules of Evidence, *Cardoza Law Review*, 15, 1999-2026.

9. Imwinkelried E. J. （1981）. A new era in the evolution of scientific evidence–A primer on evaluating the weight of scientific evidence, *William and Mary Law Review*, 23（2）, 261–290. Available at http://scholarship. law. wm. edu/wmlr/vol23/iss2/4［Accessed 2 December 2015］.

10. Kiely T. F. （2006）. *Forensic Evidence: science and the criminal law*, 2nd Ed. CRC Press.

11. Kumar M. （2011）. Admissibility of expert evidence: proving the basis for an expert's opinion, *Sydney Law Review*, 33, 427-457.

12. Moriarty J. C. and Saks M. J. （2005）. Forensic science: grand goals, tragic flaws, and judicial gatekeeping, *Judges' Journal*, 44（4）, 16-33.

13. Page M. , Taylor J. and Blenkin M. （2011）. Forensic identification science evidence since Daubert: part II–judicial reasoning in decisions to exclude forensic identification evidence on grounds of reliability, *Journal of Forensic Sciences*, 56（4）, 913-917.

第3章

法庭科学与法律的发展之路

出于对法庭科学证据可靠性的关心，无论是在司法误判的背景 39
下，还是在上诉法院对专家意见可采性的裁判中，立法机关和司法
机关都不可避免地会做出一些回应。某些司法辖区还设立了审查机
构，不仅审查有关专家证据的法律和规则，还审查法庭科学的相关
组织和提供意见的过程。加拿大的工作重点是投入较大精力去调查
自身司法误判的情况，而在一些国家，是由国家法律机构通过出版
关于科学方法、术语、数据分析和统计等方面的权威文件，以及向
法官、律师和听众详细解释特定技术方法的方式，来加强法官对科
学证据的了解。

本章将对美国、加拿大、澳大利亚和英国这些国家的发展道路
进行回顾并做出批判性评价，旨在说明这些司法辖区目前对可采性
的处理方法，分析比较相同点和不同点，以探寻更适合在法庭上处
理科学专家证词的制度，从而克服目前所面临的司法困难。

3.1 美国国家法律发展

在美国，在多伯特标准提出后，有关专家证据可采性的问题仅
是法庭科学相关问题中日益引起关注的一部分，这些问题不讨论证
据本身的科学可靠性，而是关注学科的资源和组织、质量保证标准 40
以及专家证人出具虚假证词的典型案例等。因此，美国国会于2006
年启动了一项全国性法庭科学研究项目，美国国家研究委员会

（NRC）还于 2009 年发布了名为《美国法庭科学加强之路》的报告。此外，国家司法中心（National Judicial Center）和国家研究委员会于 1994 年联合出版了《科学证据参考手册》（Reference Manual on Scientific Evidence），并于 2000 年和 2011 年进行了修订，这为科学界和法律界提供了一个平台来分享目前在处理和出示科学证据方面的最佳做法。与此同时，《联邦证据规则》在 2000 年进行了修订，并于 2011 年再次修订，将多伯特标准及相关案件的精神吸纳进制定法，以反映国家法律对可采性和可靠性所持的立场。

3.1.1 联邦证据规则

《联邦证据规则》于 1975 年颁布，并在过去四十多年中以各种方式进行了修订。州一级的法院根据自己细化的规则来具体适用该规则。当前讨论特别热烈的是那些专门适用于专家意见的联邦规则。对专家证据相关性的规定在第 401、402 和 403 条，原始条文为：

> "'相关证据'是指证据具有某种倾向，可以使某项在诉讼中待确认的争议事实比没有该证据时变得更有可能或更无可能。"
>
> ——《联邦证据规则》，1975 年，第 401 条；
> 参见《联邦证据评论》，2015 年

第 402 条确认相关性是可否采纳的先决条件，而第 403 条则列举了可能排除相关证据的情况：

> "……但如果该证据可能导致不公正偏见、混淆争议或误导陪审团的危险大于其可能具有的价值时，又或是考虑到过分拖延、浪费时间或无需出示重复证据时，也可以不采纳。"
>
> ——《联邦证据规则》，1975 年，第 403 条；
> 参见《联邦证据评论》，2015 年

第 702 条规定的是专家意见的可采性问题。该条并未涉及弗莱

伊标准，因为该标准并未被所有州采用。更具体地说，尽管对于第
702 条的具体解释一直是争议的焦点，但第 702 条似乎更侧重于证人
的专业知识，而不是证词的科学基础。第 702 条似乎也提供了一个
比弗莱伊标准更为宽松的采纳门槛。事实上，早在 1992 年，贝克尔
（Becker）和奥伦斯坦（Orenstein）法官就将弗莱伊标准和第 702 条
之间的关系称为"最具争议、最重要的悬而未决问题"。

> "如果专家的科学、技术或其他专门知识将有助于事实认定
> 者理解证据或确定争议事实，则因知识、技能、经验、训练或者教
> 育而具备专家资格的证人，可以以意见或者其他形式就此作证。"
>
> ——《联邦证据规则》，1975 年，第 702 条；
> 参见《联邦证据评论》，2015 年

然而，由于多伯特三部曲、相关裁判和相关讨论的不断涌现和
发展，《联邦证据规则》的第 702 条在 2000 年进行了根本性修改，
将多伯特标准中的四项重要内容囊括了进来。而在 2011 年第 702 条
又被进一步修订为当前使用的版本（2015 年）：

> "在下列情况下，因知识、技能、经验、训练或者教育而具
> 备专家资格的证人，可以以意见或者其他形式就此作证：
> （a）专家的科学、技术或其他专业知识将帮助事实认定者
> 理解证据或确定争议事实；
> （b）证言基于足够的事实或者数据；
> （c）证言是可靠的原理和方法的产物；
> （d）专家将这些原理和方法可靠地适用于案件的事实。"
>
> ——《联邦证据规则》，2015 年，第 702 条；
> 参见《联邦证据评论》，2015 年

该规则的重要性在于揭示了多伯特三部曲对美国法律的影响，
这种影响是巨大的，以至于这些裁判的实质内容被纳入了国家法律
指南中。无论是基础科学原理和方法的重要性，还是专家在任何特

定情况下实施这些可靠方法的重要性，都在第 702 条中有明确规定。

3.1.2　2009 年美国法庭科学的加强

在寻求加强法庭科学道路的过程中，美国国家研究委员会发布的报告探讨了一系列有助于加强科学证据可靠性和可采性的因素，从而认识到该学科的最终目的是为法庭服务。在此过程中，委员会认可了案例中的 DNA 分析技术，该案例证明了强大的科学研究基础（作为法庭科学技术的基础）不仅可以提高证据的质量和可靠性，而且可以加强随后证词的质量。同时，也有许多来自法庭科学领域的案例，包括指纹的黄金标准，都因缺乏严谨的科学性从而可能导致不可靠且错误的专家证词而受到批评。

> "在许多法庭科学学科中，若法庭科学专业人员都尚未确定其方法的有效性或结论的准确性，那么法院就更加无法解决这一问题。"
>
> ——美国国家研究委员会报告，2009 年，第 53 页

在尝试执行多伯特标准并明确确立证据的科学有效性时，法院不仅致力于确保法庭科学检验过程的质量，还致力于确保法庭科学从业人员的质量，这一行动显然超出了其能力和职权范围。对此类问题，应该由法庭科学组织自身来加以保障。报告建议的解决办法是对这一学科及其在全国的推广进行系统而彻底的改革，以确保只有可靠、有效和准确的科学证据，即明确可采的证词，才能提交法院。因此，该报告将法庭科学程序的每一个环节都与可采性问题建立了明确的联系，如果解决了该程序每一部分的问题，那么从犯罪现场到法庭的证据传递道路将有质量保证，也能够获得可靠的专家证词。

建议的重点是：

● 国家机构。

应该成立一个国家机构——国家法庭科学研究所，以"促进法庭科学发展成为一个成熟的涉及多学科研究和实践的领域"。因此，

42

国家级交流组织——全国法庭科学委员会（the National Commission on Forensic Science）于 2014 年成立。

- 最佳实践做法。

应在整个行业中确定、传播和规范最佳实践做法。包括在报告结果中使用标准术语以及对特定类型的证据执行实验室示范标准。所有实验室都将在常规的质量控制流程下进行操作，以识别错误、误差和偏差，从而确保实验结果的有效性和可靠性，同时也成为提高质量的手段。

- 质量标准。

应建立一个标准框架来对法庭科学实验室、专家以及其他从业人员进行认证。此框架应参考诸如 ISO 等国际标准。作为专业的法庭科学专家在法庭上提供专家证言的资格需要进行强制性认证。建议所有实验室与警察或检察官等执法机构分开并独立运作。

- 坚实的研究基础。

该报告建议的核心是呼吁建立一个健全的并经过同行审查的研究基础，以支持法庭科学和医学领域的所有案例研究。这是确保法庭科学分析和调查准确、基于有效方法并提供可靠结果的必要先决条件。此外，还需要通过基础研究来对实际案例中所应用的法庭科学技术的准确性和可靠性程度进行量化。在开展和解释实验工作时，需要对人为错误的来源和偏差问题进行额外的研究与量化。

- 教育和培训。

为了确保法庭科学的质量良好并提高这一学科的信誉，合格且训练有素的法庭科学专家是必不可少的。只有通过改进本科生和研究生的教育方案，并设置认证程序对这些方案的标准进行监督，才能实现这一目标。从法官到法学专业的学生等法律专业人士，都应接受一些法庭科学教育，例如如何解释实验结果等。此外，还应该为所有从事法庭科学工作的专家制定国家层面上的道德标准。

这些改革结果的总结如下： 43

　　"基于更多、更好的教育计划，受认可的实验室，法医从业人员的认证程序，完善的操作原则和程序，以及以建立各学科领域的限度和衡量标准为目的的专业研究，法庭科学专家能够更好地分析证据并持续向法庭报告其发现。"

——美国国家研究委员会报告，2009 年，第 53 页

2014 年 2 月，国家司法研究所（the National Institute for Justice）汇报了这些建议的执行情况。

3.1.3　美国科学证据参考手册

自 1994 年第一版以来，联邦司法中心（the Federal Judicial Center）就定期出版科学证据参考手册，以协助法官处理科学证据。出版的目的是为解决复杂的科学或统计问题提供权威的参考资料。第二版于 2000 年出版，修订发生在多伯特案和乔伊纳案之后，且此时《联邦证据规则》第 702 条已经确定将被修订。最新版（第三版）是在法律界和科学界充分学习了美国国家研究委员会发布的报告后于 2011 年出版的。

该手册的大部分内容是关于科学证据的特定形式的讨论。但是，在前面的章节中也详细回顾了可采性标准的相关案例，特别是近年来美国法院对多伯特标准的适用。玛格丽特·伯格（Margaret Berger）表示，多伯特标准的起源来自商业诉讼而非刑事诉讼：

"迄今为止，多伯特标准很少在法庭上被提及，但这种情况可能即将发生改变。我们还不知道国家学术界对法庭科学进行严肃批评的报告的出版可能会导致什么变化的发生。"

——科学证据参考手册，第三版，2011 年，第 26 页

近期几乎没有证据表明多伯特标准的存在会对控方专家意见的可采性产生任何重大影响，因为法院只是偶尔对控方的证词加以限制。不过，预计法院今后可能会在特定领域内质疑控方意见。其中包括法庭科学技术的有效性、错误率证据和专家的能力验证、实验室质量控制和认证、对专家偏差的认识以及对辩护律师提出质疑的

期望。在这些问题当中，最重要的是多伯特标准是否限制了法官在处理复杂案件时评价专家及其证词可信度的自由裁量权，以及法院是否有能力做出科学的可采性决定。

总而言之，很明显，尽管多伯特标准及其之后的证据规则修订似乎为法庭提供了明确且合理的指导原则，但在实践中仍然存在新的困难。且正如美国国家研究委员会出版的报告所述，随着法庭科学的发展，这些困难只会愈演愈烈，并会对未来进入法律体系的科学证据产生影响。

3.2   加拿大国家法律发展

44

在加拿大，主要是通过总结过去二十年来处理一些误判案件的经验，来形成有关专家证据的可采性和可靠性的处理原则，将诸如莫罕案、艾比案等著名案例纳入判例法以及吸取美国的经验，最典型的就是多伯特标准。虽然发生在加拿大的误判案件数量并没有明显多于其他司法辖区，但该国一贯坚持由法官主导对此类事件进行省级或联邦级调查。具体包括莫林案（1998 年）、索菲诺案（2001年）、德里斯克尔案（2007 年）和古奇报告中的案例（2008 年）。这些调查不仅针对专家意见和法院，还对警察、起诉程序以及法庭科学服务提供者的技术和组织等事项提出了建议。事实上，这些调查的影响是巨大的，为此加拿大司法部编写了两份报告来总结这些调查工作的结果：第一份报告是 2005 年《关于防止误判的报告》（Report on the Prevention of Miscarriage of Justice），第二份报告是 2011年发布的《防止错误定罪的司法之路》（The Path to Justice：Preventing Wrongful Convictions）。

尽管已有大量基本一致的裁判和建议，但加拿大并没有修改关于专家意见的法律，而是由国家司法机关（the National Judicial Institute，一个位于渥太华的非营利的独立机构）出版《加拿大法官科学手册》（NJI Science Manual for Canadian Judges，2013 年），该手册就法庭科学与法律之间的衔接问题提供了详细的指导。这些报告推动了对加拿大，具体来说是安大略省的法庭科学的审查和改革，这完全独立于美国国家研究委员会的报告并发生在其之前。

3.2.1　对司法误判的法律审查

从一系列调查中可以明显看出，国家必须审查专家证人的作用和职责，尤其是要防止出现有偏差和不可靠的科学证词。例如，在古奇调查（2008 年）中，病理学家史密斯博士从未接受过任何正式的培训或职业道德教育，并且史密斯博士认为自己作为控方的证人，其目的就是支持控方的观点。然而，确保专家证人的独立地位并给出中立的意见仅仅是这些调查所推动的一部分改革。2005 年报告提出并于 2011 年再次重申的一项关键建议是：

> "只要有足够的基础来确定这些依据新的科学技术或理论获得的意见的可靠性和必要性，且其证明价值超过了潜在的不利影响，检察官就不应拒绝在适当的情况下使用和依赖新的科学技术或理论。"
>
> ——《关于防止误判的报告》，2005 年

该报告审查了最近发生的许多具有里程碑意义的上诉案件，并宣布支持在莫罕案中提出的四点可采性标准和在艾比案中强调的法官守门人角色。对于莫罕案，古奇的报告宣称此方法：

> "……符合科学不断发展的性质以及法官作为守门人角色所肩负的排除可靠性不够的专家证据的职责。司法系统应该重视专家证据的可靠性，这样才能最大限度地发挥专家证据对寻求真相的作用，并实现刑事诉讼所要求的基本公平。"
>
> ——古奇调查，2008 年，第 484 页

有观点认为，法官对于担任守门人角色的观念已变得松懈，从而重新依赖陪审团来评价可靠性，这是使证据权重增加的一个因素。

古奇报告再次指出，专家意见被反复采纳，只是基于专家个人

45

的声誉。报告还列出了专家证词经常落入的十个陷阱,包括提供有失公正的观点、夸大事实、盲目猜测、使用随意的语言和攻击同行等。

为了确定证据的可靠性,有观点建议法官举行审判会议(hot-tubbing),由双方的专家证人参加,以讨论任何有关技术的争议性问题。在此会议之后,双方将向法院转达一致的观点及存在争议的观点。根据 2010 年的修正案,这种专家会议制度被规定在《联邦法院规则》(Federal Courts Rules)中。

3.2.2　加拿大法官科学手册

国家司法机关出版《加拿大法官科学手册》(2013 年)的主要目的是增强司法机关对科学方法的理解及其在法庭科学证据分析和解释中的应用,其内容囊括了有关贝叶斯推理在内的统计信息是如何为专家服务的。此举是为了增强审判法官决定是否接受科学证据的能力,从而增强守门人的作用。在手册第三章题为"在法庭上管理和评价专家证据"的前言中,伊恩·宾尼(Ian Binnie)议员指出:

> "辩论的核心是可靠性。法院的重点必须放在表达的内容本身,而不仅仅是表达的凭据和方式。此外,除非初审法官能够正确行使守门人的职能,排除不可靠、超出证人专业知识范围的或在案件处理中没有必要的专家证据,否则可能会在法庭上浪费大量的时间。"
>
> ——《加拿大法官科学手册》,2013 年,第 144 页

审理莫罕案和艾比案的上诉法院所做的裁判为采纳专家意见提供了法律框架。艾比案还重申了四个先决条件:

> "(1)提出的意见必须属于专家意见证据。(2)证人必须具备发表意见的资格。(3)提出的意见不得符合专家意见规则之外的任何证据排除规则。(4)提出的意见在逻辑上必须与问

题相关。如果证据有一种倾向，即人类的经验和逻辑如果能够使争论中的事实存在或不存在的可能性大于或小于没有证据时的可能性，那么逻辑关联就存在。"

——《加拿大法官科学手册》，2013 年，第 167 页

46   如果同时满足这些条件，法官就能很好地考虑到任何潜在的不利影响，确保采纳的证据对法院有利。该手册系统地讨论了任何法官在评价这四个标准时都需考虑的因素，例如证据对案件来说是否必要、科学是否新颖以及专家意见是否公正无偏差。其中需要特别注意的是直接影响可采性门槛的因素，具体包括：

（1）与专家学科相关的因素：

例如是不是公认的研究领域，科学是新颖的还是有争议的，以及该方法是否已有记载并经过同行审查。

（2）与专家资格或经验有关的因素：

即资质，包括教育、培训和经验，这些是支撑专业知识的基础，可验证专家与调查人员之间的独立性，以及意见在何种程度上依赖于外部数据。

（3）与实际意见直接相关的因素：

包括意见是否在专业知识的范围内，是否具有偶然性，是否以事实为依据以及法院是否明确其依据。

（4）与得出意见所使用的方法有关的因素：

这些因素与多伯特标准密切相关，包括对基础理论以及发表的证据进行同行审查，还有就是该方法的已知错误率及其是否为科学界所接受。

建议谨慎和灵活地考虑最后一个因素，特别是在处理处于科学边缘的专家证据或是在怀疑科学方法是否完全严谨时。同样，在建立了明确的科学基础的情况下，该手册提供了详细的信息来说明如何审查由多伯特案所确立的标准。

总之，在加拿大司法系统中，有相当多的人支持将专家证词的可靠性作为证据可采的先决条件，且这一观点将最近发表的多伯特

标准吸纳了进来。然而，司法实践在多大程度上反映了这些观点，或者陪审团在对证据进行整理评价时是否承担了评价可靠性的责任，还有待观察。

3.3　澳大利亚国家法律发展

《澳大利亚证据法》（Australian Evidence Act，1995 年）建立了统一的证据规则以取代基于普通法的规则，专家证据的可采性问题现在由这些规则加以规制。当时，法律委员会明确表示，这些规则的基础是一些有关专业知识的观点以及补充观点，包括以偏见为由排除证据，这为法官做出裁决提供了相当大的自由，但其中并不包括弗莱伊标准或其他相关标准。尽管进行了审查，但这些规则似乎不受其他司法辖区专家意见制度演变和经验积累的影响，并没有进行修订。

3.3.1　统一证据规则

第 79 条将意见证据定义为"基于个人的培训、学习或经验而获得的专业知识"。但没有说明该专业知识是否应该是一个为科学界所普遍接受的既定领域，也没提及任何关于方法论有效性的问题。麦克莱伦（McClellan）法官强调了这一点：

> "根据该法，专家证人无需确定获得知识的特定领域，也无需通过同行审查、合法性或可测试性的检验来证明该领域是可靠的。"

——麦克莱伦，2009 年

但是，麦克莱伦表示，拥有专业知识本身就确保了意见的某种可靠性，尽管按照美国等司法辖区的理解，这仅涉及该意见所依赖的科学的可靠性，而不是意见本身的可靠性。

第 135 条和第 137 条为在可采性受到质疑的情况下进行辩论提

供了法律依据。

> "第135条　酌情决定排除证据——如果证据的证明价值远小于下列危险，则法院可以拒绝采纳该证据：（a）该证据可能给一方当事人带来不公平的结果；（b）该证据可能具有误导性或者迷惑性；（c）该证据可能导致付出不合理的时间成本。"
>
> ——《澳大利亚证据法》，1995年

第135条可以适用于那些基于尚未充分证明其有效性的且属于新的专业知识领域的证词。

> "第137条　在刑事诉讼中排除不公正证据——在刑事诉讼中，如果证据的证明价值远不及对被告的不公正偏见的危害，则法院必须拒绝采纳检察官提出的证据。"
>
> ——《澳大利亚证据法》，1995年

第137条直接将证据的可采性与证据的权重联系起来，并设定了一个门槛。在该门槛下，如果证词对辩论的价值不高，或可能对陪审团产生不利于被告人的影响，则必须将其排除在外。值得注意的是，第137条是强制性规范（"必须拒绝"），而第135条则是任意性规范（"可以拒绝"）。这些规则均未明确提及可靠性，也未包含美国多伯特标准中认为重要的任何其他因素。此外，这些规则也未反映普通法关于将提出意见的事实依据作为可采性的要求。这一点在牧田案中得到了加强，但许多法官认为这仅表示倾向于采用更宽的界限，并依赖于通过怀疑证据可靠性与赋予证据权重的策略来达到完美的平衡。

> "很明显，在事实上不可能证明提出意见所依据的事实偏见的情况下，对于将牧田公司案严格适用于专家意见证据，存在着相当大的阻力。"
>
> ——麦克莱伦，2009年

有趣的是，弗雷克尔顿等人（Freckleton et al.）在这些规则出

48

台几年后（1999 年）对澳大利亚法官进行的一项调查显示，在考虑可否受理问题时，专家意见的可靠性在他们心目中非常重要，但在如何处理这一问题的细节上存在不同的意见。大约 70% 的被调查者承认并不能完全理解专家意见，总体而言，绝大多数人支持采用审前听证，可能包括外部专家意见，作为检验可靠性和确保意见公平合理的一种手段。

> "决策者需要寻找可靠性的试金石，从而判断专家是否公正，是否没有超越自己的专业知识范围，以及是否熟悉相关事实。"
>
> ——弗雷克尔顿等人，1999 年

这些标准虽然也具有价值，但清晰性与严格性与几年前在多伯特案中提出的标准相去甚远。调查显示，大多数法官认为可靠性不应成为可采性的先决条件，尽管约有四分之一的法官表示可靠性应成为可采性的先决条件，这并不令人意外。

尽管现在澳大利亚法院中关于专家意见可采性的规则已被纳入到既定的证据规则之中，而且司法机构基本上也认为可靠性问题可以通过这些规则来解决，但仍有许多研究表明这实行起来并不是那么容易。特别是在证据的可靠性未知或不确定的情况下，《澳大利亚证据法》第 137 条提供了一种排除证据的方法。法官们不愿因为可靠性存疑而排除证据，而是宁愿承认证据并通过质证来审查意见的依据、有效性和可靠性。这种处理方式有利于控方，因为举证责任归于辩方。这导致的结果是，对可靠性和证据权重进行评价的责任常常由陪审团承担，而不是由法院来衡量专家意见的可靠性。

3.4　英格兰和威尔士国家法律发展

在近十年的时间里，英格兰和威尔士就专家证据和法律进行了一系列调查、协商和报告，最终在一定程度上维持了现状。该过程的启动一部分是由于科学和法律专业人士的施压，另一部分是由于下议院科学和技术特别委员会（House of Commons Science and Technology Selective Committee）于 2005 年发表的题为《审判中的法庭科学》（Forensic Science on Trial）的调查。

3.4.1 审判中的法庭科学（2005 年）

由于政府目前正在通过部分私有化的方式来降低英格兰和威尔士国家法庭科学机构的运营成本，因此上述调查的主要目的就是探究该计划对刑事司法的影响。然而，委员会还审查了通过专家证人证词向法院提供法庭科学服务的情况，这相当于扩大了审查范围。该调查承认委员会有可能在职权范围以外的领域来审查法院，包括审查最近被证明是误判的案件，如萨利·克拉克一案和安吉拉·坎宁斯（Angela Cannings）一案，以及与北爱尔兰问题有关的案件，如"伯明翰六号案"。

> "尽管存在缺陷的专家意见证据不太可能单独导致大量的误判，但因专家的行为或在法庭上对专家意见证据处理不当而遭受不利影响的案件数量也很难确定。需强调的是，出现与专家证据问题相关的误判，反映了司法体系是存在缺陷的。"
>
> ——《审判中的法庭科学》，2005 年，摘要

在该报告后续的回应中，建议采取各种措施去改善和监督审判过程，包括改进对科学证据以及法律专家和科学专业人员间交流方式的审查，对专家证人的登记，对审前会议以及传达评价性陈述所用措辞的审查。

有观点建议成立法庭科学咨询委员会，以对刑事司法系统内的科学进行监督。在听取了几位主要专家和法律当局就可否采纳问题提供的意见之后，委员会的看法很明确：

> "在科学技术被法庭接受之前，没有一个既定的规则来验证科学技术，这是完全不合理的。没有专家的参与，法官就无法确定科学的有效性。因此，建议将制定专家证据准入标准作为

法庭科学咨询委员会的首要任务之一。这项工作应与法官、专家以及刑事司法系统中的其他关键角色合作，并以美国多伯特标准为基础。"

——《审判中的法庭科学》，2005 年，第 173 段

尽管该委员会实际上是在法庭科学监管办公室（the office of the Forensic Science Regulator）下设立的（请参阅第 4.4.2 节），但本报告以及法律和科学专业人士的进一步呼吁也促使了英格兰和威尔士法律委员会建立一个协商程序，从而审查司法系统内处理专家证据可采性及解释的方式，并提出对法律的修改建议。该报告最初于 2009 年发布，经过进一步审查，最终版于 2011 年发布。

3.4.2　2011 年法律委员会报告

法律委员会的观点是，过去的误判案件表明，法庭在接受专家证据时并没有进行充分审查，而现行的普通法方法也过于保守和放任，导致在采纳证据的过程中没有对其可靠性进行详细审查。在诸如萨利·克拉克的案例中，陪审团对复杂科学证据的处理方式就是毫无疑问地接受，而不是对这些难以解决的高科技问题进行评价。法律委员会的结论是：

"……在将专家证据的可靠性评价作为影响可采性的一个因素时，需要有特别的规则，而且在刑事诉讼中不应当接受可靠性不足的意见证据（即指向可靠性的证据）。"

——法律委员会，刑事诉讼专家证据，2011 年，第 1.11 段

因此，法律委员会再次强调，法官在进行可采性判断时应适用一套类似于多伯特标准的准则，以发挥法官作为守门人的作用。该报告强调了可靠性是可采性的必要条件，并强调需要建立科学或专业的知识基础以保证观点正确无误，并通过其依据的材料来证明观点的正当性。与多伯特标准一样，该观点拒绝接受任何从有缺陷或未经证实的假设中得出的意见。

但是，不必在所有情况下都适用可采性规则。除非有合理理由对专家证据提出质疑，否则专家证据将被认定为是可靠的并予以采纳。如果是这样，将在陪审团缺席的情况下，在审判前举行听证会，以解决是否采纳的问题，并规定由一个独立的专家小组提供意见。

在需要设置门槛标准的情况下，法律委员会报告（2011 年，第 5.35 段）提供了一份影响因素清单。在某些情况下，这些因素应用来指导法院做出决定：

"（a）专家意见所依据的数据的范围和质量，以及获得这些数据的方法的有效性。"

本条反映了多伯特标准。以强调有效性的方式来要求特定的方法应为群体所接受，应经过测试和校准，并遵守公认的标准程序。

"（b）如果专家的意见是依赖于对调查结果的推断，则该意见是否正确地解释了该推断的安全性（无论是通过引用统计数据还是以其他适当术语的方式）。"

本条涉及的是意见"错误率"问题，而不是与构成意见基础的实验方法相关的问题。这表明法院越来越认识到统计因素在解释调查结果和评价过程中的重要性，以及开始考虑如何将这方面作为证词的一部分传达给法院。而此因素并未在多伯特标准中加以明确。

"（c）如果专家意见依赖于使用某些方法（如试验、测量或调查）所得出的结果，则该意见是否正确考虑了会对这些结果的准确性或可靠性产生影响的因素，如精确度或准确度。"

这个因素作为多伯特标准的一个突出特征直接反映了方法的错误率，并在过去几年中一直困扰着美国法院和专家。但是，此处使用的措辞更加务实和委婉，并未明确提及"错误率"一词。

"（d）专家意见所依据的材料在多大程度上已被具有相关

专业知识的其他人审查（例如，在进行过同行审查的出版物中），以及其他人对该材料的意见。"

同行审查、出版物及其他证据表明，确定相关标准来说明如何在该研究领域内接受专家意见，是多伯特标准和其他司法辖区内关于可采性的核心策略之一。

"（e）专家的意见在多大程度上是基于专家自身研究领域之外的材料。"

本条的目的是确定专家的专业知识的局限性，以及这种局限性与所提供的证词范围之间的关系。多伯特标准对此没有明确规定，但在 2011 年澳大利亚的达斯雷夫有限公司诉霍查尔案中做出了判决。

"（f）提供给专家的信息是否完整，以及专家在得出意见时是否考虑了所有相关信息（包括与意见相关的任何背景信息）。"

本条强调了案件背景信息对意见形成的重要性，以及法院是否清楚专家从结果推理到得出意见的全过程。目前第一点被认为是专家参与解释和评价的一个重要前提，而第二点在某种程度上与美国法院对乔伊纳案（1997 年）的判决有关。

"（g）有关该事项是否存在专家意见；如果存在，专家的意见在什么范围内，以及专家对所提供的意见是否有着合理的解释。"

这部分涉及（b）和（f），还涉及研究领域内的同行观点和实践。其目的是通过分析专家在评价同一组调查结果时出现的差异，促进法院更好地理解意见本身就存在的不确定性。多伯特标准并没有涉及这一细小的问题。

　　"（h）专家的方法是否遵循了该领域的既定惯例；如果没有，是否对产生分歧的原因进行了合理的解释。"

　　最后一条涉及在执行方法时需要遵循一定的惯例和程序，这是多伯特标准的一个重要部分。显然，如果这些措施没有得到贯彻，则应向法院解释偏离标准惯例的原因，并评价其对可靠性的影响。该报告还就如何向法院提交专家证词提出了建议（参见第 7.21 段）。

3.4.3　皇家统计学会指南

　　2010 年皇家统计学会赞助编写了一系列权威从业人员指南，对加强在证据评价统计方面的理解做出了积极的贡献。这些指南不仅针对担任专家证人的法庭科学专家，也针对参与此类法庭辩论的律师和法官。

3.4.4　2013 年 HCSTSC 法庭科学报告

　　下议院科学和技术特别委员会（HCSTSC）于 2013 年发布了第二份法庭科学报告，旨在评价 2010 年政府发起的关闭英格兰和威尔士法庭科学服务机构（Forensic Science Service，FSS）的决定对刑事司法系统的影响，其中包括以私有化的方式来提供服务。此外，政策表明：

　　"……有可能继续这种目光短浅的决策，这种模式将会导致法庭科学服务机构的消亡，并为其他出于商业目的的服务提供者创造一个不稳定的市场环境。"

——下议院科学和技术特别委员会报告，

法庭科学，2013 年，摘要

　　调查再次将对专家证据的讨论列入了议程，并收到了报告，还采访了领先的专业人士。所有参与此事的人都已经知晓了法律委员会报告的内容，尽管该报告于上一年发布，但仍在等待政府的正式回应。尽管刑事律师协会主席（the chair of the Criminal Bar Association）认为目前的制度符合现状，但法律协会刑法委员会主席（the chair of the Law Society's Criminal Law Committee）和法庭科学监管机构（Forensic Science Regulator，FSR）都支持通过一套规则来检验专家证据的可靠性。后者赞扬了法律委员会工作的彻底性和细致性，并"完全"地同意在法院采取可采性标准的建议，并补充说该报告提供了：

> "……关于今后应如何管理专家证人的可靠建议，从而真正赋予法院管理专家和律师，以及对其能力进行评价的权力。"
>
> ——下议院科学和技术特别委员会报告，
> 法庭科学，2013 年，第 251 页

3.4.5　英国政府对法律委员会报告做出的回应（2013 年）

若要上升为法律法规，法律委员会的建议必须由英国政府批准与实施。2013 年 11 月，司法部拒绝了设立一套正式的可采性标准的提案，理由是目前的制度所导致司法不公的程度尚未被量化，且实施这些提案的成本尚不确定甚至可能出现成本过高的情况。相反，司法部提议修改《刑事诉讼规则》（Criminal Procedure Rules，CPR），以向法官提供更多关于专家证据的资料，并建议拟订一份独立的专家名单，以便其能应请求向法院提供咨询意见。

尽管经过了十年的争论，并最终获得了法律委员会报告中所述的科学和法律专业人士对可靠性测试的支持，但英格兰和威尔士专家证据的可采性和可靠性问题仍未得到解决。

3.5　结　论

在本章讨论的所有司法辖区中，有许多地区试图通过法律和政治制度来解决与专家证据可采性有关的问题。不同地区的做法和经验虽然有着不同的侧重点，但在哪些方面与科学证据的可靠性直接

53

相关以及法院如何确保这一点上，存在着一些相同的意见。然而，关于如何制定和实施明确的专家证言可采性标准，在实践中仍存在许多困难。与此同时，司法机构和律师可以利用现有的许多资源，更好地去了解提交法院的专家意见背后的科学和统计基础。

参考文献

澳大利亚

1. Australian Evidence Act（1995）. Available at https：//www. legislation. gov. au/Details/C2015C00553 ［Accessed 31 March 2015］.

2. Freckelton I. , Reddy P. and Selby H.（1999）. Australian judicial perspectives on expert evidence：an empirical study, Australian Institute of Judicial Administration Inc. Available at http://www. aija. org. au/online/Pub%20no54. pdf ［Accessed 10 October 2015］.

3. McClellan Justice Peter.（2009）. Admissibility of expert evidence under the Uniform EvidenceAct, Judicial College of Victoria, Emerging Issues in Expert Evidence Workshop, Melbourne, 2 October 2009. ［Online］. Available at http://www. austlii. edu. au/au/journals/NSWJSchol/2009/13. pdf ［Accessed 10 October 2015］.

加拿大

1. Government of Ontario：The Goudge Inquiry into Pediatric Forensic Pathology in Ontario ［Online］.（2008）. Available at http://www. attorneygeneral. jus. gov. on. ca/inquiries/goudge/index. html ［Accessed 10 October 2015］.

2. The National Judicial Institute：Science Manual for Canadian Judges ［Online］.（2013）. Available at https：//www. nji-inm. ca/nji/inm/nouvelles-news/Manuel_scientifique_Science_Manual. cfm ［Accessed 10 October 2015］.

3. Report on the Prevention of Miscarriage of Justice ［Online］.（2005）. Available at http://www. justice. gc. ca/eng/rp-pr/cj-jp/ccr-rc/pmj-pej/pmj-pej. pdf ［Accessed 10 October 2015］.

英格兰和威尔士

1. House of Commons Science and Technology Select Committee：Forensic Science on Trial, Seventh Report of Session 2004-05, HC96/1 ［Online］.（2005）. Available at http://www. publications. parliament. uk/pa/cm200405/cmselect/cmsctech/96/96i. pdf ［Accessed 10 October 2015］.

2. House of Commons Science and Technology Select Committee: Forensic Science, Second Report of Session 2013-14, HC610 [Online]. (2013). Available at http://www. publications. parliament. uk/pa/cm201314/cmselect/cmsctech/610/610. pdf [Accessed 10 October 2015].

3. The Law Commission (LAW COM No 325), Expert Evidence in Criminal Proceedings in England and Wales, HC 829 London: The Stationery Office [Online]. (2011). Available at https: //www. gov. uk/government/uploads/system/uploads/attachment_data/file/229043/0829. pdf [Accessed 10 October 2015].

美　国

1. Federal Evidence Review: Federal Rules of Evidence [Online]. (2015). Available, with links to earlier versions, at http://federalevidence. com/downloads/rules. of. evidence. pdf [Accessed 10 October 2015].

2. Federal Judicial Centre. (2011). US Reference Manual on Scientific Evidence, 3rd Ed. Available at http://www. fjc. gov/public/pdf. nsf/lookup/SciMan3D01. pdf/ $ file/SciMan3D01. pdf [Accessed 13 October 2015].

3. National Research Council: Strengthening Forensic Science in the United States: A Path Forward, Document 228091 [Online]. (2009). Available at http://www. nap. edu/catalog/12589. html [Accessed 10 October 2015].

拓展阅读

澳大利亚

1. Edmond G. (2008). Specialised knowledge, the exclusionary discretions and reliability: reassessing incriminating expert opinion evidence, *University of New South Wales Law Journal*, 31, 1-55.

2. Edmond G. (2010). Impartiality, efficiency or reliability? A critical response to expert evidence law and procedure in Australia, *Australian Journal of Forensic Sciences*, 42 (2), 83-99.

加拿大

1. Canadian Federal Courts Rules (2015). Available at http://canlii. ca/t/52dm6 [Accessed 10 October 2015].

2. Department of Justice, Canada: The Path to Justice: Preventing Wrongful Convictions [Online]. (2011). Available at http://www. ppsc-sppc. gc. ca/eng/pub/ptj-spj/ptj-

spj-eng. pdf [Accessed 10 October 2015].

英格兰和威尔士

1. Aitken C. , Roberts P. and Jackson G. (2010). Royal Statistical Society Practitioner Guide No 1: Fundamentals of probability and statistical evidence in criminal proceedings [Online]. Available at http://www. rss. org. uk/Images/PDF/influencing-change/rss - fundamentals - probability - statistical - evidence. pdf [Accessed 10 October 2015].

2. The Law Commission Consultation Paper No 190: The Admissibility of Expert Evidence in Criminal Proceedings in England and Wales, A New Approach to the Determination of Evidentiary Reliability, A Consultation paper [Online]. (2009). Available at http://www. lawcom. gov. uk/wpcontent/ uploads/2015/03/cp190_Expert_Evidence_Consultation. pdf [Accessed 10 October 2015].

3. UK Ministry of Justice: The Government's response to the Law Commission report: "Expert evidence in criminal proceedings in England and Wales" (Law Com No 325) [Online]. (2013). Available at https: //www. gov. uk/government/uploads/system/uploads/attachment_data/file/260369/govt - resp - experts - evidence. pdf [Accessed 10 October 2015].

美 国

1. Becker E. R. and Orenstein A. (1992). The Federal Rules of Evidence after sixteen years- theeffect of "plain meaning" jurisprudence, the need for an advisory committee on the Rules of Evidence, and suggestions for selective revision of the Rules, *George Washington Law Review*, 60, 857-914.

2. Giannelli P. C. (1994). Daubert: Interpreting the federal rules of evidence, *Cardozo Law Review*, 15, 1999-2026.

3. Roach K. (2009). Forensic science and miscarriages of justice: some lessons from comparative experience, *Jurimetrics*, 50 (1), 67-92.

4. National Institute for Justice: Strengthening Forensic Science: a progress report [Online]. (2014). Available at http://www. whitehouse. gov/sites/default/files/microsites/ostp/forensicscience_ progressreport _ feb - 2014. pdf [Accessed 10 October 2015].

第**4**章

实践中的科学意见与法律适用

本书第一部分的最后一章将比较在对抗式和纠问式两种不同的 司法制度下，采纳专家证据及其协助法律程序的方式有何差异。在此基础上，将进一步对专家作为专家证人所发挥的作用以及法院对专家的期望进行讨论。最后，本章将从法律程序、实验室和专家自身等角度出发，简要讨论如何保证科学意见的质量。

4.1 科学意见与司法制度

世界上的民主司法制度主要分为两大类，各国家的司法制度要么属于这两类之一，要么是这两种体系的混合。这些体系分别对科学意见作用的含义做出了有趣且有价值的解释。

4.1.1 对抗式司法制度和纠问式司法制度

迄今为止，大部分讨论都是围绕着将普通法作为根基的司法辖区进行的，这些以普通法为根基的司法辖区所采用的司法制度被称为"对抗式"（或称"控告式"）司法制度，具体国家有英国、爱尔兰、美国、加拿大、澳大利亚和新西兰。在这一司法制度的流程中，控方基于警方的调查提起诉讼，而辩方则通过独立收集证据以支持其主张来反击控方。接着控方将案件提交法庭并进行辩论，辩论中双方可陈述案情并询问对方传唤的证人，其中就包括专家证人。由谁来担任事实认定者取决于起诉书的内容，一般情况下是由法官来担任事实认定者的角色。而对于某些较为严重的犯罪，则会在法官监督下由非专业人士组成的陪审团来担任事实认定者。

相比之下，对于包括欧洲大部分地区在内的大陆法系国家来说，其所采取的司法制度是以一种调查或是一种混合程序为基础的，具体而言，调查阶段由预审治安官（法官）主导，并随后将整个案件提交审判。在审判程序中，尽管双方都会出庭，但由于在审判前已达成了一致意见，因此一般不就证据的实质内容进行辩论。相反，在审判中是依靠控辩双方的律师来说服事实认定者从其特定的角度来看待证据的。从这一方面来看，也可以说这个过程是具有对抗性的。由于具体司法管辖权设置的不同，会导致两种情形的出现，一种是由专业法官单独在法庭上做出裁决，另一种是更常见的，由专业法官与非专业人士组成的陪审员或陪审团一起做出裁决。在苏格兰，司法制度采取混合模式，对于大多数严重的犯罪，是由地方检察官主持调查阶段和对抗性审判阶段的。

4.1.2　纠问式司法制度中的科学证据

在不同的司法制度下，科学证据的作用以及专家作为证人所发挥的作用是不同的。在纠问式体系下，预审法官在调查阶段的作用是收集所有证据，并在需要法庭科学检验的情况下，指定专家进行分析并提交报告。只要在其授权范围内，法庭科学专家就可以根据自己的专业知识独立开展工作，以保证工作的彻底性和公正性。辩方关于法庭科学证据的任何评价、请求或质疑必须由法官加以控制，法官对所审查的内容以及结果如何有助于案件的审理具有完全的控制权。在决定是否起诉、起诉后应向法庭提交哪些证据以及应采纳哪些证据等方面，预审法官有权遵循自己的判断、经验甚至直觉。尽管预审法官必须证明自己所有的决定都是合理的，但无论是科学的还是非科学的证据，对于证据可采性或对证据的评价都没有正式的标准。也就是说，当预审法官的报告完成时，所有相关方都应同意该报告的内容，包括对法庭科学证据的审查结果。如果认为案件真实情况并非如此，在嫌疑人被起诉后，辩方仍可以提出质疑，不过这些质疑应在文件提交法院之前提出并解决。因此，有关专家证据、专家证据的分析和解释以及专家证据的评价等问题的解决，应该在审判开始前完成。

4.1.3　纠问式与对抗式

在纠问式司法制度中，法庭不再提供平台来进行对科学意见的辩论以及对专家证人的询问工作。有人认为，在这种制度下专家无法凭借其权威或者通过夸张的展示方式来传达意见，可以避免分散法庭对事实及其解释的注意，从而更好地实现正义。另一方面，由于未能参与对科学问题细节的辩论，法律专业人员可能不太了解科学的范围和局限性，从而使其质量和科学意见不会受到质疑。大部分科学证据都是以书面报告的形式出具的。然而，在此体系下，双方在审判开始前就会提供所有证据，相比于对抗式诉讼，法官本身可以对科学问题有更深入的理解。尽管对预审法官的质疑持开放态度，但仍然可以说，纠问式体系在没有任何辩论的情况下，为法庭灌输了一种科学意见是绝对正确的观念，其在解释和评价证据方面的司法效果远不如对抗式体系。

由于纠问式体系对可采性标准没有做出规定，因此会出现通过赋予科学证据以证明价值来处理对其可靠性质疑的倾向。这种做法一方面可能导致需要进一步解决科学的可靠性这一新的独立问题，另一方面也可能使证据的评价变得混乱，尽管这些问题有时也会发生在对抗式体系中，但其严重程度远不如纠问式体系。事实上，相关人员也并不清楚，在纠问式体系中确保科学证据可靠性的责任应该由谁来承担。维耶（Vuille，2013 年）在瑞士进行的一项 DNA 证据调查显示，法院认为确保科学证据可靠性是预审法官的职责，而预审法官则认为由于辩方在审判前提出了有效的质疑，所以应由审判法官来保障证据的可靠性。预审法官的观点在瑞士的法律中是说得通的。

尽管如此，如果专家、辩方和预审法官在调查阶段能够进行有效的交流，那么各方就可以平等地获得法庭科学证据及其分析和解释，从而确保"平等地拥有武器"。尽管法庭科学专家的人数有限，且对案件的贡献比在对抗式体系中的少，甚至不能完全保证将不合格的专家排除在外，但仍有必要对专家进行认证并提供认可的专家名单以确保每位专家的素质。对以上问题的考虑以及为保持预审法官的中立性所做的努力，都是为了尽量减少有偏差的专家证词。

在纠问式司法制度中，专家的科学证言能否被成功采纳，在很大程度上取决于这些证据是否能充分发挥作用。与对抗式不同，纠问式体系不允许在事实认定者面前对证据进行最后的辩论，也不能通过质证来确定错误、存在误解或夸大的观点，尽管有些人可能认为这不是讨论和解决技术性较强的问题的最佳方法。

总之，这两种制度都能为司法程序中科学证据的管理提供理想的解决办法，特别是在证据的可采性、可靠性以及解释和评价法庭科学专家证词所发挥的作用等方面。

4.2　法庭上的专家

法庭科学专家的职责在本质上与从事其他领域工作的专家相似。然而，在刑事司法和法庭背景下，人们对专家的期望更高。法庭科学工作中的事实陈述与法庭科学证据所涉案件的法律讨论之间存在着巨大的鸿沟。法庭渴望了解科学发现的含义，更具体地说，控辩双方都希望评价该证据对各自主张的意义。法官需要确保法庭作为一个整体能够给予法庭科学证词应有的重视，并结合案情对其进行适当的审议。在许多法院，陪审团由致力于平衡控辩双方主张的非专业人员组成，尽管他们在法律和科学方面缺乏经验，但也必须决定法庭科学证据对控辩双方的重要性。

在这一大背景下，专家证人如何协助法庭，证词如何提出，即专家意见如何提出并传达给法庭等问题一直受到广泛的关注。特别是在过去三十年左右的时间里，正如前几章所讨论的那样，出现了许多上诉法院推翻原审判决以及为一些重大司法误判平反的情况，这都是使上述问题备受关注的原因。归根结底，当今的法庭科学专

59

家的目标应该是为证据提供一个经过权衡并深思熟虑的意见，从而协助法庭做出有效和稳定的判决。

4.3　科学专家证人的作用和责任

近几十年来，专家证人的作用受到了更严格的审查和界定，以确保其个人作为具有专门知识的人的素质以及其阐述的科学能够有助于法院的工作。在这一背景下，对专家证人的法律定义进行讨论是有必要的。

4.3.1　科学专家证人作用的定义

大多数司法辖区都对专家证人的作用及责任与义务做出了定义。这些内容一般包含在专家证据可采性的法律规范当中，这在第 2 章中已有讨论。如王室诉库珀案（R v Cooper）中所表示的那样，大多数定义与英格兰与威尔士的定义基本一致：

> "……向法庭提供可能超出法官或陪审团经验和知识范围的科学信息。"
>
> ——王室诉库珀案，1998 年

例如，来自美国和澳大利亚的类似表述强调，为了具有专家的资格，证人需要拥有或经受过：

> "……知识、技能、经验、培训或教育……"
>
> ——《联邦证据规则》，1975 年，第 702 条；
> 参见《联邦证据评论》，2015 年

有趣的是，苏格兰围绕专家证人作用这一问题做出的裁判进一步扩展了英格兰与威尔士对这一问题的定义：

> "他们的职责是向法官或陪审团提供必要的科学标准，以检

验其结论的准确性，从而使法官或陪审团能够根据这些标准对证据所证明的事实做出独立的判断。"

——戴维诉爱丁堡地方法院（Davie v Edinburgh Magistrates），1953 年

这就触及了专家证人所发挥的作用这一问题的核心，即法庭科学专家提供的专家意见证据的性质以及法院如何采纳这些证据。专家应当向事实调查者进行充分的解释，使其能够理解和审查专家证据，并且还能反过来检验其准确性和可靠性。但是，事实调查者也要独立地就证据意义形成自己的看法，不能完全受专家证人的影响。陪审团不应单纯地服从专家的权威。

这就要求专家在提供证词时，所使用的表达方式要有利于法律专业人士以及陪审团中普通人对其进行理解，但这往往具有相当大的挑战。第一个难题与支撑证据分析的技术有关，而第二个难题在于最终意见的表述，因为尽管存在一些观点与戴维最后一段话所表述的内容相类似，但事实调查者还是希望从专家那里得到关于证据重要性的看法。结合在过去的真实案例中对科学意见及其评价进行的讨论，会发现这些问题不仅可能对法院的审议工作产生重大影响，还会对最终问题本身产生重大影响。这些都将在后面的章节中加以讨论。

4.3.2 专家证人的责任

在英格兰和威尔士，克雷斯韦尔（Cresswell）法官在伊卡里安·瑞弗（Ikarian Reefer）一案的上诉中重申并扩大了专家证人的责任范围（1993 年）。这项上诉所涉及的问题是，伊卡里安冷藏船的搁浅和随后发生的火灾是不是船主故意为之，从而实现用保险单索赔的目的。专家证据在法院的审议中发挥了重要作用，事实上，法官认为原审时间过长的部分原因来自专家证人对其责任的误解。最终保险公司的上诉被驳回，理由是船长航行失误才是船舶搁浅和发生火灾的真正原因。

这些定义和责任范围在随后的案例中得到了扩展，并构成了英格兰和威尔士《刑事诉讼规则》（CPR，2014 年）第 33 部分的基础，其中不仅规定了专家对法院负有的责任，还规定了专家需要报告的内容。具体包括：

（1）专家的意见必须客观、公正，并在自己的专业领域内。

（2）专家的首要义务对象是法院，而不是委托人。

（3）应有被认可的能证明专家资质的证据。

（4）专家的意见不应超过自己的知识领域，否则应向法院说明。

（5）专家必须提供得出该意见的完整事实依据，不得遗漏任何可能有损该意见的内容。

（6）如果专家知道分析的替代方法、科学基础上的替代观点或证据的其他解释，应向法院说明。

此外，CPR 中还规定了专家证人报告的要求，以确保报告的一致性，并应向法院提出确切的要求，以确保专家工作和结论的可靠性与有效性。在没有要求专家当庭作证的情形下，遵守这些规定就显得尤为重要。如果提出的专家意见之间存在矛盾，则应按照规定进行预审讨论，以确定其中一致的部分和有争议的部分。

除了有法律对专家证人的责任进行规定外，英国的法庭科学监管机构（FSR）等监督法庭科学专家及行业的机构也可以公布行业内的最佳实例以进行指导。这些文件扩大了专家应履行的核心责任的范围，FSR 发布的文件《法律义务》（Legal Obligations，2013 年）包含了推动实践发展的法庭裁判，从而提供了有用的背景信息和指导。最重要的是，在根据证据提出意见的情形下，该文件对所需解决的关键问题提出了建议。

法院希望专家能够遵守道德和惯例，以确保诚实地陈述所有不存在利益冲突并具有机密性的报告和意见。其他司法辖区对专家证人的责任也有类似的定义，但具体内容可能有所不同，例如美国《联邦证据规则》第 702、703 条规定的内容。

4.4　分析与意见的质量控制

从前面几章的讨论中可以清楚地看出，实验室的质量、专家的能力以及所使用的方法是影响专家证词可靠性的关键因素，在某些情况下，甚至可能直接导致法院的误判。鉴于此，负责监督法庭科学服务质量的组织制定了认证标准和业务守则，以确保法庭科学检验和测量的可靠性和有效性，并在之后向法院报告。

国际标准组织（International Standards Organisation，ISO）发布了《ISO 17025：测验和校准实验室能力通用要求》标准，这可以用来认定能够从事材料检测和校准的实验室，该标准也是法庭科学材料实验室分析的国际核心标准。然而，对于法庭科学中的质量保障远不止这一项标准。到目前为止，其他方面的标准还远远不够完善。下面将介绍两个标准示例。

4.4.1　澳大利亚法庭科学分析标准

澳大利亚制定的标准（AS5388）适用于从犯罪现场勘查到法庭陈述的整个法庭科学过程，其已于 2012 年修订并出版（参见 Robertson et al.，2013 年）。其中包括了未被 ISO 17025 标准囊括的特殊法庭科学的过程。该标准主要由四个相关部分组成：

（1）从犯罪现场活动到提交证据的收集标准。

（2）与材料检测有关的分析标准，包括对证据的记录和保存，以确保其连续性。

（3）对数据的分析以及专家意见表述的解释标准。

（4）专家意见陈述方式和格式的标准，包括专家的资格和结论的局限性。

62　　　各实验室和其他机构可以根据这些标准申请认证。此外，还可以在通用标准的框架下，针对法庭科学的每一个分支学科，制定更多的具体标准。

4.4.2　英国法庭科学的相关规定

自 2008 年以来，在英格兰和威尔士，法庭科学监管办公室在英国内政部的主持下，制定了法庭科学专家在其从事的所有工作中应遵守的科学质量标准，并确保将这些标准提供给警察和刑事司法系统中的其他人员。该目的是通过与法庭科学界协商并制定行为守则来实现的。其中不仅包括了通用的实验室标准，还包括针对血迹分析、指纹分析及毒理学分析等不同类型证据的具体指南。监管机构还负责调查这些质量体系中出现的问题，如亚当·斯科特案（Adam Scott，2012 年）和王室诉 S 案（R v S，2013 年）（完整讨论见第 10.8 节）。

4.4.3　行为准则与实践

英国法庭科学监管机构于 2014 年发布的《刑事司法系统法庭科学服务提供者及从业人员行为守则》（The Codes of Practice and Conduct for Forensic Science Providers and Practitioners in the Criminal Justice System）为加强向法院提供的法庭科学证据提供了一个示例框架，但还没有达到完整的认证标准。

该文件的出发点是确保专家自身的资质。除第 4.3.2 节规定的责任外，专家还应承担与专业技术能力以及实践操作能力相关的其他责任，这些责任共同构成了行为准则，其中额外的责任可以解释为：

（1）专家必须加大力度关注相关领域的研究与发展，以保持和增强自身的专业能力。

（2）在任何法庭科学检验或分析过程中，专家必须保证证据的连续性。

（3）专家应主动获取可能有助于解释和评价实验结果的案件信息。

（4）在具体案件中只能使用经过验证和批准的实验方法和解释方法。

（5）专家应及时获取和更新案件中的最新信息，并据此审查所有的实验结果及解释。

（6）专家应做好在案件被质疑存在司法误判时接受调查的准备。

实务守则能够适用于从犯罪现场勘查到法庭辩论这整个法庭科学过程中。为了方便工作的进行，该守则被分为了包括物证处理在内的与实验室的组织和管理有关的内容，以及适用在结果分析和解释等方面的内容。

63　　实验室的整体认证标准需要由英国认证服务（United Kingdom Accreditation Service，UKAS）根据 BS EN ISO/IEC 17025：2005 做出评价。其中包括实验室管理的适当标准，具体指提供合适的实验设备、确保实践操作的正确、具有处理投诉和解决问题的一致程序、适当的文件和样本处理流程、对电子数据和技术记录的控制以及对结果的审查。

另一方面涉及用于检验物证的分析方法和程序以及解释和汇报结果的标准。认证标准可以用来挑选和验证包括数据分析与解释方法在内的适当的检验过程。所有分析技术都应该具有一份能够进行外部验证的报告。实验室保存的数据库和参考资料必须拥有完整的记录，以便使用者能够充分评价其适用性。此外，还需要通过实验室间的对比和能力验证的方式来验证其他机构的检验程序。最后，应以适当的形式对结果进行汇报，并应证明是否有相关的已发表文献支持该结果，包括支持该方法有效性的证据，并对可能影响分析结果的实验因素以及其他不确定因素进行评价。

4.4.4　专家认证

关于如何判断个人是不是有资格向法院提供科学意见的专家，并没有客观的标准。尽管在纠问式体系中，预审法官可以根据已核准的专家名单确认其资质，但法院基本上是在个人信息的基础上做出决定的。对于那些在大型实验室工作或是在机构认证下工作的人来说，能够在这种环境中工作本身就是对其专业知识和地位的证明。而这一点对于那些以独立方式工作的人来说就无法适用。例如，英国过去曾试图为那些希望被承认的专家建立个人认证制度，但最终还是失败了，主要是因为法院不想失去对可采性的控制权。最近，特许法庭科学学会（Chartered Society of Forensic Sciences，CSFS）这一专业机构设立了一系列针对特定法庭科学子学科的能力测试，使专家能够向法院提供一些针对其专家地位的外部评价——专业能力证书——尽管这并非英国法院对专家证人的要求。

4.5　结　论

　　近年来，无论采取何种具体的运作程序，各司法辖区在理解专家证人的作用、责任以及如何确保科学意见的可采性与可靠性等问题上的认识均有了较大的进步，也得出了越来越多一致的意见。尽管质量标准已经十分严格了，但如何在总体上或是在每个分支学科中进行意见表述，仍是专家们所面临的挑战。本书的下一部分将详细论述如何形成公平、连贯以及有逻辑的意见表达方式。

64

参考文献

1. Davie v Edinburgh Magistrates［1953］SC 34, 1953 SLT 54.
2. Criminal Procedure Rules（England and Wales）［Online］.（2014）. Available at http://www. justice. gov. uk/courts/procedure – rules/criminal/rulesmenu［Accessed 12 December 2015］.
3. Federal Evidence Review：Federal Rules of Evidence［Online］.（2015）. Available, with links to earlier versions, at http://federalevidence. com/downloads/rules. of. evidence. pdf［Accessed 10 October 2015］.
4. Forensic Science Regulator for England and Wales［Online］.（2015）. Available at https：//www. gov. uk/government/organisations/forensic – science – regulator［Accessed 12 December 15］.
5. Forensic Science Regulator：Codes of practice and conduct for forensic science providers and practi – tioners in the criminal justice system, Version 2. 0［Online］.（2014）. Available at https：//www. gov. uk/government/uploads/system/uploads/attachment_data/file/351197/The_FSR_Codes_of_Practice_and_Conduct_-_v2_

August_2014. pdf［Accessed 12 December 2015］.

6. Forensic Science Regulator: Legal obligations, FSR－I－400, Iss 2［Online］. (2013). Available at https://www. gov. uk/government/uploads/system/uploads/ attachment_data/file/269812/LegalObligationsIssue2. pdf［Accessed 12 December 2015］.

7. National JusticeCiaNaviera SA v Prudential Assurance Co Ltd（Ikarian Reefer）. (1993). 2 Lloyds Rep. 68 at 81; including the judgment［Online］. Available at http://www. uniset. ca/other/cs2/19932LLR68. html［Accessed 12 December 2015］.

8. R v Cooper［1998］EWCA Crim 2258.

9. Robertson J., Kent K. and Wilson-Wilde L. (2013). The development of a core forensic standards framework for Australia, *Forensic Science Policy and Management*, 4 (3-4), 59-67.

10. Vuille J. (2013). Admissibility and appraisal of scientific evidence in continental European criminal justice systems: past, present and future, *Australian Journal of Forensic Sciences*, 45 (4), 389-397.

拓展阅读

1. Alldridge P. (1999). Scientific expertise and comparative criminal procedure, *International Journal of Evidence and Proof*, 3 (3), 141-157.

2. Brandi J. and Wilson-Wilde L. (2015). Standard methods. In M. Houck（Ed.）. *Professional Issues in Forensic Science*, Acad Press.

3. Champod C. and Vuille J. (2011). Scientific evidence in Europe- admissibility, evaluation and equality of arms, *International Commentary on Evidence*, 9 (1), 1-68.

4. HansV. P. (2008). Jury systems around the world［Online］. Cornell Law Faculty Publications, Paper 305. Available at http://scholarship. law. cornell. edu/facpub/ 305［Accessed 12 December 2015］.

5. Margot P. (1998). The role of the forensic scientist in an inquisitorial system of justice, *Science and Justice*, 38 (2), 71-73.

6. Roberts P. (2009). The science of proof: forensic evidence in English criminal trials. In J. Fraser and R. Williams（Eds.）. *Handbook of Forensic Science*, Willan.

第二部分

第**5**章

科学证据的解释与评价基础

本章关注的问题是法庭科学程序如何向法庭延伸以及专家应如
何就物证检验结果提出意见。具体讨论涉及意见的表达形式、意义和
含义等。此外，对科学证据进行逻辑评价时所依据的原则也将在下面
的章节中加以描述，从而为更加广泛而深入的讨论做好铺垫。但在最
开始，需要对法庭科学专家工作的几个关键阶段进行界定和解释。

5.1 分析、解释和评价

鉴于这些词语经常在法庭科学的各分支学科中使用且在本书中
多次出现，因此有必要在当代法庭科学背景下对其含义进行清晰
界定。

分析是能够得出结果的科学方法、测量手段或观察行为。专家
在实验室里对物证所进行的操作以及后续利用标准方法开展的任何
工作都是一种分析的过程。分析过程可能很简单，例如获取特定药
物样品的气相色谱图，也可能很复杂，例如对血迹形态进行分析。
需要通过使用标准方法进行解释才能得出分析结果，如校准、计算、
借助软件工具或数据库。从这个意义上来说，分析并不是法庭科学
独有的过程。

在法庭科学中，解释是指专家试图理解分析所得结果的意义并
在特定案件背景下对结果进行说明的过程。尽管贝叶斯推理原则为
完成这一过程提供了一种平衡的且符合逻辑的方法，即基于一对相

互对抗的命题来解释，但这一过程并非通过某个单一的方法就能完成的。

> "在任何案件中，专家的关键作用都在于对具体案件的分析结果进行解释。这是法庭科学的核心，也是专家使这一过程具有价值的方式。"
>
> ——埃维特等（Evett et al.），2000 年

作为专家证人，法庭科学专家可以将其对结果所持有的意见作为解释的一部分提交给法院，从而向法院做出有关证据权重的表示，并作为该证据的结论。评价性意见倾向于在使用竞争性主张、贝叶斯推理以及等效的语言尺度来表达意见的场合中使用，整个过程是在对证据进行逻辑评价。这些术语都将在后面的章节中进一步讨论。

完整的逻辑评价过程还有第四步——出示。更确切地说，出示是指专家向法律专业人士和法庭上的非专业人士就证据做出书面陈述，以及进行口头补充的过程。出示不仅包括以专家证言的形式对法庭科学相关问题进行汇报，还包括随后可能进行的质证环节以及专家对此的回应，这些对事实认定者的想法、法庭辩论以及最终的判决都会产生影响。正如后续章节所讲述的，这是从法庭科学到法律这一过程中非常重要的一个阶段。

多年来，在不同的司法辖区，专家们采取了各种各样的解释和评价证据的方法，但这些方法在不同的分支学科之间，甚至在学科内部，几乎都没有达成一致。其中许多方法是不成体系且非常直观的，并且其结果是由专家的经验或地位来证明的。这种不一致会通过书面或口头证词，尤其是用以表达意见的文字表现出来。相比之下，下文讨论的是一种有逻辑且全面的方法，可以适用于所有证据类型和任何案件情况，从而实现在统一的方法框架下，为刑事司法系统提供通过使用标准评价用语来进行表达的专家意见。

5.2　法庭调查的作用和结果

在讨论意见的解释、评价和出示之前，应对法律程序中的两种法庭科学策略进行回顾，以便了解其作用。

5.2.1　调查型法庭科学

传统上，当法庭科学应用在刑事侦查工作中时，通常会与其他的工作，特别是警察等侦查人员的工作区分开来，即所谓的黑匣子思维。在收到物证后，法庭科学专家会选择一种专门性技术进行检验或观察，并向证据的提供者出具一份附有意见评论的报告。此时，法庭科学专家仅考虑证据本身的内容以及经检验后得出的结果，而不受具体案情的影响。在大多数情况下，法庭科学专家和侦查人员之间的任何讨论都是在专家完成上述工作后进行的，这可能会导致解释上的偏差，或者专家会根据警方的预期来使调查结果合理化（见第 9 章）。

当然，这种方法对于某些证据类型和通过快速检验结果帮助警方侦查或提供新线索的情况下是具有优势的。因此，通过"调查型法庭科学"得出"调查型意见"是恰当的。然而，在为法院提供专家意见方面，这往往不是最佳的方式，也不一定是警察在进行侦查时最具成本效益的方式。

5.2.2　评价型法庭科学

从法庭科学在法律程序中的影响来看，人们大约在二十年前意识到了纯粹的调查方法存在适用困难，当时英格兰和威尔士的法庭科学服务机构（FSS）开展了一个项目，目的是全面审查其工作背景，从而以更具成本效益的方式满足警察以及整个刑事司法系统的需要。最终的结果是形成一种互相协作的模式，这种模式强调警方和法庭科学专家在调查开始时建立协作关系，商定需要解决的问题以及法庭科学如何解答这些问题。这样就能根据案件的具体情况制

69

定出有针对性的检验手段方案，而解释和评估阶段则是该方案的一部分。由于司法系统的需要，特别是专家证人的需要，是这种方法必须考虑的部分，因此可以称之为"评价型法庭科学"。

评价型法庭科学的实施模式被称为"案例评价和解释"（Case Assessment and Interpretation，CAI）。在此框架下，一个基于贝叶斯推理和案例预评价的具体方法被进一步提出，旨在为具体案例中法庭科学策略的制定提供指导。CAI 是第四版《RSS 执业者指南》（RSS Practitioner's Guides）的主题，其中对方法进行了总结：

> "CAI 提供了一个逻辑知识框架，其能够促使专家在具体案例中就检验对象和所使用的技术做出明智的决策。该框架可以指导专家撰写包含解释性意见的报告，并帮助专家以最佳的方式支持正确的司法管理。"
>
> ——杰克森等（Jackson et al.），《RSS 执业者指南》
> 第四版，2015 年，1.5

5.3 事实与意见

专家证人既可以提供事实证据，也可以提供意见证据，法院可以据此推断出案件的重要事实。据此，专家的职责可被定义为：

> "提供的信息要有助于减少司法活动（调查或审判）中重大事实的不确定性。"
>
> ——杰克森等，《RSS 执业者指南》第四版，2015 年，2.3

为了更好地理解专家可能提供的证词的范围，批判性地讨论和审查现有意见的类别、类型和范例以及其与科学结论本身的关系是很有必要的。

5.3.1 意见的分类

为了明确专家证人表达的意见的性质，有必要根据格式和目的对其进行分类整理。当前对此问题的讨论大多是以杰克森、艾特肯以及罗伯茨（Jackson，Aitken and Roberts，2015 年）的观点为基础。需要说明的是，一些专家和执业者认为，即使出现一些与此分类方法略有差异的观点，也并不代表是对其提出的质疑。

5.3.2 事实型意见

在这种情况下，专家对观察结果或检验结果给出了一个纯粹的事实性描述，而没有试图对此进行解释或据此得出推论。这些意见很少引起争议，典型的例子包括：

（1）我在被告的鞋子里发现了玻璃碎片。

（2）在驾驶员座椅的安全带上发现了几根红纤维。

（3）样品为盐酸可卡因。

（4）血液样本中的酒精含量为 $90mg/dm^3$。

（5）转移到夹克上的纤维为丙烯酸纤维。

显然，当需要通过某种检验方法得出意见时，如后三个示例，该方法的科学技术或检验过程可能会受到质疑，但这种情况很少发生。以上例子都是就检材进行确认的事实型意见。

5.3.3 调查型意见

调查型意见反映了专家得出的结果对案件的重要性。首先，我们将结合具体例子，回顾各司法辖区法院所使用的调查型意见的形式。如果专家使用的解释方法存在差异，也可能导致分析结果和案件情况不一致。此外，专家措辞的差异性可能会使其向法官和陪审团成员传达的证据权重不同，从而导致理解上的不一致，甚至在法律辩论中产生误解。专家们衡量证据意义的语言尺度也可能不同，不同的专家证人会使用不同的方式来表达在一定程度上具有相同意义的证据，杰克森（2009 年）对此类问题进行了广泛讨论。

5.4　专家意见和法庭科学范式

　　法庭科学是一门很广泛的学科，因此，对证据材料的分析和解释有多种形式。根据英曼和鲁丁（Inman and Rudin，2002 年）描述的范式，法庭科学专家主要使用以下四种证据检验模式：

　　（1）鉴定：确定证据的一般性质或类型。

　　（2）比较：在观察和测量的基础上，确定可疑证据是否与特定比对样本无异，并推演两者可能为共同来源。

71　　　（3）种属分类：通过对一组特征的识别，判断证据是否属于以这些特征作为类型依据的类别。

　　（4）同一认定：观察可疑证物在同类物证中独特的特征，以便在现行检验方法的条件下，最终确定该可疑物证是唯一的（排他的）。

　　从法庭科学检验本身的角度进行讨论，有助于更好地理解意见的形成过程。

5.4.1　绝对意见

　　在此范式下可能会产生两种绝对意见。

　　第一种是对材料的检验，相关例子已经在"事实型意见"一节中给出。大多数的检验方法将产生毋庸置疑的结果，因此专家是在向法院提供一个经过确认的事实，例如通过公认的检验方法得出某材料的化学性质。

　　在比较检验中，通常仅将指纹分析视为绝对的，而且指纹鉴定人会使用"确定"（Indentification）一词来表示比较积极的结果。在英国，如果有三名专家通过比较的方法独立地就指纹的来源问题达成了一致的意见，那么法院会将其认定为事实。近年来，基于种类特征比较和个体特征比较得出的法庭科学证据，以及其他会提供绝对意见的证据在法庭上的运用都存在一定问题。在此基础上，带有绝对含义的最常见表达是"匹配"（match）一词：

　　转移到被告人外套上的绿色纤维与被害人衣服上的纤维相
匹配。

　　言下之意是，两个样本在各个方面都是相同的，这一推论显然
是不恰当的，且并未揭示专家是如何处理所观察到的任何差异点的。
该意见包含着一些主观判断，但却能得出如此绝对的结果，在实际
并非一致的情形下，该结果与真实情况显然是存在误差概率的。诸
如"匹配"或"相同"之类的词语常被用来说明检材与样本之间有
着许多的共同特征，但这在评价意义上显然是不合适的。这种评价
没有考虑到检材或许能够与除被害人衣物以外的其他来源进行"匹
配"。然而这些术语含义的微妙之处以及支撑其的科学观察在法庭辩
论中经常被忽略。

　　玻璃碎片来自该窗户。

　　这是一种针对以连续科学测量和相关误差为基础的证据（如折
射率）的绝对陈述。此外，除非可以证明仅该窗户的玻璃含有特定
的化学成分，否则在逻辑上不可能得出如此绝对的意见。

　　我确定这些耳纹是由被告人留下的。

　　这实际上也是绝对的，并且与前面的例子有相似的问题。不仅
如此，因为检验的基础是定性测量，而不是像玻璃那样的定量测量，
并且确实没有公认的耳纹检验方法，很少有经过同行审查的耳纹研
究文献来建立该学科知识体系。"我确定"这种表达方式也说明，法
庭应注意该意见所隐含的权威性。

　　这类陈述，有些是使用了未经证实且具有不确定性的同一认定
方法，而另一些则存在专家夸大结果的情况，因此存在诸多不合理
之处，过去在法庭上也经常受到批评。但幸运的是，如今这种情况
已几乎消失。

　　第二种较为绝对的表达形式是提供否定的论断或直接排除某种

72

可能。例如，基于种类特征的差异，如嫌疑人鞋子的大小或形状，而排除它是犯罪现场痕迹来源的可能。或者是通过对 DNA 图谱的比较，发现了可以证明以下陈述的重大差异：

> 地毯上的血迹不可能来源于被告人。

这些表达形式对法庭科学检验结果进行了公正的陈述。

5.4.2　后验概率

最常见的意见陈述形式是，通过引用概率来表达结果的强度或专家对结果的确信程度。尽管这可能与某种意见的参照标准有关，这些陈述也并非基于任何严格的统计学方法，在词语的选择上具有主观性。相关例子将在后面的章节中讨论。意见的解释和表述是根据分析结果做出的，以分析结果为条件。因此，这种表述被称为"后验概率"。专家所出具的意见以事先获得的知识信息为基础，而这些知识信息可能是在不完全了解案件情况的条件下，也可能是在与一方当事人有过交流的条件下，或者单纯在基于偏差的条件下获得的。上述过程是不可靠且不透明的。

例如，专家可以得出以下结论：

> 蓝色纤维很可能来源于被告人的裤子。

以这种方式表达的意见以概率的形式间接说明了对所述观点的支持程度，却没有给出有关法庭科学检验如何得出这一结论的任何细节。这完全是专家结合相关背景信息对纤维特性做出的主观评价。其结论背后的依据以及对"可能"这一表达概率的词语的使用都是不恰当的，可能会在预期的证据效力方面误导法院。

> 被告人夹克上有枪弹射击残留物意味着他很可能开枪了。

同样，该表述通过"很可能"一词附加了一些概率权重，陪审团的成员可能会对此产生不同的理解。而且该表述没有考虑到存在

枪弹射击残留物的其他可能解释，例如射击者在射击时故意接近他 73
人。在实际情况中，陪审团可能根本不会意识到其他解释的存在，
或者无法意识到其他合理解释发生的可能性。

5.4.3　解　释

同样以检验结果为条件，另一种选择是以不包含任何概率的方
式进行表述，但通过用词的选择，又保留了与作为解释和评价基础
的种类特征的某种联系。然而，这种陈述方式也隐含着概率性质，
可能会导致意见接收者据此推断出证据的分量，从而误解意见提出
者的意图。在该情况下，得出的意见是不全面的，因为这种解释也
适用于证据的其他来源。例如：

　　头发可能来自被告人。

这只是说明检材与被告的头发在一定程度上具有相似性。该意
见仅将被告的头发视为证据头发的可能来源，但没有对其他来源发
表看法。这种表述没有任何意义，因为并没有指出该头发特征的普
遍性或是与样本的相似程度。

　　"在大多数情况下，'可能'不过是一种显而易见的表述……"
　　　　　　　　　　　　——伯格等（Berger et al.），2011 年

另一种常用的解释是对检材与样本之间一致性的表述：

　　现场鞋印与被告人的鞋印一致。

这种表达与"可能"类似，但暗含对痕迹的细节特征有着特定
的了解，可能会使人认为这种意见是对检材来源的绝对确认，但实
际上该结果并未达到如此程度。而且这种表述实际上没有任何意义，
其相当于让法院在没有专家指导的情况下得出自己的观点。同时其
并没有对可能造成相同痕迹的其他来源发表任何意见。

解释的另一个例子是排除陈述，这种陈述同样以种类特征和个

体特征为基础。这类问题更多的是关于意见中所包含的信息，而不是对特征的解释。但从陪审团的角度来看，这种结果令人相当不满意。

> 我不能排除窗框上的痕迹是被告藏有的凿子留下的。

根据法庭科学的检验结果，这可能是一个完全正确的表述，但是陪审团会对此产生何种看法？这种表述暗示了检材与样本之间存在一些共同的种类特征但不存在明显的个体特征。可能只是痕迹的宽度一致，或是暗含其他共同特征。在任何案件中，如果没有关于痕迹质量的详细说明以及其他可能对证据权重造成影响的情况说明，都可能使陪审团高估这种表述背后的意义。

74 ### 5.4.4 如何解决上述问题

各种形式的专家证人意见在表述上的多样性、不一致性以及低效性表明，需要一种适用于所有证据类型且更加统一的证据评价方法，从而使陪审团和法院更容易理解。这种方法的基础是对抗性主张的概率解释或基于贝叶斯推理并结合案情的证据解释。在这种方法中，概率以逻辑的方式来定义，并对主张的强度提出一个全面的观点，从而向法院传达专家解释的真正分量。在这一过程中，提出明确且相关的主张是至关重要的第一步。

5.5 什么是主张

对科学证据的逻辑评价就是对控辩双方之间的对抗性主张（有时也称为"假设"）进行法庭科学层面的概率比较，从而在某种程度上表明一项证据的重要性或法律效力。因此，理解命题的性质以及对其性质和意义的准确认识是至关重要的。

主张是一种能够以某种方式进行检验的陈述，检验的目的是判断其是否正确。尽管主张通常与双方在对抗性法庭中的立场有关，但就证据和被告的角色而言，有些主张可以由法庭科学专家轻易提出，而有些主张则需要由法庭提出。因此，可以将不同的主张进行层级划分。在这个层级系统中，上层的主张与最终问题更紧密相关，而下层的主张则更具体地涉及对物证的科学检验。层级系统体现了对证据性质的考虑。在以下列表中，所有主张均以控方的视角提出，而辩方则是从相反的角度提出自己的主张。

5.5.1　主张的层级

犯罪层级与法院要解决的最终问题有关，尽管专家不应该直接对被告是否有罪表达意见，但可以提出诸如涉及被告行为的主张，根据这些主张，法院可以判断被告是否有罪。例如，根据所提供的证据，法庭可以提出以下主张：

> X 先生对 Y 小姐犯强奸罪。
> Z 先生犯有持械抢劫罪。

但是，在解释物证时，专家可能会考虑其他犯罪级别的主张，例如：

> A 女士用左轮手枪射击 B 先生。
> C 先生用刀刺伤 D 先生。

活动层级的主张涉及与犯罪有关的作为或不作为行为，但其本身不一定是刑事犯罪，这些可能是法庭科学经常关注的焦点：

> X 先生与 Y 小姐发生了性关系。
> Z 先生打破了邮局屏幕的玻璃。

分析犯罪现场的此类行为对于帮助法院准确了解事件发生的过程非常重要，其中少不了基于观察、测量和材料分析等科学手段的帮助。当然，对于大多数有关活动层级的评价，将包括任何来源层级的相关结果。例如，在解释转移的玻璃证据时，有必要知道作为

75

检材的玻璃与作为样本的玻璃之间的比较结果，例如其来源于邮局的屏幕。

法庭科学主要关注的是来源层级的主张，其中涉及对检材的调查或分析：

阴道拭子上的精液来自 X 先生。
Z 先生巴拉克拉瓦头套上的玻璃碎片来自邮局的屏幕。

有时，我们可能会使用与来源有关的亚来源层级主张，但要在更基础的层级上进行：

拭子上的 DNA 来自 X 先生。

在这里，原材料本身的生物学性质可能是未知的，因此，该主张必须利用其产生的 DNA 图谱，这被称为"亚来源"。

所有来源层级和亚来源层级的主张都可以通过特定的测量或分析以及法庭科学专家得出的结论来直接验证，该结论本质上既可以是绝对的，也可以是具有一定概率的。

较高层级的主张更有助于法庭上的法律辩论，而较低层级的主张则更容易通过大量法庭科学的分析来回答，为案件提供大量的证据。

5.5.2 活动层级的重要性

活动层级证据的相关性和重要性不能被高估，但如果没有被高估，那么这一领域就得不到法庭科学专家的同等关注。这可能与在进行该层级的证据解释和评价过程中遇到的困难有关。但在多数情况下，活动层级的专家意见可能会为法庭提供额外的科学知识以增加法律辩论的价值，而且活动层级的意见很适合进行逻辑评价，尤其是在对主张进行了精心筛选和解释的情况下。

例如，被告人 A 被指控殴打 B 并造成 B 的头部严重受伤，但 A 提出是 B 先攻击自己，然后是在自卫的过程中将 B 打伤。而 B 则声称 A 无故攻击自己，导致自己跌倒并撞到了头。

经检验，如果从 A 与 B 身上分别提取的转移纤维与对方衣服上的纤维一致，那么从来源层级上看，这些纤维证明了在案件发生时两者之间有过紧密的接触。然而，转移纤维的数量、位置和分布将反映这种接触的性质以及持续的时间，因此，在活动层级进行评价，可能更有助于法院确定两人是像 A 所说的那样进行了长时间的打斗，还是像 B 所说的那样，A 无故对其发起了突然袭击。

因此，在评价有关的转移纤维证据时，专家证人既能提出来源层级的主张，也能提出活动层级的主张。

5.6 法庭中的对抗性主张

在向法院提供评价型意见时，应首先确定该主张的级别，然后再提出有关证据的陈述。在最初申请对证据进行鉴定时，可能会被禁止提出相互对立的主张，或由专家根据案件的具体情况作出决定。为了产生两个相互对抗的主张，第一个主张应反映控方的观点。例如，在来源层级上：

> 厨房地板上的鞋印是被告留下的。

或者，在活动层级上，控方的主张可以是：

> 厨房工作台表面和下方地板上的鞋印是被告爬过窗户并跳下时在地板上留下的。

为了评价来源层级的主张，应将犯罪现场痕迹的所有种类特征和个体特征与被告鞋印中的特征进行比较。在活动层级上，痕迹中所体现出的压力变化的位置和方向将有助于对嫌疑人的行为进行解释。然而，在公正的逻辑评价中，仅根据一个主张来考虑证据是不够的。然而这种情况在过去经常发生，并导致专家使用前面所讨论过的形式来表述调查意见。

此外，还需要从辩方的角度来考虑证据：

厨房地板上的鞋印是其他人留下的。

活动层级的主张也可以采用类似的陈述。为了评价这些辩护主张，还需要考虑与现场鞋印具有相同种类特征且不具有明显个体特征的鞋子来源。整个比较检验的过程也应受到审查，特别是在出现假阳性结果方面。

专家需要分别基于这两种主张，对犯罪现场遗留的鞋印证据进行解释，然后像用天平称重一样，判断哪种解释的证据分量更高。如果由于某种原因无法提出替代主张，则只能给出调查型意见而无法进行评价。根据罗伯森和维格诺（Robertson and Vignaux，1993年）的观点：

"与法庭上的其他阶段一样，这些证据不能'为自己说话'。必须根据控辩双方提出的对抗性假设，在有关知识和经验的背景下加以解释。贝叶斯概率为此提供了一种机制。"

——罗伯森和维格诺，1993年，第470页

77　　　在下一章中，将通过回顾经典案例的方式来继续进行讨论，这些案例体现了专家证人在法庭上发表意见时所面临的困难。此外，下一章还将介绍一些可供专家用于对证据进行全面评价的方法。

参考文献

1. Berger C. E. H., Buckleton J., Champod C., Evett I. W. and Jackson G. (2011). Evidence evaluation: A response to the court of appeal judgment in R v T, *Science and Justice*, 51 (2), 43-49.

2. Evett I., Jackson G., Lambert J. A. and McCrossan S. (2000). The impact of the principles of evidence interpretation on the structure and content of statements, *Science and Justice*, 40 (4), 233-239.

3. Inman K. and Rudin N. (2002). The origin of evidence, *Forensic Science International*, 126 (1), 11-16.

4. Jackson G. , Aitken C. and Roberts P. （2015）. Royal Statistical Society Practitioner Guide No 4; Case assessment and interpretation of expert evidence [Online]. Available at http://www. rss. org. uk/ Images/PDF/influencing-change/rss-case-assessment-interpretation-expert-evidence. pdf [Accessed 20 December 2015].

5. Jackson G. （2009）. Understanding forensic science opinions. In J. Fraser and R. Williams, （Eds.）. *Handbook of Forensic Science*, 419-445, Willan Publishing, Cullompton, Devon, UK.

6. Robertson B. and Vignaux G. A. （1993）. Probability- The logic of the law, *Oxford Journal of Legal Studies*, 13 （4）, 457-478.

拓展阅读

1. Aitken C. , Roberts P. and Jackson G. （2010）. Royal Statistical Society Practitioner Guide No 1: Fundamentals of probability and statistical evidence in criminal proceedings [Online]. Available at http://www. rss. org. uk/Images/PDF/influencing - change/rss - fundamentals - probability - statistical - evidence. pdf [Accessed 14 October 2015].

2. Cook R. , Evett I. W. , Jackson G. , Jones P. J. and Lambert J. A. （1998）. A model for case assessment and interpretation, *Science and Justice*, 38 （3）, 151-156.

3. Jackson G. , Jones S. , Booth G. , Champod C. and Evett I. W. （2006）. The nature of forensic science opinion- a possible framework to guide thinking and practice in investigations and in court proceedings, *Science and Justice*, 46 （1）, 33-44.

第6章

专家意见的案例研究

　　本章将讨论三个案例，以说明专家向法院提出科学意见的不同方法。其中的两个案例，在法庭上就法庭科学分析基础的知识体系、该分析的科学性质以及专家可用来支持其解释的依据进行了激烈的辩论。而第三个案例则没有必要就这些问题在法庭上进行辩论。但在这三个案例中，都存在以各种方式表达调查意见和评价意见的例子，这些内容将会在下文进行重点讨论。

6.1　案例研究1：人像比对证据

　　本案主要是关于专家证人对从监控图像中获得的人像进行比对后得出意见的过程。该案例表明，即使由公认的专家进行主观评价，也可能导致以定性的方式来表达对控方主张的支持强度。尽管法庭科学的核心内容是将检材和样本进行比对，而不是单独地确认，但此处为了方便还是使用了"人像确认"一词。事实上，更正确的表达应该是将其称为"人像比对"。

6.1.1　犯罪和定罪

　　在 2006 年 11 月 5 日晚上，一个三人团伙在伦敦西部实施了两次武装抢劫。最开始，一位老妇人在袭击中被殴打致死，因为袭击者在她家里找不到保险箱。而在第二栋房子里，受害人虽然遭受到了该团伙的恐吓和殴打，但最终还是将他们击退。据称，迈克尔·

阿特金斯（Michael Atkins）和迪恩·阿特金斯（Dean Atkins）两兄弟是该团伙中的两个成员。实际上，迪恩在事件发生的前一天才在其他人的帮助下越狱。阿特金斯兄弟二人均否认与这些罪行有关，理由是他们具有不在场证明。

第二个犯罪现场安装了闭路电视监控，尽管所有的罪犯都戴着巴拉克拉瓦头套，但其中一个成员在从一个门口出来的瞬间没有戴头套。尼夫（Neave）是一位在人像比对、识别和重建方面有着 20 年经验的专家，他对这一待确认证据进行了检验，并就控方提出的监控捕捉到的人像是迪恩·阿特金斯的说法向法庭提供了意见。尽管图像的质量相对较差，但专家证人的意见支持控方主张，但他明确指出，该意见并不是对迪恩绝对明确的确认。迪恩·阿特金斯在被定罪后提出了上诉，理由是在人像比对的过程中如果不存在定量测量的方法，那么专家证人就不应该用一种暗示可能性的尺度来表达意见。迪恩认为专家意见应限定在对相似点或不同点的总结，而让陪审团自己做出是否确认的决定。

6.1.2 专家证据和意见

尼夫将监控图像与涉嫌参与犯罪的三名男子的照片以及在该地区活动的其他二十名已知罪犯的照片进行了比对，不过尼夫承认这并没有构成包含所有可能嫌疑人的数据库。尼夫通过对八个特征点的比较来证明其结论，此外还评价了九个可能影响最终观点的风险因素。其中，两个特别重要的风险因素是：

（1）存在无法区分两个不同的人的可能性。

（2）不存在能够表明有多少人具有相同特征的面部特征数据库。

尼夫根据经验和专业知识对特征点和风险因素进行了评价，利用一个从"不支持"（第 0 点）到"极强烈支持"（第 5 点）的六点尺度来表达自己的观点。尼夫的意见倾向于这一尺度的高分部分，对此，主审法官总结如下：

"因此，这种比对结果在一定程度上（在第 3 点'支持'

和第 4 点'强烈支持'之间）支持了迪恩·阿特金斯和罪犯是
同一个人的指控。但应当注意的是，正如尼夫先生所承认的那
样，没有可以用于统计分析的数据库，因此尼夫先生的评价尺
度是以其经验和专业知识为基础的……"

——阿特金斯等诉王室案，2009 年，第 8 段

法官补充道，尼夫也将监控图像与其他人的照片（尤其是迪恩
的兄弟迈克尔）进行了比对，在考虑这一意见时应牢记这一点。

80 　　在上诉过程中，阿特金斯的律师表示，鉴于证据的性质，专家
证人在得出结论时远远超出了恰当的范围。律师认为：

"……以递增的尺度来表示支持程度，可能会对本身纯粹主
观的证据科学赋予权威，从而误导陪审团，向陪审团暗示比对
结果的强度有一个计算尺度或统计基础。"

——阿特金斯等诉王室案，2009 年，第 11 段

上诉法院法官表示，专家缺乏专门的培训或是缺少相应的数据
库，并不妨碍其从多年的实践经验中获得在提供专家意见时所需的
专门知识。如果让陪审团在没有专家评价的情况下，直接根据对相
似性和差异性的总结做出决定，那么将无法为法庭正确评价证据的
重要性提供帮助。尽管在数据库或其他辅助知识的可用性和质量方
面存在一定的差异，但法庭科学中许多领域的专家仍采用了与上述
类似的评价尺度来表达意见。在这种情况下，只能期望法院在质证
期间就这些问题仔细询问专家证人。在本案中，初审法官强调了所
表达意见的范围和局限性，包括：

"（1）意见不能构成肯定的认同，但可以肯定地排除。
（2）该案件中不存在独一无二的识别特征。（3）意见的表达没有基
于任何可以提供统计基础的数据库。（4）意见是根据经验形成，其
完全是主观的。"

——阿特金斯等诉王室案，2009 年，第 30 段

在此基础上，上诉被驳回，法庭支持专家在原始审判中就人像比对发表意见的方式。阿特金斯两兄弟都被判处了至少 35 年监禁。

6.1.3　阿特金斯的意见

专家证人对该案中人像对比证据的分析和解释完全是主观的，除了说明图像中一些可量化的特征外，仍使用了定性的尺度来表达其观点。专家在陈述中提到了控方的主张，同时还在说明分析方法的过程中指出还存在另一种主张，即监控图像来源于其他 20 张照片所对应的人之一。然而，专家所得观点的有效性以及使用替代观点是否会产生相同或完全不同的结果，并不是由经过同行审查的研究进行支撑的，而是仅仅依靠专家的经验。专家明确承认了评价中的风险因素，特别是在数据库方面。尽管如此，在使用量表确定对证据的某一解释的支持程度时，尼夫先生试图在一个合乎逻辑的评估框架内开展工作，尽管这一框架受到人脸识别比对的困扰，而且在最终评估中对他的观察所使用的表述形式的意义有多大，肯定存在严重疑问。

6.2　案例研究 2：耳纹识别

81

相比之下，第二个案例与一种特殊的潜在生物特征（耳纹）有关，其关注点在于完成对犯罪现场耳纹和嫌疑人耳纹的比对后，法院对于专家意见的接受程度。尽管与阿特金斯案有一些相似之处，特别是在比对过程的主观性以及数据库的有限性上，但本案的专家并未使用对抗性主张来评价结果。本案探讨了科学知识对专家证人工作的重要性以及法院对专家意见的可靠性审查。

6.2.1　犯罪和证据

1996 年 5 月 7 日凌晨，一位名为多萝西·伍德（Dorothy Wood）的老年女性在英国哈德斯菲尔德的家中被入侵者用枕头闷死在床上。现场勘验显示，入侵者用一个小工具强行打开了她床边的一扇小窗户并由此进入屋内。此外，在这扇窗户的玻璃上还遗留了一些耳纹，这显然是由于入侵者在强行进入之前将耳朵压在玻璃上造成的。窗户在大约三四个星期前已被打扫过的这一事实也支持了上述解释。

一位名叫马克·达拉格（Mark Dallagher）的当地人，于 1996 年 8 月在该地区因采用了类似的方式进行入室盗窃而被判有罪。由于达拉格在监狱时曾向狱友透露有关多萝西·伍德谋杀案的信息，警察也因此对他进行了讯问。两名独立的专家对达拉格的耳纹和犯罪现场的耳纹进行了比对，两人都认为二者具有一致性。尽管达拉格的女友可以为其提供不在场证明，但由于达拉格之前使用过相似的作案手法以及在监狱中的谈话，再加上耳纹这个唯一的法庭科学证据，他最终以谋杀罪受审。1998 年 12 月，利兹皇家法院判处达拉格有罪，但达拉格随即提出上诉，理由是该专家证据不可采，因为有其他著名的法庭科学专家声称现有的知识体系还存在不足，无法支撑其使用法庭的标准对耳纹进行严格的分析、解释和评价。

6.2.2 解释证据和对意见的质疑

第一位作证的专家证人是范德卢格特（Van der Lugt），他是一位有着 27 年工作经验的荷兰警察，在过去十年中对耳纹及其识别进行了专门的研究。他还曾在荷兰的一所警察学院任教，但没有正式的资格证书。范德卢格特先生建立了一个包含 300 个不同耳纹的数据库，并认为不存在两个耳纹"在任何特定方面都相似"。他向法庭指出，包含耳朵所有凸起部分痕迹的耳纹是很罕见的，一般来说，在进行比对时会寻找五至六个特征点。但他也强调，证据的整体性同样非常重要，这一点需要通过将检材和样本进行重合的方式来审查。在此基础上，范德卢格特表示：

> "……绝对相信被告的左耳纹与窗户上遗留的左耳纹相同。"
>
> ——王室诉达拉格案，2002 年，第 9 段

82

另外，对于右耳纹，范德卢格特发现了几处相似点和两个不同

点。最终的结论是：

> "……是这名被告将耳朵贴在了窗户上"
>
> ——王室诉达拉格案，2002 年，第 9 段

第二位专家证人维纳兹（Vanezis）教授发表了其关于耳朵本身独特性的观点，并使用重合的方法进行了分析。不过，由于耳朵软组织本身的性质，耳纹的轮廓可能出现一定程度的扭曲变形。维纳兹教授得出的结论是，耳纹很可能是达拉格留下的。因此，法官做出了如下总结：

> "……窗户上的耳纹是除被告以外其他人留下的可能性很小，更加确定的意见是，该耳纹很有可能是被告留下的，但这也不能百分之百肯定。"
>
> ——王室诉达拉格案，2002 年，第 10 段

两位专家都认为，如果能进一步研究是否能从两个不同的耳朵中发现明显相似的痕迹，将为耳纹比对提供更有用的帮助。二人承认，这很可能是真的。此外，二人还支持建立一个更大的数据库和更完善的比对标准。

山普博士等人（Champod et al.，2001 年）发表了关于耳纹个体特征及耳纹比对的知识现状的著作，该著作支持了达拉格的上诉。文中虽然承认了所有耳朵都是不同的，但是：

> "……'耳朵之间的显著差异并不一定意味着这种差异就一定会表现在不同的人留下的耳纹上'，因此该证据是有局限性的。"
>
> ——王室诉达拉格案，2002 年，第 11 段

这位专家还评论道，尽管范德卢格特和维纳兹采用的方法并非不科学的，但具有一定的主观性。考虑到压力的变化会使耳朵软组织产生不同程度的变形，因此目前尚不清楚两个耳纹之间的匹配能

提供多大的价值。鉴于现有的数据库很小，任何关于比对结果的评价对法院的意义都非常有限。事实上，山普对范德卢格特和维纳兹表达意见的方式持"强烈的保守"态度。山普的结论是，由于缺乏实证研究以及同行审查，为确定身份而对耳纹进行比对的方法不能被纳入科学界公认的知识体系当中。

上诉法院法官将山普的观点总结为：

> "……目前，耳纹比对有助于缩小侦查范围并排除无关人群，但不能作为单独的科学证据来认定某一个人就是在犯罪现场留下一个或多个印记的人。"

——王室诉达拉格案，2002 年，第 12 段

辩护律师还声称，专家们完全是在能力范围之外得出了关于达拉格是这些痕迹来源的结论，这一问题应由作为事实认定者的陪审团来确定，专家们这样做是为了用有利于控方的方式提出意见。例如，在范德卢格特的这一陈述中：

83

> "我认为在伍德女士家中发现的不明痕迹来自 1061 号提供者，即本案的被告，所以是本案的被告在窗户上留下了左右耳纹。"

——王室诉达拉格案，2002 年，第 32 段

山普指出，这种形式的意见是不适当的。根据在犯罪现场提取的痕迹与样本存在相似之处而推断被告是现场遗留痕迹的来源，这在逻辑上是不正确的。要得出这一结论，就必须证明该痕迹不可能有其他来源，显然本案不符合这一条件。

> "他们本不应该提出，他们的发现在一定程度上支持了窗户上的痕迹是由被告耳朵留下的结论。"

——王室诉达拉格案，2002 年，第 11 段

6.2.3　上诉的结论

上诉法院法官的结论是，尽管对支持耳纹检验的科学研究存在疑问，但耳纹证据确实可以被采纳。更具体地说，对于犯罪现场的事实观察、法庭科学检验以及事实认定者的结论都是相关且可靠的证据，可供法院审理。然而，最主要的问题是该结论对法律辩论的价值，即陪审团对该证据的重视程度。在这一点上，法官同意山普的意见，即该意见的强度是一个值得关注的问题。如果有新的证据质疑耳纹鉴定方法的有效性，那么陪审团可能对达拉格做出不同的决定，因此最初的定罪是不可靠的。

这次上诉成功引起了重审。然而，当专家发现从耳纹残留物中提取的 DNA 并非来自达拉格时，审判就终止了，达拉格也被宣告无罪。

6.2.4　达拉格的意见

对耳纹比对的解释和评价基本上是定性的，并根据检验者自己制定的特定方法进行。尽管提到了数据库，但最终是以调查意见而不是评价意见的方式表达的。尽管两位专家证人在庭审中都承认这些方法具有局限性，但二者的结论在很大程度上是明确的。范德卢格特使用了"绝对确信""它们是同一只耳朵留下的"以及"就是被告"等用语，而维纳兹则采用了一种更为谨慎的后验概率方法，通过"很可能"和"较小可能"等词语来表达。事实上，后者似乎考虑到了另一个主张，即耳纹是由除达拉格以外的人留下的，但他是用分别陈述每个对抗性主张的概率的方式来表达自己的观点，而没有进行整体的评价。

山普在上诉的证词中提出，该意见应根据检验结果对命题进行评价，并表达为"……适当程度的支持……"。这是对应用以贝叶斯推理为基础的评价方法的呼吁。

84

6.3 案例研究3：玻璃和枪弹射击残留物

第三个案例说明了如何通过评价对抗性主张的方式来表达专家意见，从而以适当的语言形式为证据的重要性提出一个平衡的观点。本案将说明逻辑评价法的具体应用。

6.3.1 犯罪与审判

2001年3月13日，一个三人的蒙面团伙企图在曼彻斯特德罗伊尔斯登的邮局实施抢劫。该团伙闯入了邮局并向柜台前的玻璃防盗网开枪，但没能成功将其打碎。之后他们又开始用大锤敲击屏幕，但也仅使玻璃表面碎裂。最后，该团伙乘坐一辆被盗的汽车逃离现场。而后，布赖恩·鲍登（Brian Bowden）和他的父亲被列为怀疑对象，警方在搜查其房屋时发现了有利于逮捕和审判的各种证据。然而，在2002年1月的审判中，父亲被无罪释放，但对于儿子是否犯罪的问题，陪审团难以得出结论。

在二审的其他证据中，控方再次提出，在鲍登家发现了一顶据称来自犯罪现场的针织款巴拉克拉瓦头套，并从中提取到了相关物质。控方的主张是，鲍登在袭击中戴着巴拉克拉瓦头套，在该头套上发现的微量金属颗粒是霰弹枪发射所形成的残留物。此外，在巴拉克拉瓦头套上发现的玻璃碎片来自被锤子击中而破裂的玻璃屏幕。最终，鲍登在2002年7月因持械抢劫未遂被定罪。

鲍登于2004年1月对这一判决提出上诉，理由虽然与科学证据没有直接关系，但他对审判法官直接询问一名专家证人的行为提出了质疑，因为询问专家证人是辩护律师的职责。尽管如此，上诉法院在得出结论之前，仍然对科学证据进行了详细的评价。

6.3.2 科学证据的分析和解释

在对该案的法庭科学检验中发现了三种被转移的痕迹证据：

（1）头套上嘴部周围的唾液残留。鲍登承认这个巴拉克拉瓦头

套属于他，所以该唾液残留中含有鲍登 DNA 的观点并没有引起
争论。

（2）玻璃碎片。

（3）枪弹射击残留物（GSR）的典型金属颗粒。

在二审中，控方分别传唤了有关玻璃和微量物证方面的专家证
人，而辩方则是就这两种类型的证据传唤了一名专家。

该玻璃证据一共包含三块碎片。经检验，三块碎片的折射率一
致，同时也与从安全屏幕外部取出的玻璃样本具有相同的折射率，
而且它们的化学成分也没有差异。此外，这种多层钢化屏幕的内部
玻璃与外部玻璃的折射率不同，但在检材中并没有发现与此匹配的
折射率。该玻璃是一种常见的平板玻璃，其折射率通常为百分之一
左右。专家证人补充道，根据研究表明，玻璃碎片的转移经常发生
在日常生活中，这些碎片可能出现在衣服的各个部位。

专家利用扫描电子显微镜（SEM）中的能量色散 X 射线分析
（EDX）等技术，对从巴拉克拉瓦头套中提取的金属颗粒进行元素分
析后，发现含有钡（Ba）和铝（Al）。然而，对现场遗留的弹壳进
行的 EDX 分析显示，该弹壳含有锑（Sb）、铅（Pb）、钡和铝，并
且每个颗粒至少含有其中两种或三种元素。在英国，弹壳中含有铝
的情况不如在美国常见，而且从头套上提取的残留物中没有发现锑，
这意味着该残留物可能来源于烟花爆竹。鲍登声称，烟花爆竹就是
这些残留物的来源，因为他在 2000 年 11 月戴着该头套参加了一个
焰火晚会。

6.3.3　评价的主张

尽管玻璃和金属颗粒残留物都是转移证据，但都基于理化方法
对这两组证据的来源进行了分析，不过并没有在活动层级上进行具
体讨论。这就需要结合袭击者的位置以及他在抢劫未遂期间的行动
来分析遗留在巴拉克拉瓦头套上的玻璃碎片。当然，如果能有全套
的衣服而不是只有一个巴拉克拉瓦头套以供调查的话，法庭科学检
验将会更有意义。

为了评价玻璃和金属颗粒残留物这两份证据，需要从控辩双方的角度来考虑。上诉时虽然没有明确提出这些问题，但背景信息和专家证人提供的意见暗含了这些问题。例如，有关玻璃证据的一组对抗性主张是：

（1）巴拉克拉瓦头套上的玻璃碎片来自安全屏幕。

（2）巴拉克拉瓦头套上的玻璃碎片有其他来源，如环境污染。

而对于金属颗粒残留物证据，类似的主张可能是：

（1）巴拉克拉瓦头套上的金属颗粒残留物是由于使用霰弹枪射击造成的。

（2）巴拉克拉瓦头套上的金属颗粒残留物来源于烟花爆竹爆炸释放的物质。

首先要说明的是，恰当且正确的主张并不是唯一的，只要与专家所做的工作及其发现有关，且反映了与庭审有关的问题，就都可以作为主张。其次，虽然玻璃证据的第二个（辩方）主张是对玻璃证据来源于安全屏幕的简单否定，但有关金属颗粒残留物的辩方主张则具体提出了以烟花爆竹作为其可能的来源。这两种主张都是可以接受的——辩方只需要提供一个与控方的主张相互排斥的替代主张即可。对于证据来说可能存在几种不同的解释，但辩方只需要提供一种，这可以是一种不具体的解释，比如在面对玻璃证据时所用的方式。

86　专家证人的工作就是要以每种主张为前提来评价实验结果，以确定哪种解释的可能性更大，以及将结果转化为一种能正确地向陪审团传达证据重要性的文字形式。分析与材料本身有关的技术问题，通过专家的经验获取背景知识以及通过他人的经验获取背景知识（如出版的文献或调查报告），都有助于专家得出结论。

6.3.4　评价型意见：玻璃

在对玻璃碎片证据的检验中，折射率（一个可以精确测量的量）是相同的，检材和样本在实验不确定性范围内为控方提供了关键支持。其他因素，如窗户的高度、施加力的大小、事发时头套的位置，当然，如果只发现三块碎片，专家就会认为帽子上的玻璃证据是犯罪现场的动作行为造成的。

相比之下，什么支持辩方的主张？主要包括对折射率分析的质量评价，实际比对的一致性，以及这种有着特殊折射率的玻璃本身的稀有性。在本案中，控方传唤的专家证人根据其经验，使用 "1/90 或 1/100" 来表示发生概率。这种表述对辩方来说并没有什么实际意义，因为这类玻璃已被证明是很常见的品种。法庭科学专家也承认，其他人（通常是无辜的）在日常生活中也可能会在衣服上发现玻璃碎片。起初，在头套上没有发现内部夹层玻璃的这一事实能在一定程度上支持辩方的说法，即玻璃并非来源于该安全屏幕。但内部夹层本身并没有被锤子击碎的这一事实又反驳了上述观点。为了得出评价结论，专家以定性的方式考虑了这些因素。这导致证据明确支持控方，但并非压倒性的支持。因此，专家证人劳埃德（Lloyd）博士的意见是：

> "……头套上拉瓦头套上的玻璃碎片在中等强度上支持一个参与抢劫的人佩戴了这顶头套的观点。"
>
> ——王室诉鲍登案，2004 年，第 19 段

对于辩方而言，沃克（Walker）先生提供了调查意见——"符合"，随后又进行了逻辑评估，但对控方主张的支持较少。

> "在头套上发现的玻璃与来自邮局的玻璃一致，但也存在其他可能的解释；在上诉人身上发现玻璃只能证明佩戴头套者曾出现在邮局，但不能直接证明其进行了抢劫活动。"
>
> ——王室诉鲍登案，2004 年，第 20 段

6.3.5　评价型意见：枪弹射击残留物

对金属颗粒残留物的评价也以类似的方式进行，只是将烟花爆竹作为该证据的替代来源。控辩双方的主张都可以解释铝和钡的存

在，尽管有人认为弹壳中的单个金属颗粒至少含有锑、铅、钡、铝四种元素中的两种或三种，即不一定含有全部的元素，但金属颗粒残留物中铅或锑元素的缺乏，更有利于说明还存在除弹壳外的其他来源。辩方的主张可以解释锑元素的缺失。尽管在英国生产的大多数弹壳中铝元素并不常见，但该信息与这两个主张无关，因为两者都可以解释金属颗粒残留物中存在铝元素的原因。如果辩方主张中的替代来源是另一种不同类型的子弹，而不是烟花爆竹，则情况可能就有所不同。所有因素表明，相比于辩方，控方的主张并未受到如根据玻璃证据所得出的那样强有力的支持，但其仍然是证据的更优解释。最后，专家证人布朗特（Blunt）先生总结道：

> "……钡和铝元素的存在给巴拉克拉瓦头套曾在该事件中被佩戴的这一观点提供了一些支持。"

——王室诉鲍登案，2004 年，第 19 段

尽管这两项评价都没有以数字的方式呈现，但事实上，对各种因素进行权衡是一种将评价结果置于与证据权重相对应的某种文字表达尺度上的尝试。控方对这两份证据的累积效应没有发表任何意见，譬如将两份评价性意见合并为一份更具分量的意见。但是，经法官询问，辩方专家证人确实提出过上述意见。该专家或多或少同意布朗特的观点，即金属颗粒残留物本身：

> "……仅能够证明佩戴头套者曾在邮局出现。"

该专家还表示，综合来看，证据权重的上升"略"支持控方的观点。在本案中，法庭科学专家的评价方法有一定的一致性，尽管在对玻璃证据的评价方面，劳埃德的意见比沃克的意见对控方更有利。

辩方专家证人随后接受了律师的询问：

> "你曾告诉我们一些有关金属颗粒的信息，涉及钡和铝元

素，也曾告诉我们一些有关玻璃碎片的信息。你是否能以一名专家的身份表明，金属颗粒、钡、铝和玻璃碎片的存在让你从科学角度确定那是抢劫者在现场佩戴的头套？"

——王室诉鲍登案，2004 年，第 21 段

对此，沃克的回答是"绝对不"。

该问题和回答的目的是让陪审团对专家的评价产生怀疑。经过仔细考虑，显然无论是哪种方式，都不可能对证据的来源提出明确意见。专家对于该问题的回答没有错，但也不会使其自身或他人的原始意见归于无效。不过，专家最好不要直接回答这个关键问题，而是简单地重申其最初的观点即可。

上诉法院法官在总结发言中表示，初审法官的干预是一个错误，但不影响判决的可靠性，因此驳回了鲍登对定罪的上诉。

6.3.6 鲍登的意见

88

在本案中，所有专家的意见都会"支持"法律辩论中某一方提出的证据观点。尽管这一点在陈述中并不明显，但已经体现在了一些表示支持程度的词语上，例如"略有力的支持""一些支持"或"中等证据"。专家意见的提出是基于对各种因素的评价，这些因素对在巴拉克拉瓦头套上发现的痕迹证据做出了对抗性的解释。此外，对于沃克来说，这种方法也使其能够将在头套上发现的两种微量物质的组合作为单一的证据权重进行评价。

在关于玻璃碎片的陈述中，这位专家提供了一份调查型意见，认为玻璃的存在与巴拉克拉瓦头套在犯罪现场的存在"等价"，尽管这是以存在其他可能的解释为前提的。然而，仅仅用观察得出的意见并不能向陪审团传达证据的重要性，而是需要通过随后的评价性陈述来实现。

最后，辩护律师的询问揭示了即使是有着充分准备的专家证人，其在提供经过仔细考量的评价意见后，也可能掉入律师设好的提问陷阱中，即让专家对证据做出明确的答复。

6.4 结 论

上述三个案例说明了在对科学证据形成意见的过程中存在着许多困难，并指出了一些解决办法。在鲍登案和阿特金斯案中涉及的基于对抗性证据主张进行评价的逻辑方法，在向法院传递证据方面具有明显的优势。尽管在前面的案件中，对某些类型的证据执行该逻辑方法会相对简单，但在后面的案件中，在缺乏可量化或明确的特征以及完全依赖专家主观判断（如人像比对）的情况下，对证据的处理存在更大的困难。

为了加快这一进程，需要为证据评价方法建立更可靠的基础。这就需要了解其统计基础，即贝叶斯统计方法，以及如何在量化的基础上进行解释和评价，并将其应用于更广泛的证据类型中。

参考文献

1. Atkins and another v R［2009］EWCA Crim 1876.

2. Champod C. , Evett I. W. and Kuchlar B. (2001). Earmarks as evidence：A critical review, *Journal of Forensic Sciences*, 46（6），1275-1284.

3. R v Bowden［2004］All ER（D）291（Jan）.

4. R v Dallagher［2002］All ER（D）383（Jul）.

拓展阅读

1. Aitken C. , Roberts P. and Jackson G. (2010). Royal Statistical Society Practitioner Guide No 1：Fundamentals of probability and statistical evidence in criminal proceedings［Online］. Available at http://www. rss. org. uk/Images/PDF/influencing-change/rss-fundamentals-probability-statistical-evidence. pdf［Accessed 14 October 2015］.

2. Edmond G. , Kemp R. , Porter G. , Hamer D. , Burton M. , Biber K. and San Roque M. (2010). Atkins v The Emperor：the 'cautious' use of unreliable 'expert' opinion, *International Journal of Evidence and Proof*, 14（2），146-159.

3. Halpin S. (2008). What have we got ear then? Developments in forensic science：

earprints as identi- fication evidence at criminal trials, *University College Dublin Law Review*, 8, 65-83.

4. Meijerman L. , Thean A. and Maat G. (2005). Earprints in forensic investigations, *Forensic Science, Medicine and Pathology*, 1 (4), 247-256.

5. Molloy J. (2010). Facial mapping expert evidence, *Journal of Criminal Law*, 74, 20-26.

6. O'Brien Jr W. E. (2003). Court scrutiny of expert evidence: recent decisions highlight the tensions, *International Journal of Evidence and Proof*, 7, 172-184.

第7章

逻辑评价的规范方法

90　　本章将讨论证据逻辑解释和评价方法的基本统计原则。根据该原则，专家能够分别在两个相互对抗的主张下构建证据条件概率，从而得出关于证据权重的观点。为了进行深入说明，本章将首先回顾基于贝叶斯推理的方法与在某些司法辖区（特别是美国）和一些法庭科学分支学科中更常使用的概率法之间的差异。本章最终将使用似然比（LR）进行评价，即所谓的逻辑方法。需要强调的是，该方法与基于贝叶斯定理的后验概率方法之间是有区别的。本章将具体介绍评价所需的针对关键结果的数学计算方法，以及使用适当尺度的文字来向法院表达结果的策略。

7.1　概率方法和贝叶斯方法

7.1.1　形成意见的概率方法

　　关于证据评价中贝叶斯方法的争论，通常与所谓的"概率"或"偶然"方法中（reviewed，for example，by Curran，2009 年）相互对抗的主张有关。提出意见的另一种方法是将统计学应用于法庭科学解释的两个方面：将被告与犯罪现场联系起来的证据有着多大的强度？证据的特征有多罕见？

91　　第一个问题涉及的是从犯罪现场提取的证据与样本之间的匹配质量。这可以使用能够应用在各种证据类型中的基于假设的统计方法来确定，例如使用 t 检验（t-test）来比较玻璃折射率的分布以确定两组材料成分的相似性。

第二个问题可被概括为环境中证据特征的出现概率，"概率"一词即来源于此。例如，在衣服上发现的随机转移纤维有 25% 为蓝色棉。因此，这个方法有时也被称为"偶然"的方法，因为证据要么是来源于被告，要么是来源于巧合，即有着另一个随机的来源。因此，如果证据中的罕见特征能得到良好的"匹配"，就可以被认为是支持嫌疑人与犯罪现场存在关联的有力证据。然而，这也可能导致误判，如检察官谬误（参见第 7.6.2 节），即该证据在环境中的稀缺性会对陪审团的思考产生一定的影响，暗示该证据基本不可能来源于除被告以外的任何人。

"通过证明如果该主张是正确的，那么得到该证据的可能性较小的这一命题，'偶然'方法为反驳该主张提供了证据。因此其支持另一个主张。证据在该主张下发生的可能性越小，就越支持另一个主张。"

——巴克莱顿等（Buckleton et al.），2005，第 2.1.1 节

这种方法的应用非常有限，且没有考虑到与证据有关的情况框架。事实上，许多人认为这种概率方法是错误的，因为其没有用合乎逻辑且完整的方式来表达专家意见。该方法充其量会被视为一个利用贝叶斯推理进行评价的大杂烩，不仅不能适用于很多情形中，甚至在某些情况下还可能误导法庭。

7.1.2 证据的逻辑评价

相比之下，贝叶斯推理能够从控辩双方的角度出发，通过似然比来审查这两个主张下证据的概率问题，从而完成对证据的解释。因此，通常称此方法为"似然比法"。此方法还能通过提出相互对抗的主张并在结合案情的基础之上，使与法庭有关的问题能够以严谨的方式得到解决。

似然比是两个条件概率的比值（定义见第 7.2 节），因此其本身

并不是一个概率。自从"可能性"一词出现以来，就成了一个使法庭困惑的问题。就其本身而言，其通常被视为概率的同义词，例如："今天火车晚点的可能性有多大？"

另一点让许多逻辑性评价意见的提出者和接受者感到困惑的是，是否可以超越似然比，通过使用贝叶斯定理，在考虑证据之后，得出控辩主张的后验概率，从而获得每一个主张的后验概率。然而，这样做也存在问题，因此也是有争议的，不仅法庭对此有质疑，大多数似然比的现代支持者也对此有质疑。

7.1.3 有关形成意见过程的争议

关于如何形成意见的争论仍在进行，欧洲和澳大利亚致力于使用逻辑评价，而美国则持怀疑态度，因此构成了一种"横跨大西洋"的紧张关系。里辛格（Risinger，2013 年）对其中的一些问题进行了回顾，而一位著名的反对使用似然比的学者博兹亚克（Bodziak），以鞋类证据为背景，发表了以下观点：

"（与英国和欧洲）相比，在美国以及大多数国家，鞋类证据鉴定人只考虑是不是这只鞋留下了痕迹。任何概念或条件信息对似然比的使用至关重要，但不属于该检验的一部分。"

——博兹亚克，2012 年

7.2 似然比方法

证据评价的逻辑方法以对条件概率的评价和比较为基础，并通过应用以下三个原则计算似然比。这些原则以不同的方式提出，同时也保留了框架的精髓。以下内容以埃维特（1998 年）提出的观点为基础：

（1）对科学证据的解释是在与犯罪本身有关的情况框架下进行的。

（2）对科学证据的解释需要考虑至少两个相互对抗的主张。

（3）法庭科学专家的作用是考虑在每个主张下发现证据的可能性。

这种方法建立在数理逻辑的基础上，无论案件有多复杂，坚持这些原则都将促进对所有科学或证据做出公正的评价。该方法关注的重点是证据、证据解释以及专家在评价证据对案件的意义时所起的作用。案件情况为证据概率的计算提供了数学条件。作为评价的基础，专家应向法庭说明这些问题。如果这些情况发生变化，概率和评价也会随之变化。

根据第二个原则以及在前几章中的讨论和例子，相互对抗的主张通常是基于控辩双方所持的相互排斥的观点而提出的，一般的主张可以是：

H_1：被告是导致犯罪现场出现该证据的原因。

H_2：被告之外的其他人是导致犯罪现场出现该证据的原因。

在这里，替代主张是对控方主张的否定。当然，也可能出现其他形式的辩方主张，正如在第 6.3 节的鲍登案中看到的那样。但如果没有替代主张，那么逻辑评价方法就无法进行。

条件概率表达了专家在经过深思熟虑后，基于每个主张，对证据（E）解释所提出的观点：

$\Pr(E \mid H_1, I)$：在 H_1 和 I 的条件下，证据 E 发生的概率。

$\Pr(E \mid H_2, I)$：在 H_2 和 I 的条件下，证据 E 发生的概率。

证据 E 是专家对检材和样本所做的一系列观察或测量。条件符号后面的字母 I 表示案件相关信息和相应的主张情况。在许多情况下，数学计算过程会被省略，但保留具体过程有助于提醒专家其所代表的含义的重要性。

最后，通过计算两种概率的比值，即似然比（LR），来比较这两种概率的相对大小，从而对证据进行解释：

93

$$LR = \frac{Pr\ (E \mid H_1,\ I)}{Pr\ (E \mid H_2,\ I)}$$

需要注意的是，这里的主张必须是相互排斥的，但不需要包括全部的情况，其他能被接受的替代假设也可以作为H_2。

专家既可能定性地，也可能定量地评价概率，以得出似然比的估计值。如果在H_1，I条件下的概率大于H_2，I条件下的概率，则LR将大于1，因此控方对证据的解释应比辩方更能得到法庭的支持，反之亦然。如果两个概率相同，那么LR等于1，即该证据对法庭辩论没有意义。理论上，LR的大小没有上限或下限，重要的是LR的数量级。LR越偏离1的证据比LR越接近1的证据更有价值。那么，基于这些数字信息，如何以文字的形式向法院表达评价意见呢？

7.3　使用似然比表达意见

设定主张和推导似然比的框架为专家意见的提出提供了一种统一的方法。在如何向法院出示这一意见的问题上，面临着许多挑战——第一个挑战是陈述本身的形式，第二个挑战则涉及如何将评价得出的强度从数量级转化为文字形式。

7.3.1　评价型意见的表述

前面的章节结合案例讨论了一些评价性陈述的例子。然而，没有一个陈述是通过逻辑框架来进行表达的。为了使法院能够充分理解专家的意见，在评价中应提及这两项主张。

下面列出了一些评价性陈述的适当表达形式，但也可以采用其他形式：

（1）根据我的发现，我将适度支持"被告打破窗户进入"的主张，而不支持"被告衣服上的玻璃来源于某种与犯罪无关的未知因素"的主张。

94　　（2）被告左脚鞋底与从厨房地板上提取的痕迹在图案、尺寸和磨损方面的一致程度，适度支持了以下观点：现场的鞋印是由被告的鞋留下的，而不是另一只未知的鞋。

（3）相比起"被告仅仅只是站在附近，袭击是由另一个身份不明的人发起的"这一主张，在"被告对受害者实施了袭击"的主张下，被告的衣服上更可能出现如此数量和分布的血迹。

欧洲法庭科学研究机构联盟（European Network of Forensic Science Institutes，ENFSI）最近公布的评价型鉴定意见指南（2015年）就完整的法庭科学报告给出了进一步的示例，并对与评价相关的其他信息进行了进一步的讨论。

表 7.1　英国/欧洲的证据评价语言

似然比范围	等效言语表达 （相较辩方支持控方主张的程度）
LR = 1	中立结果 不能提供倾向性支持 或 对于焦点问题的解决没有帮助
1<LR<10	有限或微弱支持 或 略高的可能性
10<LR<100	中等支持 或 较高的可能性
100<LR<1000	较强支持 或 更高的可能性
1000<LR<10 000	强有力支持 或 非常高的可能性
10 000<LR<100 000	非常强的支持 或 特别高的可能性

似然比范围	等效言语表达 (相较辩方支持控方主张的程度)
$1\ 000\ 000 \leqslant \mathrm{LR}$	极强支持 或 极强的可能性

7.3.2 似然比和等效语言表述

似然比以一个单一的、连续的数值尺度为基础，该尺度的范围是从中立到压倒性地支持某主张（至少是理论上）。为了将这一尺度转化为一系列等效的语言陈述从而准确地将科学意见的重要性传达给事实认定者，相关人员已经做出了许多努力。

这种方法对所有形式的证据解释都使用同一个评价尺度，即无论证据采取何种形式，专家意见都可以以一致的方式给出。不同的国家对该问题有着不同的处理方式，如前所述，迄今为止，美国对逻辑评价的方法仍持怀疑态度。

2009 年，英国法庭科学服务提供者协会（Association of Forensic Science Providers，AFSP）通过了一份表格。该表格根据似然比的数量级将其划分成了六类，每一个类别都对应着一个文字表达，以表明意见的强度（见表 7.1）。

该表格仅适用于有利于控方的证据意见，但通过取似然比数值的倒数，可以将其转换为有利于辩方的陈述。最近，ENFSI（2015年）建议对每一个数量级使用另一种以概率文字来反映对主张的支持程度的表达形式。两种等效表达见表 7.1。

诺加德等人（Norgaard et al.，2012 年）设计了一种具有九点的尺度（中立以及两侧各四点）用于瑞典的非对抗性的刑事司法系统。其使用了对数算法将似然比尺度校准为"排除合理怀疑"的数值当量假设和统一的先验概率，并使用了与表 7.1 类似的评价短语。

7.4　评价与贝叶斯定理

显然，贝叶斯定理本身并不用于证据的逻辑评价，因为似然比独立于此定理所涉条件概率之间的关系。然而，通过使用贝叶斯定理来扩展评价过程，可以对陪审团和法庭直接关心的主张本身的概率进行计算。95

该方法在法庭中的实施引起了许多问题，其中的一部分将在王室诉丹尼斯·约翰·亚当斯案（R v Dennis John Adams，参见第 8.3 节）这一里程碑式案件的诉讼程序中予以说明。

7.4.1　贝叶斯定理：先验概率和后验概率

从根本上说，贝叶斯定理是一个将两个条件概率和两个非条件概率联系起来的数学关系。用一些与讨论相关的符号来表示，可以得到：

$$\Pr(E) \times \Pr(H_1 | E, I) = \Pr(H_1) \times \Pr(E | H_1, I) \qquad (1)$$

其中一些概率的意义值得仔细研究，这里出现的新概率是指：96

　　$\Pr(E)$ 是 E 的非条件概率。

　　$\Pr(H_1)$ 是在完全不考虑该证据的条件下，控方主张被接受的非条件概率。

　　$\Pr(H_1 | E, I)$ 是在考虑证据和具体案情的情况下，控方证据被接受的概率。

请注意，除非两个非条件概率恰好相等，否则通常：

$$\Pr(H_1 | E, I) \neq \Pr(E | H_1, I)$$

这一结论对于清楚区分得出概率的前提条件和在该条件下的主张至关重要。

为什么贝叶斯定理可以应用于证据评价？经研究发现，事实认定者在得出结论时对 $\Pr(H_1 \mid E, I)$ 非常感兴趣，该定理将这一概率与证据本身的概率联系起来。然而，为了建立直接关系以更好发挥该方法的作用，还需要再进行两个步骤。首先，贝叶斯定理可以在辩方主张 H_2 的情况下写出类似的等式：

$$\Pr(E) \times \Pr(H_2 \mid E, I) = \Pr(H_2) \times \Pr(E \mid H_2, I) \tag{2}$$

然后，用表达式（1）除以（2）并消除每个表达式中的第一项，得到：

$$\frac{\Pr(H_1 \mid E, I)}{\Pr(H_2 \mid E, I)} = \frac{\Pr(H_1)}{\Pr(H_2)} \times \frac{\Pr(E \mid H_1, I)}{\Pr(E \mid H_2, I)} \tag{3}$$

右侧的第二项即是似然比，因此似然比有时也被称为"贝叶斯因子"。右侧的第一项独立于证据 E，并且由于主张 H_1 和 H_2 相互排斥，这意味着：

$$\Pr(H_2) = 1 - \Pr(H_1)$$

显然，表达式（3）右侧第一项实际上是在获得任何证据之前接受控方主张的可能性，因此被称为"先验概率"：

$$\text{Prior Odds} = P_0 = \frac{\Pr(H_1)}{\Pr(H_2)}$$

同理，表达式（3）的左侧项也是接受控方主张的概率，但是在考虑了证据之后，这被称为"后验概率"，定义为：

$$\text{Posterior Odds} = P_1 = \frac{\Pr(H_1 \mid E, I)}{\Pr(H_2 \mid E, I)}$$

最后，根据贝叶斯定理推导出的概率版贝叶斯定理表达式如下：

$$P_1 = LR \times P_0 \tag{4}$$

Posterior Odds = Prior Odds × Likelihood Ratio

这一结论说明了贝叶斯推理（通过似然比得出证据评价的概念）和贝叶斯定理（显示这一过程能如何直接影响法律论证和最终问题）之间的区别。后验概率与陪审团的考虑直接相关，因为在通过计算似然比来评价证据之后，后验概率是对接受控方主张的概率度量。然而，正如这个等式所示，在考虑证据之前，还需要得出先验概率，这基本上是法庭辩论的起点。在实践中，确定先验概率的困难限制了概率版贝叶斯定理的实用性，在过去 25 年左右的时间里，法庭围绕贝叶斯方法展开了许多（尽管不是全部）争论。

7.4.2　组合似然比

尽管如此，表达式（4）却能够进一步引申出一个概念，这是使用贝叶斯方法和使用似然比进行逻辑评价的一个巨大优势。考虑到通常情况下，法庭上会有一个以上的证据，无论是科学证据还是其他证据。通过计算可能性比值，对第一项证据应用这一规则基本上更新了案件的先验概率。因此，根据表达式（4）可以推导出与每个证据对应的似然比的乘法组合定律：

$$P_1 = LR_1 \times LR_2 \times \cdots \cdots \times LR_n \times P_0$$

因此，得出了一个普遍有效的结论：

$$LR_{total} = LR_1 \times LR_2 \times \cdots \cdots \times LR_n$$

这表明，无论是否使用概率版贝叶斯定理，似然比都可以进行乘法组合。此外，只要似然比是可以合理估计且可靠的，该规则就能适用于任何性质的证据。

7.5　先验概率

　　先验概率是在没有提出任何证据时，完全基于对案件信息的考虑而得出的概率。那么如何估算最初的先验概率呢？对此，有两种极端的方法。第一种方法是采取一种中立的立场，即认为无罪和有罪的可能性相等，即"相等先验"假设。对于坚持无罪的假设和坚持有罪的假设来说，这似乎是一个自然而然的做法。"相等先验"意味着先验概率是相同的，即，

$$\frac{Pr（H_1）}{Pr（H_2）}=1$$

　　第二种方法认为，在没有证据的情况下，被告实际上是从人群N中随机挑选出来的。这意味着：

$$\frac{Pr（H_1）}{Pr（H_2）}=\frac{1}{N}$$

　　该方法的难点在于如何确定N。N不可能来自犯罪地区的全体居民，因为警方的逮捕并不是完全随机的。相反，在这种情况下，N代表以某种方式确定的嫌疑人群体。例如，假设N可能是当地18岁至40岁、在犯罪时没有不在场证明或者与已知的窃贼有相同作案手法的男性。

　　先验概率可以根据比率统计进行计算。基本比率表示每天某一人群中特定事件的发生概率，例如，窃贼再次犯罪的概率或在钞票上发现毒品痕迹的概率。虽然在计算似然比时可能需要一些基本比率，但他人提供的信息并不是针对被告的具体证据，而是与整个案件的背景有关。然而，法院可能出于各种原因认为某些基本比率与法庭讨论的问题无关，或者在证明有罪之前，使用这些比率违反了无罪推定原则。

虽然在过去存在着专家证人积极处理这一问题的先例，如丹尼斯·约翰·亚当斯案，但显然，先验概率应由法庭确定，而不是由法庭科学专家确定，主要因为其与科学证据毫无关系。

弗里德曼（Friedman，2000 年）对与先验概率有关的全部问题进行了讨论，并建议陪审员依靠直觉从司法系统之外的观察者的角度来评价先验概率。最初先验概率的估计值很小但不是 0。弗里德曼通过以下例子来说明法官应当如何指导陪审员，以及如何有效得出先验概率：

> "陪审团的成员们，你们不能把提出的指控或检察官的开场白作为被告犯下罪行的证据。审判开始前，在你们对事件本身仅有着一般认识而没有获取其他任何信息的情况下，如果被问到被告去年 6 月 25 日对其邻居实施暴力袭击的可能性有多大这一问题时，你们必须将这种可能性评价得非常低。你们必须从这一起点开始考虑本案的证据。"
>
> ——弗里德曼，2000 年

7.6　后验概率

99

后验概率是一个有趣的问题，因为传统上都是有条件地根据证据来表达观点。虽然对于调查型意见来说，这一观点是可以接受的，但对于证据评价来说是不恰当的。事实上，对条件和后验概率意义的混淆导致了臭名昭著的检察官谬误。

7.6.1　意见和后验概率

对贝叶斯定理表达式［等式（1）和（2）］中条件概率的进一步讨论，将使读者对第 5 章所讨论的意见的文字表达有一个更清楚的理解。在前面的第 7.4.1 节中，$Pr(H_1|E, I)$ 被定义为：

> 在考虑了证据和案情之后，采纳控方主张的概率。

以第5.4.2节中的枪弹射击残留物案例中的意见为例：

被告夹克上有枪弹射击残留物意味着他很可能开枪了。

这一陈述是以对夹克上的枪弹射击残留物进行的法庭科学检验结果为前提的，换言之，证据是得出意见所需的条件。意见本身是被告"很可能开枪"，这是对控方主张H_1的发生概率的观点。该分析证实，意见表述的是后验概率$Pr（H_1 \mid E, I）$。类似的分析同样适用于第5.4.2节中讨论的其他案例。

然而，等式（3）和从贝叶斯定理推导出的后续结果表明，想要得到该后验概率和H_2的等效文字表达，不仅需要知道似然比，还需要确定先验概率。第7.5节对确定先验概率的困难性进行了讨论。然而，那些常常以后验概率的形式提供意见的专家并没有使用贝叶斯方法，更没有试图估算先验概率。那些专家在提供意见时不自觉地考虑了一些存在干扰的信息和观点，包括当前案件的情况、专家之前的个人经历，以及警察或当事人的期望。这个过程既不严谨也不客观，甚至算不上是一个真正的主观评价。仅凭这一点，诸如评价意见之类的陈述确实不能准确传达证据的真正意义，而且还可能误导事实认定者。

7.6.2　检察官谬误

7.4.1节重点强调了条件和主张颠倒的不等式的重要性，为了方便起见，这里仅用H_2表示，而省略了I：

$$Pr（H_2 \mid E）\neq Pr（E \mid H_2）$$

然而，这一数学表达式的精确性往往无法用口头或书面的语言表达出来，结果导致证据的重要性被法院误解甚至是曲解。从数学上讲，这被称为"条件置换错误"，这意味着右侧的概率被解释为左侧的概率。为什么说这很重要？

专家解释道，由于将被告与犯罪现场联系起来的证据在人群或

环境中很少见，所以另一种主张的可能性很低。换言之，条件是辩方主张的 Pr（E | H₂）的值很小：

> 如果无罪的辩护主张被接受，那么对证据的另一种解释就不太可能了。

有些人将这种低概率归因于主张而不是证据，即归因于 Pr（H₂ | E），这种观点是非常不正确的：

> 鉴于这一证据，被告不太可能是无辜的。

由于这种曲解倾向于对控方有利，因此被称为"检察官谬误"。在 DNA 证据出现的早期，这一点变得非常突出，尽管早在那之前这种错误就已经出现在法庭上了。谬误可能发生在对任何形式的证据的重要性进行辩论的过程中，而不仅仅针对 DNA 证据，还包括那些援引了定性概率来支持专家证词的证据，例如第 6.2.2 节的王室诉达拉格案中专家证人的陈述。当条件发生置换时，在来源层级主张的背景下，这种谬误有时被称为"来源概率错误"。尽管人们对检察官谬误在法律辩论中的危险性有了更广泛的认识，但直到今天，法庭上仍然存在这样的情况，这将在后面的章节中讨论。

7.7 条件概率和似然比的计算

似然比的计算涉及对条件概率的确定。虽然在某些情况下，这种计算相对简单，但也有一些例子表明，专家选择的实际数字已被证明是有争议的，且无法被法院接受。尽管其中的一些疑难情形将在后面的章节中详细研究，但目前有必要对如何进行一般性的计算进行概述。

对似然比的推算只是一种估计值，因为归根结底，最重要的是数量级而不是某个确切的值，在只涉及数学运算的情况下，该计算过程很简单。但难点和争议点在于相关概率的确定，这在很大程度上取决于证据类型和主张的性质。应当强调的是，虽然可以进行完全的定量计算，但在通常情况下，数值可能只会使专家得出对这些概率的估计，甚至完全依靠经验得出该结果。

来源层级和活动层级的推算基础是不同的，因此将分别进行讨论。

7.7.1 来源层级的似然比

在来源层级，用于计算 LR 的两个条件概率的分子通常更容易估计。在大多数情况下，由于控方认为被告负有责任，因此找到证据的可能性很大，这意味着赋予统一或非常接近的值是很有必要的。然而，在检材和样本之间的联系程度的影响下，实际情况可能并非如此，但目前这种可能性会被忽略。因此：

$$\Pr(E \mid H_1) = 1$$

LR 的数量级对分母 $\Pr(E \mid H_2)$ 的值更为敏感，且确定替代主张的概率通常会更为复杂，需要进行假设和估算。测试似然比对这些因素的敏感性应该是法庭科学专家完成证据评价任务的一部分。

例如，如果存在一个已被科学界和法庭所接受的统计参考数据库，且该数据库适用于当下考虑的证据和案件情况，则这种概率将等于证据特征在相关人群中的出现概率。对于一个完整且单一的DNA 图谱，随机匹配概率（Random Match Probability，RMP）为更复杂问题的计算提供了所需的参考数据。例如，对于 DNA 混合物来说，计算似然比的正式统计方法已经存在（参见巴克莱顿等人著作的第 7 章，2005 年）。

对于其他类型的证据，如果有来源于制造者、调查过程或科学实验的数据库，则可以遵循相同的流程。然而，所用数据的适用性和恰当性往往会受到质疑。在某些情况下，类似数据的其他来源可能会导致完全不同的结果，专家证人需要让法庭相信就这些选择做出的任何决定是有效的。但过去的经验表明，法庭可能根本就不接受这种做法。

第三种方法是以专家的经验为基础，或者是将直观的数据、个案工作经验以及与同行的讨论融合起来。这通常是相当保守的，但也有可能只是猜测，而且在很多情况下很难向法院提供充分的理由。

无论选择哪种方法，专家的工作都应该具有明显的稳定性和透明性，正如在提交给法庭的报告中所证明的那样。上述方法得出的结果即代表证据特征在特定范围内的发生概率 f。这样就确定了证据来源"不是被告"这一替代解释的概率。因此，似然比将通过以下式子进行计算：

$$LR = \frac{Pr\ (E \mid H_1)}{Pr\ (E \mid H_2)} = \frac{1}{f}$$

对于辩方提出的其他更具体的主张，也需要遵循类似的程序。在某些情况下，如第 6.3 节讨论的鲍登案中烟花是残留物的来源这一主张，可能还需要对活动层级进行考虑。

7.7.2　活动层级的似然比

在活动层级上，来源层级的信息通常会被保留且嵌入到原来的表达式中，从而形成一个新的表达式，该表达式考虑了痕迹证据的转移和持久性。得出结论的详细过程不会在此处具体展开（Evett，1984 年；Adam，2010 年）。可以说，专家考虑了对转移证据的两种解释，并确定了适当的概率。对于转移证据，可以采取不同的方案来设定解释，但这里仅以基本结果为例。与来源层级相比，专家在活动层级上的工作更多的是依靠经验来估计相关概率的大小。在这种情况下，这些值是指：

t_0：接触但不转移的概率。

t：在给定的接触条件下，特定证据痕迹转移的概率。

b_0：无意接触但没有留下证据痕迹的概率。

b：无意接触但留下了特定证据痕迹的概率。

因此，基于前一节定义的 f，可以推导出似然比的计算公式：

$$LR = t_0 + \frac{tb_0}{bf}$$

在实践中，第一项可以被忽略，而第二项有助于有效地确定数量级。同样，来源层级中痕迹证据的稀有性对于确定活动层级中 LR 的数量级也是很重要的。

7.8 结 论

在研究并讨论了对证据进行逻辑评价的方法之后，下一阶段是审查该方法在法庭上产生的影响。在下一章中，将通过援引重要案例的方式来说明在形成专家意见时是如何遵循概率和贝叶斯方法的，以及法庭对此会如何回应。

参考文献

1. Adam C. D. (2010). Chapter 11, Statistics and the significance of evidence, 279–311. In *Essential Mathematics and Statistics for Forensic Science*, Wiley-Blackwell, Chichester, UK.

2. Association of Forensic Science Providers (AFSP). (2009). Standards for the formulation ofevalua - tive forensic science expert opinion. *Science and Justice*, 49 (3), 161–164.

3. Bodziak W. (2012). Traditional conclusions in footwear examinations versus the use of the Bayesian approach and likelihood ratio. *Law*, *Probability and Risk*, 11, 279–287.

4. Buckleton J., Triggs C. M. and Walsh S. J. (2005). *Forensic DNA Evidence Interpretation*. CRC Press. Boca Raton, Florida.

5. Curran J. M. (2009). Statistics in forensic science. *Wiley Interdisciplinary Reviews*, *Computational Statistics*, 1 (2), 141–156.

6. European Network of Forensic Science Institutes：ENFSI guideline for evaluative reporting in forensic science [Online]. (2015). Available at https：//www.unil.ch/

esc/files/live/sites/esc/files/Fichiers%202015/ENFSI%20Guideline%20Evaluati-ve%20Reporting [Accessed 24 October 2015].

7. Evett I. W. (1984). A quantitative theory for interpreting transfer evidence in crimi-nal cases. *Journal of the Royal Statistical Society (Series C: Applied Statistics)*, 33 (1), 25-32.

8. Evett I. W. (1998). Towards a uniform framework for reporting opinions in forensic science casework. *Science and Justice*, 38 (3), 198-202.

9. Friedman R. D. (2000). A presumption of innocence, not of even odds. *Stanford Law Review*, 82, 873-887.

10. Norgaard A., Ansell R., Drotz W. and Jaeger L. (2012). Scale of conclusions for the value of evidence. *Law, Probability and Risk*, 11 (1), 1-24.

11. Risinger D. M. (2013). Reservations about likelihood ratios (and some other as-pects of forensic "Bayesianism"). *Law, Probability and Risk*, 12 (1), 63-74.

拓展阅读

1. Aitken C., Roberts P. and Jackson G. (2010). Royal Statistical Society Practitioner Guide No 1: Fundamentals of probability and statistical evidence in criminal proceedings [Online]. Available at http://www.rss.org.uk/Images/PDF/influencing - change/rss - fundamentals - probability - statistical - evidence.pdf [Accessed 24 October 2015].

2. Dawid A. P. (2002). Bayes's theorem and weighing evidence by juries. 71-90, In R. Swinburne (Ed.). *Bayes's Theorem*. OUP. Oxford, UK.

3. EvettI. W., Jackson G., Lambert J. A. and McCrossan S. (2000). The impact of the principles of evidence interpretation on the structure and content of statements. *Science and Justice*, 40 (4), 233-239.

4. Koehler J. (2002). When do courts think base rate statistics are relevant? *Jurimetrics Journal*, 42, 373-402.

5. Robertson B. and Vignaux T. (1995). *Interpreting Evidence*. Wiley. Chichester, UK.

6. Robertson B. and Vignaux T. (1998). Explaining evidence logically. *New Law Journal*, 148 (6826), 159-162.

第 8 章

概率意见的案例研究

104　　所有形成专家意见的方法的最终检验标准是法庭如何接受专家意见以及在多大程度上接受专家意见。事实上，事实调查者的意见应便于其他人对其评价过程进行任何审查和改进。然而，法院不希望收到不可采、不相关和不可靠的专家意见，这涉及提出意见所依据的方法，以及证词所依据的科学检验和分析过程。本章的目的是研究如何在实践中实现上一章所讨论的方法，并对一些基本计算进行说明。本章首先将对一个以概率数据为主的罕见案例进行简单讨论。其次，再对一个就血迹和足迹证据提出概率解释并能够通过似然比进行逻辑评价的案例进行详细讨论。再次，通过王室诉亚当斯案来说明贝叶斯定理是如何应用在科学和非科学证据中的，以及将其适用于相关案件时产生的问题。最后，还将对一个表明在所谓的辩护人谬误下，统计数据可能被误解为有利于辩方的案例进行讨论。

8.1　1968 年人民诉柯林斯案

　　在早期的案件中，使用的都是具有明确数字形式的统计数据。但在加利福尼亚州的人民诉柯林斯案（People v Collins，1968 年）中，却利用了概率的累积效应来加强法庭对证人确认证据的看法，该案也因使用了这种统计数据而闻名。这一证据表明，有人看到两
105　个人驾驶着一辆特别的汽车从一位老妇人被抢的地方驶离。马尔科姆·柯林斯和珍妮特·柯林斯这对夫妇（Malcolm and Janet Collins）

符合证人的描述，因此他们以抢劫罪被捕受审。该案对六种不同特征的发生概率进行了估算，包括汽车的颜色、每位乘客头发的颜色和样式以及每位乘客的种族。假设这些特征是相互独立的，通过乘法规则将这些概率结合起来，可以得出在犯罪现场观察到的特征组合的发生概率。最终结果是，从人群中随机选择出符合证人描述的一对夫妇和一辆汽车的概率为 1/1200 万。基于这一概率意见的强度，柯林斯夫妇被判有罪，但后来的上诉推翻了原审判决，理由是初审法官在法律辩论中承认概率的数学计算是错误的。

　　事实上，对这种方法还有其他更基础的批评：没有证据支持每种概率的数值，也没有证据表明这些值实际上是独立的，而且没有对证人观察结果的准确性提出质疑。

　　在庭审中，这种极低的概率似乎确实意味着柯林斯夫妇的出现是独一无二的情况。尤其是在应用 DNA 技术的二十年前，这种低概率在法庭上更为常见。尽管如此，芬克尔斯坦和费尔利（Finkelstein and Fairley，1970 年）后来认为，从统计数据中提供证据权重的更好方法不是向法院引用概率，而是使用贝叶斯定理得出与事实发现者直接相关的后验概率。这种后验概率基于案件背景信息，潜在地将违法者与犯罪联系在一起。这一设想很重要，因为它是法院将证据的权重附加到不明确的鉴别上的一种手段。然而，在二十多年后，贝叶斯方法才真正开始影响法庭的意见。

8.2　2003 年王室诉迈克尔·雪莱案

　　1986 年 12 月 8 日晚，琳达·库克（Linda Cook）在英国朴次茅斯地区被强奸和杀害，其脖子和身体都被一只男鞋踩伤。英国皇家海军海员迈克尔·雪莱（Michael Shirley）因承认当晚曾到过该地区，且在描述自己的行动轨迹时前后矛盾而被逮捕。在 1988 年的审判中，控方提出了有助于给雪莱定罪的生物证据和鞋印证据。由于可用样本数量有限，尚无法对从受害者身上提取的精液样本进行DNA 分析，但该精液样本的血型与雪莱的血型相同。且被告还拥有一双鞋底印有制造商"flash"标志的鞋子，这与琳达·库克身上的鞋印特征相同。最后，被告的脸部、手臂和背部都有轻微伤，据一位专家证人说，这些伤是在谋杀发生前后形成的，而雪莱对此无法做出合理解释。

2001 年，在雪莱律师的持续施压下，刑事案件审查委员会同意从现有的生物证据中获取 DNA 图谱。根据这一新的证据，在雪莱服刑 16 年后，其上诉于 2003 年获得批准。事实上，这是刑事案件审查委员会第一次根据新获得的 DNA 证据的潜在相关性成功支持上诉。

在审判中，因为信息主要来自雪莱的血型在人群中的分布情况以及能够留下与尸体上的鞋印痕迹类似的鞋子在当地的销售情况，因此可以以概率的方式解释科学证据。虽然没有明确使用似然比来得出总结性评价，但仍然可以将本案作为一个应用了逻辑评价的例子来分析，尤其是当鞋印证据权重的确定方式在上诉中受到质疑时。

8.2.1　科学证据的逻辑评价

首先，对于血型证据，根据向法院提交的报告，该精液的血型在成年男性人群中的分布情况为 23.3%。考虑到被告方声称雪莱是无辜的，那么这个值为 0.233 的概率可以作为条件概率的条件，即除了雪莱之外的其他人是该精液来源。因此：

$$Pr（E \mid H_2）= 0.233 \Rightarrow LR_{blood} = \frac{1}{0.233} \approx 4$$

该证据仅限于支持起诉，就其本身而言，对法庭来说并不重要。然而，鞋印证据却有着更高的证明价值。

从受害者身上提取的鞋印证据的特征包括：来自右脚，尺寸在 43~45 码之间，鞋上有"flash"标志。由于痕迹本身的质量问题，并没有提及其他特征。同时，已知雪莱的鞋号是 44 码。控方向法院提交了关于带有该标志的鞋的来源信息以及在朴次茅斯地区流通的此类鞋的数量信息，以便陪审团评价该证据的重要性。但事实证明，这并非易事。

据调查，有许多制造商生产的鞋子都带有这个标志，尽管有时会被购买者忽略，但这种标志本身是设计的一部分，而在其他情况下只是偶然带有该标志。另一个值得关注的问题是这种鞋子是否在朴次茅斯地区出售。1986 年，这类鞋在英国的销售总量非常小，此处引用了一些销售数据，例如在来自马克公司的 1058 双鞋、梅尔克罗斯的 1721 双鞋、C&A 的 4200 双鞋中，许多鞋子都没有这个标志。综上所述，法官告知陪审团，该市当年共销售了 51 双带有 "flash" 标志的各种尺码的鞋子，但显然这个数字并非 "绝对准确" 的。在对这些痕迹进行概率解释时，上述数据表明，观察到的特征尽管远没有达到唯一的程度，但也是相当少见的。在此基础上，陪审团成员将对该证据的重要性发表自己的意见。

从逻辑评价的角度来看，这些数字同时也促使了 "鞋印证据可能还有其他来源" 这一辩方主张的提出。如果雪莱的鞋子不是该痕迹的来源，那么该标志一定来源于另一双 43~45 码的鞋子，即来自这 51 双带有这个标志的鞋子中的一双。

在此基础上，尽管还需要做出额外的假设，但可以计算一个指示性的似然比。鞋印大小的不确定性以及这种大小范围在男性中的普遍性，意味着这方面的证据没有什么分量。为了确定似然比，需要获取英国男鞋尺码的定量数据，例如英国鞋类协会（2003 年）提供的数据。欧洲尺码的 43~45 码对应英国尺码的 9~10.5 号。鞋号在这一范围内的男性占英国全部男性的 41%，即概率值为 0.41。因此，似然比由下式给出：

$$\Pr\left(E \mid H_2\right) = 0.41 \Rightarrow LR_{shoe\ size} = \frac{1}{0.41} \approx 2.4$$

这一证据实际上是中立的，只是这里的具体结果有利于控方。为了估计 "flash" 标志的似然比，需要推导出辩方主张的概率：

H_2：辩方认为，尸体上的标志来自迈克尔·雪莱所穿的鞋子以外的其他鞋子。

为了计算 $\Pr(H_2|E)$，需要确定该标志在相关人群中的出现概率。由于法官只考虑来自当地的袭击者，因此只统计朴次茅斯地区的男性人口数量，结果为 10 万人左右。不同男人所拥有鞋子的数量差异将被忽略，且大多数男人拥有的鞋子数量是否趋于一致与要考虑的问题几乎没有什么关系。因此，10 万双鞋中有 51 双有这个标志，其中一双是雪莱的，这个标志的似然比由下式得出：

$$\Pr(E|H_2)=\frac{51-1}{100\,000}\Rightarrow LR_{logo}=\frac{1}{50/100\,000}=2000$$

CCRC 在审查案件时提出并在上诉中再次重申的一点是，审判法官将考虑的范围限定于在朴次茅斯地区销售的鞋子，这一做法可能低估了这种鞋子的实际普遍性。此外，还有人对销售数据的有效性表示怀疑，理由是很难从零售商那里获得可靠的数据。然而，上诉法官不同意以上观点，并确认了初审法官对鞋印证据的总体评价为 a^+ 的观点。从销售数据中可以清楚看出，有标志的鞋子在全部鞋子中所占的比例是较小的。对于证据评价来说，这种罕见性的反映才是关键点，而朴次茅斯地区的男人是在城里还是在其他地方买鞋子是一个相对次要的问题。

尽管 LR_{size} 本身看起来是中性的，但可以与标志证据相结合，从而得出鞋类证据的总体似然比：

$$LR_{shoe}=LR_{size}\times LR_{logo}=2.4\times2000\approx5000$$

根据语言等效尺度，该结果意味着这是支持控方主张的有力证据。这个例子说明了，在出现一些与鞋的尺寸或鞋的特殊标志有关的数据时，应该如何运用似然比对证据进行更正规的评价。

8.2.2 上诉的结果

上诉的讨论焦点主要集中在新的 DNA 证据及其证据权重，以及如何将其与原审法庭科学证据的权重相平衡。DNA 图谱显示，该

DNA 属于一名男性，与雪莱的 DNA 相比有一些共同点，但除此之外还有其他差异点。该结果被解释为要么是除雪莱外的其他一名男性，要么是雪莱和其他一名男性都在琳达·库克死前不久与其发生过性关系。根据医学和病理学专家的意见以及有关琳达·库克遇袭前活动的详细叙述，上诉法院的法官认为，得到这样的 DNA 图谱，更可能是由于琳达在生前与除迈克尔·雪莱之外的另一名男性发生了性关系，而她正是被这名男性强奸并杀害的。

在得出结论时，上诉法院法官对法庭科学证据进行了权衡，一方面，证据确凿，DNA 图谱表明其来源并非雪莱，而是其他男性提供者；另一方面，也要考虑鞋印证据与雪莱本人的受伤情况：

> "……根据我们的判断，很明显，这一间接证据（鞋印）本身不能推翻 DNA 证据所反映的只有一名 DNA 提供者的可能性，即使与雪莱受伤的证据结合起来也不能够推翻这一意见。"
>
> ——王室诉雪莱案，2003 年，第 25 段

这种评价也可以从似然比的角度来看待。支持辩方主张的 DNA 证据有着极高的似然比。相反，根据鞋印证据得出的似然比为控方提供了极低水平的支持。因此，综合来看，证据整体为辩方的主张提供了相当大的支持。在决定推翻原审判决时，上诉法官还确认了其他科学证据，包括在雪莱的鞋子上没有发现受害者的 DNA。

8.3　1996 年、1998 年王室诉亚当斯案

鉴于法院在数字统计方面曾面临过许多困难，对那些支持发展贝叶斯推理评价的人来说，关键的问题在于该方法是否可以被接受为一种提出专家意见的手段。1996 年，英国的一家法院在专家证人的带领下进行了一次全面的贝叶斯计算，这起案件在许多方面都具有十分重大的意义，因此值得详细研究。

在王室诉丹尼斯·约翰·亚当斯案中，阴道拭子的 DNA 图谱是支持控方主张的唯一证据，事实上，这是英国第一次在此种情况下进行刑事审判。相比之下，还有其他大量的非科学证据支持辩方的主张。因此，陪审团的任务是权衡这些相互矛盾的证据的意义，一边是可量化且有力的 DNA 证据，另一边是证人证据和其他表明被告无罪的证据。庭审中的辩护策略是通过对证人证据使用类似的解释方法，来对抗 DNA 证据的概率评价。为此，辩方请到了著名的统计学家彼得·唐纳利（Peter Donnelly），唐纳利提出了一些方法，使陪审团能够为每一个貌似无法量化的非科学证据分配概率，然后以逻辑的方式将这些证据结合起来。为证明这一点，唐纳利认为：

> "……只有用逻辑合理且一致的方法来处理这种情况。"
> ——王室诉亚当斯案，1996 年

该案在获得法官同意的情况下，通过与陪审团和法官的对话，在法庭上进行了一项统计计算。从先验概率开始，通过计算似然比，最后得出后验概率。虽然计算中没有明确使用这些术语，但该数学计算过程相当于是使用概率版贝叶斯定理进行评价。这在当时是一种罕见甚至是独特的做法，但应当指出的是，法院在审判时接受了这一原则：

> "官方承认，贝叶斯定理是一种从统计的角度看待非统计问题的有效方法，并且法官可以根据贝叶斯定理指导陪审团……"
> ——王室诉亚当斯案，1996 年

其中的细节值得仔细研究，因为它显示了该方法在以同样的方式、按照同样的证据权重表评估几种完全不同形式的证据时所具有的强度。这也是英国法院是否会打破科学证据和非科学证据之间现有界限的一个测试案例。不过，首先有必要概述一下案件的情况。

8.3.1　犯罪与证据

1991 年 4 月 6 日，在赫默尔亨普斯特德镇度过了一晚后，M 小姐正走在回家的途中，此时有一名陌生人接近了 M 小姐。该陌生人向 M 小姐询问时间，在粗略地看了陌生人一眼后，M 小姐看了看自己的手表。此时，该陌生人突然从背后袭击并强奸了 M 小姐。后来，M 小姐向警方报告了这起袭击并陈述道，袭击者是一名白人，胡子剃得很干净，带有当地口音，年龄在 20 岁到 25 岁之间，不过后来 M 小姐又将袭击者的年龄估计在 40 岁到 42 岁之间。警方根据从 M 小姐身上提取的阴道拭子，得到了一个 DNA 图谱，但是并没有在当时的数据库中找到匹配对象。直到几年后，同样来自赫默尔亨普斯特德镇的 37 岁白人男子丹尼斯·约翰·亚当斯因涉嫌另一起性犯罪而被捕，其 DNA 图谱与数据库中强奸 M 小姐的人的 DNA 图谱相匹配。仅凭这一 DNA 证据，亚当斯就因强奸 M 小姐而于 1993 年被捕。

警方对此组织了一次嫌疑人辨认工作，在这次辨认中受害者 M 小姐并没有将亚当斯辨认为伤害她的凶手，不过此时距离案发时间已过去了两年多。事实上，即使在亚当斯被提交审判时，M 小姐仍然没有认出他就是袭击者并公开向法庭陈述了这一点。亚当斯在辩护中称，案发当晚其和女友在家，且对方能够证明这一点。因此，亚当斯在案发时有不在场证明，并且他不完全符合受害人对袭击者的描述，受害者本人也没有将他辨认为袭击者。

8.3.2　证据的概率分析：先验概率

在庭审中，唐纳利指导法庭根据其提出的相互对抗的假设来评价非科学证据的概率，其中包括向陪审团成员分发一份支持性问卷的环节。而科学证据则被分别考虑，最后结合起来以提供后验概率。

这种解释遵循贝叶斯定理，即使用证据的总似然比，从先验概率中推导出后验概率。在这里，先验概率以这两点为基础：其一，被告是从嫌疑人群（赫默尔亨普斯特德镇当地男性人口）中随机选出的；其二，罪犯实际上是当地人。当地人口普查数据显示，15～

110

60 岁的男性中有 15 万人居住在该镇方圆 10 英里的范围内。因此，从嫌疑人群中随机选择出罪犯的先验概率如下：

$$P_0 = \frac{\Pr\left(H_1\right)}{\Pr\left(H_2\right)} = \frac{1}{N} = \frac{1}{150\ 000}$$

尽管不应排除对外地人的考虑，但这种偶然强奸行为由当地男子实施的可能性更大，因此将第二个因素的概率确定为 0.75。因此，总的先验概率为：

$$P_0 = \frac{1}{150\ 000} \times 0.75 = 5 \times 10^{-6}$$

8.3.3 非科学证据

紧接着，从 M 小姐没有将亚当斯辨认为强奸犯的陈述开始，唐纳利计算出每一个证据的似然比。唐纳利根据辩方和控方的主张来确定问题，从而对这一证据进行处理，需要计算的命题如下：

$\Pr\left(E|H_2\right)$：如果亚当斯是无辜的，那么其与 M 小姐的描述不符的可能性有多大？

这种可能性显然会相当高，但也不是接近于 1，因为任何肉眼识别都会存在不确定性。在此基础上，将这一概率确定为 0.9。

$\Pr\left(E|H_1\right)$：如果亚当斯真的有罪，那么未能成功辨认的可能性有多大？

相比之下，由于与上面相同的原因，未能成功辨认袭击者的概率预计很低，但也不会非常低，因此将概率确定为 0.1。最终，可得出似然比为：

$$\mathrm{LR}_{\mathrm{ident}} = \frac{\Pr\ (\mathrm{E}\mid \mathrm{H}_1)}{\Pr\ (\mathrm{E}\mid \mathrm{H}_2)} = \frac{0.1}{0.9} = \frac{1}{9} \approx 0.11$$

唐纳利没有使用似然比一词，而是通过以下陈述向法庭做出表达：

> "重要的是这两个数字的比值。重要的是人们认为，与亚当斯无罪的前提相比，在亚当斯有罪的前提下，得到这一证据的可能性有多高或者有多低？"

——王室诉亚当斯案，1996 年

亚当斯做出的无罪陈述这一证据也被分配了一个似然比，尽管这是一种不寻常的做法，但确实向法庭展示了贝叶斯方法对证据的普遍适用。针对这一证据的两种概率是：

$\Pr\ (\mathrm{E}\mid \mathrm{H}_1)$：如果亚当斯有罪，其做无罪申辩的可能性有多大？

$\Pr\ (\mathrm{E}\mid \mathrm{H}_2)$：如果亚当斯是清白的，其坚称自己是清白的可能性有多大？

毫无疑问，每个主张的概率都是确定的，即都是 1，因此：

$$\mathrm{LR}_{\mathrm{defendant}} = \frac{\Pr\ (\mathrm{E}\mid \mathrm{H}_1)}{\Pr\ (\mathrm{E}\mid \mathrm{H}_2)} = \frac{1}{1} = 1$$

这是一个中立的结果，对控辩双方都没有影响。随后，法庭开始审理辩方提供的行凶时具有不在场证明这一证据。为此，必须更仔细地表述主张以说明不在场证明的性质，即证人是被告的女朋友。唐纳利建议：

$\Pr\ (\mathrm{E}\mid \mathrm{H}_1)$：在被告实际有罪的前提下，无论哪个证人提供不在场证明，其提供这种证据的可能性有多大？

$Pr（E|H_2）$：在被告实际是清白的前提下，无论哪个证人提供不在场证明，其提供这种证据的可能性有多大？

由于控方的主张如果成立，则要求不在场证人作伪证。因此，很明显H_2的概率比H_1大。然而，这两个概率都不会很大或很小，因为这种证据的性质决定了其不具有较高的确定性。似然比的一致结果是：

$$LR_{alibi} = \frac{Pr（E|H_1）}{Pr（E|H_2）} = \frac{0.25}{0.50} = 0.5$$

换言之，如果亚当斯是无辜的，任何人为其作不在场证明的概率是其有罪时的两倍。

8.3.4 科学证据

尽管有一些复杂的问题处于争议状态，但对 DNA 证据的评价仍遵循了更为传统的思路。在本案发生时，单基因座探针技术（Single-Locus Probe，SLP）是鉴定的标准方法，虽然也获得了短串联重复序列（Short-Tandem Repeat，STR）图谱，但法官裁定后者应被排除，因为陪审团无法同时处理两组 DNA 证据。有关这些方法的详细信息参见第 10.1 节。

SLP 技术在放射自显影上产生了九个条带，并与对照组进行了观察比较。这名处理 DNA 证据的专家证人将其中一个不太清晰的条带标记了出来。专家证人计算出这一特征的随机匹配概率为 1/297 000 000，并将其"四舍五入"为 1/200 000 000。有人向法院指出，按照当时的惯例，任何大于 1/10 000 000 的概率，警方都会以 1/10 000 000 来表示。辩护律师质疑这一数量级的可靠性，理由是产生两个条带的其中一个探针是基于后来的一个单独实验，该实验的结果是只有接近 1/2 000 000 的随机匹配概率是合理的。此外，还发现其中有一个条带被墨水划过，该图谱存在作假的可能，因此该证据应被视为无效，从而导致该概率进一步降低至 1/200 000。唐纳利还对随机匹配概率的估算提出了保守意见：

> "我不认为 200 000 000 这一数字对被告来说是错的。我不清楚正确的答案是什么，也不清楚可能错误的程度，但我肯定地认为，基于我的种种考虑，正确答案在 2 000 000 左右而不是 200 000 000 左右，这是相当合理的。"

——王室诉亚当斯案，1996 年

尽管如此，DNA 专家证人提出的数值仍被用于随后的评价。似然比所需的条件概率为：

$\Pr(E \mid H_1)$：在控方主张成立的条件下，阴道拭子的 DNA 图谱与亚当斯的 DNA 图谱难以区分的可能性有多大？

$\Pr(E \mid H_2)$：在亚当斯没有参与强奸的情况下，阴道拭子的 DNA 图谱与亚当斯的 DNA 图谱之间有这种对应关系的可能性有多大？

在以控方主张为前提的情况下，这种概率是确定的。而对于辩方的主张，随机匹配概率提供了这种频谱在总体中出现的概率。因此：

$$LR_{DNA} = \frac{\Pr(E \mid H_1)}{\Pr(E \mid H_2)} = \frac{1}{1/200\ 000\ 000} = 200\ 000\ 000$$

8.3.5　总似然比和后验概率

接下来就是为每一个证据设定似然比的值，然后将这些值结合起来，得出科学证据和非科学证据的总体似然比：

$$LR = LR_{ident} \times LR_{defendant} \times LR_{alibi} \times LR_{DNA}$$
$$= 0.11 \times 1 \times 0.5 \times 200\ 000\ 000$$
$$= 11\ 000\ 000$$

在逻辑评价的框架下，这一结果为控方的主张提供了强有力的证据，因为科学证据的似然比仍然占主导地位。评价的最后一步是计算后验概率，即将先验概率与总似然比相乘，正如唐纳利在法庭上阐述的那样。

$$P_1 = LR \times P_0 = 11\,000\,000 \times 5 \times 10^{-6} = 55$$

这一结果得出了陪审团在考虑证据后接受控方主张的概率，即1/55或者如唐纳利所述：

"……我认为从概率的角度考虑要容易得多，在DNA证据出现之前，他有罪的概率是1/3 600 000（见注释）。而DNA证据改变了这些，现在的概率是1/55，这些数字意味着该证据支持他有罪。因此，我们在这个假设下得出的最终结论是，他有罪的可能性是无罪的55倍。"

——王室诉亚当斯案，1996年

注：1/3 600 000这一数字是经计算的后验概率，不包括科学证据的似然比。

在辩护律师的盘问下，唐纳利解释说，如果随机匹配概率下降到1/2 000 000，即其所建议的范围的下限，则后验概率会变为0.55:1，即2:1左右的比率支持辩方认为亚当斯是无辜的主张。

8.3.6 上 诉

尽管辩方的策略是以与科学证据相同的方式对非科学证据进行逻辑评价，但最终亚当斯在这次审判中被判强奸罪。随后亚当斯提出上诉，其中的一个理由是：

"……法官就有关贝叶斯定理的证据对陪审团进行了错误的指导，致使陪审团无法了解如何正确将该定理用于评价本案的统计和非统计证据。"

——王室诉亚当斯案，1996 年

上诉法官在复审案情后，驳回了其他理由，但接受了上述有关误导的观点，因为法院认为对不同证据之间关系的评价以及对这些证据本身的评价在很大程度上应该是陪审团的责任，并且贝叶斯定理在该案中存在不合理的僵化应用，特别是在涉及非科学证据的情况下。

"陪审员没有通过数学公式或其他方法来评价证据并得出结论，而是基于个人常识和对世界的认识来进行证据评价。"

——王室诉亚当斯案，1996 年

在批准上诉后法官启动了重审，然而在重审中法庭仍使用了与之前相同的证据并以相同的方式就证据进行辩论，辩护律师强调了以同样的方式考虑科学和非科学证据的基本原理，并证明贝叶斯方法是实现这一点的恰当逻辑方法。而后，陪审团再次做出了有罪判决，亚当斯提出第二次上诉，其在上诉中声称，辩方有义务对科学证据的统计评估进行反驳，并对非科学证据进行类似的评估。

虽然二次上诉法院支持在评价 DNA 证据时使用统计数据，但对该方法在证人辨认证据中的适用提出了批判意见，从而拒绝适用贝叶斯方法。

"然而，就像在本案中一样，将贝叶斯方法应用于非科学的、非 DNA 的证据是不被鼓励的。陪审团在履职时，不应参考其无法完全理解、无法准确适用的复杂方法。在缺乏特殊性的案件中，由于存在误导陪审团的可能，在审判中提出对非科学证据的概率进行赋值的专家证据不应被采纳。"

——王室诉亚当斯案，1996 年

8.3.7　对王室诉亚当斯案中关键问题的审查

本案的初审以及随后的两次上诉都存在很多突出的问题，其中一些是针对犯罪本身的，而另一些则涉及对提交法院的所有证据的解释，更具体地说是评价。首先，在保证 DNA 证据的有效性方面存在困难，其证据价值也随之变得不确定。虽然如上述所证明的那样，这可能会使最后的后验概率有利于辩方，但事实上 DNA 证据的似然比仍然是一个非常大的数字。因此，该证据将向陪审团传达"强有力支持控方主张"这一信息。

采用贝叶斯方法的主要目的，是使陪审团能够权衡有统计支持的科学证据和主观且与之矛盾的辨认证据。辩方的选择是对后者进行定量分析，上诉法院的报告非常清楚地描述了唐纳利是如何通过与陪审团合作来实现这一目标的。尽管可能会被批判为纯粹的猜测，但得出的结果非常保守，最后计算出的总似然比为 0.05，仅表现为对辩方主张的适度支持。另一个争议点在于，这种做法可能使陪审团处于一种无法发挥作用的境地，即要么无视辨认证据，要么基于直觉得出一个总体的看法，而这两者都是不可取的。重要的是，上诉法院反对以这种量化的方式评价主观的、非科学的证据。

事实上，对非科学证据的一部分评价和投入往往缺乏效益，因为其在最终结果中发挥的作用很小。后验概率的计算条件是 DNA 证据的强度以及对先验概率的估计，有趣的是，先验概率显然从未在审判或上诉中进行辩论或受到质疑。正如第 7.5 节所讨论的，对先验概率的估计充满了困难，存在许多有待质疑的相关假设。唐纳利评价的基础是从有限的人群中随机选择，但其选择的人群范围仍然相对较广。例如，没有将证人所观察到的年龄范围、以往性犯罪的证据或其他人是否有不在场证明作为限制条件。如果根据上述条件进行限制，将显著降低可疑人群 N 的值，从而增加先验和后验概率。

阐述所有证据类型的对立性主张可以使陪审团在得出概率评估时更加清晰，这无疑是在贝叶斯框架内工作的一个优势。同样，作为一种将各类非科学证据结合起来的手段，似然比的有效性进一步证明了该方法的效力。然而，法院面临的困难涉及原则问题，而不是逻辑评价的实际做法。

事实上，通过乘法规则来结合不同类型或来源的证据的似然比以得出所有证据的总似然比的方法应该受到欢迎。原则上，这使事实认定者能够更好地达到目的和履行职责，即公平地考量科学和非科学证据。然而在本案中，除了一审中的控方与法官，其他法院似乎都没有就这一特别有益的观点发表意见，因为这些法院关注的重点是似然比本身的推导过程以及其在非科学证据中的适用。有趣的是，如果按照似然比进行逻辑评价，而不是使用贝叶斯定理，那么正如在第 8.3.5 节中看到的，总体似然比本应得出"证据为控方提供了极为有力的支持"的意见，从法律角度来看，结果的争议性可能远小于实际情况。然而，由于在陈述中没有明确讨论似然比，因此没有出现这种情况的可能性。

最后，在对先验概率进行估计时的固有弱点必然会对后验概率产生影响。由于专家证人提供的是与控辩双方主张直接相关的概率，这一做法入侵了事实认定者的工作领域，因此其观点也受到了合理的批评。上述审判结果支持了目前的观点，即专家应注重通过似然比进行逻辑评价，因为其仅涉及证据本身，且应将无罪或有罪的判断留给陪审团和法院。

8.4　辩护人谬误：2009 年王室诉 J 案

2007 年 9 月，凯莉·海德（Kelly Hyde）的尸体在南威尔士的一条河里被发现，当时距离其与宠物犬一同散步后失踪已过了三天。警方在现场附近的泥土中发现了一双运动鞋的鞋印，此外还找到了一个疑似凶器的 2.5 公斤重的杠铃。随后，一名 17 岁的青年 J 因曾出现在该地区而被审问，在一次自相矛盾的罪证确凿的讯问之后，他因涉嫌谋杀而被捕。

在 J 家进行搜查时，警方发现了一套不完整的杠铃，这套杠铃与案发现场提取的杠铃属于同一种类型且具有相同的制造工艺，特别是其中还缺少了三个 2.5 公斤重的杠铃。警察还从朗斯代尔品牌的运动鞋上找到了与在河岸上发现的痕迹几乎一致的鞋底图案。虽然鞋子已被清洗过，但警方在其中一只鞋的缝线和鞋舌上发现了细小的血迹。经鉴定，该血迹是凯莉·海德的。J 最终承认曾去过河边，并且可能无意中踩到了受害者的血。

有趣的是，辩方必须提供与其他物证有关的统计数据，以支持其主张。辩方律师陈述道，在过去四年里，英国共销售了 84 000 套这种杠铃。此外，该运动鞋是非常普通的类型，同时期在全国共销售了 100 万双。通过介绍这些统计数据，辩方律师强调了这两份证据有着成千上万的替代来源，试图削弱它们在陪审团心目中的重要性。然而，这一观点是错误的。与没有证据相比，这一证据确实加强了对 J 的指控。事实上，统计数字并没有告诉法院有多少人同时拥有杠铃和该种类的运动鞋，这一数字很可能比辩方律师引用的任何一个数字都要小得多。因此，从概率的角度来看，这一数字能够大大加强控方的主张。

辩护人谬误试图通过歪曲统计数据，低估以概率方式提出的证据的重要性，从而削弱控方的主张。相反，检察官谬误（见第 7.6.2 节）是利用数学错误高估了证据的强度。

116

8.5 结 论

从这些例子来看，统计数据和贝叶斯计算的应用在法庭上面临着相当大的困难，尽管这些只是被挑选出来的个例，但整体情况确实如此。然而，在其他情况下，例如第 6 章中所讨论的一些案例以及在本书其余部分讨论的案例中，有效提出统计数据和意见的最好方法应基于对抗性主张和逻辑评价，这一方法能够适用在不同的证据类型中，且已被许多司法辖区的法院所接受和追捧。对 DNA 证据的评价将在第 10 章继续讨论。

参考文献

1. British Footwear Association: shoe size statistics [Online]. (1999). Available at http://www. britishfootwearassociation. co. uk/wp−content/uploads/2011/08/Footwear−sizes−2003. doc. pdf [Accessed 15 October 2015].

2. Finkelstein M. and Fairley W. (1970). A Bayesian approach to identification evidence, *Harvard Law Review*, 83 (3), 489−517.

3. People v Collins, 68 Cal 2d 319 [Crim No 11176, Mar 11, 1968].

4. R v Adams [1996] 2 Cr App Rep 467.

5. R v Adams [1998] 1 Cr App Rep 377.

6. R v J [2009] EWCA Crim 2342.

7. R v Shirley [2003] EWCA Crim 1976.

拓展阅读

1. Coutts J. A. (1998). Statistical analysis of non−DNA evidence, R v Adams (no 2). *Journal of Criminal Law*, 62, 444−446.

2. Dawid A. P. (2002). Bayes's theorem and weighing evidence by juries. 71−90, In R. Swinburne (Ed.). *Bayes's Theorem*. OUP, Oxford, UK.

3. Donnelly P. (2005). Appealing statistics. *Significance*, 2 (1), 46−48.

4. Evett I. W., Jackson G., Lambert J. A. and McCrossan S. (2000). The impact of the principles of evidence interpretation on the structure and content of statements. *Science and Justice*, 40 (4), 233−239.

5. Johnson P. and Williams R. (2004). Post−conviction DNA testing: the UK's first "exoneration" case? *Science and Justice*, 44 (2), 77−82.

6. Lynch M. and McNally R. (2003). "Science", "common sense", and DNA evidence: a legal controversy about the public understanding of science. *Public Understanding of Science*, 12, 83−103.

7. Robertson B. and Vignaux T. (1995) *Interpreting Evidence*. Wiley, Chichester, UK.

8. Robertson B. and Vignaux T. (1998). Explaining evidence logically. *New Law Journal*, 148 (6826), 159−162.

9. Thompson W. C. and Schumann E. L. (1987). The prosecutor's fallacy and the defense attorney's fallacy. *Law and Human Behavior*, 11 (3), 167−187.

第9章

认知偏差与专家意见

117 　　专家证人的刻意偏袒对获得可靠证词来说是一种威胁，然而在整个证据的分析、解释和评价过程中，一个诚实且没有故意导致偏差的专家所发表的意见也可能会受到其自身的各种影响而被污染。因此，如实提出的专家意见也可能是不可靠的，即意味着其实际上是不可采的。在谈及认知偏差对专家证词的污染时，埃蒙德表示：

> "在确认污染不会对可靠性和证据构成真正威胁之前，法院应对可能受污染的专家意见持谨慎态度。"
>
> ——埃蒙德等，2015 年

　　近年来，基于对认知偏差的认识，有许多学者在法庭科学的多个领域对人类心理活动影响的程度和意义进行了研究。对此，有学者提出了"缓兵之计"，以减轻其对证词的影响。然而，也有学者认为，这种"治疗"实际上可能会限制专家对逻辑解释和评价策略的使用范围，从而损害证词的有效性。

9.1 认知偏差

　　人类决策的心理过程是多种多样的，取决于个体的生活经验以及由此产生的无意识发展的逻辑推理。这种认知过程如果应用在对法庭科学证据的主观解释时，可能会导致无依据且不合逻辑的推断，从而产生有偏差的意见。这种有偏差的意见不是由任何故意误导法

庭的目的造成的，也不是由专家的错误或无能造成的。相反，这可
能是由于那些无意识的心理活动，使得专家错误地将某些无关的因
素与案件信息联系起来。认知偏差存在于人们日常生活的决策中，
也存在于其他学术和专业领域中，并不是法庭科学所独有的情况。
然而，在法庭科学的背景下，认知偏差可能会对科学意见的可靠性
和法律程序产生重大的影响。

NRC 报告（2009 年）在其建议清单中提及了认知偏差对法庭科
学工作的影响，尤其建议国家机构：

> "……应鼓励开展关于法庭科学检验中人类观察偏差和人为
> 错误来源的研究项目。这些项目可能涉及探究背景偏差在法庭
> 科学实践中的影响……"
>
> ——NRC，2009 年，建议 5

9.2　情境偏差

正如司法证据保管链的设置是为了避免出现物理污染或检验错
误的情况一样，有必要对专家所接触到的背景信息进行控制，从而
消除可能导致法院结果不可靠的认知污染。控制此类"无关信息"
是为避免取证过程中出现偏差所采取的一部分策略。事实上，这些
信息可能包括与案件相关的其他证据的调查结果，如果这种影响在
向法庭提交的各种意见之间传播，那么最终可能导致由大部分意见
得出的结果出现失真的情况，即所谓的"偏差的滚雪球效应"。

更具体地说，这种背景效应可能源于，鉴定人所接触到的与证
据的科学检验没有直接关系的其他信息所导致的"心理污染"。其中
包括嫌犯的供述、可能有误的目击证人的证言、与警方仍在进行的
调查的密切接触以及其他法庭科学分析结果。最后一个因素（其他
法庭科学分析结果）带来的影响被称为"调查的回音壁效应"（Saks
et al.，2003 年），因为每一个法庭科学证据的结果都会在整个法庭

科学团队中产生影响，导致整个团队都倾向于得出类似的结论，而这一结论可能未被严谨地证明。事实上，在提出意见时，如果专家证人考虑了超出其职权范围的证据从而为该证据附加了额外的权重，则应对加重"贝叶斯双重影响"负责（Saks et al.，2003 年）。然而，具体案例信息所带来的负面影响，与专家通过逻辑评价提出意见时需要考虑案件信息这一真实情况之间，显然存在着一定的冲突。

德罗尔等（Dror et al.，2015 年）提出，情境偏差的来源可以用一个包含了五个层级的分类体系来描述：

（1）对痕迹证据本身的法庭科学检验可能会受到无关信息的影响。

（2）对样本的检验可能会溯及性地影响最初的证据调查结果，即所谓的循环推理。

（3）在案件中可能会进一步接触到超出科学调查需求的信息。

（4）鉴定人的经验将不可避免地导致心理上的期望，这种期望是通过先前类似的检验形成的，被称为"基本水准"期望。

（5）主办机构的风气、组织和文化实践可能会使分析材料和解释调查结果中的任一环节出现偏差。

9.2.1 确认偏差

不合理的情境偏差带来的主要后果之一就是确认偏差。具体情形是，专家试图寻找一个结果来证实最初的一些假设（通常是控方的假设），从而让得出的意见倾向于支持提出该假设的一方（控方）。这种偏差有着多种形式，包括期望偏差、动机偏差和锚定偏差。这可能会导致法庭科学调查者产生"隧道视野"，即在面对同一个证据时，相比于其他解释，会更加关注能够将嫌疑人定罪的解释。当专家在处理那些需要依靠鉴定人的主观判断进行确认的证据时，或者在对质量有限的痕迹证据进行解释时，背景信息可能会使其结果倾向于证实嫌疑人有罪，此时确认偏差便体现了出来。

典型的例子是，在指纹识别的 ACE-V 过程中的验证阶段（见第 13.2 节），如果验证员提前获知了第一次指纹鉴定的结果，那么他们的工作将无法完全独立于第一位鉴定人的工作，这将使那些在第一次鉴定中作为依据的特征更加突出，从而促使验证员认同该结果，而不是寻找替代来源。

其他例子是，在对任何样本的 DNA 图谱进行检验之前，应先对犯罪现场遗留的混合物的 DNA 图谱进行分析。因为如果提前意识到二者之间存在任何潜在的对应关系，可能会使专家的解释偏向于寻求细节以确认混合物中存在该 DNA，而不是进行中立的判断。

9.2.2　期望偏差

当背景信息促使专家在分析之前就对分析结果形成了某种倾向性观点时，期望偏差就发生了。这导致结果更可能与其他证据一致，而不是相互矛盾。或者，解释可能受到他人期望的影响，例如专家的上级或委托工作的人。

9.2.3　动机偏差

不难理解，在法庭科学专家的工作范围内，其对某一特定罪行的憎恨，或是对成功解决刑事案件的追求，都可能会凌驾于客观科学的必要性之上，从而促使其形成有利于控方的意见。相比于那些在独立机构工作的法庭科学专家，这一偏差对那些隶属于警察系统的法庭科学专家来说，可能是一个更大的问题。这种可能误导专家意见的影响属于动机偏差的范畴。

9.2.4　锚定效应

当某一特定信息的出现对证据的解释和评价产生了不适当的影响，就被称为"锚定效应"或"聚焦效应"。这些与法庭科学检验无关的信息，会在法庭科学专家的头脑中设置参照点，从而影响法庭科学检验的结果。虽然锚定点也可以有利于辩方，但更有可能是基于有关嫌疑人的其他信息，从而支持控方。

9.3 其他偏差来源

值得一提的是，还有另外两个可能导致证词出现偏差的因素。首先，专家证人可能在法律辩论中将自己归属于一方，认为自己是该方的一部分，这就是所谓的角色效应。这并不意味着专家的证词一定带有个人感情色彩，但其在考虑有利于另一方的其他解释时，很可能会对相应的法庭科学证据做出有限的评价。例如，在考虑转移纤维时，控方可能会直接无视值为 0 的发现，因为该发现可能会得到有利于辩方的解释结果。

其次，如果法庭科学专家在审查证据期间没有对观察和测量过程进行同步记录，可能会导致这些记录在以后的某个时间被重建。即随着记忆的逐渐模糊，外部的因素和事件都可能会使叙述产生偏差，从而无法恢复到最初那个公正的记录。这被称为"重建效应"。

9.4 指纹检验：误差案例研究

对于指纹解释中的情境偏差早已开展过相关研究，且确认了某些案例中的指纹检验存在误差。如 2004 年将布兰登·梅菲尔德误认为罪犯的马德里火车爆炸案，2009 年作为苏格兰指纹调查（Fingerprint Inquiry Scotland，FIS）主体的雪莱·麦基案都是恰当的例子。就像随后的国家调查所揭示的那样，这里将重点关注这些调查中出现的情境偏差，其他更广泛的内容将在第 13 章展开。

9.4.1 2004 年对布兰登·梅菲尔德案的审查

鉴于 2004 年发生的马德里火车爆炸案具有一定的政治意义，联邦调查局内部都强烈希望能够完成这项调查工作。自动指纹识别系统（Automatic Fingerprint Indentification System，AFIS）的鉴定偶然地将布兰登·梅菲尔德的指纹认定为犯罪现场痕迹的潜在来源，但该鉴定结论是被指纹鉴定人牢牢控制的。因为在鉴定之前，指纹鉴

定人就已经在心中锚定了这一主张，从而努力在现场遗留的指纹中 121
寻找那些能够与梅菲尔德指纹匹配的特征。这种循环推理源于本次
调查所固有的偏差。在美国监察长办公室（Office of the Inspector
General，OIG）随后开展的调查中，得出的结论认为正是偏差导致了
专家错误地将梅菲尔德认定为与该案有关。

9.4.2　2009 年苏格兰指纹调查

苏格兰指纹调查的结论是，情境偏差导致了对犯罪现场指纹的
不正确识别，警官麦基的案件也是如此。该报告建议当时的苏格兰
警察服务局（Scottish Police Services Authority，SPSA）应当审查其程
序并对指纹鉴定人员进行适当的培训，以降低指纹识别中情境偏差
的风险。此外，调查还表明了对无关信息的态度，SPSA 认为：

> "……应考虑哪些来自警方或其他渠道的信息是指纹鉴定人
> 员开展工作所需要的，且仅能向鉴定人员提供此类信息，并对
> 此进行记录。"
>
> ——苏格兰指纹调查，2009 年，第 35 段，第 139 页

该调查还收集了 1997 年麦基案发生时格拉斯哥指纹局的操作流
程和工作记录。该局以外的人提交的意见表明，当时存在着一种不
得质疑他人检验结论的风气，且迫于巨大的同辈压力，人们都不得
不遵守这一做法。在这样的环境下，初级鉴定人员往往会认为高级
鉴定人员的结论是绝对正确的，这意味着系统中存在着强烈的动机
偏差。还有人认为，根据"指纹特征点需达到 16 个"这一标准开展
工作时，这种风气鼓励专家在分析结果略低于这一限度的情况下进
行个人判断，以便在指纹中找到更多的细节特征，从而能够支持其
主张（循环推理）。这种策略在英国的其他地方也曾遇到过，但与其
他地区的做法相反，荷兰在进行比较检验之前就已经确定了指纹的
特征点，而在整个分析过程中，这些特征是不能被修改的。

该报告在建议中还强调了对识别过程进行盲审的重要性，以避

免在审查的关键阶段出现确认偏差：

> "在完成 A-C-E 之前，不应将先前鉴定人的结论告知给验证员。因此，不应向验证员提供照片或比较仪等为了表明相似点而加以标记的东西。"
>
> ——苏格兰指纹调查，2009 年，第 36 段，第 115 页

9.4.3 指纹检验中的偏差

指纹识别是为数不多的几个会把背景信息对法庭科学检验过程的影响作为研究对象的分支学科之一。最值得关注的是德罗尔等人在 2006 年所做的研究，他们对一些经验丰富的指纹鉴定人员在十年前所做的指纹鉴定进行了修改，添加了与之相关的虚构的背景信息，然后再让这些专家进行重新鉴定。这项测试是作为每个鉴定人员的普通工作展开的。尽管每个人都被告知检材指纹来自马德里爆炸案，其匹配指纹是布兰登·梅菲尔德的，而这明显是一个错误的结论。最后所有人还被告知在审查证据时需要忽略这些背景信息。然而结果是，在参加此次测试的五名经验丰富的指纹鉴定人员中，有三人给出了不匹配的意见，有一人认为无法得出结论，只有一名鉴定人员给出了其最初的结论，即认为二者匹配。此项研究得出的结论表明，在给出强大的背景信息的条件下，指纹鉴定人员在做出决定时可能会受到这些因素的影响。这并不意味着鉴定人员没有遵循相关的标准程序或是这些程序有误，而是在解释的主观性与其他认知过程的相互作用下，歪曲了最终的结果。

9.5 减少偏差的策略

告知专家背景信息这一行为已被证明能够对科学意见的形成产生重大影响，通过向专家屏蔽这些与法庭科学检验本身不直接相关的案件细节，可以减少这种影响。然而，这样做可能与逻辑评价的

核心原则背道而驰，因为该原则要求，在根据相互对抗的主张确定证据的条件概率时，专家必须考虑案件的全部情况。

通过应用案例评价和解释（CAI）策略，专家希望将情境偏差的影响最小化，因为最初的案件预评估阶段规定了分析、解释和评价证据的参数，包括对结果进行验证的主张（见第5.2.2节）。这确保了应用似然比进行的评价是以在审查证据材料之前确立的原则为基础的。通过遵循这一策略，那些可能会使鉴定过程和鉴定结果产生偏差的外部及内部因素都会被限制在合理的范围内。然而，背景效应仍然可能对预评价阶段造成影响，因为这不仅涉及专家，还涉及警方的调查人员以及其他对案件有着广泛了解并有自己个人看法和专业目标的人。尽管如此，英国法庭科学监管机构仍认为这是一种很好的做法（2015年）。

从更广泛的意义上讲，按照一组结构化的程序进行工作，如CAI或ACE-V，可以减轻偏差的影响，特别是在该鉴定过程主要依靠主观判断的情况下。这种方法已被证明能够成功应用在鞋印鉴定中（Kerstholt, Paashuis and Sjerps, 2007年），该领域的一项系统研究表明评价更多地反映了痕迹本身的复杂性和质量，而没有证据表明存在偏差。在另一项同样来自荷兰的研究中，研究人员调查了在解释和评价枪弹痕迹时可能存在的情境偏差。与鞋印相比，此类鉴定是在结构化程度较低的指导原则下进行的，但结果表明，专家不仅不受背景信息的影响，而且在评价时还采取了更为谨慎的观点（Kerstholt et al., 2010年）。

克兰等（Krane et al., 2008年）提出，"按序披露"被认为是缓解背景偏差的一种方法。这是指，只有完成了对犯罪现场痕迹的初步分析，并在必要时以规定的方式提供了系统的解释和评价之后，才能将背景信息告知给法庭科学专家，并允许其查阅参考资料。披露的责任由案卷管理人承担。

这两种策略都旨在：

"……避免比较后的合理化或循环论证，即决策者以他们试图结束的地方开始。"

——FSR, 2015 年, 第 1.4.3 段

完整记录鉴定过程, 包括相关的案件信息情况, 或初步检验的结果记录情况, 对于保证鉴定质量至关重要, 并可在日后出现分歧时作为证据。

另一种方法, 主要是在文件检验这一分支学科中, 试图将鉴定人员与案件细节和提交证据的人分离开来。维多利亚警方法庭科学服务部的文件检验科实施了一套背景管理程序, 旨在将案件材料中的无关信息剔除后再提交检验 (Found and Ganas, 2013 年)。在这个试点方案中, 背景管理人充当着证据提交者 (通常是警察) 和专家之间的缓冲器。这一做法是为了确保个案中的文件能在背景受控的环境中进行检验, 且该方法在四年间都没有出现任何负面结果。该研究建议:

> "应当默认, 形成意见过程中的不相关背景信息是潜在的错误源, 应被排除在外。"

——方德和加纳斯 (Found and Ganas), 2013 年

为了避免在法庭科学鉴定的比较程序中出现 "程序偏差", 米勒 (Miller, 1987 年) 证明了所谓的 "盲列" 的好处, 它避免了专家根据来源已知的样本材料形成期望 (假定的基准水平)。在人类毛发鉴定方面, 与其只向鉴定人员出示证据毛发和一名嫌疑人的样本毛发以征求其对这些毛发是否同源的意见, 不如提供由多个可能的毛发组成的 "序列" 以供检验, 其中包括该名嫌疑人的毛发。

9.6 偏差减少与痕迹研究

对法庭科学认知偏差的研究虽然很重要, 但还需关注如何对分析犯罪现场痕迹的技术和方法进行更深入、严谨的理解, 特别是那些由鉴定人员的个人意志主导的技术和方法。将专家与案情隔离的

这一做法，会使法庭科学调查变成黑箱操作，虽然在一定程度上能 124
够减轻偏差，但也可能严重危及提交给法院的科学意见的有效性。
山普（2014 年）进一步支持了这一观点，其认为，通过将科学与刑
事调查背景信息分离的手段来减轻偏差，对科学本身并不会有任何
改善，方法的选择存在局限性，尽管控制了潜在认知偏差的影响，
但最终会对证词质量造成更大的威胁。例如，在设定与证据相关的
活动层级的主张时，如果隐瞒案件细节就会将所有逻辑上的解释和
评价排除在外。向专家适当披露案情的做法能够促使人们更广泛地
接受案件评价和解释，以及把逻辑评价作为确定证据权重的一种
手段。

9.7 结　论

毫无疑问，在法庭科学的众多分支学科中，尤其是在那些包含
了强烈的主观性的分支学科中，深入理解认知偏差是确保法庭上证
词有效性的必要条件。然而，也不应为了减轻偏差就牺牲专家对于
案件相关情况的知情权，因为专家需要根据案情来设置合适的对抗
性主张，从而对证据使用逻辑评价的方法。

参考文献

1. Champod C. (2014). Research focused mainly on bias willparalyse forensic science. *Science and Justice*, 54（2），107-109.

2. Dror I. E., Charlton D. and Péron A. E. (2006). Contextual information renders experts vulnerable to making erroneous identifications. *Forensic Science International*, 156（1），74-78.

3. Dror I. E., Thompson W. C., Meissner C. A., Kornfield I., Krane D., Saks M. and Risinger M. (2015). Context management toolbox：A linear sequential unmasking（LSU）approach for minimizing cognitive bias in forensic decision making. *Journal of Forensic Sciences*, 60（4），1111-1112.

4. Edmond G., Tangen J. M., Searston R. A. and Dror I. E. (2015). Contextual bias and cross-contamination in the forensic sciences：the corrosive implications for in-

vestigations, plea bargains, trials and appeals. *Law*, *Probability and Risk*, 14（1）, 1−25.

5. Fingerprint Inquiry Report − Scotland ［Online］. （2011） Available at http:// www. webarchive. org. uk/wayback/archive/20150428160022/http://www. thefinger-printinquiryscotland. org. uk/inquiry/3127−2. html ［Accessed 22 December 2015］.

6. Forensic Science Regulator: Cognitive bias effects relevant to forensic science exam-inations, FSR − G − 217, Issue 1 ［Online］. （2015）. Available at https: // www. gov. uk/government/uploads/ system/uploads/attachment _ data/file/470549/ FSR−G−217_Cognitive_bias_appendix. pdf ［Accessed 12 December 2015］.

7. Found B. and Ganas J. （2013）. The management of domain irrelevant context infor-mation in forensic handwriting examination casework. *Science and Justice*, 53（2）, 154−158.

8. Kerstholt J. , Paashuis R. and Sjerps M. （2007）. Shoe print examinations: effects of expectation, complexity and experience. *Forensic Science International*, 165（1）, 30−34.

9. Kerstholt J. , Eikelboom A. , Dijkman T. , Stoel R. , Hermsen R. and van Leuven B. （2010）. Does suggestive information cause a confirmation bias in bullet compari-sons? *Forensic Science International*, 198（1−3）, 138−142.

10. Krane D. E. , Ford S. , Gilder J. R. , Inman K. , Jamieson A. , Koppl R. , Korn-field I. L. , Risinger D. M. , Rudin N. , Taylor M. S. and Thompson W. C. （2008）. Sequential unmasking: a means of minimizing observer effects in forensic DNA interpretation. *Journal of Forensic Sciences*, 53（4）, 1006−1007.

11. Miller L. S. （1987）. Procedural bias in forensic science examinations of human hair. *Law and Human Behavior*, 11（2）, 157−163.

12. National Research Council: Strengthening Forensic Science in the United States: A Path Forward, Document 228091 ［Online］. （2009）. Available at http:// www. nap. edu/catalog/12589. html ［Accessed 10 October 2015］.

13. Saks M. J. , Risinger D. M. , Rosenthal R. and Thompson W. C. （2003）. Context effects in forensic science: A review and application of the science of science to crime laboratory practice in the United States. *Science and Justice*, 43（2）, 77−90.

拓展阅读

1. Dror I. E. （2009）. How can Francis Bacon help forensic science? The four idols of

human biases. *Jurimetrics Journal*, 50, 93−110.

2. Kassina S. M. , Dror I. E. and Kukucka J. (2013). The forensic confirmation bias：problems, perspectives, and proposed solutions. *Journal of Applied Research in Memory and Cognition*, 2, 42−52.

第三部分

第 *10* 章

DNA 证据评价

与 80 年前引入的指纹分析相比，DNA 分析在过去的 30 年中对犯罪调查产生了巨大的影响。然而，随着这项技术的发展，也形成了一系列相关且重要的科学和法律问题。这些问题不仅对 DNA 证据本身十分重要，而且对其他形式的科学证据也是如此，因为其他形式的证据都希望能够达到 DNA 分析所设定的标准。在本章中，我们将讨论对传统 DNA 证据的解释和评价，选择的图谱均来自高质量的样本，且其来源为单一的客体，这就是传统意义上理想的 DNA 比对情况。该分析适用于来源层级，生物材料是已知的，主要问题是对检材和样本的 DNA 进行解释和评价。起初，在 DNA 证据中加入统计学解释的这一行为实际上是具有强制性的，这也经常成为法庭内部争论的主要内容。因此，统计学问题构成了大部分讨论的基础。相比之下，在混合 DNA 图谱中，可能大部分甚至全部都是不完整的图谱，我们将其称为 "低拷贝数 DNA" （Low Copy Number DAN，LCN DNA），或者更准确地称为 "低模版 DNA" （Low Template DNA，LTDNA）。混合 DNA 分析将是下一章的主题，尽管在现实中，来自单一客体的完整图谱和混合 DNA 中的不完整图谱应被视为图谱质量连续尺度中的两个极端。

10.1　DNA 技术历史简述

DNA 证据评价在过去 25 年乃至更长的时间里得到了飞快发展，

171 ·

因此非常有必要对其中的关键技术进行回顾，并了解相关技术在DNA 分子内的检验结果。本章节将讨论这些内容，这有助于人们更充分地了解 DNA 证据评价对法庭案件的影响。

在案件中最早使用的技术是 1987 年在英国采用的多位点探针技术（Multi-Locus Probe，MLP），这种技术针对 DNA 分子上的某些部位进行检测，探针分子在这些部位同时与几个独立的 DNA 片段结合，在自动辐射图上产生一系列类似条形码的条带。对这些条带的解释充满了困难，因为它需要对检材 DNA 和样本 DNA 的自动辐射图进行视觉比较。法院关于这项技术的争论在于，是否可以辨别出单个条带以及它们是否有助于分析和理解 DNA。图谱中必须包含数量充足的条带才能证明二者匹配成功，并且需要对条带的增加或缺失进行解释。

1989 年，单基因座探针法［SLP，也称为"限制性片段长度多态性（RFLP）技术"］取代了多位点探针技术。单基因座探针法以 DNA 分子上的特定位点为目标，用探针形成一系列由条带构成的图谱。同样，解释的基础是比较这些条带并建立一个数据库（约 200 个图谱），以确定每个条带在不同族裔群体中的相对概率。这种技术确立了解释和评价的方法，并从 1996 年开始被引入到个案工作中，后来还被应用于 STR 技术的计算结果。然而，基于 SLP 技术的 DNA 证据在英国法院中面临着许多挑战，特别是在提请注意检察官的谬误方面。这些挑战意味着它在我们对 20 世纪 90 年代的证据评价问题的理解中发挥了重要作用。

短串联重复序列（STR）方法可确定 DNA 分子内一组选定位点的基因型。这些等位基因是从人群中小范围的可能性特征中提取的，其基因型由一个或两个等位基因（特定长度的碱基对短序列）组成。利用聚合酶链式反应（Polymerase Chain Reaction，PCR）技术对选定的所有位点进行扩增，扩增后的 DNA 能够得出质量良好的峰值。在这种特定方法中指定的所有位点，可以用来表明基因型的性质。

在英国，STR 技术已经优化到了第二代 Multiplex Plus 或 SGMPlus 系统，该系统将检测 10 个 STR 位点，再加上用于区分性别的氨甲环素位点。在美国，DNA 联合检索系统（Combined DNA Index System，CODIS）会使用 13 个（12+1）STR 位点。这些方法与以前的 STR 技术相比有许多优点，即能够准确分配代表每个位点上的等位基因的峰，同时扩增 STR 区域，对数量较小的样本也能具有高灵敏性，还具备根据特定人群所需的鉴别力调整位点数量的能力。虽然这没有给法院带来新的统计方面的问题，但对于数据库的性质和规模问题的探讨仍然存在。

2014 年英国推出了 DNA-17 分析方法以取代先前的 SGMPlus 系统，该方法通过检测 16 个 STR 位点以及 1 个关于性别的位点，能够提供更强的区分度，同时还能与早期的 SGM 剖面兼容。在这之后，英国国家 DNA 数据库（National DNA Database，NDNAD）中的所有新数据都采用了这种方法。在美国，CODIS 系统正在以类似的方式扩大到对大约 20 个 STR 位点进行检测。

10.2 DNA 数据库

131

以下两类数据库有助于在刑事调查中对 DNA 证据进行分析。

10.2.1 等位基因频率数据库

第一类数据库是亚群的等位基因频率数据库，通常是按民族血统分类的。这些数据来源于数量相对较少的具有代表性的个体，这些个体的 DNA 被匿名使用，以获得在每个位点发现的等位基因的近似频率分布的数据，并用于 DNA 的分析过程。最近的国际准则（Carracedo et al.，2013 年）宣布，此类数据应基于至少 500 人的 DNA。

通过这些等位基因频率可以计算出随机匹配概率（见第 10.3.2 节），且面向的是单一的亚人群，其种族来源是已知的。如果不知道亚群的种族来源，那么有三种可能的解释途径。其一，可以借助统计学上的有效方法将亚群进行合并，以创建一个单一的分层数据库。其二，可以计算每个亚群的单独匹配概率，并采用对被告最有利的结果。其三，可以采用适合调查对象的亚群。英国目前建议采用最后一种方法，因为一般来说这种方法会对被告人有利。在所有情况下，都可以包括对抽样和亚群体效应（如非随机性）的修正。

10.2.2 个人识别数据库

第二类数据库（个人识别数据库）是根据所使用的系统（SGM-Plus、CODIS、DNA-17），由完整的 DNA 组成的数据库。这些数据库能通过吸纳警方在调查过程中获得的 DNA 图谱而不断扩大。这些数据库可以建立在国家或区域（州）一级的组织中，可将未知的 DNA 与数据库中的样本 DNA 进行比较，以确定可能是证据来源的个体。

2013—2014 年，英国国家 DNA 数据库（NDNAD）战略委员会报告称，国家 DNA 数据库拥有 5 716 085 人的资料和 456 856 份与犯罪现场有关的资料。相比之下，截至 2015 年 1 月，美国的国家 DNA 索引包括 12 917 553 份来自罪犯和被捕者的资料以及 607 173 份法医资料，这在数量上低于英国。

10.3 通用的 DNA 证据解释与评价

对传统 DNA 的解释基于两个阶段。首先，通过与已知嫌疑人的 DNA 图谱进行比较，或利用国家 DNA 数据库，寻找与犯罪现场提取的 DNA 图谱中每个位点的等位基因都匹配的 DNA。其次，在发现等位基因能够对应的情况下，通过使用合适的等位基因数据库来确定评价的统计基础，以适应所考虑的人群。因此，有三种主要的方法可以为评价提供统计资料：

10.3.1 累积父权概率（CPI）或累积非父排除概率（CPE）

（累积）父权概率（Probability of Inclusion，PI）方法，有时也被称为"随机非父排除法"（Random-Man-Not-Excluded，RMNE）。这种评价方法试图在统计学的基础上解释所观察到的等位基因，将每个等位基因独立对待。例如，如果在一个种群内有两个等位基因 A 和 B，频率分别为 p_A 和 p_B，则该单一位点上可能的基因型及其频率由以下公式计算：

基因型	AA	AB	BA	BB
基因型频率	p_A^2	$p_A p_B$	$p_B p_A$	p_B^2

因此在 i 这个基因座的 PI 值可以用以下公式表达：

$$PI_i = p_A^2 + 2p_A p_B + p_B^2 = (p_A + p_B)^2$$

PI_i 代表了在人群中的该位点上找到这些等位基因中的任何一个的概率，且不必考虑其具体是基因型中的哪一种。对于基于多个位点 N 的图谱，通过将所有位点的 PI 值相乘得到累积父权概率（Combined Probability of Inclusion，CPI）：

$$CPI = PI_1 \times PI_2 \times \cdots\cdots \times PI_N = \Pi_{i=1}^{N} PI_i$$

累积非父排除概率（Combined Probability of Exclusion，CPE）由 1-CPI 得出。

10.3.2　随机匹配概率（RMP）

与此相反，随机匹配概率（RMP）方法是计算从该种群中观察到某一特定基因型的概率，另一种定义是某基因型在群体中的出现概率。以单个基因座 i 为例，则杂合子基因型 AB 的出现概率为：

$$p_i = 2p_A p_B$$

而对于 AA、BB 这两种纯合子基因型来说，其中的任何一种在这些人群中出现的概率是：

$$p_i = p_A^2 \ or \ p_B^2$$

对于跨越 N 个位点的剖面图，再次将这些概率相乘，得出：

$$RMP = p_1 \times p_2 \times \cdots\cdots \times p_N = \Pi_{i=1}^{N} p_i$$

显然，由于 $PI_i > p_i$，前者提供了一个更为严谨、保守的概率。尽管这两个数字衡量的是不同的东西，但 RMP 考虑了基因型的所有遗传信息，而 CPI 没有，因此 CPI 的分辨力较差。尽管这两种方法在数学的角度上都是"正确"的，但考虑到它们的假设，可以认为 RMP 的使用是建立在更严格且相关的遗传模型上的。在 DNA 的解释中，CPI/CPE 和 RMP 这两种方法都有其支持者，而且这两种方法都比较容易向法院解释。

在使用 RMP 方法时，通常会对抽样偏差和亚人群进行修正，但从证据权重的角度来看，这些修正通常没有什么实际效果。

有意思的是，尽管在美国的法庭中通常用 RMP 的方式来对 DNA 信息进行解释，但在英格兰和威尔士地区，"发生概率"一词更为常见，因为它更容易被陪审团理解，从而避免产生错误。

10.3.3　似然比

RMP 有助于形成似然比，通过似然比可以对 DNA 证据进行全面的、符合逻辑的解释。在大多数情况下，可以直接通过以下公式计算得出：

$$LR = \frac{Pr\ (E \mid H_1)}{Pr\ (E \mid H_2)} = \frac{1}{RMP}$$

英国法院并不鼓励使用 LR 来评价传统的 DNA 证据，但在其他地方，例如澳大利亚，利用 LR 评价 DNA 似乎是一种常见的做法。事实上在这些地方，通常将 LR 转化为一种口头的等级标准，为法庭提供最后的证据评价陈述。然而，除了最直接的例子外，其他情况下似然比仍然是首选。

10.4　利用 DNA 数据库确定嫌疑人的身份

从犯罪现场血迹中提取的 DNA 的来源，既可以通过与嫌疑人的 DNA 进行比较来确定，也可以通过 DNA 数据库的搜索结果来确定。从证据解释和评价的角度来看，这两种方法的结论并不一定相同。前一种方法，对图谱证据的解释将遵循上一节所概述的方法。然而，后一种方法在过去的几十年来，特别是在美国，对这种"冷匹配"（cold hit）* 数据库识别后的正确解释方法进行了重大辩论。为什么要这样做呢？问题在于，排除数据库中的无辜者数据会对有效的匹配概率产生怎样的影响，该问题可以从两种角度来看待。

10.4.1　概率方法的解释

一种方法是假设犯罪现场特征 A 的来源不在数据库中，然后寻找与该特征匹配的无辜者数据。因此，数据库中某一特征不匹配的概率是 $1-p$，当数据库中包含 n 个特征时，任一特征都不匹配的概率是 $(1-p)^n$，由于 p 非常小，这相当于 $1-np$。因此互补概率是 np，即为数据库在搜索过程中找到匹配对象的概率，整个群体的匹配概率仍然是 RMP，p。但是，在解释数据库搜索的匹配结果时，这个数字应该修正为 np。修正概率意味着，根据 DNA 数据库搜索结果而提交的证据，会削弱控方主张的力度。1996 年，美国国家研究委员会（NRC）认可了这一方法：

> "第二个程序是进行简单的修正。将匹配概率乘以所搜索的数据库的大小，这是我们推荐的程序。"
>
> ——NRC，《法医 DNA 证据的评价》，1996 年，第 32 页

134

---

* 犯罪现场样本的 DNA 图谱与 DNA 数据库中的已知图谱相匹配（即"冷匹配"），从而仅根据基因证据就能识别嫌疑人。——译者注

10.4.2　似然比方法

相反，似然比的推导则需要计算在数据库中能找到的可以匹配的 DNA 的概率，因为嫌疑人并不是犯罪现场 DNA 的来源。与常规的解释方法不同，这种方法建立在找到了和犯罪嫌疑人相匹配的图谱的基础上。在辩方的主张下，我们首先需要计算个体搜索过程中没有被排除的概率。如果人口总数为 N，数据库规模为 n，则由（N−n）／（N−1）给出，因为 n 个无辜的人被搜索排除在外，而嫌疑人在辩护主张下被排除在外。

所以，需要的概率是：

$$Pr\ (E \mid H_2) = \frac{N-n}{N-1} \times p$$

所以：

$$LR = (\frac{N-1}{N-n})\ \frac{1}{p}$$

当数据库的规模远小于人口数量时，这一数值就会降低到 1／p，而当 n 在人口中的比例越来越大时，LR 实际上会增加到这一数值之上，这意味着对控方主张的支持力度更大，这与常规解释方法的结果相矛盾。然而，在过去的 20 年里，科学观点的平衡已经转向于接受在完成对 DNA 数据库的搜索后对匹配概率采用 LR 进行解释的方法。这个观点反映在 2011 年最新的 NRC《科学证据参考手册》第 3版中：

> "统计学文献以及少许的法律文献都对是否需要修正概率进行了激烈的辩论。期刊文章的主流观点是，不必为了保护被告而夸大随机匹配的概率。"
>
> ——NRC《科学证据参考手册》，第 3 版，2011 年，第 188 页

10.4.3　法庭上的数据库检索证据

这场辩论的影响在 2002 年的人民诉纳尔逊案（People v Nelson）中得到了体现。该案发生在 1976 年，一名年轻的女学生被强奸并杀害了，"悬案"的调查人员通过对 DNA 数据库进行搜索，确定了丹尼斯·纳尔逊就是在犯罪现场提取到的 DNA 的来源。当时纳尔逊就已经被怀疑过，但控方却没有足够的证据起诉他。然而，他在后来的一起强奸案中被定罪，导致他的 DNA 出现在数据库中。2006 年，纳尔逊向加州上诉法院提出了上诉，理由是通过数据库搜索而找到的 DNA 匹配结果，其背后的统计学基础还没有被科学界所接受。

上诉法院在判决中没有同意纳尔逊的上诉理由。上诉法院讨论了科学界对使用 RMP 规则、修改后的 RMP 规则以及"贝叶斯公式"的看法，还考虑了其他法院的案例中表达的关于解释方法的意见。虽然不清楚该上诉法院是否完全理解 LR 方法与后验概率计算之间的区别，但它确实得出结论：

> "贝叶斯方法本身就令人困惑，即使有可能向陪审团解释清楚，但仍是一件有难度的事。"
>
> ——人民诉纳尔逊案，2006 年

相比之下，上诉法院的结论是，科学界绝大多数人都接受"乘积规则"（RMP）是表达某个 DNA 特征在人口中的稀有程度的适当统计数据，无论确定匹配的背景信息如何。然而其补充道，这两种以"RMP"为基础的统计数据都可以提交给法院，只要法院了解它们的含义，这意味着陪审团可以在此基础上对 DNA 证据做出自己的评价。

10.5　法院中的 DNA 案例研究

早期，英国法院在 DNA 证据上面临的挑战就是如何对其进行解释和评价，特别是如何向法院传达统计学方面的信息，以及统计学信息对评价证据的证明价值的影响。在英国，纳入似然比的评价方法一度被认为太超前，但澳洲法院似乎对专家证人采取这种做法感到满意。英国在 20 世纪 90 年代中期进入上诉阶段的关键案件也凸显了检察官对评价方法持消极态度的谬误，自那时起，这种谬误在国内外的法院中频频出现。相比之下，在美国，DNA 证据的可采性本身是一个更令人关注的问题，包括在对 DNA 证据进行分析和解释等多个方面。

10.5.1　1994 年王室诉安德鲁·菲利普·迪恩案

1990 年 2 月 23 日，在曼彻斯特刑事法庭上，安德鲁·迪恩（Andrew Deen）被判强奸罪，控方指控其在 1987 年 5 月至 1988 年 10 月期间在曼彻斯特南部先后强奸了三名妇女。在被害人 W 小姐的案件中，找到的关键证据是从阴道拭子中获得的 DNA。而在另外两起被害人遇袭的案件中，则有其他证据，不过这两起案件的定罪在某种程度上都是基于它们与 W 小姐的案件具有一定的相似性。迪恩于 1993 年提起上诉，这次上诉被法院批准并下令重审，重审的理由是：在提交的 DNA 证据中，有两条不一致的条带被忽略了，法官向陪审团错误地解释了该 DNA 证据。

当时，法院在讨论和评价 DNA 证据方面的经验相对不足。当时获取的证据除了从 MLP 技术的放射能照相仪上发现的十个条带外，还有犯罪者的血型证据。专家戴维先生（Mr Davey）最初对这些证据的解释是基于观察到的条带以及血型的出现概率：在相关人群中，每个条带的出现概率约为 0.26，血型的出现概率为 0.25。从这些数据中，计算出包括血型在内的整个谱系的 RMP 如下：

$$RMP = (0.26)^{10} \times 0.25 = 3.5 \times 10^{-7}$$

这相当于在人口中找到和已知的 DNA 证据所承载的遗传信息全部一样的 DNA 的概率为 300 万分之一。

辩方传唤了自己的专家证人罗伯茨教授，他批评了戴维对证据的解释，由此引发了一些争论。罗伯茨教授认为，放射能照相仪上的十个条带中有两条不一致，说明匹配的结论无效。其中一个条带出现在迪恩提供的对照样本的图谱上，但却不在阴道拭子的图谱上，而另一个条带则出现在阴道拭子的图谱上，但不在对照样本的图谱上。经过进一步讨论，罗伯茨教授认同了对照样本的图谱上没有条带可能是由处理阶段的过度清洗造成的，但他认为第二个条带的不匹配仍然无法得到合理的解释，除非从阴道拭子中获取的 DNA 来自除迪恩以外的人。图谱间的差异以及法官对这部分证据的重视是上诉的第一个理由。第二个理由是通过公诉律师和第一专家证人之间的交流，向法院转达的对 DNA 和血型特征的概率进行评价的方式。

> 问题：所以除了安德鲁·迪恩之外，提取的 DNA 来自其他男性的可能性是三百万分之一？
>
> 回答；是的，是三百万分之一。
>
> 问题：戴维先生，你是个专家，正在做关于 DNA 证据评价的研究。在这次审判结束时，陪审团将被问及他们是否确信是安德鲁·迪恩对 W 小姐实施了这起强奸案。根据你的研究，你得出该 DNA 证据来源是其他人的可能性为三百万分之一，所以你的结论是什么呢？
>
> 回答：我的结论是精液来源于安德鲁·迪恩。
>
> 问题：你确定吗？
>
> 回答：是的，我确定。
>
> ——王室诉迪恩案，1994 年

在他的总结中，法官解释了戴维的意见：

> "戴维先生说，从最初的血型匹配来看，他认为来源于其他人的可能性是七十万分之一。他还说，由于迪恩先生所属的血型较为特殊，可以再乘以三百万分之一的数值。如果认为得出

的概率值是正确的，这个概率值就相当于给出了确定性的结论。"

——王室诉迪恩案，1994 年

被告在上诉中提出，法官通过加强对 DNA 证据的评价误导了陪审团，而事实上该评价在逻辑上是不正确的。上诉法院法官于 1993 年支持了被告的请求，并下令重审。

10.5.2　王室诉迪恩案中专家意见引发的争议

导致本案上诉成功的两个理由都源于专家意见的性质和法院对专家意见的解释。就缺失的条带而言，法官未能从这一点和科学专家相互矛盾的观点中得出真正的结论。剖面吻合的概念要求检材和样本之间的所有条带都要一致，一个条带的不一致都意味着没有共同的来源。然而，法官却暗示这种不一致是可以接受的，并仍然认为这两个图谱是相同的，这样的做法显然不正确。

关于 DNA 特征概率解释的交换表明了在法庭科学语境中存在着一种被称为"检察官谬误"或"条件置换谬误"的现象（见第 7.6.2 节），对于戴维来说，所提出的开放性问题的含义是模糊不清的。即使我们认可"似然比"在此是指一个概率，那么"……这种可能性……"到底是指向一种证据，即"DNA 图像是来自……的概率"，还是如法庭所理解的是指向一种罪行本身，即"犯罪者是……的概率"？如果在前一种理解的情况下，这个问题还可以进一步明确，它不是指图谱特征来源于被告人的概率（如版本 1），而是指特征的其他来源的概率（如版本 2）：

（1）所以，这个来自阴道拭子的 DNA 来源于安德鲁·迪恩以外的任何男人的概率是三百万分之一？

（2）所以，这个来自阴道拭子的 DNA 来源于人群中随机抽取的男性的概率是三百万分之一？

如果预期的是第一种理解，那么专家证人的答复是可以接受的，但还需要更简明。然而，法院将这个问题理解为了第二种选择：

> 所以，除了安德鲁·迪恩之外，罪犯是其他任何一个人的概率是三百万分之一？

在此，问题直接指向无罪的概率和接受辩护理由的概率。然而，证人无法回答这个问题，这个概率是没有依据的。随后律师对第二个问题的答复又重申了这一错误的回答，明确支持迪恩有罪。

> "……罪犯是别人的概率为三百万分之一，你的结论是什么？"

对此，他回答说迪恩是 DNA 的来源，法官在庭审结束时所做的证据总结中强调了这一结论。

这个谬误是由条件概率引起的。首先是证据的概率，即迪恩的 DNA 特征与犯罪现场的 DNA 特征相吻合的概率。这可以正确地表达为：

> 鉴于辩方的证据和争论的真实性，该证据的概率是三百万分之一。

其次是无罪概率的说法：

> 根据证据的真实性，被告方无罪的概率是三百万分之一。

这是不正确的，因为这两种概率并不能等同。法庭和专家证人在将条件从一个转移到另一个时，造成了条件的前后互换，这在逻辑上是无效的。有趣的是，有人指出（Forman et al.，2003 年），虽然在英国有几个案件是由于检察官的谬误，而导致依靠 DNA 证据推翻了原来的定罪，但在美国还没有发生过这种情况。

大约在 1990 年，有另外两起发生在英国的强奸案被审判，被指控的男子同样也被定罪了，后来上诉法院在审理这两起案件时，都遵循了在王室诉迪恩案的上诉过程中所确定的路线。这两起案件在

138

英国法院成为评价和提交 DNA 证据的指导方针。

10.5.3　1996 年王室诉艾伦·多希尼案

1989 年 11 月 10 日下午，一名妇女在回到曼彻斯特家中时遭到一名男子的袭击，该男子先殴打了她的脸，然后强迫她进屋。尽管该男子小心翼翼地不让被害人看清他的模样，但却透露了他的本地口音。他用小刀威胁该妇女后，又对其阴道和肛门这两个部位实施了性侵。该案唯一的物证是从残留在被害人内衣上的精斑中获得的 DNA。虽然艾伦·多希尼（Alan Doheny）符合该妇女对袭击者特征的描述，但他声称在案发时间有部分不在场证明，并得到了他的妻子和岳父的印证。在此基础上，由于发现多希尼的 DNA 与犯罪现场精斑中的 DNA 吻合，他在 1990 年 11 月的审判中被判定有罪。

多希尼随即提出上诉，理由是 DNA 证据不仅在实质上不正确，而且还是以一种具有误导性的方式向法院提交的。

10.5.4　多希尼案的审判

多希尼案运用 MLP 技术和较新的 SLP 技术对多希尼的精液染色样本和对照样本进行了 DNA 分析。MLP 图谱的匹配概率只有 1/840（基于五个匹配条带，每个条带的频率为 0.26；第六个条带忽略不计），因此大部分讨论集中在 SLP 的结果上，其匹配概率为1/6900。SLP 技术使用了三个探针，其中两个探针各提供两个匹配波段，而第三个探针提供了一个单一的匹配波段。此外，多希尼的血型与所提取精斑的血型相同，出现概率为 0.14。专家证人戴维先生通过将 DNA 探针的概率和血型的概率相乘，提供的 DNA 证据的匹配概率如下：

$$f_{DNA} = \frac{1}{840} \times \frac{1}{6900} \times 0.14 \approx 2.5 \times 10^{-8} = 1/40\ 000\ 000$$

当被问及匹配概率的结果时，戴维先生和控方律师之间进行了以下交流：

问题：考虑到所有的因素，最后的结果是什么？

回答：我计算了一下，符合所有条带和血型的概率大约是四千万分之一。

问题：除了艾伦·多希尼之外的其他人的概率是多少？

回答：大约是四千万分之一。

问题：陪审团不得不承认你习惯性地处理这些事情。当然，在证据上，陪审团是否应该确信是他，你已经做了分析，你确定是他吗？

回答：是的。

——王室诉多希尼案；王室诉亚当斯案，1997 年

这段交流现在可以被视为检察官谬误的另一个例子。控方律师 139 提出的第二个问题并非专家证人可以回答的，因为这个问题涉及的并不是证据而是被告。为了更好地解释这个问题，第二个问题可以修改为：

根据已知的 DNA 证据相互匹配的结果，现场提取的 DNA 证据来自多希尼以外的人的概率是多少？

这就是 $Pr(H_2|E)$，然而四千万分之一的匹配概率对应的是发生了条件置换的情况，即 $Pr(E|H_2)$。控方律师的意思是，这个非常低的数字实际上是 $Pr(H_2|E)$ 的值，而专家证人错误地同意了这个观点，特别是在第三个问题中更直接地再次向他提出这个问题时，他仍然错误地表示同意。最后，法官向陪审团做出了证据总结，并支持了专家证人的说法，且暗示陪审团如果接受对 DNA 证据的这一评价，那么无论其对多希尼的不在场证明和任何其他证据的看法如何，多希尼的罪责都是成立的。

10.5.5　多希尼案的上诉

控方和辩方都聘请了两名新的专家证人，分别就 DNA 证据评价的实质内容作证。要解决的第一个问题是能否将两个通过不同技术

获得的概率相乘。要使这一问题在数学上有效，就必须证明这两种技术使用了完全不同的检验方式，以此表明这些概率是独立的。德本汉姆（Debenham）博士在一份书面声明中称，目前的研究还无法保证两种技术不会检测到相同或非常接近的频段，以至于他们在实验上还无法辨别这两种技术是不是完全不同的。

尽管上诉法院法官也认为戴维的方法是无效的，DNA 证据的评价应该只基于 SLP 和血型结果，但是法院也被告知 MLP 数据至少会进一步降低该特征的匹配概率。

此外，在专家证人们的交流中，提出了潜在嫌疑人库中包含了大约 80 万的男性，这使法官能够估计出该群体中有多少男性会有这种 DNA 特征。根据修订后的匹配概率，我们得到：

$$f_{DNA} = \frac{1}{6900} \times 0.14 \approx 2.0 \times 10^{-5} = 1/50\,000$$

这样一来，在该群体中 DNA 能与现场提取的 DNA 匹配的平均人数为：

$$\frac{1}{50\,000} \times 800\,000 = 16$$

上诉记录没有给出计算方法，而嫌疑人匹配的平均数"16"被引述为"20 个左右的人"，因此肯定采取了四舍五入的算法。虽然法官并不认为这一结果排除了多希尼有罪的可能，特别是考虑到证人和其他证据，但它确实表明了以前的定罪是不严谨的，因此法官批准了上诉。但鉴于多希尼已经服了 8 年的刑期，再加上其他的一些考虑，法官没有下令对此案进行重审。

140　　回顾最终的这些算法，发现用正式的贝叶斯概率来计算后验概率是很有意义的。似然比的值是：

$$LR = \frac{1}{f} = \frac{1}{1/50\,000} = 50\,000$$

这为控方的主张提供了非常有力的证据。根据从 80 万嫌疑人中随机选择的结果，先验概率为：

$$P_0 = \frac{1}{800\ 000}$$

那么，后验概率为：

$$P_1 = LR \times P_0 = 50\ 000 \times \frac{1}{800\ 000} = \frac{1}{16} = 0.0625$$

因此，在证据充足的情况下，法院接受控方主张的概率为 1/17，接受辩方主张的概率为 16/17。这是因为在这一嫌疑人群体中，还有 16 人与多希尼的情况相同，这意味着与原来的有罪判决相比，有利于辩方的后验概率为 0.94。

10.5.6　1996 年王室诉加里·亚当斯案

1989 年 10 月，在英国斯塔福德郡的纽卡斯尔市发生了一起类似的犯罪案件。当时，一名忧心忡忡的妇女拨打了撒玛利亚的求助热线，并与一个叫加里的人交谈。不久后，一名男子出现在她家并对她实施了性侵。该女子向撒玛利亚热线投诉，但嫌疑人亚当斯向警方提供了不在场证明，直到次年 1 月，警方才对受害人的房屋进行搜查，并发现了坐垫上带有精液的污渍，从而将其作为强奸的证据。经检验，从这一证据中提取的 DNA 与加里·亚当斯的血样吻合。

在对亚当斯的审判中，专家证人韦伯斯特先生（Mr Webster）对提取的 DNA 证据进行了四次 SLP 分析，得出了八个条带以供比较，结果匹配概率（笔录中称为"随机发生率"）为 2700 万分之一。他阐述了从犯罪现场提取的精斑中的 DNA 图谱与亚当斯的 DNA 图谱之间的对应关系，随后还被控方律师问到是否可能来源于另一个人的问题：

回答：有可能，但可能性非常小以至于没有可信度。我可以估计出精液来自亚当斯以外的其他男人的可能性。我可以计算出这个概率是少于 2700 万分之一。

问题：所以，精斑和提供的血液样本来自同一个人的可能性真的很大？

回答：是的。你需要考虑到这个精斑可能来源的群体规模。现在，整个英国可能只有 2700 万男性，因此 2700 万分之一的数字确实意味着，整个英国极有可能只有一个男人有这种 DNA 特征。

——王室诉多希尼案；王室诉亚当斯案，1997 年

141　　模棱两可的语言和诱导性的问题相结合，又一次为专家证人和法官犯下检察官谬误提供了条件。正确的说法应该是，DNA 来自除被告以外的其他人的概率是 2700 万分之一，但这不能转而与精液来源的概率联系起来，因为专家证人最后的回答复杂化了这个问题，并暗示了该 DNA 证据确实是英国境内独一无二的。在上诉的听证会上，唐纳利教授对这一点做出了抨击。他指出，从统计学角度看，对这些数据的正确解释应该为在英国人口中实际上有两个或两个以上男性具有这种特征的概率为 26%，因为出现概率是所有人口的平均值，并不意味着在 2700 万人口中总有一个唯一的来源（见 Adam，2010 年；第 8.1.1 节）。

法官在总结时，再次重申了这种解释是错误的：

"……在本案中，法医证据的重要性无论怎样强调都不为过，因为如果证据属实，他的精液就会留在（申诉人的）坐垫上……"

——王室诉多希尼案；王室诉亚当斯案，1997 年

尽管还有其他与科学证据无关的理由，但 1996 年上诉的主要理由是，DNA 证据是以"不适当和错误"的方式报告给陪审团的。上诉法院的法官在一定程度上支持了检察官犯了错误的观点，但他认为，这并不能使 DNA 证据的证明力失效，因为匹配的概率值很低。此外，他还总结了对亚当斯不利的其他间接证据，并指出：

　　"再加上他的 DNA 特征与犯罪现场提取的精斑相匹配的事实，无论统计数字是否表明在英国还有一个、十个甚至一百个人拥有同样的 DNA 特征，陪审团都不会认定是他留下了精斑。第一条上诉理由是没有道理的。"

——王室诉多希尼案；王室诉亚当斯案，1997 年

　　以这种方式将科学证据和其他证据的证明力结合起来，具有一定的贝叶斯逻辑，尽管这并没有通过数值来证明，同时也没有证明"……毫无疑问……"这一限定词的合理性。其他证据提供的先验概率也很重要，当这与 DNA 证据提供的概率值结合起来时，将产生很大的后验概率，即有利于控方的主张。因此，上诉法院驳回了上诉，并维持原判。

　　加里·亚当斯案与多希尼案的不同之处在于，除了匹配上的 DNA 证据外，还有其他证据支持控方的主张，而且 DNA 的匹配概率大大高于多希尼案上诉时商定的概率。因此，证据的综合概率权重足够大，以至于关于如何评价和向法院提交 DNA 证据的问题对于上诉法院的法官来说也变得不那么重要了。另外，亚当斯案中的专家虽然陷入了检察官谬误，但与多希尼案中的专家相比，他确实是以更严格的方式提出了他的大部分证据。

10.5.7　对 DNA 图谱解释的质疑：1997 年美国诉谢伊案

　　美国法院对 DNA 证据的质疑集中在可采性上，在美国诉谢伊案（US v Shea）的上诉中说明了关键的问题。1995 年，谢伊因在新罕布什尔州伦敦德里郡的新罕布什尔银行实施抢劫而被判定有罪。当时对他不利的证据包括从现场遗留的血迹中获得的 DNA，这些血迹来自一名劫匪手上的伤口。这份从犯罪现场获得的 DNA 与谢伊的 DNA 吻合，RMP 为二十万分之一。谢伊提出了三个上诉理由：

　　（1）由于方法上的错误和遗漏，PCR 技术并不可靠。

　　（2）RMP 的结果并不可信，因为等位基因数据库太小，不具备统计的可靠性。

142

（3）在法庭上使用 RMP 可能会误导陪审团，这将超过任何其他证据的证明价值。

法官驳回了第一条理由，原因是该理由与 PCR 方法在本案中的应用有关，而不是这个技术本身的问题。因此，应通过陪审团对证据证明力的审议来解决，而不是对这项技术本身的可靠性进行质疑。

法院认为，已公布的研究表明，基于几百个具有代表性的人而构建的等位基因数据库是具有其合理性的，任何偏离 Hardy-Weinberg 平衡（见 Adam，2010 年；第 8.4 节）或人口结构的情况都可以通过近似的校正因素加以考虑，并且这些因素不会使整体方法失效。由这些因素所产生的任何不确定性，将再次增加陪审团给予证据的权重，相关不确定性的估计应提交给法院来处理。事实上，在法院审查谢伊的上诉理由时，这个观点在美国法院已经过时了。

陪审团在理解极小的 RMP 值的影响时，可能会在以下几个方面出现混淆。第一个方面是陪审团在获得 RMP 值时对证据的评价，另一方面是意识到实验室分析的错误率是无法量化的。谢伊声称，除非错误率被量化并与 RMP 结合，否则陪审团将无法吸收这一证据。然而，将这两者相结合并不是常见的做法。事实上，很多人认为，确定如此低的错误率是一项不可能完成的任务。

第二点是陪审团从 RMP 的阐述中获得了什么信息。谢伊认为，鉴于 DNA 特征的匹配，陪审团很容易陷入检察官谬误，将 RMP 的极小概率值作为他无罪的可能性。谢伊的主张是，即使得到了适当的解释，陪审团也无法理解这些证据。谢伊的这些观点在上诉时被全部驳回了，原因是法官认为尽管陪审团在面对 DNA 证据时可能会感到困惑，但他们可以通过听取专家证人对 RMP 的评价，以及通过向辩方提问的方式来明确对证据的解释，任何疑难问题都可以进行讨论并得到解决。最后，法官肯定了 RMP 在评价 DNA 证据中的重要性，而且其证明价值并没有因为陪审团可能被误导而被削弱。事实上，似乎没有一家美国法院曾以此为由拒绝纳入 RMP 或随机匹配概率。

10.6　DNA 证据评价实践现状

10.6.1　多希尼案和亚当斯案对英国的影响

在整个 1990 年代，法院在理解 DNA 证据的解释方面遇到了很多困难，而且一些法院很容易根据检察官谬误发表意见。对此，上诉法院在 1997 年多希尼案和亚当斯案件的判决中提出了一套准则。该准则为法庭科学专家在评价和提出此类证据方面提供了指导，同时拉滕贝特和埃维特（Lambert and Evett，1998 年）对这些准则进行了严格的审查。

> "专家会向陪审团适当地解释犯罪现场的 DNA 与被告的 DNA 之间的匹配原理，并根据经验统计数据给出随机出现率。专家具有相关的专业知识，那么就应该由他来说明，在英国可能会发现多少人具有相匹配的特征，或给出一个更有限制性的分组。这种要求往往已经达到了专家工作的极限，不应再继续要求专家就被告人在犯罪现场留下血迹痕迹的可能性发表意见……"
>
> ——王室诉多希尼案；王室诉亚当斯案，1997 年

这段话的第一个问题是，统计学术语的使用不一定总是恰当的。事实上，"随机出现率"一词的使用很奇怪，将其替换为"随机匹配概率"或"出现概率"都可以。这个术语常常与"似然比"混用，然而两者的意思是完全不同的。"出现概率"和"随机匹配概率"是同一个含义，在上下文中应该始终使用其中的一个。有建议称希望专家可以提供一个具有"匹配特征"的人数估计，这个建议滋生出了更多的难题，因为如何定义一个合适的人群对于专家来说是具有很大难度的。就多希尼案而言，80 万的可疑人口意味着在该群体中除多希尼外，还有 16 名男子具有相同的 DNA 特征。如果人口数量足够多，比如包含整个城市、整个地区甚至整个国家的人口，并且特征的出现概率不是太低的话，那么就会导致可能的来源数量

很少，这也是法官所希望的结果。在亚当斯案中，有人提出男性人口约为 2700 万，因此 DNA 的匹配概率为 2700 万分之一，即意味着"整个英国真正有这种 DNA 特征的男性只有一个"。事实上，这样的解释曲解了"出现概率"的含义，因为在一些同样规模的人群中，可能没有一个人，或者只有两个或三个人具有这种特征。另一个复杂的情况是，如果出现概率很低，那么这种计算方法便会得出带有小数点的数值，因此专家的意见可能是英国有 0.3 名男子具有这种 DNA 特征。这会对陪审团造成什么样的影响，还有待商榷。

虽然在逻辑上考虑某些特定人群内的来源是正确的，但这涉及了先验概率的领域，也是贝叶斯定理本身的应用，而不是首选的似然比解释。此外，对于大多数匹配概率来说，在对群体中具有该特征的人口数量进行估计时，总会出现值为分数的情况。

专家拉滕贝特和埃维特对最后一个观点进行了详细的讨论并做出了回应。他们认为这是对犯检察官谬误的警告。在这里，法官使用"可能性"一词，大概是想暗示一个概率，而不是"似然比"，这可能会导致误解。虽然专家不应该就"被告留下精斑的可能性"提供意见，但法庭科学专家的角色是可以用似然比来评价证据，这是一种陈述，如：

> 匹配的 DNA 强有力地支持了"被告的精液与犯罪现场的精斑有着同一来源，而不是来自人群中的其他男性"的观点。

144　　　最后的陈述很重要，因为它强调了对 DNA 证据的评价是基于似然比，即基于两个概率的比值，而不是单一的概率。尽管这样做非常容易，但可能导致专家意见被误解为是关于 DNA 来源的后验概率陈述。另一种办法是增加一个覆盖性声明，大意是说专家意见只与证据的强度有关，而与该证据来源的任何概率无关。

10.6.2　英国的实践现状

过去十多年来，英国的做法是，如果来自犯罪现场的单一个体的 DNA 包含了嫌疑人所有的等位基因，且不存在无法解释的差异，则引用十亿分之一 RMP，而不是根据某一案件的实际情况来进行计算。这是因为他们认识到，法庭和陪审团在合理化数值并构建其与证据强度的联系时可能会面临困难。这种做法最近已在新的 DNA-17 方法中得到了认可。虽然等效的似然比（LR = 1 000 000 000）可转化为支持控方主张的极强证据，但不鼓励使用口头等效陈述。事实上，正如《RSS 执业者指南第 2 号》（Puch-Solis et al.，2012 年）所指出的那样，尚不清楚英国专家近年来的证词到底在多大程度上完全遵守了多希尼案的裁决。

英国法庭科学监管机构在对 DNA 分析过程进行报告时，提到了两起质量保证程序出错的案件中的专家证词，通过引用这些内容可以对最近的做法有所了解。亚当·斯科特案和王室诉 S 案中有关这些方面的内容将在第 10.8 节中讨论，但此处将研究专家对证据陈述的细节。在 S 案中，法庭科学专家在描述了犯罪现场生物样本的确切来源后，提出了解释性意见：

> "该 DNA 与（S）的样本 DNA 相吻合，因此该 DNA 可能来自他。"
>
> ——引自 FSR-R-625，2013 年

在提供评价意见时，这位法庭科学专家表现出了对多希尼案判决的了解：

> "我对 DNA 证据强度的意见，在此提供给控方和辩方。如果不认罪，这些括号内的所有文字都应从我的陈述中删除，以免违反上诉法院在王室诉多希尼案（1997 年）中的判决。"
>
> ——引自 FSR-R-625，2013 年

然后，专家提供证词时列出了言语等价量表上的分数，但没有提及衡量数值的解释，并以评价性陈述结束：

> "我认为，从曼彻斯特米德尔顿的一扇前滑门外侧的底轨采集的拭子上（JAM/2 号物品）的 DNA 检测结果为以下论点提供了极为有力的科学支持，即该拭子上的 DNA 来源于（S），而不是与他无关的另一个人。"
>
> ——引自 FSR-R-625，2013 年

这种评价是基于来源层级的对抗性主张，但不涉及本案中任何活动层级的主张。

145 　另一个例子是亚当·斯科特案，该案由于指控最终被撤销了从而没有进入审判阶段。因为在调查中发现，实验室内部出现了错误，他们将犯罪现场的 DNA 错误地认定为是斯科特的 DNA。在查明这一错误之前，专家发表了两份报告，其中第一份报告（DNA 情报匹配）涉及对 DNA 来源的解释：

> "据估计，如果 DNA 来自与亚当·斯科特无关的其他人，能够获得匹配的 DNA 的概率大约是十亿分之一（十亿是一千个百万）。在我看来，与亚当·斯科特相匹配的 DNA 很可能来自精液。"
>
> ——引自 FSR-R-618，2012 年

专家此处分析的目的很可能是为了向调查人员提供关于 DNA 分析结果的早期信息。第二份报告是一份正式的证人陈述，涉及活动层级和来源层级的评价。在宣布从外阴拭子中提取的 DNA 是受害者男友和嫌疑人斯科特的混合 DNA 后，专家得出结论，受害者和斯科特之间有过某种形式的性接触。

> "因此，为了评价本案的总体调查结果，我考虑了以下主张：
>
> （1）亚当·斯科特与受害者进行了阴道性交。
>
> （2）亚当·斯科特从来没有去过曼彻斯特，也不认识受害者。
>
> 我认为，与受害者外阴拭子有关的科学发现，为亚当·斯科特曾与受害者发生过性关系的观点提供了强有力的科学支持。

然而，鉴于精液的位置与亚当·斯科特相匹配，且受害者的内阴拭子上也没有精液。因此，这些发现并不能支持阴道性交并在阴道内射精的观点。它们也可能支持阴茎和阴道曾有接触并在外部射精或者进行了阴道性交但没有内部射精的观点。

我根据下列科学支持度对这些科学结论进行了评价：无、弱、中等、强、非常强和极强。"

——引自 FSR-R-618，2012 年

这一结论理所当然地不在多希尼案之后的司法指导范围内，因为它涉及的是活动层级的证词，而不是专门关于 DNA 或生物检材的来源问题。法庭科学专家利用他们的经验和专业知识，针对两个相互对抗的主张，对从受害者身上提取的拭子上是否存在 DNA 证据进行了评价，并对这些结论的证据权重进行了口头比较，其结果认为第一种说法得到了强有力的科学支持。在没有数字数据的情况下，这个意见是以逻辑评价的形式提出的。事实上，内阴拭子上没有斯科特的 DNA 这一情况在后来也得到了解释，因为他与这起强奸案根本就没有任何关联。他的 DNA 是在法医实验室的一个样本上发现的，原因是样本试管受到了污染。

10.6.3　澳大利亚的实践现状

虽然英国法院不欢迎明确使用似然比来表述有关 DNA 证据的专家意见，但在澳大利亚这种做法似乎能被更普遍地接受。在福尔贝斯诉女王一案（Forbes v The Queen）中，福尔贝斯因不服其强奸 17 岁女性 K 的定罪而提出上诉。辩方的理由包括福尔贝斯的妻子提供了不在场证明，以及 K 无法指认福尔贝斯是袭击者。两位专家证人解释了在评价 DNA 证据时应如何使用似然比及其概率基础，并向法庭介绍了将数字形式的 LR 转化为术语等效量表的方法，并称本案的证据是来自对衣服上提取的拭子进行的分析：

"……提供了强有力的证据支持上诉人的 DNA 位于犯罪现

146

场样本中的观点。"

——福尔贝斯诉女王案，2009 年，第 23 段

专家证人对此做了限定，她解释道，不能说福尔贝斯的精液是本案中的 DNA 证据的生物来源，也不能说 DNA 确实是来自福尔贝斯。尽管上诉人声称这一事实意味着对他的罪行存在合理的怀疑，但上诉法院的法官并不同意上诉人的观点，法官不仅认可这一证据的证明价值，而且认可对本案的 DNA 证据所采用的评价方式：

"通过统计计算得出的用似然比表达的证据显然是可以接受的，在适当的情况下可以成为有高度证明力的证据。"

——福尔贝斯诉女王案，2009 年，第 40 段

10.7　唯一的证据——DNA

虽然传统的 DNA 证据对于身份识别的重要性是公认的，但对于那些控方只提出了 DNA 这一个证据的案件，法院在进行定罪时显然是有困难的。由于发生了几起因实验室失误或 DNA 进行了转移而导致控方败诉的案例，英格兰和威尔士皇家检察院（Crown Prosecution Service，CPS）敦促法院应该谨慎行事。

"如果警方提交的证据证明犯罪现场的 DNA 能够与嫌疑人的 DNA 匹配，则建议检察官考虑是否有必要提供证据支持将嫌疑人认定为该案的罪犯。"

——皇家检察院：专家证据指南，2014 年，第 44 页

在王室诉葛朗特案（R v Grant，2008 年）中，法院面临的问题是如何辨认戴着头套进行武装抢劫的罪犯。该案唯一的证据是证人称罪犯有着当地口音和蓝眼睛。抢劫案发生后，该头套在案发现场附近被发现，并在上面检测出不止一人的 DNA，其中一个被确认为

是葛朗特。尽管控方认为没有证据显示葛朗特曾戴过该头套，或者存在某人在抢劫中使用了该头套而没有留下 DNA 的情况，但被告葛朗特仍在审判中被定罪。在对该案进行上诉后，葛朗特的定罪被推翻了，理由是审判法官没有驳回案件中的错误，因为针对葛朗特的唯一证据是基于他在一个可移动物体上的 DNA，且不能排除所有的合理怀疑，因此不能证明他是抢劫犯。

2013 年在类似的罗伯特·奥格登（Robert Ogden）一案中，警察在对伦敦伍尔维奇的一个室内盗窃现场进行勘查时发现，盗窃者是从一扇被砸碎的窗户进入的，在这扇窗户旁边有一条围巾。由于住户们都否认这条围巾是自己的，因此可以推断这是盗窃者留下的。围巾上有两小块干涸的血迹，其中一块经过分析发现与奥格登的 DNA 相匹配，RMP 为十亿分之一。围巾的其他部分没有检测出 DNA。奥格登在审判中没有被传唤作证，尽管他否认围巾是他的，并辩称他在案发时间有不在场证明。辩方要求以缺乏指向奥格登的证据为由撤销指控，但审判法官不同意，他说：

> "在我看来，对于在案发现场发现了那条带有奥格登先生血迹的围巾这一情况，实际上是需要一个解释的。当然，如果没有进一步的证据，陪审团将有权做出有罪的裁决。也许有些陪审团会这样做，而有些不会，但这完全是在他们的职权范围内的，所以撤销指控的申请被驳回。"
>
> ——王室诉奥格登案，2013 年

上诉法院的法官则采取了相反的观点，他引用了包括奥格登案在内的旧案例，并裁定如果这种 DNA 证据提供了个人与犯罪现场之间的唯一联系，那么必须有一些额外的证据去支持这种联系以便进行起诉，即使这些额外的证据的证明力很微弱。在本案中尤其应该如此，因为 DNA 是在一个与被告没有联系的可移动物体上发现的。

10.8 法庭 DNA 分析的错误

近年来，英国发生了两起值得关注的案件，在这两起案件中负责 DNA 分析的实验室出现了错误，导致警方逮捕了无辜者。英国法庭科学监管机构已对这两起案件进行了正式调查，并说明了 DNA 的准确率可能会非常轻易地被人为错误破坏。

10.8.1 2012 年亚当·斯科特案

2011 年 10 月，亚当·斯科特在英国曼彻斯特以强奸一名妇女的罪行被捕，其依据仅仅是受害者外阴拭子中的 DNA 与斯科特在英国 NDNAD 上留存的 DNA 相吻合。虽然该 DNA 证据中包含了受害者男友的 DNA，且斯科特的部分（17/20 等位基因）基因特征只在六份拭子样本中的一份上被确定，但在 LGC 法医的报告中，非常明确地将斯科特与这一强奸行为联系在了一起，其依据仅仅是在受害者身上发现了他的 DNA。

12 月，警方在检查斯科特的手机记录时，发现在强奸案发生后的几个小时内，他一直在 300 英里外的普利茅斯打电话。LGC 在对分析过程进行了详细审核后发现，该强奸案的精液样本与附近埃克塞特发生的一起吐痰事件的唾液样本都是在同一个实验室内进行处理的。然而，由于装着唾液样本的处理盘被二次使用，精液样本被残留的唾液样本中的斯科特的 DNA 污染了。这说明人为错误对实验室质量控制程序造成了极大的破坏，因为所有的托盘在使用一次后就应该被扔掉。2012 年 3 月，斯科特最终获释。英国法庭科学监管机构对这一事件进行了调查和报告，这引起了人们对 DNA 证据的可靠性和基础质量控制程序的极大关注。

10.8.2 2013 年王室诉 S 案

在 2012 年 3 月的一个周末，英国大曼彻斯特不同地区的两家企业的房舍都遭到了破坏。在这两起案件中，现场勘查人员都采集到了两份拭子，以进行 DNA 鉴定。在第一起案件中，现场勘查人员从窗户上采集了样本（展品 PAC/2 和 PAC/3）。在第二起案件中，则是从滑动门上采集了样本（展品 JAM/2 和 JAM/3）。从每个现场的第一份拭子样本中都检测出了完整且单一的 DNA，且这两份 DNA 都来自同一人。在将其提交给英国国家 DNA 数据库（NDNAD）后，"S"被最终确定为该 DNA 的来源。因此，该案当时没有对其余样本进行分析。"S"承认在第一个现场意外损坏了窗户，但否认曾到过第二个现场，不过他还是被指控为这两起盗窃案的罪犯。

辩方律师委托第二家法庭科学机构对这一证据进行检验，以确定物证 JAM/2 是否受到了污染。在对赛尔玛（Cellmark）公司的分析程序进行详细调查后，有人提出，在将 DNA 从一个样品试管转移到另一个样品试管的稀释阶段发生了错误。换句话说，属于 JAM/2 的特征实际上不是从犯罪现场分配给该代码的样品中得出的。这一观点在随后对 JAM/3 的分析中得到了支持，该分析将另一个人"W"确定为来源。而在对 JAM/2 的剩余部分进行第二次分析后，也检测到了与"W"相吻合的单一 DNA 特征。

尽管监管机构认为，这种错误的证据不太可能引起法院诉讼，因为法院并不支持对仅有单个 DNA 证据的案子进行起诉。但有人担心警方在考虑是否起诉某人时，将会在多大程度上依赖这种未经证实的证据。

10.8.3　实验错误率与随机匹配概率

在许多权威人士看来，实验室错误的发生概率可能会大大削弱 DNA 证据的价值。因为在任何计算中，错误的概率都会淹没最高合格率。事实上，除非实验室错误率至少比十亿分之一这个数字还要低一个数量级，否则引用的十亿分之一的 RMP 在数学上是无效的。然而，是否有可能确定各实验室的错误率呢？

对于已经发现了假阳性（和假阴性）结果的案例，似乎可以通过实验室审计程序对其发生情况进行量化。然而，真正的困难是，由于这种错误率确实很低，因此需要对大量的分析进行审查才能提供较为可靠的错误率。例如，如果在 100 次测试中都没有发现任何错误，那么在95%置信度的统计学上意味着，这种测试的总体错误率一般能达到3%。

但是，法院一直不接受任何试图以数学方式将 RMP 与错误率结合起来的做法，甚至不接受在提出 RMP 的同时还提出估算的错误率，这种情况在美国法院中尤为明显。这样做的一个有力理由是，RMP 确实涉及了法院关心的问题，而这个问题应由专家证人提供。然而，对于证据解释（如实验室错误）的困难仍未解决。

10.9 结　论

将 DNA 证据引入刑事司法领域的做法，迫使专家和法律专业人员去审查他们所呈现和讨论的专家意见，引入其他证据也同理。在 DNA 证据方面，虽然早期的许多困难都已经得到了理解并解决，但其他问题仍然存在，例如当 DNA 是案件的唯一证据时所产生的风险，以及在监管链中可能出现的错误、失误和污染对检验结果的影响。

参考文献

1. Adam C. D. （2010）. *Essential Mathematics and Statistics for Forensic Science.* Wiley-Blackwell, Chichester, UK.

2. Carracedo A., Butler J. M., Gusmao L., Linacre A., Parson W., Roewer L. and Schneider P. M. （2013）. New guidelines for the publication of genetic population data, *Forensic Science International: Genetics*, 7, 217-220.

3. Crown Prosecution Service for England and Wales: Guidance on Expert Evidence, DNA, 43 [Online]. （2014）. Available at http://www.cps.gov.uk/legal/assets/uploads/files/expert_evidence_first_edition_2014.pdf [Accessed 18 October 2015].

4. FBI: CODIS-NDIS statistics. [Online]. （2015）. Available at https://www.fbi.gov/a-bout-us/lab/ biometric-analysis/codis/ndis-statistics [Accessed 19 October 2015].

5. Forbes v R [2009] ACTCA 10.

6. Forensic Science Regulator: Report into the circumstances of a complaint received from Greater Manchester Police on 7 March 2012 regarding DNA evidence provided by LGC Forensics, FSR-R-618, 2012 [Online]. （2012）. Available at https://

www. gov. uk/government/uploads/system/ uploads/attachment _ data/file/118941/ dna-contam-report. pdf [Accessed 10 October 2015].

7. Forensic Science Regulator: The performance of Cellmark Forensic Services R v. [S], FSR - R - 625 [Online]. (2013). Available at https://www. gov. uk/government/ uploads/system/uploads/attachment_ data/file/269843/cellmark _ report. pdf [Accessed 19 October 2015].

8. Lambert J. A. and Evett I. W. (1998). The impact of recent judgements on the presentation of DNA evidence. *Science and Justice*, 38 (4), 266-270.

9. National Research Council (1996). The evaluation of forensic DNA evidence, National Academies Press. Washington DC.

10. People v Nelson 48 CalRptr 3d 399 2006.

11. Puch-Solis R. , Roberts P. , Pope S. and Aitken C. (2012). Assessing the probative value of DNA evidence, RSS Practitioner Guide No 2 [Online]. Available at http://www. rss. org. uk/Images/PDF/influencing-change/rss-assessing-probative-value. pdf [Accessed 14 December 2015].

12. R v Deen, Official Transcript, The Times 10 January 1994.

13. R v Doheny; R v Adams [1997] 1 Cr App Rep 369.

14. R v Grant [2008] All ER (D) 124 (Aug).

15. R v Robert Ogden [2013] EWCA Crim 1294.

16. UK Home Office: National DNA database strategy board annual report 2013 - 14 [Online]. (2014). Available at https://www. gov. uk/government/uploads/system/uploads/attachment_data/file/387581/NationalDNAdatabase201314. pdf [Accessed 19 October 2015].

17. US v Shea 96-12-01-B, 957 F Supp 331 (1997).

拓展阅读

1. Buckleton J. , Triggs C. M. and Walsh S. J. (2005). *Forensic DNA Evidence Interpretation*. CRC Press, Boca Raton, Florida.

2. Foreman L. A. , Champod C. , Evett I. W. , Lambert J. A. and Pope S. (2003). Interpreting DNA evidence- a review. *International Statistical Review*, 71 (3), 473-495.

3. Forensic Science Regulator: Codes of Practice and Conduct for DNA Analysis, FSR-C-108 [Online]. (2014). Available at https://www. gov. uk/government/uploads/

system/uploads/attachment_data/file/355357/CodePracticeConductDNAanalysisIssue 1. pdf [Accessed 19 October 2015].

4. Forensic Science Service: Guide to DNA for lawyers and investigating officers [Online]. (2004). Available at https://www.cps.gov.uk/legal/assets/uploads/files/lawyers' %20DNA%20guide%20KSWilliams%20190208%20 (i). pdf [Accessed 19 October 2015].

5. Goodwin W. , Linacre A. and Hadi S. (2011). *An Introduction to Forensic Genetics*, *2nd Ed*, Wiley- Blackwell, Chichester, UK.

6. Hopwood A. J. , Puch-Solis R. , Tucker V. C. , Curran J. M. , Skerrett J. , Pope S. and Tully G. (2012). Consideration of the probative value of single donor 15-plex STR profiles in UK populations and its presentation in UK courts. *Science and Justice*, 52 (3), 185-190.

7. Kaye D. H. (2008). Case comment- People v. Nelson: a tale of two statistics. *Law, Probability and Risk*, 7 (4), 249-257.

8. Kaye D. H. (2009). Rounding up the usual suspects: a legal and logical analysis of DNA trawling cases. *North Carolina Law Review*, 87, 425-503.

9. Kaye D. H. and Sensabaugh G. Reference guide on DNA identification evidence, 129-210. In Federal Judicial Centre. [Online]. (2011). *US Reference Manual on Scientific Evidence*, *3rd Ed*. Available at http://www.fjc.gov/public/pdf.nsf/lookup/SciMan3D01.pdf/$file/SciMan3D01.pdf [Accessed 18 October 2015].

10. Koehler J. J. (1997). Why DNA likelihood ratios should account for error (even when a national research council report says they should not). *Jurimetrics Journal*, 37, 425-437.

11. Redmayne M. (1997). Presenting probabilities in court: the DNA experience. *International Journal of Evidence and Proof*, 187-214.

12. Storvik G. and Egeland T. (2007). The DNA database search controversy revisited: bridging the Bayesian-frequentist gap. *Biometrics*, 63, 922-925.

13. Thompson W. C. , Mueller L. D. and Krane D. E. (2012). Forensic DNA statistics: still controversial in some cases: The Champion [Online]. Pp. 12-23. Available at http://ssrn.com/abstract=2214459 [Accessed 17 October 2015].

第 *11* 章

低模版 DNA

从低模版 DNA（LTDNA）中提取图谱的技术最初是由英格兰和威尔士的法庭科学服务机构（FSS）开发的，且这项技术在 1999 年第一次被采用以对案件中的样本进行分析。尽管英国对这种新技术的热情导致出现了许多关于微量 DNA 的法庭证据，但其他司法辖区迟迟没有效仿。据报告，2008 年以前很少有国家会使用这种技术。然而，国际法医遗传学协会（International Society of Forensic Genetics，ISFG）的参与和一系列学术论文的发表都表明了国际科学界对该技术的支持，因此这种技术也得到了更广泛的认可。在处理低模版 DNA 证据所遇到的所有挑战中，有两个特别重要的问题。一是现场勘查人员和法医专家都认识到，为了确保证词的可靠性，需要对实验室标准和保管链进行严格把控。二是对低模版 DNA 的解释和评价，法院围绕着从这种证据中可以得出什么推论而进行的辩论就已经说明了这一点。

11.1 技术问题

11.1.1 术　语

DNA 复制技术将通过增加 PCR 过程中的扩增周期数来提高技术的灵敏度，从标准的 28 个周期增加到 34 个周期，同时这还为许多分析少量细胞物质的方法提供了基础。这种技术的革新就是使用低拷贝数法进行 DNA 图谱分析，其被称为"低拷贝数 DNA"（LCN DNA）。

152 然而，随着其他技术的发展，包括增加毛细管电泳的注射时间以及对样品进行浓缩的方法，促使学界引入通用术语"低模版 DNA"（LTDNA）去涵盖所有方法，这些方法一般都是应用于对非常少量的 DNA 进行分析。在英国，当细胞材料少于 200 pg 时，就会使用 LCN 方法。

11.1.2　检　材

在犯罪现场发现的生物检材可分为两类。第一类是通过肉眼或常规显现实验就能辨认出的，例如血迹、精斑或皮肤组织。在这些情况下，人们期望 DNA 分析能够提供完整的常规图谱，且只来自单一的个体，并能对其进行标准的解释，从而确定来源。与此相反，在很多情况下，可能会从非常规的检材中检测出 DNA，并需要确定其生物来源。这些检材可以被视为一种普通的"犯罪现场污渍"，可通过擦拭表面来恢复看不见的物质。通常情况下，这些检材可能是在抓取或触摸该表面时转移的皮肤细胞。因此，尽管"痕迹 DNA"是一个更合适的术语，有时会使用"接触性 DNA"一词。在解释以这种方式提取的 DNA 时，需要充分考虑一次转移甚至是多次转移所带来的影响、材料表面的性质以及 DNA 被污染的可能性。此外，也没有理由认为从这些样本中检测出的任何 DNA 图谱都来自一人或多人。所有供体的"细胞脱落状态"也是未知的。

环境因素也可能在分子水平上决定这些样品的质量。人体脱落细胞一旦离开其来源环境，就会自然降解。环境的温度、湿度以及暴露的时间，都将影响 DNA 分子结构的降解。降解往往会对一部分在 STR 分型中有着较高权重的等位基因产生较大影响。此外，脱落细胞可能沉积在已经有其他生物或化学材料的地方。在前一种情况下，这可能导致在随后的分析中得到混合图谱，但可能只有一个主要供体。在后一种情况下，则可能发生 DNA 分子的化学降解。

11.1.3　技术问题的解释

在分析低模版 DNA 时遇到的技术挑战与传统 DNA 技术相类似，

只是更加重要。鉴于与低模版 DNA 样本质量有关的未知因素有很多，英国建议进行案前评价，以确保在随后的分析中采用最佳方法，而 DNA 的样本量大小是案前评价中的一个重要部分。

任何 DNA 图谱，特别是来自犯罪现场血迹的图谱，都可能是混合图谱，有一个以上的来源供体。利用行业内认可的峰值强度准则和对图谱的其他观察结果，通常可以将这种混合图谱进行分类，例如确定一个主要供体以及一个或多个次要供体。然而，在扩增的过程中会产生一些影响，这些影响共同增加了实验曲线的复杂性，并可能为证据的解释和评价过程带来困难。吉尔等人（Gill et al.）在 2000 年讨论了这些问题。

当提取的材料中含有极少量的 DNA 时，PCR 扩增过程中的随机效应会变得更加显著，这些都导致了实验剖面中的统计随机变化。这会造成等位基因丢失、随机等位基因丢失以及因停滞而导致的峰值增加。一般来说，随机效应在所谓的"随机阈值"以下更为明显，该阈值可以用样品中存在的 DNA 数量来定义（例如，在英国为 100~200 pg；一个生物细胞大约对应 6pg 的材料）。该过程产生的峰值可以通过运行重复样本的方式在 DNA 图谱中识别出来，这就是标准做法。

当 PCR 过程中产生的一个非常小的峰（<15%强度）与真正的等位基因峰相邻，但又偏移了一个单位时，就会形成影子峰。无论样本量为多少，都会出现影子峰，但随着扩增周期的增加，影子峰也会增加，尽管这种影响对于最小的样品（~100pg）来说会被抵消。然而，随着 DNA 数量的减少，影子峰的大小也会增加，往往使其与混合图谱中真正的次要成分所形成的峰大小相似，这就给解释带来了困难。

当一个 STR 图谱中的一个等位基因缺失时，这种缺失会变得很明显。当然，在一个未知的图谱中，即使其来自单一供体，也可能无法识别出等位基因的缺失，例如，一个表面上是同源的等位基因实际上可能是异源的。DNA 的降解也可能是造成等位基因峰缺失或变弱的原因，特别是对于那些高分子量的等位基因。这些影响可能

153

会导致得到一个不完整的 DNA 图谱，它往往来自单一供体，但缺少了 20 个等位基因中的一部分，而这些等位基因将使传统解释（SGM+）成为可能，并降低其在法庭上的证据价值。

等位基因峰值的降低可能源于对污染 DNA 的小分子的随机效应，也可能源于严重的污染，或者实际上源于混合图谱中的次要供体。在干净的实验室条件下制备的阴性对照样品中，甚至可以观察到杂乱的假等位基因，特别是在低分子量的情况下。

此外，与标准条件下观察到的情况相比，随着样品中 DNA 含量的减少，使用 34 个 PCR 循环往往会增加来自异种等位基因峰的不平衡性。事实上，在这样的混合图谱中，可能会有一些例子表明，虽然在某特定位点上的一个等位基因只产生了一个峰，但却不止有一个来源供体。这可能会导致来自主要供体的更强的峰值"掩盖"了次要供体的峰值。这种效应的影响往往很难被识别，因为在系统中还存在着影响峰值强度的一系列其他因素。

11.1.4　低模版 DNA 定量评价

CPE 和 RMP 方法（第 10.3 节）均已应用于解释低模版 DNA 图谱，但这两种方法都不能在该过程中被严格使用，因为必须做出假设，而这可能导致专家意见在法庭上受到质疑。另一方面，当专家在 LR 的背景下开展工作时，可以灵活设置合理的主张和列入处理影子峰以及等位基因缺失的概率方法。由于这些原因，在解释和评价混合 DNA 以及低模版 DNA 的特征时，倾向于使用 LR 的方法。

近年来，在 ISFG 的领导下，通过纳入最新的研究，特别是关于处理等位基因峰值下降和缺失的研究，对 DNA 混合物和低模版 DNA 图谱的解释方法进行了标准化。吉尔等人于 2006 年发表了一套全面的建议，并在 2012 年进行了更新，其中包括对不完整图谱的处理，以及对解释这些数据的软件的认可。2008 年，英国 DNA 技术工作组（Gill，2008 年）在与国家 DNA 数据库（NDNAD）合作的背景下，提供了英国对这些问题的回应。最近，法庭科学监管机构委托的另一份报告列出了关于解释复杂图谱和低模版 DNA 图谱的规则（Gill，

154

2012 年)。虽然这里没有足够的篇幅来讨论其中的细节，但有必要对英国 DNA 技术工作组列出的要点以及吉尔等人 2006 年的讨论进行回顾：

（1）LR 方法应该用于解释所有的 DNA 图谱，因为它是唯一能通过概率模型严格处理等位基因峰值下降和缺失问题的方法。

（2）有助于专家证言的证据权重应遵循 LR 计算。

（3）对等位基因峰值的下降和缺失概率的估计应使用来自有效研究的数据，这些研究与实验室 DNA 分析技术所采用的实验方法相适应。

（4）所有计算都应使用适当的软件，以避免出现错误和失误。软件资源可从 ISFG 网站上获取。

（5）即使司法系统没有明确支持在证词中使用似然比，专家证人还是应该在案件说明中使用 LR 这种方法。

（6）除了与根据峰值高度或面积纳入等位基因有关的一些建议外，还有一些具体的评论意见，涉及在解释低拷贝数 DNA 图谱时应考虑随机效应、等位基因峰值下降和等位基因缺失。

最后，2012 年的出版物还提出了一些额外的建议，包括进一步研究随机效应和软件工具，进一步开展适合实验方法的验证研究，加强整个监管链的防污染程序，以及开展更多的专家证人培训，培训的重点内容是如何准确表达专家意见。

11.2　监管链的重要性：
2007 年女王诉肖恩·霍伊案

肖恩·霍伊（Sean Hoey）的 58 项指控都被宣告无罪，其中包括 1998 年他在北爱尔兰奥马爆炸谋杀 29 人的指控，此案是证明低拷贝数 DNA 是法院可接受证据的一个里程碑式案件（另见第 1.6.8 节）。在这起备受瞩目且具有政治敏感性的案件发生之前，英国法院从未对基于这种技术的证词进行过任何程度的审查。该案中的 DNA

图谱是在 1998 年和 1999 年从犯罪现场取回的炸弹碎片中获得的，当时人们还没有像后来那样重视对痕迹证据处理过程的严格监管，也没有认识到低拷贝数 DNA 分析的具体意义。这导致控方在审判中对警方、法医和专家证人所做的询问，都无法使法庭相信 DNA 分析的可靠性。在法庭质证过程中揭示了许多实例，很多案子中对于犯罪现场的管理、证据的提取和保存以及对实验室的检查，都没有达到痕迹证据所要求的标准，例如纤维，更没有达到接触性 DNA 证据所必需的更严格的程序。举两个例子：

> "据悉，当时的库珀女士作证说，她在现场穿着防护服。然而事实上她并没有穿任何防护服。幸运的是，在现场拍摄的照片上显示了这一点。"
>
> ——女王诉霍伊案，2007 年，第 50 段

> "她认同本案在 1998 年、1999 年对物证进行最初的检验时，实验室内还没有制定出特殊的检验和清洁制度，以满足对低拷贝数 DNA 图谱进行分析的需求。"
>
> ——女王诉霍伊案，2007 年，第 58 段

事实上，法官惊讶的点在于，专家在知道整个监管链存在缺陷的情况下，仍然期望这些 DNA 图谱的比对结果具有证据价值。法官还对 LCN 技术本身的可靠性和科学依据表示关注，因为当时该技术在其他国家的使用相当有限，唯一的验证似乎是专家证人自己撰写的两篇文章。虽然法官最后以污染问题为由判决不采信 DNA 证据，但他也指出：

> "我用了一点篇幅来讨论这个问题，因为我非常关注与低拷贝数 DNA 相关的科学和技术的有效性验证现状，以及其作为证据的可靠性问题。"
>
> ——女王诉霍伊案，2007 年，第 62 段

他的结论是，在审判中提出的证据的证明力度没有达到有罪判决所需的"排除合理怀疑"的标准，因此被告人被宣告无罪。

11.3　2008 年卡迪报告

在霍伊案之后，新任命的英国法庭科学监管机构在布莱恩·卡迪（Brian Caddy）教授的领导下开展了一项调查，调查的目的是报告低模版 DNA 分析的科学情况。2008 年发表的卡迪报告为制定标准提供了一些参考，以便法律程序能够对方法的有效性和可靠性做出保证。除了提出包括对提取 DNA 进行量化在内的一些建议外，报告还认可了基于 28 个和 34 个 PCR 循环的技术以及 200pg 的随机阈值。报告还定义了"低模版 DNA 分析"一词，以涵盖所有试图获得图谱的方法，其中低拷贝数方法就是一个例子。就专家证词中对这种图谱的解释和评价而言，报告认为：

> "……任何低模版 DNA 图谱都应向陪审团报告，但要注意以下几点：原始来源的性质未知；DNA 转移的时间无法推断；与标准 DNA 图谱相比，二次转移的机会增加。因此也许会有一些例外……"
>
> ——卡迪报告，2008 年，第 7.4 段

> "……当 DNA 图谱与低模版 DNA 图谱相匹配时，匹配的意义应仅根据两个 DNA 图谱的匹配概率来报告，由于结果是从 LCN 中获得的，因此不宜评价 DNA 产生的细胞材料或 DNA 发生的转移。"
>
> ——卡迪报告，2008 年，第 7.5 段

156

这些非常明确的标准旨在为专家证人就低模版 DNA 证据向法院表达意见时提供指导。

11.4 英国法庭中的
低模版 DNA 意见的案例研究

为了说明英国法院在低模版 DNA 证词方面出现的一系列问题，下文将介绍和讨论一些案例，每个案例都强调了解释和评价的一个具体方面的内容。

11.4.1 部分图谱

2005 年 5 月，詹姆斯·加赛德（James Garside）和理查德·巴特斯（Richard Bates）第二次被判定谋杀了加赛德的妻子玛丽莲（Marilyn），巴特斯是加赛德雇来的杀手。玛丽莲在英国罗姆福德的母亲家中遇害，颈部和胸部多处被刺伤，现场勘查人员从门口周围和花园大门上的血迹中获得的 DNA 图谱是关键证据。这次审判导致了上诉，理由是 DNA 证据不应该被采纳，因为它只包含了部分图谱。

从房间门和院子大门周围 7 个地点采集的检材都出现了混合 DNA，其中除了含有受害人本人的 DNA 外，还包括至少一名男性的 DNA。法院特别注重对其中两个检材的解释，一个是在前门把手上提取的检材，另一个是在门柱把手上提取的检材。这些结果显示有 8 个等位基因与巴特斯的 DNA 特征相匹配，但其他的 12 个等位基因却不存在。这三种情况被称为 DNA 的"信息缺失"。只有当控方的假设被接受时，这种说法才是正确的，即巴特斯的 DNA 结果显示他确实可能是现场血迹的来源。据此，"脱落"机制可以解释这些等位基因的缺失。然而，从被告的角度来看，并不期望找到这些等位基因，因为巴特斯的 DNA 并没有出现在血迹中，因此"信息缺失"一词并不恰当。

两名专家证人对这些特征做出了不同的评价。控方传唤了埃维特博士（Dr Evett），他仅根据归属于巴特斯的 8 个等位基因计算了匹配概率。这意味着他对"缺失"和"被掩盖"的等位基因持中立的态度，相当于将它们的概率设置为统一的。这就得出了 61 万分之一的匹配概率，虽然这个概率远远大于完整的 DNA 分型下的结果，但仍然是起诉的有力证据。辩方传唤的巴尔丁教授（Prof Balding）认为，这种方法是不正确的，因为缺少这 3 个等位基因中的任何一个，都可以被解释为开脱罪责的证据，因为这意味着不是巴特斯的 DNA 造成了这一特征。辩护律师敦促说，由于这意味着不可能有可靠的统计解释，因此对这些血迹的 DNA 分析不应该被作为证据采纳。审判法官不同意这一观点，并将证据提交给了陪审团，希望他们根据巴尔丁提出的保留意见进行自己的评价。

上诉法院法官认为，提供严格且完整的匹配概率计算并不是 DNA 图谱证据可接受性的必要前提。原则上，没有理由不接纳部分图谱作为证据，因为事实上，所有 SGMPlus 图谱都是只有"部分"的，即这些图谱只是基于分子内 10 个位点的等位基因计算出来的。虽然在某些情况下，缺失的等位基因数量会变得非常多，以至于匹配概率变得足够大，从而导致证据因其证明价值低而被排除，但上诉法院裁定：

> "我们看不出有什么理由不接受部分 DNA 图谱证据，只要让陪审团意识到其固有的局限性，并给予充分的解释，使他们能够评价它。"

——王室诉巴特斯案，2006 年，第 30 段

据此，由于 DNA 证据只是控方起诉巴特斯的一部分，上诉被驳回。

11.4.2 DNA 的数量；转移的解释

2006 年 10 月，彼得·霍（Peter Hoe）在英国提赛德的埃斯顿被刺杀，10 个月后，大卫和特伦斯·里德（David and Terence Reed）兄弟俩在刑事法院被判定犯有故意杀人罪。尽管辩方是基于里德兄弟的不在场证明进行辩护，但在彼得·霍尸体附近发现的两把塑料

刀柄上提取到了 DNA 证据，这对控方的指控至关重要。且在房子的排水管中发现了一把能和其中一个刀柄配套的刀子。虽然辩方没有质疑里德兄弟是刀柄上 DNA 的来源，但他们确实对这一证据在证明"里德兄弟杀害了彼得·霍"这一指控中的证据价值提出了质疑。起初，有人对利用 LCN 程序获得的 DNA 证据的可靠性提出了质疑，但在上诉听证会之前，经专家对辩护小组进行审查后，他们撤回了这一质疑。尽管如此，大家还是针对该问题进行了讨论，特别是探讨了什么时候可以对低拷贝数 DNA 证据提出实际的法律质疑。

该法院根据随机过程可能超过对 DNA 图谱证据的严格解释的阈值，重点讨论了 LCN 图谱被视为有效证据所需的最低样本量。大家一致认为，这一数值应该在 100pg 和 200pg 之间，但科学界也没有得到比这更精确的数字。因此，上诉法院裁定：

> "……在没有新的科学证据的情况下，如果用于分析的 DNA 样本量超过 100~200pg 这个随机阈值，则不允许在审判中对 LCN 程序分析低模版 DNA 的方法的有效性提出质疑。"
>
> ——王室诉里德二人案，2009 年，第 74 段

对于数值在这一阈值范围内的样本，在提供了专家意见并有较新的科学进展以说明理由的情况下，可以接受其中的个别证据。然而，有人指出这种情况很少发生，对于数量低于该阈值范围的证据是否能被接纳，并没有形成统一的意见。上诉法院还认为，只要样本量高于这一随机阈值，就可以根据 LCN DNA 图谱计算出匹配概率。

158　　围绕 DNA 图谱进行的实质性辩论集中在 DNA 发生的转移、犯罪现场的活动以及在此基础上进行任何评价所依据的科学的可靠性等问题上。该案的专家证词是由瓦莱丽·汤姆林森（Valerie Tomlinson）提供的，她是一位经验丰富的法医生物学家，她不仅对物证的所有检验过程进行了监督，还花了三天时间去勘查犯罪现场。两把刀柄（物证 AC/3 和 AC/4）是在受害人尸体附近发现的，前者没有

明显的血迹，而后者曾与地上的血迹接触过。这两件物证的把手都与在彼得·霍房屋中发现的其他把手不匹配。两件物证都提供了足够的细胞检材，可将其分为三个等份，其中两份被用于 DNA 分析。虽然当时没有对总的样本量进行计算，但后来计算了第三份中的样本量，最后的结果表明 AC/3 和 AC/4 上分别有 1000 pg 和 2500 pg 的 DNA，都远远超过了所需的限度。在刀柄 AC/4 上发现了两份质量类似的 DNA 图谱，其中一份是彼得·霍的，另一份是大卫·里德的，而在 AC/3 上也得出了一份令人满意的单一图谱，被认定为是特伦斯·里德的。

汤姆林森根据该 DNA 证据的一次转移情况、二次转移情况、稳定性以及其他相关内容，对这一证据进行了解释和评价。她提出，虽然无法确定检材的生物来源，刀柄上也没有出现指纹，但最有可能的来源还是通过手的接触。她无法确定这些脱落细胞在刀柄上留存在了多长时间，但鉴于 DNA 图谱的质量证明了该 DNA 经过了一定的降解，因此这些脱落细胞不可能存在太久。她列举了对调查结果的几种解释：

（1）DNA 是在里德兄弟将刀带到屋里时发生了第一次转移，他们在折断刀子时也是一直拿着的。DNA 图谱证据与该解释是一致的。

（2）有人把刀子带到屋里，而里德兄弟在无意中碰到刀子时，DNA 发生了第一次转移。但她认为这种解释不太可能。

（3）这些脱落细胞是在里德兄弟与某人接触后发生二次转移的结果，而这个人当时拿着这几把刀到了彼得·霍家。这个过程必须发生在很短的时间内，且里德兄弟与刀柄要有相当多的接触，才能得到所观察到的 DNA 数量和图谱的质量。

（4）根据调查得知大卫·里德和彼得·霍曾握过手，里德的脱落细胞在那时转移给了彼得·霍，霍随后将其转移到了 AC/4 上。但是，这并不能解释 AC/3 上为何会发现特伦斯·里德的脱落细胞。

最后，她根据这些解释阐述了自己的结论观点：

　　"在以上所有情况中，对于上诉人的 DNA 出现在 AC/3 和

AC/4 上的最有可能的解释是第一种情况。"

——王室诉里德二人案，2009 年，第 89 段

辩方批评汤姆林森的一些陈述缺乏有效且已被公认的科学依据，特别是关于转移过程、稳定性和时间的问题。她在最终评价中所用的措辞受到了严厉批评，被认为"实际上是专家对定罪的指示"。

159　　辩方认为仅从 DNA 证据中无法推断出里德兄弟的行为细节。辩方的上诉理由得到了两名专家证人的支持，他们对汤姆林森的解释提出了批评，认为这超出了可以判断的合理范围。然而，上诉法院法官认为，汤姆林森的经验比其他专家证人的经验更适合处理本案的情况。事实上，法官认为，这位专家在犯罪现场的工作经验对她如何解释转移到刀柄上的 DNA 很重要，尽管她在表达评价方面需要更谨慎，因为在这些方面的基础科学论据的支撑度不够。法官的判决接受了汤姆林森对这一证据的评价方法，并裁定：

"……我们认为，在 DNA 数量超过 200pg 的案件中，如果从图谱和其他检材中能够获得足够的证据基础，那么法医科学专家有能力提供可接受的证据来评价转移的可能性，这种做法是科学且可靠的。"

——王室诉里德二人案，2009 年，第 122 段

上诉法院法官赞扬了汤姆林森列举各种备选方案并对这些方案的可能性进行全面的定性评价的行为。但法官裁定，她最后认为的"里德兄弟在刀子折断时正在对其进行处理"这一说法没有可靠的科学依据，因此她的这部分证据不能被采纳。虽然他指出这给证据主体增添了"不允许的外衣"，但这部分证据的重要性不足以影响陪审团在审判中的裁决，因此上诉被驳回。

11.4.3　极少数量的 DNA

2006 年，在英国牛津发生了一系列与维护动物权利活动有关的纵火袭击事件。在 2007 年的审判中，陪审团未能做出裁决。在 2009

年的重审中，梅尔·布劳顿（Mel Broughton）被判定犯有纵火罪，但他提出上诉，理由包括质疑在细胞数量极少的情况下 DNA 证据的可接受性。

该案定罪的证据是从一个犯罪现场发现的火柴梗中提取的一组 DNA 图谱。总的样本量无法直接计算，但估计每次分析提供的检材不超过 100pg，这处于可接受范围的下限。该案所使用的分析方法不是涉及 34 个周期的标准 LCN 方法，而是以 28 个周期的 STR 扩增为基础，增加了一个称为"识别器"的变体，然后进行所谓的清理程序，并使用"共识的方法"来合并所产生的图谱，这是一个复杂的过程。这使得我们能够根据包含 20 个等位基因的单一图谱进行解释，所有的等位基因都与布劳顿的图谱相同，只有两个额外的等位基因在部分结果中可见。这两个等位基因不是来自布劳顿，而是归因于污染和影子峰，这使得统计评价可以基于单一的 SGMPlus 图谱。在不考虑供体不止一个的情况下，现场提取的 DNA 与布劳顿的 DNA 匹配概率为十亿分之一。法医哈蒙德（Hammond）在她的证词中补充说，如果对任何一个图谱的解释出现错误，那么对统计结果的解释就无效。

上诉法院法官总结了辩方专家证人提出的主要论点，包括： 160

> "……共识的办法仍然有缺陷，因为它过于主观；提取的 DNA 样本量太少，以至于低于随机阈值；在处理如此少量的 DNA 时，随机效应变得非常普遍。"
>
> ——王室诉布劳顿案，2010 年，第 29 段

在上诉中发现，对于里德兄弟的最初判决并没有排除来自 DNA 样本量低于随机阈值的证据。事实上，该判决包括以下陈述：

> "DNA 数量在随机阈值以下时，电泳图可能可以产生可靠的 DNA 图谱，例如，当两次运行之间具有重复性时。"
>
> ——王室诉里德二人案，2009 年，第 48 段

分析方法的有效性和可靠性得到了其他专家证人的认可。上诉法院法官认为，布劳顿的等位基因始终出现在有助于得出最后结果的一组图谱中，这证明了分析方法的可靠性。

虽然上诉法院认为初审法官接受该 DNA 证据的行为是正确的，但不同意初审法官对陪审团的指导，即陪审团如果怀疑哈蒙德的解释，就应该谨慎行事，倾向于在本案中不考虑所有的 DNA 证据。基于此，布劳顿最终上诉成功。然而，在 2010 年 7 月的第二次重审中，他仍被认定有罪，且被判处十年的刑期。

11.4.4　没有统计数据的专家意见

虽然这只是导致阿什利·托马斯（Ashley Thomas）于 2010 年 6 月因非法持有枪支和故意伤害而被定罪的证据中相对较小的一部分，但关于枪支上 DNA 证据的可接受性问题成为他在第二年上诉的理由之一。该事件的起因是一起发生在英国卢顿一家夜总会附近的争吵，结果当事人奥佩·阿金博罗（Opey Akinboro）的腹股沟受了枪伤。从犯罪现场找到的手枪上提取到了微量血迹，但由于血迹的量太少，因此对其进行了 SGMPlus 和 LCN 技术检测。两名专家证人对得出的 DNA 图谱进行了审查，他们的结论是：

- 至少有三个人的 DNA 与犯罪现场提取的 DNA 的整体图谱有关。
- 没有任何一个单一来源的图谱可以被描述为 DNA 图谱的主要部分。
- 由于 DNA 的样本量在 100~200pg 左右，因此在解释时需要考虑随机效应的影响。
- 扩增过程顺利，没有低于可接受水平的等位基因。
- DNA 图谱中高分子量端，特别是 D2 和 FGA 位点的重大随机效应，使得我们无法确定整体图谱的主要来源。
- 托马斯的 DNA 图谱中的所有等位基因都出现在了现场血迹的 DNA 图谱中。
- 这些结果的性质意味着不可能对其进行统计评价。

然而，两位专家证人在对该证据的重视程度上存在分歧，据称

161

这使得该证据不可靠，因此不可受理。

科尼利厄斯（Cornelius）小姐的评价是基于对两个相互对抗的主张的考虑：

H$_1$：阿什利·托马斯是来源者，其中一些 DNA 是从他身上找到的。

H$_2$：阿什利·托马斯不是来源者，且找到的 DNA 都不是他的。

在混合图谱中观察到的属于托马斯的所有等位基因为 H$_1$ 提供了支持。如果 H$_2$ 为真，则应是难以在犯罪现场的血迹中找到与托马斯相匹配的等位基因，且在这种情况下，还能从图谱中发现 20 个等位基因是非常"罕见"的事情，因此证据对第二个主张的支持力度不大。未公布的模拟实验为这一论断提供了科学支持，科尼利厄斯小姐没有看到这些实验，但这些实验与她个人多年的经验是一致的。科尼利厄斯在总结性评价中说：

"……我认为，DNA 图谱证据为以下观点提供了支持，即提取的部分 DNA 来自托马斯，但我无法量化这种支持的程度。"

——王室诉托马斯案，2011 年，第 14 段

最后，她承认，来自不同供体的 DNA 会有其他不同的混合，这将产生与犯罪现场血迹中的 DNA 相类似的混合图谱。法官在总结中指出，科尼利厄斯在交叉询问的过程中同意了 DNA 证据意义有限的说法，并进一步指出：

"……她承认无法对'罕见'一词的含义进行统计评价，也承认她的调查结果确实不能让她向法庭提交被告曾处理过该手枪的结论。"

——王室诉托马斯案，2011 年，第 17 段

第二位专家证人是辛德科姆-考特（Syndercombe-Court）博士，

他认为更适当的评价是，不能排除托马斯是犯罪现场血迹中 DNA 的来源，因为虽然观察到了 20 个等位基因，但不可能说它们都有着同一来源。这种观点认为，科尼利厄斯的意见过分强调了该证据的重要性。不过，应注意的是，当时英格兰和威尔士的法庭科学服务机构不喜欢使用"不能排除"这样的声明，因为陪审员会倾向于将其解释为支持控方的观点。

上诉法院法官在裁定这一证据的可接受性时指出，只要实验结果的有效性被接受，包括 DNA 图谱在内的任何科学证据都可能被法院接受，而两位专家都认为这里的情况就是如此。此外，以往的例子也表明，诸如科尼利厄斯提到的具体工作内容等基础研究可以不公布或通过专家个人来传达。基于这些理由，法官裁定科尼利厄斯的证据可以接受，因此上诉被驳回。

162　　　上诉法院讨论的另外两点也值得强调。首先，在法庭上经过交叉询问后发现，尽管两位专家在开庭时做了陈述，但他们之间的实际意见差别很小，或者如法官所说，"几乎是没有区别的"。其次，他表示有些担心，虽然科尼利厄斯能够说她的证据为控方提供了支持，但她无法以任何尺度量化这种支持的程度，也无法将其与托马斯的所有等位基因在混合图谱中随机出现的概率联系起来，但她说这是一个"罕见"的事件。

这些问题在之后的案件中将被继续讨论，其中最引人注目的是 2013 年王室诉德卢戈什（R v Dlugosz）、王室诉皮克林（R v Pickering）和王室诉 MDS（R v MDS）的合并上诉案。该案中，上诉法院法官总结道：

> "……这三项上诉，都是在没有任何专家能够给出随机匹配概率的情况下提供 DNA 证据，这也是每个案件的另一个特点。正如在低模版 DNA 案件中常见的那样，无法对这三起案件中的 DNA 是何时转移、如何转移以及 DNA 的来源问题进行判断。"
>
> ——王室诉德卢戈什案；王室诉皮克林案；
>
> 王室诉 MDS 案，2013 年，第 4 段

针对所有这些案例，波普和埃维特（Pope and Evett）评论道：

"专家没有受过对混合 DNA 的证据权重进行定性评价的培训，也没有机制能用于衡量这种评价的全面性。"

——波普和埃维特，2013 年

换句话说，如果统计评价的解释方法被证明是不可能的，那么专家证人就无法提供关于证据权重的意见，法院也不应期望专家证人能给出一个这样的意见。

11.4.5　专家意见分歧

由于史蒂文·胡克韦（Steven Hookway）和加文·诺克斯（Gavin Noakes）对于其 2007 年在英国米德尔斯堡一家乐购超市实施了暴力抢劫的定罪表示不服，因此他们提起了上诉，上诉理由是 DNA 证据不应被采纳，且法官关于证据的总结具有误导性。该案中，使用了 LCN 技术对从被盗的奔驰车车门内侧把手（KT151）和驾驶座安全带插扣处（KT136）采集的拭子（他们在车内逃走）进行分析，因为预计细胞检材的数量会较少。两名被告都承认了车上可能留有他们的 DNA，因为他们声称早些时候曾坐过该车，但否认参与了抢劫。对这些特征的解释可归纳为：

KT151：此处提取到的 DNA 显示了混合特征，至少有两个或三个来源者，其中包含了胡克韦的所有等位基因。

KT136：这也是一个混合 DNA 图谱，至少有两个来源者，且存在有第三个来源者的迹象。车主的所有等位基因都包括在内，如果将其去掉，剩余的等位基因主要来自诺克斯。

专家证人夏普（Sharpe）博士判断，胡克韦的等位基因特征是 KT151 中 DNA 图谱的主要构成部分，因此她认为可以将匹配概率定为十亿分之一，这为控方提供了极为有力的科学证据。她在 KT136 中对诺克斯的 DNA 图谱进行了类似的统计评价。

163   然而，辩方传唤了第二位专家克莱尔·斯坦戈（Claire Stangoe），她认为在考虑是否有必要使用 LCN 方法之前，她会先尝试使用标准的 STR 方法获得 DNA 图谱，但她也承认夏普博士的方法是有效的。她虽然同意控方专家提供的定性解释，但在评价上有所不同。斯坦戈不认为胡克韦或诺克斯的等位基因峰值在 DNA 混合图谱中处于足够高的水平，她认为该峰值没有达到可进行统计解释的标准，特别是在第三个来源者不确定的情况下。她认为，有可能是三个人的DNA 随机组合，从而产生了与被告相同的 DNA 图谱。她对这两件物证的 DNA 图谱的评价与夏普博士相似，但对该 DNA 证据重要性的评价却远远低于夏普：

> "……虽然我同意胡克韦可能为这一结果贡献了大部分DNA，且这一结果确实为'胡克韦先生的 DNA 存在于其中'这一说法提供了支持，但我认为将统计数字'十亿分之一'归入这一结论中是不恰当的。"
>
> ——王室诉胡克韦案，2011 年，第 20 段

两位专家都承认对方的解释是有效的，但他们的观点各有不同。上诉法院法官认为，这个案子并非两位专家在证据是否可以为被告人开罪的问题上存在分歧，而是他们提供了互相矛盾的意见，使得控方主张的重要性程度不同。陪审团应该根据两位专家的意见，自行决定 DNA 证据的分量。该案的上诉最终被驳回。

尽管这种法律观点认为陪审团可以根据这两种评价做出决定，但从统计学的角度来看，两位专家的观点显然具有非常不同的证据权重，而且在 DNA 证据可能对法律论点产生关键影响的案件中，上诉法院法官的这种观点难以为案件提供帮助。本案的核心是，是否可以凭借 DNA 混合图谱中的一组成分峰而给出相同来源的判断，且该过程是如何导致出现"提供支持"或"为控方提供极强支持"这两种不同评价的。后一种说法能提供明确的证据权重，而前者则不能。这就提出了一个问题，即陪审团如何以合乎逻辑的方式对这两

个选项进行权衡。虽然这似乎是一项不可能完成的任务，但陪审团仍然需要根据案件的整体情况对所有证据进行评价。

11.5 英国以外的司法辖区对低模版 DNA 的处理

尽管最初开发和使用低模版 DNA 技术并将其作为证据在法庭上提出是在英国进行的，但后来其他司法辖区也纷纷开始效仿。上诉法院对这项技术的可接受性提出了质疑，包括以新颖性和可靠性为由的质疑以及对其解释的质疑。在某些情况下，这为此类证据在法律程序中可能遇到的困难提供了新的见解。因此，需要简要回顾一下美国和澳大利亚的一些重要案例，其中的某些情况具有一定的指导意义。

11.5.1 美 国

令人惊讶的是，低拷贝数 DNA 证据在全美被列为证词的这一进程相对较慢，直到 2014 年，也仅有 100 多个例子被引用为证据。截至 2014 年 10 月，低拷贝数 DNA 证据都还没有被提交给美国联邦法院（US v Johnny Morgan，2014）。在过去几年中，弗莱伊和多伯特听证会的举行变得更普遍，因为申请人试图在审判中宣布此类证据不可接受。在地区和州法院一级，这种听证会基本上不会成功。

厄尔·戴维斯（Earl Davis）是马里兰州海厄茨维尔一家银行里负责运钞的保安，2004 年，他因抢劫银行以及破坏一辆装甲车被捕。控方提供的关键证据是从犯罪现场提取的枪支以及在车辆方向盘的拭子上获得的一系列 DNA 图谱。这些检材提供了质量不一的图谱，控方宣称这些图谱将戴维斯和其他嫌疑人牵扯了进来。由于控方要求判处戴维斯死刑，戴维斯以该案的 DNA 证据是通过未经验证的 LCN 方法获得的为由，要求就这一 DNA 证据举行多伯特听证会，但该听证会直到 2009 年 3 月才举行。

在这次听证会上，控方声称由于这项工作中使用的技术与传统的 DNA 图谱分析法相同，因此这实际上不是一种新方法。辩方提出，界定 LCN 方法的是计算细胞检材的数量以及存在一个随机阈值，并声称科学界对这个阈值没有达成一致意见，有人建议低于500pg，也有人主张应在 125pg 左右。

然而，经过进一步辩论，法庭认为辩方将这些分析中使用的数量解释为 100pg 是错误的，正确的数字很可能是 100pg 的十倍。在此基础上，法庭认为这是一项常规的 DNA 分析，因此无需裁定该方法是否符合多伯特规则。

2010 年，纽约最高法院公布了关于低拷贝数 DNA 证据可采性的弗莱伊听证会。申诉人赫曼特·梅甘特（Hemant Meganth）被指控谋杀娜塔莎·拉曼（Natasha Ramen），而拉曼则被安排作为证人出庭指证他早先的罪行。关键的证据是从梅甘特的汽车上提取的拭子中的 DNA 图谱与拉曼的"一致"，这从而将拉曼与梅甘特的汽车联系在了一起。被告提出，由于这些 DNA 图谱是用 LCN 方法获取的，而该方法的可靠性未经证实，根据弗莱伊标准这种证据不可接受。

这些分析是在首席医学检查官办公室（Office of Chief Medical Examiner, OCME）的新实验室进行的，该实验室里的设备都是专门按照 LCN 方法所需的最高标准配备的。该实验室还进行了广泛的验证研究，这些研究都已经过外部审查，具有一定的可重复性和可靠性。法院裁定，由于 LCN 技术的基本程序与处理传统样品时使用的程序基本相同，因此该技术被认为是可靠的，并为科学界所接受。事实上，LCN 技术只是标准方法的延伸，从一种技术转向另一种技术并不存在可精确界定的门槛。因此，与解释低拷贝数 DNA 图谱有关的问题不应影响证据的可采性，而应由法院在考虑证据权重时加以处理。

165　　有趣的是，几年后，纽约一家地方法院就 2012 年发生的约翰尼·摩根（Johnny Morgan）被指控重罪后持有枪支一案举行了多伯特听证会。听证会争议的问题是，在人行道上发现的那把枪是不是摩根丢的。检验人员将从枪支上提取的三份拭子的 LCN DNA 图谱与摩根的 DNA 图谱进行了比较，然而辩方对该证据的有效性表示反对。

由于 OCME 使用的低拷贝数 DNA 方法的验证是基于从两个已知的来源者那里制备的 25pg 的样品，因此并不意味着该分析可以适用于只有 14pg 且存在降解的混合 DNA，而本案的情况就是如此。法官答复说，既然他认为基本方法是正确的，那么与解释这类案件检材有关的问题将在给证据分配权重时加以考虑，而不是在证据的可采性中考虑。OCME 在早期的验证研究中测试了个案样本的各项特征，包括对低至 6pg 样品量的灵敏度。控方反驳了对该检材中 DNA 含量的具体质疑，并提出了专家意见，认为更重要的是随机效应而非细胞的绝对数量。这些影响在解释和评价 DNA 图谱时被纳入考虑，但并不构成核心方法本身的一部分。具体而言，纽约法医科学委员会 DNA 小组委员会的意见被引述为：

　　"……没有低于 LCN 检测的下限，尽管它拒绝根据 OCME 的验证研究和协议来确定是否存在 OCME 不能检测的下限。"

——美国诉摩根案，2014 年，第 33 页

与分析有关的其他事项也被认为是影响证据效力的解释性问题，并不会导致对 OCME 实施的低拷贝数 DNA 方法的科学有效性产生怀疑。因此，法官根据多伯特规则裁定该证据可以受理。

11.5.2　澳大利亚

澳大利亚第一个使用低拷贝数 DNA 证据的案件也引起了公众的极大兴趣。该案发生在 2001 年，一名英国游客彼得·法尔科尼奥（Peter Falconio）失踪且极可能已经遇害，他的女友乔安妮·利斯（Joanne Lees）也受到袭击。当时他们驾车经过北领地内陆地区，有一位司机将他们的车拦了下来，于是法尔科尼奥就走下了自己的面包车与之交涉。利斯随后听到一声枪响，并看到一个她后来确认名为默多克（Murdoch）的男子用枪指着她。他强迫她进入他的车内，并给她戴上了手铐，但利斯后来成功逃脱了并躲在灌木丛中。之后，袭击者将他们的面包车挪到了更远的灌木丛中。而法尔科尼奥的尸

体则一直未被找到。

关键的法医证据涉及利斯 T 恤上的血迹以及从面包车的方向盘和变速杆按钮上提取的拭子中的 DNA 图谱。控方认为这些证据都说明了默多克与这起案件脱不了关系。

专家使用常规的 PCR 技术对 DNA 进行了初步分析。血迹中的 DNA 与默多克的 DNA 吻合，这一证据没有受到质疑。但从变速杆上只获得了部分 DNA 图谱，其中只包括默多克图谱中的等位基因，匹配概率高达 1/678。随后，方向盘和变速杆上的拭子被带到了英国，由惠特克（Whitaker）博士用新的低拷贝数 DNA 技术进行检验。

结果显示，方向盘上提取到的 DNA 图谱被解释为至少包括三个来源者，受害者和默多克都没有被排除在来源之外。然而，即使存在三个人的 DNA，但并不是所有的等位基因都得到了解释，因此应该还存在第四个来源者。惠特克博士的评价是，整个图谱的复杂性排除了任何有意义的比较，因此该证据对最高法院没有价值。另一方面，变速杆上提取的 DNA 图谱显示了两个来源，其中小部分来自法尔科尼奥，而剩下的等位基因都存在于默多克的 DNA 图谱中。惠特克在评价中说：

> "我计算了一下，与默多克的图谱相吻合的 DNA 条带的组合（与法尔科尼奥不一样），预计会出现在大约 1/9 万英国高加索人中。这一结果将提供非常有力的证据，证明默多克与变速杆之间的关联。"
>
> ——女王诉默多克案，2005 年，第 14 段

他还说，如果两人都开着面包车的话，整体的 DNA 图谱是可以预估的。

法院对该证词提出了质疑，理由是澳大利亚法院不能接受低拷贝数 DNA 的新技术，而且控方不能证明污染没有导致无效的结果。然而，上诉法院的法官并不相信这些论点。他接受了惠特克关于英国低拷贝数 DNA 分析发展的研究基础及其与传统方法的关系，基于

已知 DNA 图谱的验证及其可靠性，包括其在英国国内外案件中的广泛使用。

> "我确信，LCN 具有'充分的科学基础'，并得到了科学界的普遍接受，从而使 LCN 取得的成果'成为专家证据的部分知识领域'。"
>
> ——女王诉默多克案，2005 年，第 44 段

法官认为全球的科学界都没有对该技术提出质疑，因此驳回了第一条上诉理由，他指出：

> "基本原则所涉及的知识体系和普遍接受度并不限于澳大利亚地区的情况。"
>
> ——女王诉默多克案，2005 年，第 41 段

关于污染问题，惠特克解释说，在检材的保管链中，来自环境的一般污染和实验室内各检材间的交叉污染都是需要重点考察的内容。特别是在本案中，涉及两个实验室和洲际运输保管链的复杂性以及犯罪现场本身的复杂性，这意味着会存在潜在污染的问题。然而，上诉法院法官裁定，这并不影响低拷贝数 DNA 证据的可接受性，陪审团应根据其收到的证词，决定污染是不是一个影响证据可靠性和可信度的问题。在此基础上，上诉被驳回，默多克也在 2005 年被定罪，不过他仍然声称自己是无辜的。然而，他在 2014 年又撤回了对这一定罪的上诉。

167

11.6　结　论

虽然法庭现在已经基本接受了低模版 DNA 证据，但关于其解释和评价的争论仍在进行，近年来发生的案件反映了一些关键的问题。其中的一部分，特别是混合 DNA 图谱在来源层级证词上的价值问题，很可能会随着研究的不断深入以及更多地使用经过验证的软件

工具而得到解决，至少部分问题能够被解决。但在认为不可能进行统计解释的情况下，仍然存在一定的困难。相比之下，活动层级问题的解决主要依赖专家的技能和经验，专家应根据相互对抗的主张并结合全案情况来提供可靠的意见。

参考文献

1. Caddy B. , Taylor G. R. and Linacre A. M. T. （2008）. A review of the science of low template DNA analysis ［Online］. Available at https：//www. gov. uk/govern-ment/uploads/system/uploads/attachment_data/file/117556/Review_of_Low_Template_DNA_1. pdf ［Accessed 21 October 2015］.

2. Gill P. , Brenner C. H. , Buckleton J. S. , Carracedo A. , Krawczak M. , Mayr W. R. , Morling N. , Prinz M. , Schneider P. M. and Weir B. S. （2006）. DNA commission of the International Society of Forensic Genetics：Recommendations on the interpretation of mixtures. *Forensic Science International*, 160, 90-101.

3. Gill P. , Brown R. M. , Fairley M. , Lee L. , Smyth M. , Simpson N. , Dunlop J. , Greenhalgh M. , Way K. , Westacott E. J. , Ferguson S. J. , Ford L. V. , Clayton T. and Guiness J. （2008）. National recommendations of the Technical UK DNA working group on mixture interpretation for the NDNAD and for court going purposes. *Forensic Science International*：*Genetics*, 2, 76-82.

4. Gill P. , Guiness J. and Iveson S. （2012）. The interpretation of DNA evidence（including low-template DNA）, report for the Forensic Science Regulator ［Online］. Available at https：//www. gov. uk/ government/uploads/system/uploads/attachment_data/file/143745/interpretation-of-dna-evidence. pdf ［Accessed 21 October 2015］.

5. People v Hemant Meganth ［2010］ 917/2007 Frye Hearing.

6. Pope S. and Evett I. W. （2013）. Complex DNA mixtures as evidence, *Law Society Gazette* ［Online］. Available at http://www. lawgazette. co. uk/law/practice-points/science-of-mixed-results/5036961. fullarticle ［Accessed 31 March 2016］.

7. R v Bates ［2006］ EWCA Crim 1395.

8. R v Mel Broughton ［2010］ EWCA Crim 549.

9. R v Dlugosz；R v Pickering；R v MDS ［2013］ EWCA Crim 2.

10. Queen v Sean Hoey ［2007］ NICC 49.

11. R v Hookway and another ［2011］ EWCA Crim 1989.

12. Queen v Murdoch〔2005〕NTSC 76.

13. R v Reed and another；R v Garmson〔2009〕EWCA Crim 2698.

14. R v Ashley Thomas〔2011〕EWCA Crim 1295.

15. US v Davis〔2009〕602 F. Supp 2d 658（D Md 2009）.

16. US v Johnny Morgan〔2014〕Southern District of New York, Case 1：12 - cr - 00223-GHW.

拓展阅读

1. Balding D. J. and Buckleton J.（2009）. Interpreting low template DNA profiles. *Forensic Science International：Genetics*, 4, 1-10.

2. Gilbert N.（2010）. DNA's identity crisis. *Nature*, 464（18）, 347-348.

3. Gill P. , Whitaker J. , Flaxman C. , Brown N. and Buckleton J.（2000）. An investigation of the rigor of interpretation rules for STRs derived from less than 100 pg of DNA. *Forensic Science International*, 112, 17-40.

4. International Society for Forensic Genetics（ISFG）：Forensic software resources.（2016）. 〔Online〕. Available at http://www. isfg. org/Software〔Accessed 31 March 2016〕.

5. Jamieson A.（2011）. LCN DNA analysis and opinion on transfer：R v Reed and Reed. *International Journal of Evidence and Proof*, 15（2）, 161-166.

6. Meakin G. and Jamieson A.（2013）. DNA transfer：Review and implications for casework. *Forensic Science International：Genetics*, 7, 434-443.

7. Puch-Solis R. , Roberts P. , Pope S. and Aitken C.（2012）. Assessing the probative value of DNA evidence, RSS Practitioner Guide No 2〔Online〕. Available at http://www. rss. org. uk/Images/PDF/ influencing-change/rss-assessing-probative-value. pdf〔Accessed 14 December 2015〕.

第*12*章

鞋印证据

　　就专家证词而言，无论是从可采性的角度还是从评价的角度，鞋印证据在近年来都成为最有趣且饱受争议的问题之一。目前，对于如何形成专家意见以及实践中应该在何种基础上进行解释，存在着几种不同的观点。这些观点包括：确定是否存在"匹配"或"不匹配"，利用统计数据解释对应的证明程度，或者基于相互对抗的主张进行评价。在所有的这些情况下，鞋印审查程序包括对其进行定性分析以及少部分的定量分析，虽然法庭对鞋印证据的部分审查程序达成了一致意见，但在如何解释和评价方面仍存在分歧。

　　本章将介绍对鞋印证据领域的工作起到支撑作用的核心原则，并将结合案例来讨论评价方法，案例中包含了在英国具有里程碑意义的王室诉 T 案（R v T）*。同时，还会介绍在传达专家证词的尺度和术语形式方面取得的进展。

12.1　鞋印的分析与解释

　　对鞋印的检验是基于从犯罪现场提取的鞋印图像中确定的种属特征和个体特征，并将这些鞋印痕迹与样本鞋印进行比较。鞋印的种属特征包括鞋的尺寸特征、轮廓形状特征，以及最重要的鞋底图案特征，鞋的尺寸特征更多情况下是一个较窄的范围。不同类型的

---

　　* R 代表检察官以女王的名义起诉犯罪嫌疑人。所以此类案件均指公诉案件。——译者注

鞋的鞋底图案可能非常复杂和独特，特别是运动鞋或训练鞋，可能
包含了商标等其他特征。鞋印的个体特征主要包括两种类型：第一
种是外底的磨损特征，它的形成与穿着者的步态、行走习惯、鞋底
材料本身的机械特性、穿着时间以及路面条件等因素有关。这些因
素可能会使磨损特征变得个性化，但该特征也会受到鞋印本身质量
的影响，以及会随着时间发生变化。由于以上原因，磨损特征在实
际案件中的作用较为有限。第二种是在穿着期间由于随机的、意外
的事件对鞋底造成的损坏，包括鞋底的划痕和断裂，以及在鞋底图
案的凹槽中出现像石头之类的附着物。同样，这些特征会随着鞋子
的穿着时间而发生变化，这再次限制了其个性化的潜力，当这种损
坏的程度较为严重且时间和环境因素已知时，这些特征最有价值。

专家根据这些观察结果，就"特征的数量和质量是否足以确定
犯罪现场的鞋印和样本鞋印同源"这一问题提出意见。如果没有，
则给出一个无结论的意见。可能的结果包括肯定或否定同源的明确
意见，以及一系列中间意见，这些中间意见的产生是基于反映支持
或不支持同一来源强度的概率表达。在得出中间意见的过程中，种
属特征和鞋印中潜在的个体特征将发挥关键的作用。

研究表明，在大多数案件中，最常见的是通过种属特征来区分
犯罪现场的鞋印痕迹，磨损特征对解释和评价的作用不大。然而，
在一些特殊情况下，尤其是对于比较旧的鞋子，无意中的损坏特征
可能会在解释证据方面发挥重要的作用。

完成对证据的解释并为法院提供评价意见是一个不太明确的过
程，可能是检验人员、实验室和管辖权等方面的因素导致了检验步
骤的不同。虽然已经提供了相当详细的鞋印检验的定性程序（如
Bodziak，2000 年），但对于个体特征在促进评价意见时所需的定量
措施，专家们仍然没有达成共识，这也是对 NRC 报告（2009 年）
中方法的一个重要批评。与其他类型的痕迹证据一样，特征的独特
性（或唯一性）问题，或者是否有必要对除嫌疑人印迹之外的其他
可能来源进行考量，是评价的核心问题。虽然有许多例子表明评价
的重点是能够"确定吻合"，但目前对该证据的评价越来越多地通过

经常性陈述或似然比方法来实现。

12.2 匹配意见：
2004 年王室诉大卫·斯科特·霍尔案

12.2.1 犯罪和证据

1999 年 5 月，佩吉·乔·巴克利－杜比（Peggy Jo Barkley-Dube）在她位于加拿大安大略省苏圣玛丽的家中被杀害。她被人用利器反复攻击，但并没有受到性侵，犯罪现场也有破门而入的痕迹。经过长时间的调查，大卫·斯科特·霍尔（David Scott Hall）被逮捕，逮捕主要是以间接证据为由。在现场发现的唯一生物物证是霍尔的四滴血迹，分别位于房子的不同地方。此外，还有来自同一类型的鞋印，沾染了死者的血迹，印在餐厅和厨房里。虽然霍尔在案发当晚的大部分时间都有不在场证明，但对于其中的一个小时，他无法合理地解释去向。他声称，在当天早些时候他去看望巴克利－杜比时，割到了自己的手指，手指破了个口子，导致他的血迹在她家被发现。他否认现场遗留的鞋印是自己的，尽管他承认自己拥有一双威尔逊跑鞋，和现场鞋印的种类相同。店铺的监控拍摄到他在案发前不久正穿着这样的鞋，但他后来否认了这一事实。霍尔于 2000 年 10 月被判定犯有二级谋杀罪，且主要是基于鞋印证据。

霍尔于 2004 年提出上诉，理由是法官的行为导致了陪审团在评议时夸大了鞋印证据的证明价值，而且该证据因其新颖性而不可接受。

12.2.2 鞋印证据和意见

来自安大略省警察局的专家证人证实了他在鞋印检验方面的训练和经验，然后向法庭描述了他在犯罪现场提取鞋印时使用的技术。接着，他出示了从霍尔家找到的威尔逊跑鞋的鞋底特征，并与犯罪现场的鞋印进行了对比。他利用照片和图表确定了种属特征，如鞋底痕迹所显示的尺寸和品牌，同时还确定了磨损特征和意外损坏特征，这些都有助于对现场鞋印痕迹进行个性化分析。他最后说，现场发现的鞋印在许多方面与被告所穿的威尔逊跑鞋的印迹一致。有趣的是，法官对这一意见持保守态度，认为专家确实可以就这两个鞋印之间的相似性作证，但不能就霍尔的鞋子是不是形成犯罪现场血足迹的原因提出意见。

　　然而，霍尔的律师声称，这种专家证据没有必要，因为陪审团可以在没有专家指导的情况下自行解释鞋印证据。上诉法院法官不接受这一说法，他指出，非专业的陪审员可能无法注意到或正确解释因意外损坏而产生的细微磨损特征的重要性，专家的意见对于正确评价这一证据至关重要。辩方反驳道，专家意见的分量和权威性会令陪审团高估鞋印证据对控方主张的重要性，从而对被告的主张造成不利影响，陪审团有可能会不加批判地接受专家意见。正如辩护律师所言：

　　　　"法官并没有告诫他们不要过分重视鞋印证据。这个专家意见大概率会使陪审团无法得出独立的意见。这简直会让他们不知所措。"

　　　　　　　　　　　　　　　　　　　　——马金（Makin），2004 年

　　对此，上诉法官指出，与其他形式的证据不同，对于非专业人员来说，在指导下批判性地解释鞋印证据并不困难。他补充道：

　　　　"陪审团有评价该专家意见的能力和基础。他们可以审查这些照片和图表，并独立地思考专家所确定的相似特征是否真的相似。鞋印证据并不是那种带有'神秘不可侵犯'光环的专家证据。"

　　　　　　　　　　　　　　　　　　　　——王室诉霍尔案，2004 年

2004 年该案上诉未果，霍尔的定罪得到了确认。

172

12.2.3 审查王室诉霍尔案的专家意见

在审查这些证据和专家意见时，有两点值得注意：

首先，法院认为，专家意见对陪审团的审议至关重要，但法官也明确表示，他对专家的评价会有所限制。陪审团的作用是理解和思考关于鞋印之间相似性的证词，然后就"犯罪现场的痕迹是否真的是被告的鞋子所留下的"这一问题得出意见。要做到这一点，不需要专家给出进一步指导。

其次，该评价仅仅是作为确定现场鞋印与霍尔的鞋印之间的匹配程度而提出的。在上诉法院的文件中，没有提到对证据的其他解释，也没有提供这种型号和尺寸的威尔逊跑鞋的出现概率。与此相反，当代报纸在对庭审本身的报道中称：

> "当警方发现在加拿大只卖出了几千双跑鞋时，凶手因踩到受害者的血迹而留下的鞋印就显得更加重要了。"
>
> ——马金，2004 年

这一事实似乎对上诉法院的审议没有帮助。有趣的是，与主审法官相反，法官在 2000 年的保释上诉中对鞋印证据总结如下：

> "这些法庭科学证据使控方的主张非常有说服力。我们有一位专家，一位做过科学研究的人提供的证据，他认为受害人血迹中的鞋印来自被告的一双鞋，这双鞋是在被告父亲的住处发现的。换个角度看，这双鞋与现场鞋印相吻合。"
>
> ——王室诉霍尔案，2002 年

由此可见，他对鞋印证据重要性的看法远不止于此。

12.3　似然比方法评价鞋印证据

似然比评价法可以如何应用在鞋印证据中呢？首先什么是证据 E？这是对犯罪现场鞋印和样本鞋印的比对结果，其依据是第 12.1 节所讨论的特征的对应关系，并考虑到了专家认为具有相关性的任何不确定因素。

法院关心的命题与证据的来源有关，可以写成：　　　　　　　173

H_1：现场鞋印来源于嫌疑人的鞋子。
H_2：除嫌疑人的鞋子外，现场鞋印还有其他来源。

在根据控方的命题评价 E 的可能性时，专家会考虑到某一类鞋子产生的痕迹会因为地表特性以及接触动力学等因素而发生变化。根据辩方的命题，专家需要知道其他具有类似特征的鞋子可能产生的痕迹，而这些痕迹可能与嫌疑人的鞋印特征相符。为了提供计算这种可能性所需的概率，需要查找资料或使用合适的鞋印数据库，并对检验过程中可能出现的不确定性有一定了解。

12.4　专家意见的标准化量表

在过去十年中，人们一直试图将鞋印证据的专家意见尺度标准化，虽然已经制定了相当详细的文件来指导专家证人，但在如何提出意见和陈述意见方面仍然存在一些重大分歧。表 12.1 中列举了欧洲和美国的等效量表，方便起见，任何一个组织都没有直接匹配的界限标准。这些尺度在其他种类的痕迹证据中有着更普遍的适用，例如来自汽车轮胎的痕迹。

表 12.1 鞋印证据的意见表述量表

[依据 ENFSI（2006）；SWGTREAD（2013）]

ENFSI 量表等级	ENFSI "似然比"	ENFSI "后验概率"	SWGTREAD 结果	SWGTREAD 标准
1	认定	认定	认定	种属特征和细节特征均充分
2	非常强有力地支持控方主张	非常可能	关联性非常高	种属特征充分且有一定的细节特征
3	中等强度地支持控方主张	可能	有一定的关联性	种属特征充分且种属特征有一定的关联性
4	无结论	无结论	缺少足够的细节信息	无特征或质量欠佳
5	非常强有力地支持辩方主张	可能否定	非关联性的指征	有一定差异但不足以排除的特征
6	否定	否定	否定	足够的种属和/或细节特征是不同的

注：ENFSI：欧洲法庭科学研究机构联盟；SWGTREAD：鞋印与轮胎痕迹证据科学工作组。

12.4.1 鞋印与轮胎痕迹证据科学工作组（SWGTREAD）量表

在美国，达成的共识是指专家证人应该根据犯罪现场痕迹和样本痕迹之间的对应程度，提出后验概率意见。在现行的鞋印与轮胎痕迹证据科学工作组结论量表（SWGTREAD，2013 年）之前有一个较早的版本（2006 年），主要是对术语进行定义。在此之前，博兹亚克（2000 年）的论著中提供了一个法院陈述的量表。这些声明的框架与 SWGTREAD（2006 年）中的声明类似，但重点在于其非常注重对应程度，对鞋印的其他来源只进行了少量说明，而且没有提到在得出结论时需要使用数据库或概率信息。

　　量表中包括一个无结论的结果，其原因可能是痕迹中没有明显的特征，也可能是检验人员认为所有特征的质量都不高，无法得出任何结论。有一些特征点与认定或否定痕迹的种属结果相对应，这与定义其他中间界值的后验概率结论相悖，但这在痕迹检验工作的习惯和传统中非常重要。

　　SWGTREAD（2013 年）的量表鼓励检验人员在得出意见时对其他来源的评分进行评价，但并不清楚这一过程所依据的逻辑程序以及如何将其纳入最终证词。事实上，有人称在这一过程中不应使用统计数据。不过，这个量表明确显示了表上每一点所期望的种属特征和个体特征的质量和数量之间的关系，但具体的细节还是需要留给检验人员自己去完成。例如，该量表并没有对"足够的质量和数量""一些种属特征的关联"等短语的使用进行具体解释。举例来说，在指出高度相关的地方，其理由是：

> "被质疑的鞋印和已知鞋印……必须在形状、尺寸和穿着习惯等种属特征上一致。要实现这种程度的关联，还必须存在：（1）因其穿着的特定位置、程度和方向而使其不寻常的，（2）一个或多个随机获得的特征。"
>
> ——SWGTREAD，2013 年

　　SWGTREAD 量表对评分表上的每一点都提供了一个补充声明，例如，如果专家得出的结论意味着痕迹之间高度相关，那么以下内容将构成该意见的基础：

> "检验人员认为，所观察到的特征显示出检材痕迹与已知的鞋印或轮胎印之间有着密切联系，但其质量和/或数量不足以进行鉴定。痕迹中观察到的具有相同种属特征的其他鞋子或轮胎，只有在它们显示出与检材痕迹中相同的磨损和/或意外损坏特征时，才会被列入可能的来源群体。"
>
> ——SWGTREAD，2013 年

12. 4. 2　ENFSI 量表

相比之下，欧洲法庭科学研究机构联盟（ENFSI）就制定鞋印证据意见的基本方法进行了广泛讨论。因此，2006 年该组织提出了两个互不相同的量表，代表了组织内部对如何评价此类证据的不同观点。第一种是基于对抗性命题，通过似然比进行逻辑评价。而第二种则提供了后验概率，术语上类似于 SWGTREAD 量表上的概率，但是从贝叶斯定理和先验概率的结合中得出。在 ENFSI 内部，一个重要的成员群体认为，在许多国家，法院希望专家直接回答关于鞋印来源的问题，而这只能通过给出后验概率来实现。然而，"完全贝叶斯规则"的使用和先验概率的假设在许多专家中引起了争议。ENFSI（2006 年）详细讨论了这两种量表的发展。

这些量表包括六个级别的意见，而 SWGTREAD（2013 年）提供的量表则有七个级别的意见，而且各点都有明确的编号，尽管这似乎只是一个参考指数。虽然是基于概率论的考虑，但两个量表都包含了证明肯定同一或否定同一的分类结果的点。尽管本量表中"LR"和"概率"两种形式的意见陈述的基础和意义大相径庭，但其用意是将每一级的两种表达方式视为等同的。此外，以似然比为基数的术语量表与表 7. 1 所呈现的量表并不完全一致，因为该量表在将控方主张的最高支持程度界定为"认定同一"时，加入了"信念的剧增"。在使用这两个量表时，需要了解能够产生该痕迹的其他鞋类的出现概率，并考虑比较其本身的质量。

最近的一份文件揭示了欧洲的观点与 2006 年的观点有何不同。ENFSI（2015 年）现在似乎完全赞同使用似然比来对一系列证据进行逻辑评价，包括鞋印证据。这将在第 12.8 节中讨论。

12. 5　对鞋印证据意见的质疑：2010 年王室诉 T 案

英格兰和威尔士上诉法院对王室诉 T 案的判决引起了一些恶评，因为英国法庭科学界对该判决的最初反应是，除了 DNA 证据外，今后对大多数证据类型的专家意见，将被严重限制为简单的定性意见，如"可能造成了该痕迹"。全球各地著名的法庭科学专家马上发表了一些文章，对这一判决进行了详细的批判。结果，英国皇家检察院（CPS）证实，该判决是专门针对鞋印证据的，且事实上它似乎没有对近期的案件产生任何明显的影响。

判决书是经过编辑的，但还是提供了足够的细节来讨论专家的　176
证词以及专家得出其意见的过程。

12.5.1　王室诉 T 案中的鞋印证据概述

被告人 T 因故意杀人受审并被定罪，主要依据是鞋印证据。上诉时的理由之一是关于专家提供的鞋印证据的可靠性，以及其向陪审团传达这些证据的方式。上诉法院详细审查了这一点，在审查过程中，它提出了在"现有统计数据不确定和不完整"的情况下使用似然比得出专家证词的问题。

法医莱德（Ryder）先生按照标准的实验和解释程序对鞋印证据进行了检验。他告诉法庭，他是根据两个相互对抗的主张来评价检材鞋印和样本鞋印之间存在的相似点或差异点的。

H_1：被怀疑的鞋是现场鞋印的来源。

H_2：被怀疑的鞋不是现场鞋印的来源。

他在本案中认为：

（1）被告的运动鞋的图案和大小与现场鞋印相同，而且该图案是案件中最常见的图案。

（2）被告鞋子的磨损程度比现场鞋印的磨损程度大，这可能是该鞋子在形成现场鞋印后造成的磨损，但没有证据证明这一假设。

（3）有些现场鞋印上显示出了损坏的特征，但被告的鞋上却没有明显的损坏。这可以解释为：①当时地面上存在小石子等杂物；②被告的鞋子上因后期穿着而磨损的特征；③例如，本来附着在鞋底的一块石子在后期的穿着过程中脱落了。

因此，莱德根据这一审查得出以下意见：

> "总的来说，我认为虽然提取的鞋子没有留下某些相关的痕迹，但观察到的其他对应关系不可能仅仅是巧合……现阶段有一定程度的科学证据支持'从上诉人处找到的耐克运动鞋'留下了现场鞋印这一观点。"
>
> ——王室诉 T 案，2010 年，第 24 段

莱德向法院提交了三份具有类似结论的报告，所有的这些报告都得到了同行的核实。虽然这些报告都没有提供任何统计资料或计算过程，但使用了相互对抗的主张和意见的措辞，这表明其已经采用了似然比的方法。

辩护律师在交叉询问时，问到了这种特殊类型的运动鞋的出现情况，并提供了 1996—2006 年间耐克公司这种鞋的销售数据以及英国其他运动鞋的销售数据。统计资料显示，耐克公司共售出了786 000双这样的运动鞋，而所有运动鞋的总销量为300 000 000双。其中约有3%的鞋码为 11 号，与本案中形成现场鞋印的鞋子同码。在这种模式下，其他来源还包括假冒鞋以及零售商销售的鞋。这些数据表明，尽管他早先曾说过这种鞋底图案是一种"常见类型"，但这种鞋在人口中的占比相对较小。法官在总结时强调了这些观点以及与评价意见的力度有明显矛盾的地方。

12.5.2 专家证人的记录

在准备上诉时，莱德对其在工作期间所做的同期记录进行了审查，发现其中包含一些统计细节和计算过程，似乎可以证明支持控方主张的适度证据的意见是正确的，但在审判时的交叉询问中他却没有提出或讨论。这些实质内容涉及使用似然比方法来结合鞋印中每个相关属性的证据权重，以及参考 FSS 的鞋印图案数据库，用于提供本案中观察到的特定图案的出现概率。

这里将给出这些计算的详细方法。分别用似然比对该痕迹的种

属特征和个体特征进行评价，最后按照常规方法将它们相乘。命题
与这些计算方法之间的关系尚不明确，这将在后面讨论。在下面的
每一项中，假设可观察到的支持控方主张的证据概率是确定的，因
此 $\Pr(E|H_1)=1$。

1. 图案

为了估算辩方主张下的证据概率，莱德使用了建立多年的 FSS
案件数据库，其中包括 8122 个鞋印图案。在提取适合本案的统计数
据时，他还考虑了 2005—2007 年间新增的鞋印图案，其中约 20% 的
鞋出现了与现场鞋印一样的图案。

这就为他对其同一性的评论提供了理由。因此，鞋底图案证据
的 LR 为：

$$LR_{pattern} = \frac{\Pr(E|H_1)}{\Pr(E|H_2)} = \frac{1}{0.2} \approx 5$$

2. 尺寸

在此，来自英国鞋类协会制造商组织的调查数据显示，3% 的男
性穿着英国 11 码的鞋子。然而，考虑到磨损程度、鞋子样式和其他
因素都可能会对鞋子尺寸的准确估计造成一些不确定的影响，因此
应该留有一定的灵活空间。这将降低严格使用 3% 这个数值所获得的
LR。因此，尺寸证据的 LR 四舍五入到 10，根据：

$$LR_{size} = \frac{\Pr(E|H_1)}{\Pr(E|H_2)} = \frac{1}{0.33} = 33 \approx 10$$

请注意，上诉书第 36 段有一个计算错误，概率在公式中被错误
地输入为 "0.333"，导致对如何估计最后的似然比的争论不合逻辑。

3. 磨损

出于上述原因，莱德在评价他观察到的鞋印磨损时采取了谨慎
的态度。他估计，在他检验的鞋子中，约有一半的鞋具有典型的磨
损，其磨损程度为：

$$LR_{wear} = \frac{Pr\ (E\mid H_1)}{Pr\ (E\mid H_2)} = \frac{1}{0.5} \approx 2$$

4. 损坏

再次根据观察中的矛盾对随机损害进行评价，导致结果基本中立，其中给定辩方主张的概率估计只比 1 小一点。

$$LR_{damage} = \frac{Pr\ (E\mid H_1)}{Pr\ (E\mid H_2)} = \frac{1}{1} \approx 1$$

因此，总似然比为：

$$LR_{evidence} = LR_{pattern} \times LR_{size} \times LR_{wear} \times LR_{damage} = 5 \times 10 \times 2 \times 1 = 10$$

因此，利用术语等量表最后保守估计得出"支持控方主张的证据适中"的意见。莱德先生说，这一计算结果被采用：

> "……确认出具的意见基本上是以他的经验为基础，以便能够以标准化的形式表达。"

——王室诉 T 案，2010 年，第 38 段

12.5.3　使用替代数据库进行评价

很显然，在这一点上，如果根据上一节所使用的数据库来评价证据的重要性，与使用在交叉询问时讨论的并在第 12.5.1 节中给出的统计数据相比，证据的重要性是不同的。虽然二者对鞋子尺寸的作用类似，但鞋底图案证据的似然比却大不相同。

- 图案

这里使用的数据库主要是制造商关于运动鞋总销售量的信息，特别是与这种鞋底图案相对应的耐克运动鞋的销售信息。因此，根据该图案在所有运动鞋中出现的概率可以得出：

179

$$\mathrm{Pr}\,(E\mid H_2) = \frac{786\,000}{300\,000\,000} = 0.002\,62$$

$$\mathrm{LR}_{\mathrm{pattern}} = \frac{\mathrm{Pr}\,(E\mid H_1)}{\mathrm{Pr}\,(E\mid H_2)} = \frac{1}{0.002\,62} = 382 \approx 400$$

被告的律师在上诉时详细提出了这方面的问题，他扩展了他的论点，把鞋印的其他特征的似然比也包括在内，不过他没有考虑如果将犯罪现场鞋印的尺寸定为 11 码可能带来的不确定因素。表 12.2 对这些结果进行了总结。总的似然比为 26 400，这意味着控方主张得到了"非常有力的支持"。

表 12.2　在王室诉 T 案中 LR 计算的比较

[依据王室诉 T 案（2010 年）中的数据]

属　性	根据案例注释		在质证过程中	
	第 35~37 段	LR	第 42、44、104 段	LR
图　案	FSS 数据库中最近有 20% 的鞋是这种图案，其中包括 8122 个案件中出现的鞋印	5	过去 5 年中生产出的 3 亿双运动鞋中有 786 000 双耐克鞋	400
尺　寸	在英国，3% 的男士鞋子是 11 码的，但在尺寸上有一定的不确定性	10	在英国，3% 的男士鞋子都是 11 码的	33
磨　损	大约有一半的鞋子没有这种磨损痕迹	2	大约有一半的鞋子没有这种磨损痕迹	2
损　坏	观察中的一些矛盾意味着中立的证据	1	主张为中立	1
意　见	中等强度的证据	100	非常强有力的证据	26 400

因此，从法律角度来看，专家证人不仅没有透露其得出意见的统计基础和方法，而且当使用了他在交叉询问中讨论的数据时，其

至还出现了完全不同的证据强度。上诉法院裁定，统计证据本质上是不可靠的，它并没有将专家证人得出结论性意见的确切依据告知给陪审团，而且整个过程是不透明的。在此基础上，上诉得到支持，定罪被撤销。

12.5.4　上诉法院法官的总结

上诉法院法官认为，真正的问题在于，根据对犯罪现场鞋印与被告鞋印之间相似性的比较，专家是否可以提供"概率"评价，这种评价的依据是什么，以及该如何表达。

上诉人提出，专家可以评价检材鞋印和样本鞋印之间的匹配程度，但不允许解释这种比较。法官对此表示同意并认为这种情况可能经常发生，在这种情况下：

> "使用'可能做出'一词是对证据更精确的陈述，与'适度的科学支持'这一更不透明的短语相比，它能更好地使陪审团理解证据的真实性质。"
>
> ——王室诉 T 案，2010 年，第 73 段

然而，法官指出，专家有时可以在评价中更进一步，并特别表示支持美国（SWGTREAD）的评价标准。

对于所有类型的证据，都没有拒绝使用贝叶斯推理和似然比作为评价的基础，因为法官认为这种方法在评价 DNA 图谱时是可以接受的。而鞋印证据中的困难在于评价所使用的全部数据库的可靠性。

> "如果在有鞋印证据的案件中建立了足够的数据库，那么专家或许能够对某双鞋产生鞋印的可能性发表看法。"
>
> ——王室诉 T 案，2010 年，第 91 段

然而，就本案中提到的数据库而言，他非常坚定地拒绝将任何统计基础或计算过程作为评价的一部分。他明确指出，任何评价都

应是主观的，并以经验为基础，在向法院报告时不应使用"科学"一词。

> "如果将这句话提交给陪审团，很可能给陪审团留下在某种程度上具有精确性和客观性的印象，而鉴于这一专门知识领域的现状，这种印象本身并不存在。"

——王室诉 T 案，2010 年，第 96 段

法官一再谴责在评价过程中的任何数学计算，理由是鉴于来自不同数据库的数据会产生不同的答案，因此这种计算是无效的。

> "我们确信，在有关鞋印证据的案件中，一般不可能使用公式来计算概率。因为这种做法没有坚实的基础。"

——王室诉 T 案，2010 年，第 86 段

他的结论是：

> "根据我们的判断，在结论是该鞋印'可能是'由该鞋子形成的情况下，鞋印专家可以利用其经验，发表更具评价性的意见。然而，出于我们所提出的原因，在做出这一判断时不应使用似然比或其他数学公式。"

——王室诉 T 案，2010 年，第 95 段

12.6　对王室诉 T 案的讨论

本案提出的几个重大问题，既涉及鞋印评价所使用的科学和统计依据，也涉及专家证人和法庭对这些证据的陈述和讨论方式。

12.6.1　术语、概率和统计方法

王室诉 T 案的笔录再次说明了，参加法庭辩论的人在区分基于逻辑评价的 LR 方法和使用贝叶斯定理得出后验概率的方法（"贝叶

斯方法")时所面临的困难。这个问题在第7.1.2节中讨论过。

181 虽然专家证人在第12.5.1节中宣布的简要主张和法官在裁决书第33（i）段开头所述的似然比的定义是令人满意的，但在该段末尾再次重申这一点的做法并不正确。法官似乎陷入了检察官谬误，提到了相互对抗的主张本身的可能性。

这就强调了提出这些主张以及计算其概率的重要性，特别是与辩方主张有关的概率，因为这对于传达评价的意义至关重要。专家关注的是证据的概率，在这里是与检材鞋印和样本鞋印的比较相关，而不是与鞋印本身的来源有关。因此，我们可以考虑，例如：

> 既然控方提出被告人的鞋子是形成犯罪现场痕迹的原因，那么痕迹比对结果的概率是多少？

通过概率的错误陈述，如"是被告的鞋子在犯罪现场留下了鞋印"，该意见从逻辑评价转向了后验概率，重点是鞋印比对结果的强度与控方证据的强度直接相关。这可能会导致法庭对所使用的言语量表意见尺度产生混淆，并对表12.1所示的ENFSI和SWGTREAD言语量表的术语进行无效比较。例如，法庭有一次在引述莱德先生的意见时，直接将他的LR评分与SWGTREAD的评分进行比较。

> "他（莱德）说，这两种（标准）都是根据检验人员解释观察结果的技能和经验做出的判断。在美国的量表中，'适度支持'对应着'可能做出'。"
>
> ——王室诉T案，2010年，第67段

就整体评价方法而言，专家证人是想在从业人员和法院内部使用基于似然比的逻辑评价，这些从业人员主要致力于后验概率的研究，而法院则不完全了解这种评价方法的特殊性。事实上，判决书本身并没有正确地将前者与使用贝叶斯定理的做法区分开来。因此，各方都做出了一些错误的陈述，这造成了对这一证词的可靠性和上诉法院裁决本身的混乱。

12.6.2　鞋印数据库

在本案中，辩方主张的表述也很突出，因为它提出了问题：哪些统计资料和数据库是合适的。例如，简单地否定控方的主张，意味着除了被告人所穿的鞋以外，其他所有鞋子的来源都被考虑在内。即使将鞋子种类缩小到运动鞋，这也不是一个现实的方案。很可能有一些具有特定特征的鞋，在合适的时间以合适的价格在当地出售，由于各种原因，这些鞋可能会特别吸引那些意图犯罪的人，所以他们就不会穿其他类型的鞋。因此，案件的背景和情况是相关的，山普等人（2004 年）在王室诉 T 案之后，甚至在王室诉 T 案之前，就已经单独讨论过这个问题了。

这些作者提出了界定可供选择的数据库的途径。例如，更合适的做法可能是只考虑那些在犯罪现场留下鞋印的鞋子，可能只包括近期的和在同一位置留下痕迹的鞋子（犯罪相关数据库）。或者，与其只考虑鞋印本身，适当的数据库也许将包括在此类犯罪现场所穿的所有鞋子的鞋印，这里包括那些没有被识别的鞋印（与犯罪者有关的鞋印）。另一种可能是来自当地所有在调查期间引起警方怀疑的人的鞋印（无辜嫌疑人数据库）。此外，犯罪现场的环境或案发的时间也可能会影响到这一选择或犯罪类型本身。在王室诉 T 案之后，比德尔曼等人（Biedermann et al.，2012 年）讨论了有关如何选择"正确"或"最佳"的数据库及其实施的问题。

这种数据库本身的规模并不是一个主要问题，更重要的是要了解目前所有数据库的性质和局限性，判断其是否具有代表性，是否能被用来估计概率。尽管在上诉时已经说过，DNA 等位基因数据库所依据的个体数量远远少于 FSS 数据库中的几千个鞋印这一数量。但这里的关键在于数据库所提供信息的性质以及在之后如何使用这些信息。

在此基础上，莱德在其同期记录中所采用的方法，特别是他对数据库的选择，似乎比使用全国范围内制鞋业的统计数据更合适，因为在交叉询问中，这些数据被用来支持他的意见。

12.6.3　陪审团是否被告知专家意见的依据?

关于专家证据的提出及其透明度的裁决是比较容易处理的。主要的困难出现在辩护律师对莱德的交叉询问中,尽管不清楚他们为什么要提请注意对其当事人不利的数据。当有人向他提出关于耐克运动鞋在英国的分布数据时,莱德本可以将他的回答引到他在评价中所使用的实际统计资料上,并解释为什么他认为这是他作证的适当统计基础。然而,他却进行了直接回答并以这种款式的耐克运动鞋在所有运动鞋中的占比较小来作为支持他最初意见的理由。尽管这与他之前关于该款式较为常见的说法相矛盾。因此,陪审团不仅对他同期记录中所概述的真正方法一无所知,还被卷入到一套单独的统计信息中,而他与律师的交流则暗示了这些信息是支持他的总体意见的。正如上诉法官所说:

> "如果将莱德笔记本中的全部数字作为证据提交给陪审团,那么它可能会影响陪审团做出定罪的决定。"

> ——王室诉 T 案,2010 年,第 108 段

此外,通过三份报告、证词以及交叉询问所提出的这一证据对任何人来说都是不透明的,因为在当时的说明中没有透露评价方法。莱德对此的理由是,似然比以及有影响因素的统计数据只是用来支持基于其经验的意见,因为他认为这些数据不够"准确和精确",不能作为他评价的唯一依据。他补充说,令人惊讶的是,他们的标准做法是在提交法院的报告中剔除如他记录中的数据那样的统计计算。

183　12.6.4　上诉法院的判决:贝叶斯概率、数学和公式

法庭科学界对于王室诉 T 案判决的反应最初集中在法官对于在评价中使用统计和数学方法的声明以及这一声明对法院未来工作的影响。尽管英格兰和威尔士皇家检察院(CPS)的审查声明(Squibb-Williams,2010 年)在一定程度上缓解了这些担忧,但随后的一些

权威刊物对上诉中的许多声明和讨论要点提出了质疑。其中一些已经在前面的章节中讨论过，但这里将简要地讨论一些通用的数学问题。

围绕着专家意见的措辞，包括莱德先生在报告中使用的措辞、ENFSI 和美国从业人员量表的术语，以及专家关于"被告的鞋子是否对鞋印负责"的观点所开展的广泛讨论，都证明了相关人员对贝叶斯定律和这些量表上的陈述的含义存在一定的不确定性，甚至可能是误解。这是评价中的一个主要问题，在其他章节已经进行了广泛讨论（例如第 5.4 节）。

同样，关于不适当使用公式和数学计算的反复批评表明，专家对于作为评价部分内容的统计或数学框架的目的和用途存在误解。似然比方法提供了一个框架，允许使用数字或非数字的信息。该公式只是逻辑框架的数学表述，但在应用时确实需要对数据的性质及其局限性保持警惕。最重要的是，它展示了如何在不同的证据类型中使用乘法来组合证据权重。罗伯森等人对这一点进行了讨论，他们的结论是：

> "如果法院说的是专家未使用逻辑程序，而不是'数学公式'，那么其推理的缺陷就显而易见了。"

> ——罗伯森等人，2011 年

虽然这些重要问题是在 R 诉 T 案中提出的，而且还需要继续讨论，但 CPS 认为应该从狭义上解释该裁决。该裁决"仅"涉及 FSS 鞋类数据库，而其他数据库的可靠性问题并没有得到解决。如果另一个数据库的统计性质对任何证据类型来说都是可靠的，那么使用统计方法进行评价将不会被排除，其核心是强有力且有效的个案管理，以确保：

> "专家们在得出结论时所依靠的统计数据以及对其的使用都是透明的。"

> ——斯奎布-威廉姆斯（Squibb-Williams），2010 年

案件管理部门应确保提交给法院的证据的可接受性和可靠性，包括最后的评价过程也应完全透明。尽管对逻辑评价提出了这些令人欣慰的意见，但 CPS 的结论是：

"鞋印证据仍能采信，专家仍可根据其经验和检验结果提出主观评价意见。"

——斯奎布–威廉姆斯，2010 年

12.7 王室诉 T 案后的鞋印证据：2011 年王室诉索思案

12.7.1 犯罪和证据

184

2010 年 9 月，塞尔吉奥·索思（Sergio South）闯入了英国伯恩茅斯的一栋学生住宅并被指控犯有盗窃罪。对他不利的主要证据是犯罪现场散落的信封上的鞋印，这提供了中度有力的证据，可以证明他的运动鞋是这一痕迹的来源，他以前也曾因类似的盗窃案被定罪。在辩护中，他提出了一份不在场证明，这份不在场证明是由他的同伙提供的，但控方透露该同伙以前曾因多次不诚实而被定罪。辩方提出上诉，理由是法官不应该根据除被告外的其他人的不良品行证据，就采纳控方的这一信息。在上诉中，辩方根据最近在王室诉 T 一案中的裁决，重新研究了有关鞋印的证据。

12.7.2 鞋印证据的评价

专家证人琼斯（Jones）先生证实，他在鞋印分析方面有着 18 年的专业知识。在本案中，被告的 9 码运动鞋的鞋印与现场鞋印一致，其尺码为 8~9 码，但没有 10 码那么大。现场鞋印的图案特征与运动鞋上的图案相似，尤其体现在曲折的条形图案和弧形的三角线上，而且还存在个性化的磨损特征，且二者在排列和磨损程度上一致。琼斯补充说，根据他的经验，盗贼经常会穿运动鞋，而在他过去处理的案件中，约有 2% 的案件中出现过这种特殊的鞋子。因此他认为，这个鞋印提供了适度有力的证据，可以支持控方的主张，即索思的运动鞋是犯罪现场鞋印的来源。

在上诉时，法官报告了辩方出庭律师克拉克斯顿（Claxton）先生的陈述，质疑这项证据的可接受性。

> "克拉克斯顿先生告诉我们，在交叉询问中，琼斯先生说，这种表达方式（适度有力的证据）反映了上诉人鞋子留下现场鞋印的统计概率远高于 50%，因为所使用的短语，如'微弱或有限的支持'或'极强的支持'，是基于概率的，而概率本身是基于对数的。"
>
> ——王室诉索思案，2011 年，第 28 段

在此基础上，辩方认为琼斯在口头证词中超出了上诉法院在王室诉 T 一案中的判决，因为他指出：

> "……给人以某种程度的精确性和客观性的印象，而鉴于目前的专业知识状况，这种印象其实是不存在的。"
>
> ——王室诉索思案，2011 年，第 29 段

对此，上诉法院的法官驳回了这一论点，确认专家证人是根据自己的经验提供证据的，帮助陪审团就"被告的运动鞋是不是现场鞋印的来源"这一问题得出结论，并没有违反王室诉 T 案中规定的准则。

12.7.3 审查专家意见

很明显，在审查这一专家意见时，虽然对鞋印的解释以及解释的详细程度与王室诉 T 案相似，但专家在评价时谨慎地做到了简明扼要。他提供了最低限度的数字数据，同时并没有暗示他的评价是基于计算或硬性的统计资料，其实实际上都是通过他的专业经验收集的。辩方律师没有对他的方法进行详细盘问，也没有直接询问他

185

的附加结论，也没有问他是如何得出最后评价的结论的。假设大律师是准确的，证人似乎确实超出了他的陈述，提供了一个"远远超过 50%"的后验概率，而这种对后验概率的估计似乎是凭空捏造出来的。他这样做，是将"中度有力的证据"所反映的似然比与控方关于鞋印是由上诉人的鞋子留下的主张直接联系起来，以数学方式写成：

$$Pr\ (H_1 | E)\ >>\ 0.5$$

要从似然比中推导出这个概率，需要知道先验概率。为了进一步探究这句话，我们需要先估算似然比。假设这只是基于专家所描述的鞋子尺码、图案和磨损的出现概率，我们可以使用男士鞋码的统计数据，即这种鞋底图案的出现概率为 2%，在没有任何关于磨损的真实信息的情况下，这一方面可以忽略。鉴于有 42% 的男性的鞋码在 8~9 码的范围内（BFA，2003 年），可以得出：

$$LR_{footwear} = LR_{size} \times LR_{pattern} = \frac{1}{0.42} \times \frac{1}{0.02} \approx 125$$

这证明了专家证人所做的"中度有力的证据"的评价性陈述是合理的，尽管他没有说明这些数字，也没有暗示进行了这种计算。如果将磨损的概率包括在内的话，还将继续加强这一评价的理由。根据 ENFSI（2006 年）关于等效先验信息的建议，我们可以使用第 7.4 节中的等式（4）来估算后验概率：

$$Pr\ (H_1 | E) = \frac{1}{1 + (LR \times P_0)^{-1}} = \frac{1}{1 + (125 \times 1)^{-1}} = 0.992$$

这个结果证明，专家证人认为"大大超过 50%"的观点是正确的，虽然他这样的做法超越了标准，但还好他并没有被更仔细地查问是如何得出这个说法的。专家证人这样做旨在扩展评价性意见的含义，他的观点意味着有罪的概率高于平均数，但这需要假设先验概率，而这不在他对法庭的责任范围之内。他最后说的等效术语与似然比的对应关系具备真实性，是对他的核心评价意见的进一步补充，但这并不直接相关，就他的证词而言，这确实是另一个重要的威胁。

12.8　2015 年 ENFSI 对逻辑评价的建议

最新的 ENFSI 指南不仅展示了如何将逻辑评价方法应用于包括鞋印在内的一系列证据类型，而且还展示了如何在专家证人的报告中对证据进行解释和评价，以及所需要的背景信息的性质。

> "这个评价性报告框架适用于法庭科学的所有分支学科，似然比衡量的是案件调查结果对有关主张的支持力度的比值。它在科学上被接受，为案件的推理提供了一种逻辑上可辩护的方式。"
>
> ——ENFSI，2015 年，2.4

对于那些主张逻辑评价的人来说，这份关于逻辑评价的内容是 ENFSI 在其 2006 年发布的指南中关于立场的重大进步。

在鞋印证据的意见表述方面，有两个典型案例，第一个案例是利用 2600 个案件建立的实验室鞋类标识数据库以及检验人员对此类案件中鞋印的处理经验，来估计形成整体 LR 的因素。这种做法是基于控方和辩方的观点，检验人员在检验报告中提供了详细的背景资料和参考文献以支持其最终的讨论。

LR 根据四个因素计算：数据库中的鞋底图案类型、尺寸/模具类型、一般磨损特征和特殊磨损特征。该案在评价中引用了数字数据，并以适当的术语形式表达。这在许多方面都沿用了王室诉 T 案的做法，只是在 ENFSI 的例子中强调了解释的清晰度、细节、一致性以及支撑论点的理由。

第二个案例的处理方式没有那么量化，因为解释的依据更多的是一系列潜在的个性化的意外损坏特征，即"后天特征"，而不是鞋印的种属特征，尽管这些特征有时候确实是对应的。在这种情况下，从案发到取得鞋子之间的时间间隔很短，鞋印的质量很高，且存在十个后天特征。这导致在辩方的主张下，观察到的犯罪现场的鞋印和样本鞋印之间的相似性概率极低，专家对此的估计是"不到百万分之一"。

> "……在我看来，如果是检材的鞋子留下的印迹，那么结果的可能性要比其他未知鞋子留下印迹的可能性高出一百万倍。"
>
> ——ENFSI，2015 年，第 92 页

在正式发表意见时，专家只使用等效于 LR 的术语表达方式。

> "约翰·布朗左鞋的鞋印与现场鞋印在图案、尺寸、磨损程度和其他后天特征上的对应程度，为'现场鞋印是由布朗的鞋子而不是其他未知的鞋子所留下的'这一命题提供了极为有力的支持。"
>
> ——ENFSI，2015 年，第 96 页

187　　进一步说明高度支持控方主张的理由：

> "在本案中，在两个来自不同鞋底的鞋印上观察到十个匹配的特征（具有高度的复杂性）是非常特殊的。"
>
> ——ENFSI，2015 年，第 97 页

所以，虽然从数字上看概率似乎显得有些武断，但根据专家的经验，并引用相关研究论文，为这种支持性的说法提供了理由，即在两只来自不同鞋子的鞋印上，偶然观察到这种特征是"例外"的。据此，就可以在基本不使用数字的基础上实现逻辑评价。

12.9　结　论

很明显，利用逻辑评价和似然比的方法就鞋印证据提出专家意见，不仅是可以实现的，而且现在还成为 ENFSI 推荐的方法。然而，在一些司法辖区内，这仍然存在争议，因为这些区域更倾向于后验概率的评价陈述。但王室诉 T 案等案件揭示了专家在运用后验概率向法院解释和证明逻辑评价方法及其结果时，会面临一系列潜在的困难。

参考文献

1. Biedermann A. , Taroni F. and Champod C. (2012). How to assign a likelihood ratio in a footwear mark case: an analysis and discussion in the light of R v T. *Law, Probability and Risk*, 11, 259–277.

2. Bodziak W. J. (2000). Footwear impression evidence, detection, recovery and examination 2nd Ed. CRC Press. Boca Raton, Florida.

3. British Footwear Association (BFA): SATRA report on men's shoe sizes [Online]. (2003). Available at http://www.britishfootwearassociation.co.uk/wp－content/uploads/2014/03/Footwear-sizes-2003.doc.pdf [Accessed 20 December 2015].

4. Champod C. , Evett I. W. and Jackson G. (2004). Establishing the most appropriate databases for addressing source level propositions. *Science and Justice*, 44 (3), 153–164.

5. ENFSI Working Group, Marks Conclusion Scale Committee, Chair: H. Katterwe. (2006). Conclusions scale for shoeprint and toolmarks examinations. *Journal of Forensic Identification*, 56 (2), 255– 279.

6. ENFSI guideline for evaluative reporting in forensic science [Online]. (2015). Available at https: //www.unil.ch/esc/files/live/sites/esc/files/Fichiers%202015/ENFSI%20Guideline%20 Evaluative%20Reporting [Accessed 24 October 2015].

7. Makin K. The case of the bloody shoe print. *The Globe and Mail*, Toronto [Online]. (22 Nov 2004). Available at http://www.theglobeandmail.com/news/national/the-case-of-the-bloody-shoe-print/ article4091741/ [Accessed 12 January 2016].

8. National Research Council: Strengthening Forensic Science in the United States: A Path Forward, Document 228091 [Online]. (2009). Available at http://www.nap.edu/catalog/12589.html [Accessed 10 October 2015].

9. R v Hall [2002] SCC 64.

10. R v Hall [2004] Court of Appeal of Ontario C35369.

11. R v South [2011] EWCA Crim 754.

12. R v T [2010] EWCA 2439.

13. Robertson B., Vignaux G. A. and Berger C. E. H. (2011). Extending the confusion about Bayes. *Modern Law Review*, 74 (3), 430-455.

14. Squibb-Williams K. (2010). Crown Prosecution Service statement on Footwear database analysis by experts using Bayesian statistics [Online]. Available at http://www.csofs.org/write/MediaUploads/ News/CPS_Annoucement.doc [Accessed 26 October 2015].

15. SWGTREAD: Standard Terminology for Expressing Conclusions of Forensic Footwear and Tire Impression Examinations [Online]. (2006). Available at http://www.swgtread.org/images/documents/standards/archived/swgtread_10_terminology_conclusions_200603_201302.pdf [Accessed 13 January 2016].

16. SWGTREAD: Standard for Terminology Used for Forensic Footwear and Tire Impression Evidence [Online]. (2013). Available at http://www.swgtread.org/images/documents/standards/published/ swgtread_15_terminology_evidence_201303.pdf [Accessed 26 October 2015].

拓展阅读

1. Aitken C. and thirty other authors. (2011). Guest editorial: Expressing evaluative opinions- a position statement. *Science and Justice*, 51 (1), 1-2.

2. Berger C. E. H., Buckleton J., Champod C., Evett I. W. and Jackson G. (2011). Evidence evaluation: A response to the court of appeal judgment in R v T. *Science and Justice*, 51 (2), 43-49.

3. Koehler J. If the shoe fits they might acquit: The value of forensic science testimony. Faculty Working Papers, paper 23 [Online]. (2011). Available at http://scholarlycommons.law.northwestern.edu/ facultyworkingpapers/23 [Accessed 4 April 2016].

第13章

指纹和指印
——人身识别？

由于指纹证据可以将个人与犯罪现场联系在一起，所以其因一
直能被法院所采信并被视为最终的证据而备受推崇。近年来，人们
对这门所谓的"法庭识别科学"中最重要的科学基础提出了质疑。
在本章中，我们将对指纹本身及指纹鉴定的方法进行审查，特别是
专业鉴定人员应如何评价指纹证据以及如何向法庭提供证词。

为了确保讨论的明确性，我们将手指表面的脊状凸起图案称为
"指纹"，而在犯罪现场由于手指上有着微量汗液残留物而留下的图
案则被称为"指印"，或者通常只被称为"痕迹"。

13.1　法庭上的指纹鉴定

指纹鉴定的独特性基础是指目前世界上还没有发现两个人有着
相同的指纹，这一点是能够将完整的指纹作为鉴定对象的基本条件。
然而，由于接触条件以及接触面本身性质的不同，导致需要使用许
多不同的显现方法来提取指纹，因此手指所形成的潜在指印（包括
完整的和残缺的指印）的质量差异很大，在对犯罪现场痕迹的比较
中也不一定能得出相同的结论。指印的形成会经历一系列过程，从
手指本身的乳突线花纹，到由扫描或油墨显现后获得的经过增强的
完整指印，再到犯罪现场中扭曲、变形、残缺的潜在指印，因此指
印的质量变化也是一个连续的过程。

因此，所谓有一套万无一失的程序能够使专家证人向法院提出

明确的意见，且能认定某一指印来自某人或排除嫌疑人为指印来源的说法，现已受到了学术研究者、权威机构和政府机构的严肃审查。

在过去，刑事司法系统会毫不犹豫地接受指纹证据并且几乎不会提出任何质疑，这种情况一回想起来都令人吃惊。近代以来，法医分析方面的新发展往往是提出相当温和的主张，然而，对于指纹来说情况却恰恰相反。正如萨克斯所评论的那样：

> "……指纹识别以一种令人惊讶的强硬形式（绝对可靠）向法院提出了一种新颖的声明（无限个体性）。"
>
> ——萨克斯，1998 年

为了明确指纹证据的挑战是如何通过鼓励新的科学发展而影响到行业、法院和学术界的，我们需要从比较指印和指纹的程序开始。

13.2 ACE-V：一种科学方法？

1959 年，胡伯（Huber）首次提出了分析—比较—评价的程序，试图将鉴定过程正规化，特别是在文件检验方面。后来这种程序被指纹鉴定采纳，因为它为指纹鉴定中已经确立的过程提供了描述，第四阶段的验证程序是后来才包括在内的。1999 年，在美国诉米歇尔一案（United States v Mitchell）的多伯特听证会上，大卫·阿什宝（David Ashbaugh）的供词中出现了"ACE-V"这个简称。从那时起，全世界的指纹鉴定行业开始将其视为自己的方法，并为法庭上的指纹证据证词提供科学依据。

ACE-V 指的是对潜在指印和嫌疑人指纹进行检验的四个阶段，包括了 A-分析（Analysis）、C-比较（Comparison）、E-评估（Evaluation）和 V-核证（Verification）。NIST 在其专家工作组报告中提供了详细的流程图（NIST，2012 年）。对于手指乳突纹线的初步检查是分析阶段之一。在此阶段，我们将检验指印和指纹的三个层级的细节特征。一级特征主要包括脊线的整体流向和图案特征，二级特征主要包括细节点特征，三级特征主要包括脊线形状和宽度、汗孔位置、疤痕等微观特征。鉴定人员根据分析阶段中两枚指印提供的全部信息——但实际上考虑的是指印的质量——决定是否进入下一阶段，或者是否终止于这一阶段并做出细节特征不足的结论，这是第一种结果。

在比较检验阶段，根据三个层级的特征依次进行比对，在每个案例中，都要注意检材指印和样本指印的所有相似点和差异点。在评价阶段，鉴定人员利用已经积累的证据得出结论，可能是以下三种之一。第一种，根本无法得出结论，最常见的是由于指印现有特征的质量和数量不足。在这种情况下，在证词中不会提供更多关于特征审查的细节，结果宣布为不确定。第二种，可以明确排除可疑指纹是检材指印的来源，依据是两枚指印的脊线流向或脊线细节特征之间存在着无法解释的差异。第三种，根据充分的个体特征，鉴定人员可以确定检材指印的来源。这一最终结果的确切含义以及如何在证言中对其进行表达，一直是近年来争论的焦点。

在最后一个阶段，至少应由另外一名鉴定人员对之前的指纹鉴定工作进行核实。这相当于开展一次新的、盲目的检验，还是相当于对第一名鉴定人的工作进行检查和评价，似乎取决于当地实践中的做法。

ACE-V 方法被批评为仅仅是一套流程，而不是一种科学方法。值得注意的是，随着 ACE-V 缩写的兴起以及指纹界对它的重视程度越来越高，学界和公共机构对指纹鉴定的科学依据的批评也越来越多。

> "……仅仅遵循 ACE-V 的步骤并不意味着是以科学的方式进行鉴定或产生可靠的结果。"
>
> ——NRC，2009 年，第 142 页

同样显而易见的是，为了在 ACE-V 程序中取得进展，鉴定人员做出的判断和决定都高度依赖于自身的专业水平和经验，以及可能影响这二者的一系列外部因素，包括那些基于背景偏差的因素（第 9.4 节）。因此，在每一个阶段，人为因素都会对该程序中的结果产

191

生直接影响。

在试图了解专家证人的证词是如何从 ACE-V 程序的结果中产生时，需要讨论两个实质性的问题。第一个问题涉及指纹鉴定人员是如何在各个阶段对每个特征点做出决定的，以及可以适用哪些客观标准。第二个问题是如何将鉴定结果作为专家意见传达给法院。

13.3 评价标准

13.3.1 分类评价的阈值

自 120 年前指纹技术问世以来，有人试图将这一方法建立在某种定量且科学的基础上。从高尔顿（Galton）的早期工作开始，人们就一直在为指纹的独特性寻找统计学上的依据，而大多数方法都是以计算二级特征中的细节特征点为基础的，这些细节特征点是指乳突纹线的起点、终点、结合点和分歧点等特征。虽然一个完整的指印远不止这几个特征点，但它们的性质和分布位置，使指印具备了独特性，且能够方便地归纳为一组可管理的参数。很明显，从早期开始，参数中包含的细节特征点越多，就越具备独特性，而随着嫌疑人群体的扩大，所需考虑的细节特征就要越多，以证明指印在该群体中的独特性。因此，作为检材指印和样本指印中的比较依据，细节特征点的总数已被用作量化指纹鉴定相似程度的标准。这种方法现在也被称为"经验标准法"（Empirical Standard Approach，ESA），用于对指纹鉴定出具鉴定意见。

13.3.2 巴尔萨扎德模型

巴尔萨扎德（Balthazard）的统计模型就是这样一个例子（Adam，2010 年），它说明了一种非常简单的方法是如何产生后来的模型所认为的结果的，即仅仅根据细微特征的计数就能对指纹的个体性做出非常保守的估计。假定当一个细节特征点形成时，乳突纹线要么结合，要么分叉，而这可能发生在沿着乳突纹线的任何一个方向。因此，会出现四种可能的结果，并假设它们有着同样的可能性。因此，找到 n 个细节特征点的特定组合的概率由以下公式给出：

$$Pr\ (n)\ =\ (\frac{1}{4})^n$$

如果在数量为 N 的人群中成为唯一的组合，就要求概率等于 1/N，因此通过重新排列，我们得到：

$$n = \frac{Ln\ (N)}{Ln\ (4)}$$

以 6000 万人口（6 亿个数字）为对象对该等式进行评估，估计 15 个细节特征足以在该人口中实现个性化。该模型没有使用任何花纹图案模式类别的信息，更重要的是，也没有这些细节特征在该花纹图案中的相对空间位置的信息。尽管如此，值得注意的是，这一估值与世界范围内采用分值标准的管辖区所使用的估值在数量级上是一致的。无论如何，需要强调的是，这一统计模型或任何其他统计模型都不能证明指纹的唯一性，也不能证明该数字所代表的任何指纹印迹的唯一性。

13.3.3　英国的认定同一的阈值和细节特征点的数量标准

在 20 世纪初，伦敦大都会警察认为只要指纹鉴定中有 12 个相似的二级特征点，且不存在无法解释的差异，就可以支持某一个人是指印来源的结论。在这些条件下，埃蒙德·洛卡德（Edmond Lo-card）在 1914 年声称"识别的确定性是无可争议的"。但到了 1924 年，在审查一个旧案时，这个标准演变成了需要有 16 个细节特征点（虽然后来被否定了），这似乎表明 12 个细节特征点的标准还无法满足需求。1953 年，在一起谋杀案中，人们对基于两枚指印的指纹证据的可采性产生了质疑，这两枚指印都不符合具有 16 个相似细节特征点的标准。于是人们同意，如果是将来自同一人的两枚指印作为证据提出，那么每枚指印的证据门槛可以降低到 10 个相似的细节特征点。很久以后，英国的指纹鉴定专家一致认为，在特殊情况下，如果案件非常重要，而专家又是经验丰富的知名人士的话，那么可以在法庭上提交少于 16 个相似细节特征点的指纹证据。事实上，1978 年英国全国指纹专家会议也确认：

> "……如果有 8 个相似的细节特征点，就足以排除一切合理怀疑以确定身份。"
>
> ——引自埃维特和威廉姆斯，1996 年

在随后的几年里，英国出现了两类指纹鉴定意见：基于 16 个相似细节特征点的标准鉴定证词，以及基于 8~15 个相似细节特征点的"不可证明"鉴定，这类鉴定为调查人员提供了线索，但除非在特殊情况下，否则不足以在法庭上使用。

然而，16 个细节特征点并不是一种理论上或实验上的门槛标准，让专家给出认定的鉴定结论。相反，它只代表了检材指印和样本指印在细节特征上的高度相似。因此，在法庭上对具有 16 个相似细节特征点的指纹鉴定提出质疑的可能性极小。

然而，在英国内政部委托埃维特和威廉姆斯开展细节特征点数量标准的研究工作并于 1996 年公布之后，2001 年 6 月，英格兰和威尔士地区放弃了在将个人确定为犯罪现场指印来源的证词中使用细节特征点数量标准（苏格兰于 2007 年跟进）。这项研究显示，在一系列有关指印的案例中，不同的鉴定人员所识别的细节特征点的数量有很大的差异。因此，有资历的指纹鉴定人员的鉴定意见取代了基于细节特征点数量标准的鉴定意见，当鉴定人员认为检材指印与样本指印之间有着足够多的相似点且没有不合理的差异点，并由另外两名有资历的专家独立核实后，就可以认定两枚指印同源。此举使得指纹识别的重点从单纯的细节特征点转移到了更宽泛的乳突纹线方面。美国在 1973 年放弃了对特征数量标准的使用，英国也效仿美国的做法，转而采用这种更全面的办法。

13.3.4　非数量（整体）方法的基础

在出具意见时，鉴定人员不单单使用细节特征的数量标准来确定个人身份和证明个体，而是使用犯罪现场指印中所有可观察到的信息，因此这通常被称为"整体"方法。这种方法的必要前提条件是，对指纹鉴定人员的培训和能力测试要有可接受的标准，而且要遵守标准程序，如 ACE-V。

在确定嫌疑人指纹和犯罪现场指印之间没有差异后，将对两者图像的所有特征，包括细节特征的数量和质量进行评价，以确定这些特征是否达到了可以识别人身个体的程度，如果认定个体将会声称：

> "……当鉴定人员观察到的符合程度（在三个级别的可辨认特征中）相较差异程度而言，超过了他/她通过培训和经验观察到的最高对应程度。"

——山普和张伯伦，2009 年

然后，鉴定人员将得出结论，其他人不可能是犯罪现场指印的来源。在这一点上，存在着所谓的"信仰的飞跃"，因为在评价阶段，鉴定人员内心对概率的确信需要跨越一个不确定的门槛，并得出将要提交给法院的绝对肯定的意见。需要注意的是，这一意见的达成，对指印中细节特征的数量并没有明确的要求。如果专家在交叉询问中被要求就任何特定案件中的指印特征数量标准做出说明，则其应在答复中清楚告知根本就没有明确的标准，而是需要根据整体方法，因为每枚指印的识别都是在个别基础上进行的。

然而，这并不是这个过程的最后阶段。整体方法通常要求由另外两名专家按照与第一次检验一样的流程对同一指印进行独立检验。三名鉴定人员需要就结果达成一致意见，然后才能将该意见作为证词提交给法院。

194

13.3.5 其他地区的认定同一门槛

过去，几乎所有国家都采用经验性的标准方法来支持指纹证据，但近年来，许多国家采用了整体方法。1973 年，美国极具影响力的国际鉴定协会（International Association for Indentification，IAI）的一个工作组认为，特征数量标准没有依据，应予以放弃。

"……没有有效的依据表明两枚指印中必须含有预先确定的最低数量的特征才能对其进行识别。"

——波尔斯基、史密斯和加勒特（Polski，Smith and Garrett），2010 年

1995 年，"有效"一词被"科学"取代，"特征"被"特征点"取代，后来这一被修改的观点得到了 2009 年 NRC 报告的认可。加拿大和澳大利亚也出现了类似的情况，即从基于特征点的鉴定方法转变为了基于整体的鉴定方法。然而，欧洲大陆在这个问题上仍然存在分歧，斯堪的纳维亚半岛和英国的大多数国家都效仿了美国的做法，但中欧和南欧则坚持 10~16 个细节特征点的数量标准（见表 13.1）。

表 13.1 部分国家中指纹个体识别的特征数量标准

国　家	个体识别的特征数量
南　非	7
匈牙利	10
丹　麦	10
荷　兰	10~12
波　兰	12
法　国	12
意大利	16~17

非具体数量标准的国家
澳大利亚
加拿大
芬　兰
挪　威
瑞　典
英　国
美　国

（信息来源于波尔斯基、史密斯和加勒特的附录 C，2010 年。）

13.3.6　1999 年王室诉巴克利案

1997 年 3 月，一名蒙面男子在英格兰北部袭击了一名老妇人，并偷走了她的一些财产，包括一本养老金簿和建筑协会的存折。后来警方发现其中的一些物品被丢弃在了一条小巷中。经法医检查发现，养老金簿的封面上有一枚手指印且存在 9 个二级特征点。由于其他的一些证据，巴克利（Buckley）被怀疑为是该案的罪犯，当确认了该指印是他的后，其被逮捕、审判并被判犯有严重的盗窃罪。

专家证人为了支持自己的意见，强调了他个人的经验、他对检材指印和样本指印之间相似点和差异点的检验以及他对文献和其他鉴定人员工作的广泛了解。最后，他确认：

> "……根据他的判断，可以有效地排除检材指印和样本指印来自不同人的可能性。"

——王室诉巴克利案，1999 年

在交叉询问中，他强调自己的证词是专业意见而非科学结论。

巴克利对他的定罪提出了上诉，理由包括他认为指纹鉴定不能作为证据，因为它所依据的特征点不到 16 个。上诉法院的判决书提

195

到了以前的案件，这些案件表明了在这一问题上存在矛盾，1996 年一个案例中的指纹鉴定就是因为只依靠了 10 个特征点而被排除，但在同一时间的另外两起案件中，只依靠了 12 个特征点的指纹鉴定却被接受了。上诉法院也知道评价准则的最新发展，例如埃维特和威廉姆斯的工作，以及英格兰很可能要采取整体方法。指纹证据的法律地位被确认为：

> "……如果它有助于证明被告人有罪，则可以作为法律问题被受理。即使只有几个相似的细节特征，它也可能有这样的倾向。但在这种情况下，它可能没有什么证据分量。如果它的危险性大于其证据价值，则法官可以行使自由裁量权从而将其排除。"
>
> ——王室诉巴克利案，1999 年

因此，如果有 8 个以上的特征点，且法官对鉴定人的经验和专业知识感到认可，指印有足够的细节特征，指印的质量和清晰度足够高、大小足够大，那么对指印的分析就可以作为证据采纳。因此，指纹鉴定人员使用的特征数量标准并不一定是法院采信指纹证据的条件。有意思的是，法官在最后说了一句话，似乎与指纹界所倾向的分类声明相矛盾，且他强调了这种专家证词的意见性质：

196

> "在每一个接受指纹证据的案件中，法官一般有必要告诫陪审团，这只是证据意见，专家的意见不是结论性的，应由陪审团根据所有证据确定是否能够证明有罪。"
>
> ——王室诉巴克利案，1999 年

据此，巴克利的上诉被驳回。

13.4　指纹鉴定意见的发展

无论使用哪种方法来确定身份，鉴定人员对于得出结果的信心都是一样的，区别在于所使用方法的理念不同。各个司法辖区的评价结果的范围大体相似,但在意见的分类方式上,除确定识别和排除识别外,还有一些细微的差别。表13.2中所述的四种结果对这些进行了概括。

表 13.2 不同国家/司法管辖区的评价结果

(改编自 FSR,2015 年;SWGFAST,2013 年)

	英 国		美 国	评 论
确 定	乳突纹线特征的质量和数量均充足且差异均可解释。	认 定	足够的符合特征;不同来源的可能性微乎其微,实际上是不可能的。	SWGFAST 还指出,确定与认定是同义词;两者都意味着对印迹来源的明确性表述。
否 定	有足够的差异之处;印迹来源不同。	否 定	充足的差异特征。	认定与否定两者是相对应的。
不确定	乳突纹线的流向/特征的质量和数量均不足以进行认定或否定。	不确定	特征不足以认定或否定;符合或差异的特征不充足;样本指印不完整	这两个表述都证实印迹可以进行比对,但特征的信息量不足以得出明确的意见。
不充分	印迹质量差;印迹中的纹线特征数量少和/或质量差。	特征无价值	特征质量不高;在分析评断印迹后不予评价	意见表述不同,但评价相当。

就证据价值而言,英国和美国法院以及其他地方的指纹证据通常是作为关于确定识别或排除识别的明确声明提供的,或者是作为对法律辩论没有贡献的证据提供的。后一种情况可能是由于指印的一般特征和细节特征不足以让鉴定人员认为其已经达到了任何一种明确结果的标准。事实上,这并不一定意味着指纹证据没有价值,但按照目前的做法,并不会向法院传达该意见。从一方面来看,这是可以理解的,因为没有严格的方法可以让鉴定人员推断出这些证

据的重要性。另一方面，在不提供评价的情况下，从比对过程中提出检材指印与样本指印之间的细节特征这一事实信息，可能会严重误导陪审团。

实际上，1979 年 IAI 禁止对指纹鉴定作任何进一步的概率性陈述：

> "……任何人……提供口头或书面报告，或用'可能识别''能够识别'的证词来提供指纹鉴定结论，则应被视为是不正当的行为。"
>
> ——波尔斯基、史密斯和加勒特，2010 年

在对最近的研究进行新的审查后，IAI 于 2009 年发表了一系列最新声明，其中一些声明确认了先前的某些观点，而另一些声明则对先前的一些观点做了修改。这些声明包括确认皮肤上的乳突纹线在生物学上是独特的，而且终生不变。然而，IAI 还认为，不可能证明在任何两个人身上都不会观察到相同的乳突纹线，因此不主张指纹具有独特性的观点。他们还从证词中删除了可能暗示指纹鉴定意见绝对肯定的任何措辞，目前他们对专家意见的要求变得更加灵活：

> "根据指纹鉴定人员的经验、知识以及所受的培训，在考虑了纹线细节特征的数量、质量和特殊性并能够得出来源归属意见的情况下，可以提供这种意见。"
>
> ——波尔斯基、史密斯和加勒特，2010 年

13.5　对指纹鉴定批判的总结

尽管法庭上的指纹分析应用在历史上取得了成功，但指纹分析的过程和程序仍会继续受到不同程度的批评。这种批评的依据是，有些人认为指纹证据缺乏严格的科学依据，以及缺乏评价这类证据和法庭证词的逻辑和概率框架。诺依曼、埃维特和斯凯勒特（Neumann, Evett and Skerrett，2012 年）概述了三种不同的论点。

尽管存在 ACE-V 协议的制约，但任何检验程序都是由专家本人

进行操作的，不同的鉴定人员会使用不同的程序且没有进行充分的记录，因此缺乏可重复性。即使两位鉴定人员都能正确地认识到他们正在使用 ACE-V，但他们也可能有着不同的认知过程。尽管已在标准的制定和鉴定人员的培训方面做出了改进，但这个问题仍然存在。

虽然在很多方面都有大量证据表明，任何指纹都能明确地与其他指纹区分开来，可一旦犯罪现场指印的质量达到某种无法确定的水平，即在指印大小、分辨率以及失真程度方面出现问题时，这种说法就站不住脚了。因此，任何关于犯罪现场指印独特性的一般说法都是不成立的。这就意味着，在评价中，证据的权重始终会在法庭证言中被夸大。因此，指纹证据评价的性质这一根本问题仍未得到解决。

最后，尽管在法庭上存在着错误证词的先例，但却还没有公认的办法来量化指纹鉴定结果的可靠性以及检验最小错误率。理想的情况是，应该有一个待检指印的错误率，而不是指纹分析的一般错误率，因为指纹分析的一般错误率会随着研究中高质量指印的比例上升而大大降低。尽管在这一领域进行了一些研究，但仍然没有严格的科学依据使法院能够评价指纹证据的可靠性。

13.6 有关指纹的专家证言面临的挑战

13.6.1 2011 年王室诉皮特·史密斯案

2007 年 2 月，希尔达·欧文（Hilda Owen）在她位于英国诺丁汉郡斯凯格比的家中被人用锤子殴打并杀害。两天后，她的尸体被邻居皮特·史密斯（Peter Smith）发现，史密斯最初被认为是证人，但后来因涉嫌谋杀被逮捕，原因是欧文夫人最近为他立了一份遗嘱。在该案中，并没有直接的证据表明史密斯与犯罪现场的活动有关，除了在门把手上的血迹中发现的一枚模糊的指印，这枚指印在史密斯的审判中起到了重要作用。

最初这枚指印被认为细节特征不足，无法被采信。但一年后，在史密斯被捕后，同一名指纹鉴定专家复核了该指印，并得出结论，根据指印的纹线特征可以找到 12 个相似点且没有出现任何差异点，他可以确定其来源是史密斯的左手食指。他唯一的记录是对这一结果的简要说明。他向法庭报告了他的整体评价结果：

> "在形成我的意见时，我考虑了指印细节特征的数量、相对位置和顺序以及总体质量。我毫不怀疑，照片中显示的纹线细节区域是来自史密斯。"
>
> ——王室诉史密斯案，2011 年，第 19 段

尽管辩方通过援引其他专家的意见对这一证据提出了质疑，但史密斯仍被判定犯有谋杀罪。2011 年，史密斯对这一判决提出上诉，理由是对这一枚指印提出了新的专家意见。上诉法院面临的关键问题是：

> 虽然其他两名鉴定人员已经对第一名鉴定人员的结果进行了独立核实，但鉴定人员和核实人员都没有做好充分的同期记录，包括标示指印特征比对表。
>
> 控方不接受辩方证人在审判中的专家地位，因为她仅仅在美国接受了部分培训，而没有通过英国警察指纹局的培训。另外两名指纹专家都曾在英国指纹局工作过，他们提供的新证据让人们对原来的审查小组所描述的分析和比较结果产生了重大怀疑。他们之间有三个方面的冲突：
>
> (1) 在来自门把手的指印中，哪些花纹是由乳突纹线组成，哪些花纹是由犁沟线组成，是否能观察到汗孔特征。这对比对过程具有根本性的意义。
>
> (2) 事实上，该指印是否存在重叠，导致第二组乳突纹线覆盖了第一组乳突纹线的一部分，这一事实使得双方在确定检材指印与样本指印的相似点和差异点上存在分歧。
>
> (3) 指印的左侧是否足够清晰，是否可以进行对比。辩方

的一位专家表示，他在指印左侧发现了 10 个差异点，而原鉴定人则认为指印不够清晰，无法进行任何比对。

虽然这对上诉法院的裁决没有帮助，但法官们对指纹局鉴定记录的保存和法庭陈述标准提出了批评。法官们还关注到，英国警方唯一能接受的独立指纹专家是退休军官或该国其他部队的成员。

> "我们所提出的几点，确定了英格兰和威尔士在现代法庭科学方面与其他地区的做法有着明显的差异，但这并不奇怪。"
>
> ——王室诉史密斯案，2011 年，第 61 段

上诉法院法官的结论是，两组专家对该案指纹证据的解释存在明显的冲突，而在原审中他们并没有向陪审团提出这一问题。如果所有有争议的细节都被提出来了，那么陪审团很可能会接受辩方专家证人的证词，即史密斯的手指不是该痕迹的来源。在此基础上，上诉将被维持，定罪会被撤销。然而，在 2012 年 11 月经过重审后，史密斯仍被判有罪，并被判处至少 29 年的监禁。

值得注意的是，本案表明了保存指纹检验记录的必要性，ACE-V 协议因其本身的主观性而难以统一操作，即使是指纹鉴定这种比较明确的证据，在法庭上也会出现专家之间的争议。　200

13.6.2　雪莱·麦基案与1997—2011 年苏格兰指纹调查

雪莉·麦基一案因成功挑战了指纹证据的无懈可击性而影响深远，在该案中，指纹鉴定意见的指向与警方所代表的诚实和正直完全相悖。1997 年 1 月 8 日，在苏格兰基尔马诺克发生了一起谋杀案，警方在受害者马里恩·罗斯（Marion Ross）家中的门框上发现了一枚指印。受害人是被一把剪刀刺中脖子而死。在整个调查过程中，警方共发现了两枚潜在指印，这两枚指印是本次讨论的核心：第一枚指印（Y7）是在浴室门框上发现的，后来被认为是警官雪莱·麦基留下的；第二枚指印（Q12）是在主要嫌疑人大卫·阿斯伯里（David Asbury）家中的一个装钱的罐子上发现的。第二枚指印最初

被确认为来自罗斯，它将阿斯伯里与罐子联系在了一起，因为该罐子来自她家。这一证据对阿斯伯里在 1997 年被判处谋杀罪起了关键作用。

Y7 指印的鉴定从一开始就有争议，因为麦基说，从她 1 月 9 日到达现场到 1 月 14 日取回指印，她接到的指示都是不要进入罗斯的房子，而她也一直遵守着这一命令。因此，她坚称自己不是该枚指印的来源。麦基于 1999 年 4 月因作伪证而受审，这实际上等于指控她对没有进屋的说辞撒谎了。而事实上，该枚指印证明她的确进入了屋内。审判的大部分时间被用于辩论 Y7 的鉴定问题，苏格兰刑事记录办公室（Scottish Criminal Records Office，SCRO）的指纹鉴定人员和辩方聘请的独立专家提出了不同的意见。

2011 年《苏格兰指纹调查报告》（FIS Report）对这一辩论做了如下总结：

检察机关的观点认为：

（1）经 SCRO 的四名鉴定人员的独立鉴定，他们认为 Y7 指印为麦基的左手拇指印，这一结论是根据指印底部 16 个相似的二级细节特征点得出的。

（2）他们都以质量较差为由排除了指印靠上的区域，从而没有将检材指印的该部分与样本拇指指印的对应区域进行比较。

（3）Y7 来自麦基的左手拇指。

辩方认为：

（1）除了 5 个二级细节特征点在可接受的范围内，控方依据的其余 16 个来自指印底部的特征点，要么勉强能认定为是二级细节特征点，要么超出了可接受的范围。

（2）排除指印靠上部分是不正确的，在比较和评价时应考虑到乳突纹线细节的差异性。

（3）仅凭这些差异，就排除了麦基是这枚指印来源的可能性。

约翰斯顿勋爵（Lord Johnston）在审判总结时强调，关于 Y7 指纹的专家证据相互矛盾，陪审团需要决定他们认为哪个可靠。他出人意料地指出，陪审团在做出决定时有权去观察检材指印和麦基的

201

指纹，并做出自己的比较，这样的做法实际上忽略或推翻了专家的意见。他补充说，最关键的问题在于，陪审团应该考虑专家对指印靠上部分的意见，以及他们在比较中接受或排除该部分的理由是否合理。在这个过程中，他希望能将关注点放在辩方专家的逻辑推理上，而不是控方基于更模糊的判断概念的理由。

仅仅在休息了 1 小时 25 分钟后，陪审团就一致做出了无罪的判决，麦基最终被无罪释放。这个关于 Y7 指印的判决得到了 FIS 的认可，FIS 关于指纹细节的争论更加深入，其中包括了不同的独立专家的观点，并且他们都参与了该案的审判。

尽管取得了这一法律结果，但 SCRO 仍坚持其在指纹鉴定问题上的立场，经过了 7 年的维权行动，麦基才因这一指控所受到的不公待遇而获得赔偿。然而，为了全面调查此案，特别是 SCRO 在其中扮演的角色，政府开展了一次公开的司法调查，并根据该调查于 2011 年编写了 FIS 报告。

阿斯伯里的境遇如何呢? 他于 2002 年成功地对谋杀罪的定罪提出了上诉，理由是罐子上的指印被错误地认定为来自罗斯。FIS 也审查了这个错误的鉴定，并就 Q12 指印征求了独立鉴定人员的意见。这枚指印不仅印在了罐子表面的花纹图案上，还覆盖在了阿斯伯里的指印上。在对双方专家证人进行交叉询问后，FIS 主席在其结论中说道:

> "证人之间几乎没有任何共同点。"
>
> ——FIS 报告，2011 年，第 26.79 段

他认为，这枚指印和罗斯的指纹只有 3 个细节特征点可以匹配，但这远未达到当时要求的 16 个点的数量标准。此外，指印的整体清晰程度也意味着在整体方法下不可能进行鉴定。

> "我的结论是，SCRO 将 Q12 认定为来自罗斯小姐的结论是错误的，即该认定有误。"
>
> ——FIS 报告，2011 年，第 26.95 段

FIS 报告提出了十项主要的调查结果和十项建议，其中包括一些对指纹界具有广泛意义的结论和建议。在与本案具体相关的调查结果中，报告的结论是，错误的识别只归咎于人为错误，不应因为在同一案件中出现了两次这样的错误而对指纹证据产生"破坏性"的影响。更笼统地说，它的结论是，指纹鉴定人员的方法不足以处理复杂的指印，鉴定人本身除了能提供关于指印的明确识别方面的证词外，不具备提供其他证词的能力，而且专家和法院都需要考虑到在利用有局限性的方法工作时可能出现的困难。

202　　对于未来，FIS 建议：

> "指纹证据应被视为意见证据，而非事实证据，刑事司法系统的有关人员需要根据其证据价值进行评价。
>
> 鉴定人员应被禁止提供 100% 肯定或 100% 否定的结论，也不能以其他任何理由表明指纹证据是无懈可击的。此外，鉴定人员还应接受培训，强调他们的检验结果是基于个人的意见。这种意见会受到多方面的影响，包括指印本身的质量、鉴定人员对指印和指纹细节的观察能力、对观察到的特征的主观解释、对任何差异的解释以及对'充分性'这一主观看法的态度。"
>
> ——FIS 报告，2011 年，第 42 章

这些建议都符合在其他案件中所表达的观点，也符合许多人从科学和法律角度研究和严格审查指纹鉴定、ACE-V 方法、评价标准和提出证词的观点。

13.7　基于数据库识别指印

13.7.1　自动指纹识别系统与手动系统的比较

经常出现的情况是，潜在嫌疑人的指纹在一个记录了个人十指指纹的数据库中被识别出来。这通常是借助于（Ⅰ）AFIS［（综合）自动指纹识别系统］软件，如英国警察指纹局使用 IDENT1 软件来

完成。这个软件的输出结果是一份来自不同人的指纹名单，按照检材指印和样本指印之间细节特征的相关定量标准进行排序，其目的是引导指纹鉴定人员按照 ACE-V 程序，找到那些需要进行人工检验的指纹。从这一点来看，这项任务在某种程度上类似于以往会遇到的情况，即鉴定人员需要获取多名嫌疑人的十指指纹。在这种人工程序中，这些指纹是根据其他标准挑选出来的，而这些标准通常与指纹本身的性质或案件中的其他法庭证据无关，因此这些指纹中不大可能存在详细的、与细节特征有关的相似之处。另一方面，AFIS 名单是根据指印本身的特定纹线细节特征得出的，这使得整套指纹的相似度很高，而且随着数据库规模的扩大，这种相似度会越来越高。仅仅因为这个原因，AFIS 辅助过程中出现错误识别的概率也更高。

因此，机器和鉴定人员之间的协作促使一种新方法产生，这种方法不能直接与单一的人工程序相比较，实际上可能需要不同的（更高的）标准来识别指纹。此外，在引入 AFIS 之前，在没有任何其他证据的情况下，是不可能通过"冷匹配"程序来识别犯罪现场痕迹的。当然，在这种情况下，指印的来源甚至可能不在数据库中，因此人工分析对于得出有效的结果至关重要。姆努金和德罗尔（Mnookin and Dror，2010 年）对这些问题及其相关问题进行了讨论，他们总结道：

> "尽管取得了成就，但我们认为，由于没有考虑在使用自动指纹识别系统去识别潜在指纹时所带来的所有后果，因此不仅没能充分发挥潜在指纹识别的作用，而且还增加了错误识别的可能性。"
>
> ——姆努金和德罗尔，2010 年

关于 AFIS 错误识别的最引人注目的例子是 2004 年的布兰登·梅菲尔德案。

203

13.7.2　2004 年马德里爆炸案（布兰登·梅菲尔德案）

2004 年 3 月在西班牙马德里发生了一起列车恐怖袭击事件，造成了 191 人死亡，1000 多人受伤。在对与该事件有关的一袋雷管进行 502 胶熏显后，发现了一枚潜在指印（LFP17），这被认为是寻找罪犯的关键证据。一周后，应西班牙国家警察的要求，联邦调查局在其 IAFIS 系统中对 LFP17 进行了搜索，结果发现其与俄勒冈州波特兰市的一位从事民事诉讼和移民诉讼的律师布兰登·梅菲尔德的指纹相吻合。他还曾是一名美军中尉，这个指纹是在 20 年前他因盗窃被捕后被列入数据库的。警方还得知，他在与一名埃及人结婚后改信了穆斯林教。他是 IAFIS 给出的可能匹配名单上的 20 个人中的一个。一位经验丰富的鉴定人员对梅菲尔德的每一个指纹都进行了仔细检验，鉴定人员认为其左手食指是爆炸案现场指印的来源，这一结论同时还得到了另外两位专家的确认。当这一鉴定的具体情况被传回给西班牙当局后，得到了一个令人惊讶的答复，西班牙的指纹鉴定人员给出的结论是"否定"梅菲尔德是现场指印的来源，这与联邦调查局的观点相矛盾。尽管如此，联邦调查局还是继续监视梅菲尔德，并试图寻找对梅菲尔德不利的证据。5 月中旬，西班牙国家警察查明了指印的真正来源是居住在西班牙的一名阿尔及利亚人乌赫纳恩·达乌德（Ouhnane Daoud）。因此，联邦调查局撤销了对梅菲尔德的指认，他被释放了。

为此，美国监察长办公室（OIG）展开了一项调查以确定这种错误识别的原因和联邦调查局的反馈。其在一份报告中，确定了以下几个关键因素：

（1）据称，LFP17 和梅菲尔德的左手食指指纹在乳突纹线和 10 个细节特征点的位置上都有着"不同寻常的相似性"，但 LFP17 的分辨率相对较差。

（2）这些细节特征点的某些性质在两枚指印之间是不同的。例如，一枚指印的分歧点在另一枚指印的对应位置是结合点。

（3）由于这 10 个细节特征点的分辨率有限，再加上联邦调查局数据库的规模巨大，导致梅菲尔德的指纹出现在了 IAFIS 名单的前列。正如 OIG 调查所得出的结论：

> "梅菲尔德一案表明，在对 IAFIS 数据库中的潜在指纹进行检验时需要特别小心，因为遇到相似但不匹配的指纹的可能性很高。"
>
> ——OIG，2006 年，第 4 章第 A 节

（4）联邦调查局的指纹鉴定人员犯了"循环推理"的错误（见第 9.4 节），因为其在找到了 10 个相似点后，又想要进一步寻找指印上的其他细节特征去加强识别结果。

（5）鉴定人员还过分重视将 LFP17 中已经失真的部分与梅菲尔德指纹中所谓的三级特征进行比较。

（6）对检材指印和样本指印之间差异的解释是矛盾且无效的。例如，尽管整枚指印的纹线流向是连续的，但在指印靠上部分没有任何相似之处的情况下，鉴定人员却仍然将其认为是由第二枚指印的叠加造成的。

（7）尽管没有被认为是导致错误识别的因素，但第二名鉴定人员的核查也不是"盲目"进行的。

（8）尽管评价遵循了所建议的整体方法，但使用替代性的 ESA 标准将无法避免导致本案中的误认，尽管在最初的比较中只使用了 10 个细节特征点。

（9）联邦调查局在 ACE-V 中的标准是为了鼓励鉴定人员进一步识别指印来源，而不是提供不确定的结论。

本案例凸显了在 ACE-V 整体系统内，指纹识别过程的许多弱点。

13.8　指纹证据的可采性

自"多伯特三部曲"标准颁布以来，指纹证据的可采性一直受到美国法院的审查。事实上，许多人赞同这一做法对指纹鉴定的科

学依据进行了过度的评价。萨克斯预测了双方在处理关于指纹证据的多伯特听证会时会遇到的困难，他对这个问题做了简要说明：

> "投票承认指纹就是拒绝以传统科学为标准来接纳指纹。投票支持科学就是投票排除指纹专家的意见。"

> ——萨克斯，1998 年

值得注意的是，以下这两起案件不仅是对一种既定的法庭证据形式的无效性提出挑战的例子，也是大多数专业指纹鉴定人员与那些对法庭科学特别是指纹学的科学依据提出质疑的人之间所进行的辩论会。

13.8.1　2004 年美国诉拜伦·米歇尔案

1991 年在费城发生了一起持枪抢劫案，拜伦·米歇尔（Byron Mitchell）被指控驾驶汽车逃逸，唯一能证明他与犯罪有关的证据是在排挡杆和驾驶座车门上发现的指纹。在一系列的审判和上诉过程中，米歇尔提出了新的证据，他声称这些证据能够使指纹证据的可采性受到质疑。上诉法院 2004 年的报告回顾了这一延伸的法律论点的全部内容，其要点在此说明。

首先，法院宣布不必决定指纹鉴定属于哪一专业知识领域，只需决定本案中的证据具有高度证明力，且远远超过对被告造成不公平偏见的风险。其次，法院确认摆在法院前面的唯一问题是，对潜在指印的检验是否有助于个人识别。为此，法庭同意控辩双方均可传唤指纹鉴定专家出庭作证，来确认指纹是否为可靠的信息来源。除此之外，法庭还裁定：

> "……排除关于（潜在指纹鉴定）是否科学、专业技术或其他方面的证据。这在陪审团面前没有任何意义。"

> ——美国诉拜伦·米歇尔案，2004 年，第 16 页

这援引了锦湖轮胎案裁决，即专家意见证据不一定要特别科学

才能被采纳。法院还指出:

> "……做出司法认知,即人类的乳突纹在整个手表皮区域都是独特和永久的,而且人类的乳突纹线的布局也是独特和永久的……"

> ——美国诉拜伦·米歇尔案,2004 年,第 17 页

这些陈述结合在一起,不仅为指纹证据的可采性提供了强有力的法律支持,也为人们坚信指纹证据在法律程序中的价值提供了强有力的法律支持。

13.8.2　2002 年美国诉列拉·普拉扎案

相反,2002 年 1 月上诉法院对另一个案件的裁决却成为《纽约时报》的头版头条:

> "法官裁定指纹鉴定结果不能称为匹配。"

> ——纽曼(Newman),2002 年

本文报道了卡洛斯·伊万·列拉·普拉扎(Carlos Ivan Llera Plaza)和其他两人在被控吸毒和谋杀罪的审判前提出的上诉,理由是指纹证据不应被采纳,因为它不符合多伯特标准。法院在裁决中同意专家证词:

(1)描述如何获得潜在指印并对其进行保存的。

(2)将指印图像以放大的形式呈现在法庭上,方便识别纹线的细节特征。

(3)标记并解释观察到的检材指印和样本指印之间的任何相似性来自特定的个人。

辩方可请另一位专家以同样的方式发表意见。但是,两位核查人员均不得证实某人是或不是犯罪现场指印的来源。这一最后的评价性陈述被宣布为是不可接受的证据。

尽管这一裁决对其他法院不具有约束力,但却引起了司法系统

和指纹学界的恐慌，因此这也引起了报社的兴趣。反常的是，上诉法院法官波洛克（Pollock）找到了重新审查其裁决的理由，仅在两个月后，他又发表了第二份文件，推翻了这最后一点，从而恢复了传统指纹证据的完全可采性。

206　　显然，在这两项裁决中，指纹科学的大部分原则都没有改变。指纹本身的独特性和稳定性没有受到挑战，前两个阶段的 ACE-V 原则也得到了接受。但问题在于，无论犯罪现场指印的质量如何，评价和核查阶段是否能够提供可靠的结果（在多伯特/锦湖轮胎案规则下），鉴定人的主观评价是否如第一次裁决中所暗示的那样不可靠，还是如法官在第二次裁决中所决定的那样，此类评价使用了客观标准确保了可靠性？考虑到这一问题，波洛克法官审议了关于指纹鉴定人员培训和测试的证词，还审查了关于鉴定错误率的研究的证词。最后，他为推翻其先前的决定辩解道：

> "……没有证据表明经认证的联邦调查局指纹鉴定人提供了错误的鉴定证词，因此，就没有证据表明经认证的联邦调查局指纹鉴定人的错误率高得令人无法接受。"
>
> ——美国诉列拉·普拉扎案，2002 年

13.9　指纹证据的概率评价

虽然在对指纹证据进行基于特征点数量的绝对评价时，常常将洛卡德的观点引申为一种依据。但鲜为人知的是，如果匹配点的数量减少，他的观点中还包括了一项关于评价的进一步说明：

> "如果特征点的数量有限，指纹就不能为识别提供确定性，而只能提供与可用特征点的数量及其清晰度成比例的推断。"
>
> ——洛卡德，1914 年，在山普的翻译和引用，1995 年

对这一颇有先见之明的观点的解释是，对这类痕迹的评价不能一概而论，而应基于检材指印和样本指印之间共同特征的数量（和

质量）。换言之，需要采用灵活的标准或是能更好地采用概率评价。关于指纹证据有两个主要问题，其中概率解释将带来巨大的好处：

首先，从概率的角度重新解释了肯定和否定的范畴阈值。这能够为这些观点提供科学的依据和严谨的理由。

其次，从目前尚无定论的评价中找回证据价值。这在实践中非常有用，因为它可以使潜在的相关证据提交法庭。

在最近的一系列论文中，诺伊曼及其同事（2006 年，2012 年）描述了一种用似然比对案件指纹进行概率评价的方法，特别是对后一种效益的解决方法，并论证了其可行性。

从一开始就应该清楚，这一过程与使用自动指纹识别系统来识别潜在指印的过程是很不同的，而且是分开的。最初，指纹鉴定人员会根据指纹样本数据库对指印来源做出同一认定。除其他因素外，还基于检材指印和样本指印在纹线对应位置处的细节特征。为了确定在概率基础而非分类基础上的评价，将根据以下方法计算这种识别的似然比。相互对抗的主张可以表述为：

H_1：这枚指纹来源于产生样本指纹的手指。

H_2：这枚指纹不是来源于产生样本指纹的手指。

证据 E 是鉴定人员的结论，即在测量不确定度的范围内，在检材指印上观察到的细节特征形态和样本指印上的细节特征形态相同。测量不确定度包括手指本身和手指之间的变异。前者包括同一手指重复捺印造成的扭曲变形，后者包括群体中相似但不同的指纹之间的细节特征位置的实际变化。

$Pr(E|H_1)$：假设检材指印是来源于样本指印，在测量不确定度范围内，检材上观察到的细节特征与样本指纹中的细节特征无法区分的概率。

$Pr(E|H_2)$：假设检材指印是来源于除样本指印外的其他手指，在测量不确定度范围内，检材上观察到的细节特征与样本指纹中的细节特征无法区分的概率。

　　计算这两种概率需要实验调查数据，因此结果取决于这些数据库的选择和范围。

　　对于 LR 的分子来说，关键信息是手指自身的变异性，它代表手指按压表面时所产生的印迹的变形范围。在某些有限的条件下，可以通过实验对其进行估计，然后建立数学模型。这可以衡量匹配的质量。

　　L 的分母需要一个数据库，其中包含指纹群体中典型细节特征组合范围的样本。这可以衡量选择的细节特征点组合的稀有程度。在可行性研究中，该数据库包含约 12 000 个指纹。在这两种情况下，指纹鉴定人在检材和样本指纹中标注的细节特征组合的变化都包括在内。

　　与最初的识别不同，似然比的计算完全基于细节特征的匹配；在这项研究中，细节特征 k 的数量从 3 到 12 不等，在计算中，细节特征的组合是通过将它们连接成多边形来处理的。

　　主要结论为进一步开发这种方法以评估已识别的犯罪现场痕迹提供了有力的依据。

　　●正如预期的那样，LR 的中值随着 k 的增加而增加。

　　●对一个 $8 \leqslant k \leqslant 12$ 的已知痕迹的鉴定结果为 $10^{10} \leqslant LR \leqslant 10^{13}$，这与一个标准的高质量 SGMPlus DNA 图谱所提供的证据权重相当。

　　●对于最低的 k 值，$10^3 \leqslant LR \leqslant 10^5$，首次提供了仅基于 3 个或 4 个细节的特征识别的证据权重估算。

208　　尽管这项可行性研究取得了成功，但在这种方法被科学界接受之前，还有更多的研究工作要做，更不用说被指纹鉴定人接受了。此外，这并不意味着指纹鉴定中的这种革命性变化会被法院接受。要解决随之而来的法律问题和困难，很可能需要更长时间的讨论和辩论。

　　　　"在近期内，我们认为目前提出分类意见的做法不会改变。但从长远来看，我们期待着向类似于 DNA 证据的框架发展。"

　　　　　　　　　　　　　　　　　　——诺伊曼等，2012 年

13.10　结　论

尽管近年来指纹证据饱受批评，但事实仍然是，犯罪现场的遗留指印通常可以识别个人并将其与犯罪联系起来，这一点令全球的法院都感到满意。然而，当代指纹鉴定人员更清楚地认识到了他们的分支学科在方法和提供意见方面存在着局限性。目前在指纹证据的逻辑评价方面的发展，有可能为这一领域提供有效的科学依据，并使犯罪现场那些质量较低的指印能够可靠地为法庭查明事实做出贡献，而目前这些低质量的指印要么被忽视，要么被错误地解读了。

参考文献

1. Adam C. D. (2010). Chapter 8. 2, Probability and the uniqueness of fingerprints, 198−200 in *Essential Mathematics and Statistics for Forensic Science*, Wiley−Blackwell, Chichester, UK.

2. Champod C. (1995). Edmond Locard− Numerical standards and "probable" identifications. *Journal of Forensic Identification*, 45, 136−145.

3. Champod C. and Chamberlain P. (2009). Fingerprints. In J. Fraser and R. Williams (Eds.). *Handbook of Forensic Science*. 57−83. Willan Publishing, Cullompton, Devon, UK.

4. Dror I. and Mnookin J. L. (2010). The use of technology in human expert domains: challenges and risks arising from the use of automated fingerprint identification systems in forensic science. *Law, Probability and Risk*, 9 (1), 47−66.

5. Evett I. W. and Williams R. L. (1996). A review of thesixteen points fingerprint standard in England and Wales. *Journal of Forensic Identification*, 46 (1), 49−73.

6. Fingerprint Inquiry Report − Scotland [Online]. (2011). Available at: http://www. webarchive. org. uk/wayback/archive/20150428160022/http://www. the fingerprintinquiryscotland. org. uk/inquiry/3127−2. html [Accessed 22 December 2015].

7. Forensic Science Regulator: Codes of practice and conduct, Fingerprint comparison. Appendix FSR−C−128 [Online]. (2015). Available at https://www. gov. uk/government/uploads/system/uploads/ attachment_data/file/415108/128_FSR_fingerprint_

appendix Issue1. pdf [Accessed 7 November 2015].

8. Huber R. A. (1959). Expert witnesses: indefence of expert witnesses in general and of document examiners in particular. *Criminal Law Quarterly*, 2 (3), 276–295.

9. Neumann C., Champod C., Puch–Solis R., Egli N., Anthonioz A., Meuwly D. and Bromage–Griffiths A. (2006). Computation of likelihood ratios in fingerprint identification for configurations of three minutiae. *Journal of Forensic Sciences*, 51 (6), 1255–1266.

10. Neumann C., Evett I. W. and Skerrett J. (2012). Quantifying the weight of evidence from a forensic fingerprint comparison: a new paradigm. *Journal of the Royal Statistical Society A*, 175 (2), 371–415.

11. Newman A. (11 January 2002). Judge rules fingerprints cannot be called a match, New York Times [Online]. Available at http://www. nytimes. com/2002/01/11/ national/11PRIN. html [Accessed 4 November 2015].

12. NIST: Latent print examination and human factors: improving the practice through a systems approach: The report of the expert working group on human factors in latent print analysis, NIJ [Online]. (2012). Available at http://www. nist. gov/oles/up-load/latent. pdf [Accessed 7 November 2015].

13. NRC: Strengthening forensic science in the United States: a path forward, Document 228091 [Online]. (2009). Available at http://www. nap. edu/catalog/ 12589. html [Accessed 10 October 2015].

14. Office of the Inspector General, US Dept of Justice: A review of the FBI's handling of the Brandon Mayfield case; executive summary [Online]. (2006). Available at ht-tp://www. justice. gov/oig/special/s0601/exec. pdf [Accessed 4 November 2015].

15. Polski J., Smith R. and Garrett R., for the IAI Standardization Committee: The Report of the International Association for Identification, Standardization II Commit-tee [Online]. (2010). Available at https: //www. ncjrs. gov/pdffiles1/nij/grants/ 233980. pdf [Accessed 4 November 2015].

16. R v Buckley [1999] All England Transcripts, 143 SJ LB159.

17. R v Smith P. K. [2011] EWCA Crim 1296.

18. Saks M. J. (1998). Merlin and Solomon: Lessons from the law's formative encounters with forensic identification science. *Hastings Law Journal*, 49 (4), 1069–1141.

19. SWGFAST: Document #10, Standards for examining friction ridge impressions and

resulting conclusions (latent/tenprint) [Online]. (2013). Available at http://www. swgfast. org/documents/examinations - conclusions/130427 _ Examinations - Conclusions_2. 0. pdf [Accessed 7 November 2015].

20. United States v Llera Plaza and others II, Cr No 98-362-10, 11, 12 [E D Pa, March 2002].

21. United States v Mitchell, Cr No 96-407-1 [E D Pa, 2004].

拓展阅读

1. Ashbaugh D. R. (1999). *Quantitative-Qualitative Friction Ridge Analysis: An Introduction to Basic and Advanced Ridgeology.* CRC Press. Boca Raton, Florida.

2. Champod C. and Evett I. W. (2001). A probabilistic approach to fingerprint evidence. *Journal of Forensic Identification*, 51 (2), 101-119.

3. Giannelli P. C. (2002). Fingerprints challenged! *Criminal Justice*, 17, 33-35.

4. Kaye D. H. (2003). The nonscience of fingerprinting: United States v Llera-Plaza. *Quinnipiac Law Review*, 21 (4), 1073-1088.

5. Moenssens A. A. (2003). Fingerprint identification: reliable forensic science? *Criminal Justice*, 18, 30-37.

6. National Institute of Justice: The Fingerprint Source Book [Online]. Available at https: //www. ncjrs. gov/pdffiles1/nij/225320. pdf [Accessed 4 November 2015].

7. Wax S. T. and Schatz C. J. (2004). A multitude of errors: the Brandon Mayfield case. *The Champion*, September-October, 6-16.

第14章

微量物证、数据库和评价

微量物证通过其转移性和稳定性的特性将犯罪现场联系在一起，特别有力地证明了微量物证的作用，这些物质可通过物理化学分析方法进行定性和定量分析，并可用于识别和解释数据库。在这种情况下，根据似然比进行逻辑评价应成为法庭准备证词的标准方法。在对上诉法院王室诉 T 案（2010 年）的判决的答复中，伯格等人把对这些材料的解释和评价称为"B 类证据"（2011 年）（见第 12.5 节）。本章将讨论一些常见的且研究充分的例子，特别是玻璃、纤维和枪弹射击残留物（GSR）。

这些证据形式之所以独特，是因为它们的解释和评价通常需要在活动层级和来源层级中进行，这两方面都可以通过数据库来得出意见。似然比法能够将复杂的背景信息和条件纳入评价过程，使专家证人至少在理论上能够对法院正在处理的具体问题做出回应。然而，这至少需要对该种证据的转移性和稳定性机制有一个半定量的了解，以便为专家的解释提供信息，而关于这些机制的信息可能有限。

14.1 玻璃、纤维和枪弹射击残留物的分析方法

在所有的微量物证案例中，样品的识别、检索和随后的处理方法对于分析结果的最终解释和评价至关重要。专家证词应包括以下陈述：评价是基于对取样证据的限制。分析前的样品量将根据技术

的差异而有所不同，在某些情况下，如要对纤维进行显微镜检验时，可以直接检验粘有纤维的胶带。

14.1.1　玻璃分析

描述玻璃碎片特征的主要方法是测量折射率指数（refractive index，RI），通常会用扫描电子显微镜（SEM）配装 X 射线能量色散谱仪来检验。与 ICP-MS 技术相比，ICP-OES 的灵敏度更高、分析元素范围更广且定量能力更优越，很可能在未来取代 ICP-MS 技术，尽管这些技术尚未对案件工作产生重大影响。统计工具，如 t 检验，可用于对一件物品的碎片进行分组，并比较检材和样本的结果，这些结果与通常来自内部数据库的出现频率数据一起，为专家在来源层级对这类证据进行评价提供帮助。使用 t 检验，即提供匹配或不匹配结果，这是这种方法的一个弱点，尽管它的简易性在实践中是一个优势。

14.1.2　纤维分析

纤维分析包含更广泛的技术，选择何种技术取决于所检物质的复杂性。然而，在所有情况下，都需要先用到光学显微镜，因为这不仅可以进行直观评价和尺寸测量，而且还可以通过对交叉偏振光学显微镜（XPLM）下的双折射颜色的观察，确定纤维的化学类别（聚合物类型）并将其分组。如有必要，可用 FTIR 红外光谱法进行补充。如果需要对单个纤维的颜色进行客观测量，则可使用显微分光光度法进行。所有的这些技术都是非破坏性的，但对于复杂的混合染料，可能需要用到一种破坏性技术，如薄层色谱法或其他色谱法。广泛使用的参考数据库可用在根据双折射光谱和红外光谱对纤维所进行的化学鉴定中。尽管存在一些统计工具，例如比较由显微分光光度法产生的可见吸收光谱，但比较和解释通常是通过对这些数据进行定性评价来实现的。

14.1.3 枪弹射击残留物分析

相比之下，枪弹射击残留物（GSR）的化学分析，或更准确地说，涉及的通常是在枪支内引爆弹药底火后释放的 1~10pm 或更大尺寸的球形金属颗粒，以及这些颗粒的成簇物质。通常情况下，都是在自动仪器中通过扫描电子显微镜（SEM）中的 EDX 分析成像对这些物质进行分析。使用 EDX 分析最多只是半定量分析，得出的结果通常只局限于样品中的主要成分元素和次要成分元素的列表。因此，比较和解释不是在统计的基础上进行的，而是将样品按成分进行归类，并将其与已知的弹药类型联系起来，例如常见的"I 型"Pb-Ba-Sb 残留物以及"II 型"Pb-Ba-Sb-Al 和 Pb-Ba-Al 的变体。212 I 型成分被认为是枪弹射击残留物所独有的，尽管这种观点已不再被支持，而且"枪弹射击残留物的特征"一词通常用于陈述残留物中存在完整的主要成分（如 I 型或其他主要成分）的意见。这反映了一种替代的非枪弹射击残留物来源的可能性。同样，在只存在部分关键成分的情况下，实证研究表明"枪弹射击残留物"或"与枪弹射击残留物一致"这一术语更合适。在定量计算枪弹射击残留物的颗粒数时，枪弹射击残留物粒子的数量可能与诸如"低水平"之类的表达方式联系起来，例如 1~3 个粒子，或者存在 50 个以上颗粒的"非常高水平"。

14.2 来源层级与活动层级的数据库

14.2.1 来源层级

前面已经提到了通过双折射或红外光谱对聚合物纤维进行化学鉴定的数据库。对于玻璃碎片来说，可以从折射率推断出与证据来源类似但范围更宽泛的物质。例如，它是窗户的玻璃还是瓶子的玻璃。根据枪弹射击残留物的元素组成，可以推断出弹药的化学等级。

对于来源层级证据的其他解释需要有关其出现率的调查数据，

而除了一些实验室多年来自己建立的数据库外，这些解释性数据库还不太完善。例如，玻璃折射率数据库就是来自联邦调查局或是在现已解散的英格兰和威尔士法庭科学服务机构（FSS）内建立的个案样本。在某些情况下，制造商能够提供诸如纤维生产的数据，或者在法医专家的知识和经验的支持下，提供其他信息。但是，如果对某一特定数据库是否适用于当前情况或所处理的问题进行过于严格的审查，则可能会限制此类信息的使用。例如，一个关于玻璃折射率的 FBI 数据库是从 1964 年起经过多年时间建立的。

当然，使用这种数据库的目的是支持在辩护主张下提出的替代解释，最常见的是从环境中随机获取的微量物质。例如，对人群中的转移纤维的研究表明，转移纤维的出现概率取决于纤维的类型、颜色以及研究所针对的地理位置。其他解释更为具体，特别是在该物质是被集中使用而不是日常生活的一部分的情况下。例如，在反驳控方声称金属微粒是枪弹射击残留物这一观点时，辩护主张可能会将其解释为化学成分类似的替代来源，如烟花爆炸残留物、汽车刹车片中的微粒或焊料残留物。

14.2.2　活动层级

在活动层级上，数据库、调查结果和基于个案的信息实验是支撑解释和评价的基础。它们在适当的条件和时间跨度下，能够提供微量物质在相关表面的转移情况和稳定性的迹象。理想情况下，这些信息将会在逻辑评价中使用转移概率的估计值来提供。然而，除非是进行了具体的个案研究实验，否则发表的研究通常只能对专家的评价做出一般性的贡献。有趣的是，稳定性研究已经显示了不同类型的微量物证之间的一些共同特征。稳定性时间很重要，例如，在案件发生和对衣物进行检验之间有一段已知的时间间隔。一般来说，日常条件下的稳定性更多地依赖于其所附着表面的性质，而不是被转移物质本身的性质。基于指数衰减曲线或两阶段过程的模型，常被用于描述残留的微量物质的数量随着时间的变化过程。

不仅在过去的四十多年里，近年来关于这类工作的文献也越来

213

越多，因此有必要对这些研究范围进行简要的总结。

14.2.3 玻　璃

玻璃碎片的断裂和转移及其在衣物和头发上的稳定性一直是许多研究的主题，这为探究诸如撞击条件、碎片大小和表面性质等因素的影响奠定了良好的知识基础。此外，还有转移性研究、稳定性研究以及其他的一些研究，以确定环境中其他过程产生的玻璃碎片。其中包括一般情况下头发和头饰中以及衣物中的玻璃碎片统计，以及从事犯罪活动人的服装鞋子上玻璃碎片的统计等研究，以上这些，再加上已经提到的发生概率的数据库，以及基于贝叶斯推理并纳入转移情况和稳定性参数的统计模型的可用性，意味着对玻璃证据的逻辑评价方法已经较为健全。然而，这方面的许多研究文献中仍然较少出现实践中的案例。

14.2.4 纤　维

与玻璃相比，纤维证据的情况更为复杂和棘手，因为可供选择的纤维、织物、接触条件和表面种类繁多，而且环境的相互作用条件和影响被转移纤维稳定性的条件也多种多样。然而，除了关于支撑转移和稳定性的机制的具体研究外，还有许多关于转移纤维的指示性数量的研究，这些研究有着许多来源，涉及各种类型的服装、鞋类和汽车内饰。这些研究普遍认为，一般只能找到数量较少的转移纤维或常见的纤维（如蓝色聚酯），而发现数量较大的这类纤维则是罕见的。因此，本案中的证据价值将更为重要。

14.2.5 枪弹射击残留物

除了那些试图通过化学成分和形态进行描述、分类的研究之外，其他研究还表明，类似于某些枪弹射击残留物的金属微粒的其他来源包括：汽车维修活动，特别是刹车片；弹夹式工具；其他金属制造过程；以及在燃放烟花时形成的残留物。虽然最后一种来源的残留214 物已被证明能够在衣物上得到很好的保留，但这些领域的研究大多是定性的，仅与评价某些枪弹射击残留物成分有关。当然，考虑枪弹射击残留物的其他来源也是相关的，例如来自执法人员和其他以合法目的经营枪支的人。尽管人们已经认识到了这一点，但基于这些来源对转移和稳定性的研究似乎是有限的。而 ENFSI 指南（2015年）中也列举了枪弹射击残留物证据的评价报告示例。

14.2.6　统计模型和案件预评价

埃维特在 1984 年的开拓性工作基础上，针对微量物证的转移和稳定性问题，建立了相应的统计模型，基本方法在第 7.7.2 节中进行了描述。这些转移情形日益复杂，无论是一般性的，还是特定形式的。在评价玻璃证据方面使用这一模式的一个良好范例可在 ENFSI 指南（2015 年）中找到。这些构成了未来可能对个案工作解释和评价发展的基础，尽管这些如何在实践中实施运用，以及法院对严重依赖于复杂统计计算的科学意见的反馈如何，仍有待观察。

然而，这些模型也可为支持案件的法庭程序提供信息的预先评价（第 5.2.2 节），其中包括在实验工作之前进行解释和评价。对于大多数形式的活动层级上的微量物证，专家的经验和理解，以及相关的经验研究，目前在估计证据价值方面发挥着重要作用，从而产生了各种分析结果。经过检验的相关统计模型有可能对这种个案工作提供帮助。

14.3　法庭中的玻璃证据

对玻璃证据的法庭讨论，既反映了来源层级和活动层级的问题，又反映了鉴定意见书的形成和提交给法庭的过程。这些问题将通过以下案例加以说明。

14.3.1　1983 年王室诉阿巴顿案

史蒂文·阿巴顿（Steven Abadom）于 1983 年在泰恩河畔纽卡斯

尔刑事法院提起上诉，对其抢劫的定罪提出异议，理由是专家证人使用的统计资料不可采信，因为这不是基于他第一手了解的内容。本案的科学证据是从被告的鞋子中找到的玻璃碎片，据称这些碎片来自在抢劫过程中被打碎的一扇玻璃窗。

由于该碎片在鞋的上部被发现，并嵌入了其中，这被认为"与事件相吻合"，我们现在将从犯罪现场的行为角度来解释这一评论。碎片的折射率与窗户上玻璃的折射率并没有明显区别，对元素的分析印证了这一结论，并揭示了该玻璃属于典型的现代窗户玻璃。专家证人强调了测量的精确度，并声称在他实验室检验的全部玻璃中，有4%都是这种折射率。事实上，如果只考虑数据库中的窗户玻璃，这个值会更低。在发表意见时，他说：

> "考虑到只有4%的实验室玻璃样品中有这种折射率，我认为能够非常有力地表明，鞋子上的玻璃和窗户上的玻璃实际上是一样的。事实上，它就是来源于窗户。"

——王室诉阿巴顿案，1983年

尽管被告传唤的一名专家证人没有直接质疑这一证据，但他试图削弱这一意见，从而犯了被告的谬误。他辩称，因为现在有2万吨到4万吨这样的玻璃，所以这并不少见。上诉法院认为，统计信息对证据的正确评价至关重要，无论证据的来源如何，专家都可以使用专业判断来说明这一点。与往常一样，陪审团最终将结合所有其他证据决定专家证词的意义。该上诉被驳回，对阿巴顿的判决得到了确认。

14.3.2　2014年王室诉刘易斯-巴恩斯案

2011年7月，伦敦伍德格林一辆汽车上的手提箱失窃，随后杰梅因·刘易斯-巴恩斯（Jermaine Lewis-Barnes）在现场附近被逮捕。尽管并没有在他身上搜到失窃的手提箱，但警方在他戴着的兜帽顶部发现了玻璃碎片，这直接导致他因涉嫌打碎车窗和偷窃手提箱而被捕。法医检查发现，从巴恩斯的衣服上共找到了超过 75 块的玻璃碎片，基于折射率和化学成分的分析，发现其中几块碎片与车窗玻璃的特性相匹配。专家证人报告认为：

> "……这些发现有力地支持了上诉人的说法：车窗破碎时他恰好在旁边，或者是案发后与车窗上的碎玻璃有过接触。"
>
> ——王室诉刘易斯–巴恩斯案，2014 年，第 4 段

刘易斯–巴恩斯承认他当时因为好奇，把头从破车窗里探了进去。他认为自己不需要对车窗的破损负责，并且否认自己偷了手提箱。在审判中做出有罪判决后，刘易斯–巴恩斯提出了上诉，理由是法官误导了陪审团，就"发现的玻璃碎片是否与被告的解释一致"这一问题对陪审团进行了明确询问，但专家证人其实并没有说明在证据的两种解释中，他认为哪一种更有可能是真实情况。

然而，上诉被驳回，理由是陪审团有权就宪法采取行动。法官在综合全案证据的基础上做出指示和结论。事实上，这是"常识"：

> "……陪审团不需要专家证据，就可以驳回不真实的判决。有人暗示，上诉人明明只查看了汽车内部，但却沾到了车顶上的多块玻璃碎片。"
>
> ——王室诉刘易斯–巴恩斯案，2014 年，第 14 段

专家证人对两种备选方案的相对优势做出了更明确的陈述，对兜帽顶部玻璃碎片数量的解释可能有助于法院解决这一问题。 216

14.3.3 2010 年王室诉 L 等人案

2008 年，三名蒙面劫匪打破了英国柴郡一所房子的双层落地窗，袭击了屋主并向其索要钱财。随后，劫匪乘坐受害者的汽车逃走了，当天晚些时候，这辆车被警察拦住，车上的杰米森、泰勒和 L（Jamieson，Taylor and L）三人也随之被逮捕。在庭审中，控方提出了一项科学证据，即从他们身上找到的玻璃碎片与从破碎的窗户下面的地板上

提取的样本玻璃之间的比对结果。

专家萨顿（Sutton）证实，在这些玻璃中，有两块玻璃在化学性质上是不同的，而从被告衣服上取回的玻璃与从犯罪现场提取的样本玻璃是相同的，这是由折射率和化学成分测量结果所确定的。他补充说，这两种玻璃的成分都比较特殊，因此在个案中并不常见。在他的评价中，萨顿就三名被告各自的玻璃证据提供了不同的陈述。

对泰勒来说，这一证据为他曾在犯罪现场接触过碎玻璃的说法提供了"极其有力"的支持，而对杰米森来说，同样的观点也得到了"非常有力"的支持，这可能是根据他们衣服上发现的玻璃碎片的数量和分布。相比之下，对于 L 来说，在他的头巾上发现了两块玻璃碎片，萨顿的观点是，这为"从现场接触到破损或破碎的玻璃"提供了非常有力的证据。这与他对其他两名被告的观点形成了鲜明的对比。

在上诉时，上诉人提出的理由之一是，法官对于在 L 身上找到的玻璃证据的专家证词的细节进行了错误的总结，称他的案件是"在现场"接触的，而不是"从现场"接触的。上诉法院承认，审判法官在最初的总结中确实犯了错误，但在辩方的干预下，他已经纠正了自己的错误。事实上，这强调了专家对 L 和其他被告的不同意见，尽管这一区别的意义在于陪审团的决定。最终，上诉还是被驳回了，对这三人的有罪判决都得到了确认。

14.3.4　2012 年人民诉史密斯案

2010 年 9 月，达内尔·史密斯（Darnell M. Smith）被指控在伊利诺伊州斯普林菲尔德的一家咖啡馆里实施了入室盗窃。目击者听到了玻璃破碎的声音，看到了闯入者，他们后来认出这就是史密斯，并观察到闯入者从咖啡馆门口的碎玻璃板上爬了出来。随后，史密斯在附近散步时被逮捕，警察在他的手臂上发现了一些玻璃碎片。这是将史密斯与犯罪现场联系起来的唯一物证。

犯罪现场的技术人员证实，她从门上取回了玻璃样本（证据26），并将史密斯的衣服和鞋子包在了一起，作为第二个证据（证据

27）。法庭科学专家金伯利·布拉德利（Kimberly Bradley）证实，这种材料确实是玻璃，并检测了折射率和其他性质。她从 27 号证据中找到了一些玻璃碎片，但难以确定它们来自包装中的哪一件物品。她提取了三个最大的碎片，但发现其中两个与作为颜色基准的参考玻璃是不同的。剩余的那个碎片由于体积太小，只能通过折射率来分析。在此基础上，布拉德利发现它与从咖啡馆提取的玻璃样本"相似"。在得出评价结果时，布拉德利使用了她实验室的折射率数据库，其中包括 2500 多个案例样本。在此基础上，她将 26 号证据描述为"不寻常的玻璃"，并得出结论：

> "……在科学上达到了合理的程度，即玻璃样本和第三个碎片有'很大可能是同源的'。"
>
> ——人民诉史密斯案，2012 年，第 57 段

在交叉询问中，当被问及为什么她的意见仅限于"良好概率"而不是"高概率"时，她回答说，无论数据库中的出现频率如何，她只测量了一次折射率，她无法为她的发现赋予更高的意义。

尽管她有更多、更小的玻璃碎片可用，但布拉德利并没有检验这些碎片，因为：

> "根据实验室程序，如果人们发现一个玻璃碎片在所有可测量的属性上都与标准相似，并且如果其余的碎片都没有更多的可测量属性，那么就没有必要继续下去了……"
>
> ——人民诉史密斯案，2012 年，第 59 段

在上诉中，史密斯声称证据不足以证明他确实有罪。对于玻璃证据，他断言布拉德利无法肯定地说出那块碎片是来自他的靴子还是衣服，也无法说出它确实是来自咖啡馆的门。上诉法院的法官不同意这一点，她确认了 27 号物证的保管链，并确认该玻璃碎片肯定是在史密斯被捕时就发现了的。专家的意见暗示法院有足够的分量，他补充说：

217

"当然，布拉德利不能'肯定'地说这两者有共同的来源，但'良好的概率'比'可能'或'不可能'更大。"

——人民诉史密斯案，2012 年，第 148 段

在此基础上，上诉法院维持了初审法院的判决。

14.3.5　对微量玻璃证据评价的审查

来自英国的这些案例说明了过去三十年来的变化，从一个主要的来源层级的解释转变为一个更明确的包含活动层级的解释。在阿巴顿案中，重点是将检材玻璃与犯罪现场的玻璃进行匹配，并提供一定的出现概率，以支持评价性陈述。以 f=0.04 为依据进行合理的评价，得出的似然比为 25，并对控方的主张给予适度的支持，而不是专家当时所说的非常有力的支持。此外，如本文所述，没有证据表明玻璃碎片确实来源于犯罪现场的窗户。

在所有的案例中，在来源层级，与发生概率有关的数据库的重要性似乎得到了广泛的承认，并被用来提供意见。例如，在王室诉 L 等人案中，玻璃是特殊的"，意味着最低程度的"强烈支持"同源性，而在史密斯案中，玻璃是"特殊的"，则意味着"同源性概率"程度非常高。

当然，意见的权重和详细表达也应该对活动层级进行考虑，这只在阿巴顿案中被顺便提起过。在王室诉 L 等人案中，对于那两名从衣服上提取到了大量玻璃的被告，专家的主张扩大到了他们与犯罪现场的碎玻璃有过接触，而对于 L 来说，只有两块玻璃碎片被认为与犯罪现场的玻璃有联系。这是否提供了任何支持 L 在犯罪现场的观点，需要留给法院来决定。

在刘易斯-巴恩斯案的证词中，对玻璃证据的两种截然不同的解释被包括在内，但没有提供任何观点使法院能够根据它们的重要性来进行区分，这进一步强调了专家根据对法院最有用的主张提供评价的重要性。

在史密斯案中，由于 CSI 将所有的衣服和鞋子存放在了一起，

218

专家无法在活动层级提供任何意见。此外，我们必须假定，她实验室所使用的方法使她无法对检材和比对样本进行任何统计比较，因为她只能测量一个片段的折射率。这也限制了她得出最终意见，尽管她的实验室数据库提供了相关信息。

就英国最近的案例而言，从对命题的引用中可以明显看出逻辑评价的影响，尽管不清楚这些例子中有多少是以这种方式得到充分评价的，包括在活动层级上的评价，但更有可能的情况是，这些意见是通过经验得出的。

与此相反，布拉德利的证言是以后验概率的形式表述的，这让人联想到"言语量表"的使用，而"……合理程度的科学证明……"一语在统计学或科学严谨性方面并没有真正的基础。

从过去的案例可以看出，使用相似率的比值去评价玻璃证据在这些方面并不常见，尽管现在欧洲鼓励这样做。可参见 ENFSI（2015 年）。

14.4　法庭中的纤维证据：2011 年王室诉多布森案，2013 年王室诉诺里斯案

1993 年，斯蒂芬·劳伦斯（Stephen Lawrence）在伦敦埃尔瑟姆的一个公共汽车站被一群年轻人袭击并刺死，当时他才 18 岁，这被认为是一起与种族歧视有关的犯罪。尽管警方做出了努力，但 1996 年劳伦斯的父母提出起诉和自诉的证据不足，导致加里·多布森（Gary Dobson）和另外两名嫌疑人被无罪释放。然而，到了 2010 年，新的法医证据出现，导致大卫·诺里斯（David Norris）被捕，民进党向上诉法院提出抗议，要求撤销 2011 年对多布森的无罪判决，以便他和诺里斯可以一起接受谋杀案的审判。这些定罪的核心是一份将多布森和诺里斯与谋杀现场联系起来的纤维证据。

1993 年，法医最初的检查重点是受害者身上是否存在从袭击者的衣服上转移过来的纤维，因为这样就不会对被告的衣服这一物证产生破坏，所以这被认为是最好的策略。然而，这一方法收效甚微，因为提取的这些纤维只为控方提供了微弱的证据支持。直到 2006 　219

年，人们认识到了另一种反向的方法，即检验袭击者身上是否存在从受害者的衣服上转移过来的纤维。因此，在 1993 年对多布森和诺里斯的衣服进行了详细的显微镜观察和显微光谱分析，发现了不同种类的纤维证据和一些细小的血迹，这些证据可能与谋杀现场有关。

14.4.1　纤维证据：多布森案

1. 多布森的灰黄色夹克 LH/5

在这件夹克上发现了四根罕见的橘红色聚酯纤维和七根相当常见的粉橘色棉纤维，从显微镜下看，这些纤维与从受害人 Polo 衫上提取的参考纤维没有任何区别。此外，还有两根罕见的绿蓝色丙烯酸纤维，其特征与斯蒂芬·劳伦斯外套袖口和腰带上的纤维相同。最后，有五根灰色棉纤维被判定为无证据意义。有趣的是，其中一根粉橙色纤维产生了血液特有的可见吸收光谱，与 Polo 衫上一根带血纤维上的吸收光谱相似。

在装有这件夹克的展品袋中，从残片中找到了一块不连续的血渍，上面嵌有两根蓝色丙烯酸纤维。这些纤维与斯蒂芬·劳伦斯羊毛衫（SP/2）上的纤维相对应。这意味着这些纤维是在转移过程中被液态血滴带走的。对这块血片和证物袋中的其他血渍进行了检测，结果与斯蒂芬·劳伦斯的 DNA 图谱相吻合。因此，又对夹克进行了专门的血渍检验。结果发现了 43 处血渍，将这些血渍汇总后得到了部分 DNA 图谱，但其证据价值有限。然而，衣领上的一处细小血迹却产生了与斯蒂芬·劳伦斯几乎完全吻合的 DNA 图谱。

2. 多布森的彩色羊毛衫 ASR/2

多布森的彩色羊毛衫为案件提供了额外的纤维证据，尽管数量不那么多。专家在其中鉴定出了三种罕见的蓝绿色丙烯酸纤维，经过显微镜和相关仪器的分析，它们与被害人夹克上的纤维一致。此外，从被害人斯蒂芬·劳伦斯的衣服上提取到了转移的纤维证据，特别是三种常见的蓝色羊毛纤维和一种常见的蓝绿色纤维，它们与多布森的羊毛衫上的纤维一致。然而，这些证据的重要性要小得多：

"……因为（多布森的羊毛衫）是由许多颜色深浅不一的羊毛制成的，所以与只含有一种羊毛的衣物相比，能找到相匹配的羊毛纤维的概率肯定要大得多。"

——王室诉多布森案，2011 年，第 50 段

专家证人还提供了一项评价意见，考虑到夹克上的全部纤维证据（LH/5），其中包括了关于它在来源层级和活动层级上的重要性的具体说明。对于前者，他说：

"在从夹克提取的材料（LH/5）中发现的证据纤维来自劳伦斯的说法有极强的科学依据……"

——王室诉多布森案，2011 年，第 51 段

他在活动层级上更为谨慎，他根据所获得和发现的纤维数量得出结论，一次转移是最重要的，发生一次转移时的纤维数量高于二次转移，并远高于三次转移： 220

"……纤维的存在至少为以下论断提供了有力的科学依据：它们是通过与劳伦斯的衣物接触而来的，而不是通过间接途径获得的。"

——王室诉多布森案，2011 年，第 51 段

关于与多布森的羊毛衫有关的纤维证据的意见更为有限。受害者裤子上发现的纤维"意义不大"。而在多布森的羊毛衫上发现的纤维提供了"强有力的证据"，证明斯蒂芬·劳伦斯的夹克是纤维的来源，有"适度的支持"认为纤维的存在是直接转移的。

同时专家证人指出，对血液和纤维的评价证据是：

"……提供了极具说服力的证据，将身着灰色夹克（LH/5）的人与袭击事件本身和/或与袭击者联系起来。"

——王室诉多布森案，2011 年，第 52 段

辩方试图以证据受到了交叉污染以及证据连续性差等理由，对这些调查结果提出质疑。但是，由于预料到了这一点，控方对这些观点进行了详细反驳，法院也接受了这一点。

14.4.2　纤维证据：诺里斯案

在这里，对纤维证据的评价与多布森案中的评价相似。虽然总的来说，发现的纤维较少，但它们的证据价值仍然很大。此外，从诺里斯的牛仔裤中提取的两根短发中获得的有丝分裂 DNA 证据，提供了与劳伦斯相匹配的可能性，尽管匹配的概率是千分之一。专家还对诺里斯的紫色运动衫（DC/7）进行了检查，发现了六种绿色纤维与受害者的裤子相匹配，一种红色纤维与他的 Polo 衫相匹配。法医专家在评价中指出，关于来源问题，他的意见是基于：

> "……关于这些纤维的颜色、类型和物理性质，以及它们的相似性。……当把这些纤维组合在一起时，至少有力地支持了一种说法，即它们来自与劳伦斯有关的衣服，而不是偶然的匹配。"
>
> ——王室诉诺里斯案，2013 年，第 18 段

关于转移机制，他的意见要谨慎得多，因为袭击持续的时间较短、性质复杂，所以他预计不会出现大量的转移纤维，因此，正如法官后来总结的那样，二次转移仍然是可能的。

> "在我看来，这些纤维的存在至少提供了一定程度的科学依据，证明了它们的出现是通过与劳伦斯的衣物接触，而不是通过其他的间接途径。"
>
> ——王室诉诺里斯案，2013 年，第 18 段

221　　事实上，多布森在 2013 年提出的上诉请求中包括了对指控的质疑，即在审判期间以及在他提供证据之后，控方的重点从一次转移变成了二次转移，这使得他无法对这一问题做出回应。然而，这一

说法被法官驳回，因为除了多布森参与谋杀劳伦斯之外，无法对纤维证据做出"其他无罪的解释"。

14.4.3　对纤维证据评价的审查

在这种情况下，评价过程是基于命题的公式化，不同层级的意见以及最终的意见是根据似然比的使用来传达的，尽管这一点的具体实施情况在法庭的讨论中并不明显。

1. 来源层级

通过对纤维证据进行定性和定量分析所得的实验结果表明，它们在化学成分、物理尺寸和颜色上是无差别的。法庭上没有讨论这一分析的任何统计方面的问题。然后，根据所有这些特征，专家们利用调查信息、公布的数据和他们自己的经验，并使用诸如"稀有"或"相当普遍"等术语，就每种类型的纤维的出现概率得出了定性的看法，但是没有向法庭提供任何数字数据。然后他们根据命题对其进行了评价：

H_1：在物证中发现的纤维证据来自劳伦斯的衣服。

H_2：在物证中发现的证据纤维是偶然出现的。

必须注意的是，这些命题包括所有类型转移纤维的结果。在考虑 $Pr(E|H_2)$ 时，对每种类型纤维的估算可以有效地叠加在一起，因为如果它们是偶然发生的，那么每一种事件都将被认为是相互独立的。其结果是对多布森的夹克和羊毛衫上的纤维进行的口头评价，并说明了多布森的夹克和羊毛衫上的纤维"至少是对诺里斯运动衫上较小范围的纤维的支持"。

2. 活动层级

在活动层级上，三个命题被有效地考虑了，尽管后两个命题——二次或三次转移，似乎以某种方式捆绑在了一起。

H_1：由于与劳伦斯的衣服直接接触而转移到物证上的纤维。

H_2：由间接途径转移到物证上的纤维，特别是二次或三次转移。

在进行这一评价时，需要考虑诸如已知的性质和持续时间等参数。还应该考虑衣服表面的特性，包括纤维脱落的倾向，转移纤维的数量和分布，以及提取和处理物证本身的时间和条件。鉴于大多数参数的不确定性，以及在纤维数量很少的情况下，存在二次转移的可能性。毫不奇怪，舆论的力量不如在来源层级所表达的力量。因此，基于专家对纤维转移的知识和经验，对多布森一案的意见是"至少有一定程度的科学支持"，而对诺里斯来说，对 H_1 只是"适度支持"。

然而，对多布森的灰色夹克来说，纤维与血液证据的结合将活动层级上的支持度提高到了"极具说服力的证据"，从而支持更具体的命题：

H_1：灰色夹克的穿着者与袭击事件本身和/或与袭击者有联系。

总的来说，这些证词是当前实践的极佳范例，提供了关于微量物证的逻辑平衡的意见。

14.5 枪弹射击残留物（GSR）法庭上的证据

有趣的是，这里要讨论的三个案例都来自英国。尽管枪弹射击残留物分析在美国各州一级仍在使用，但由于需求不足，联邦调查局决定从 2006 年起不再接受此类工作的请求，这可能表明全国范围内对此项工作的兴趣有所降低。

14.5.1 2012 年王室诉伍顿等人案

2009 年 3 月，警官斯蒂芬·卡罗尔（Stephen Carroll）在一辆警车中被枪杀，原因是那些反对和平协议的人策划了一起杀害北爱尔兰警察局的一名在职警官的恐怖阴谋。目击者证词和各种旁证，加上包括 DNA 和枪弹射击残留物在内的科学证据，使得在 2012 年对约翰·伍顿（John Wootton）和布伦丹·麦康维尔（Brendan McConville）进行了审判。围绕枪弹射击残留物证据的问题很复杂，因为在现场的各种物证上提取到的金属颗粒的数量通常很少。此外，辩方专家质疑了控方传唤的专家的证词，包括分析工作的质量以及他们对结果的评价。在这里，讨论的重点仅围绕在与犯罪有关的一件衣服上发现的残留物的来源问题。

警方从警车中找回了一颗子弹和它的铜制弹壳，以及已销毁的弹头。在附近还发现了黄铜弹壳（LH7）。后来，又在后院里找到了一支被包裹起来的 AK47 步枪。法医检查发现这就是凶器，并从试射步枪和案发现场附近的弹壳中获得了枪弹射击残留物参考样本。

至关重要的是，人们的注意力集中在了从一件棕色夹克（HGS3）的领子上发现的 DNA 证据，这将伍顿的汽车与麦康维尔关联起来，尽管麦康维尔否认这是他的 DNA。

对弹壳上的残留物（LH7）的元素分析显示，颗粒中存在着锑（Sb）、锡（Sn）和汞（Hg）。专家证人肖（Shaw）女士解释说，这三种元素的存在被认为是枪弹射击残留物的特征（根据她的分类，7型），在残留物中发现三种元素比只发现其中的一种或两种元素更具有证据价值。从枪管上提取的残留物中只检出了锑和锡，由于汞的相对波动性，没有检出汞元素。相比之下，在对那件棕色夹克的检验中发现了许多颗粒，尤其是在衣服的正面以及袖子上布满了含有锑和锡的颗粒，通常比例相等，有些颗粒还含有铅（Pb）和铜（Cu）。法院报告称：

> "（夹克上的）颗粒是很不寻常的颗粒，除了汞弹药外，她无法确定其他来源。这些颗粒呈球形……这种形态与来自枪支的颗粒一致……在肖女士看来，这些颗粒预示着 7 型残留物。"
>
> ——王室诉伍顿等人案，2012 年，第 60 段

肖女士认为"符合"一词等同于"指示"，她还补充说，高水平的残留物表明在枪支开火时，这件夹克可能就缠绕在枪支周围。

后来，肖女士描述了她对锑和锡合金替代来源的调查，这些来源仅限于锡制品和无铅焊料，因为大多数其他来源中还包括了在夹克残留物中没有发现的元素。然而，在这两种金属氢化合物中，锡的浓度都远远高于锑，这就导致出现了这样的结论：无法为这些颗粒找到明确的替代来源。她的结论是：

> "由于夹克颗粒上锑和锡元素的相对含量，以及没有其他非火器来源，都表明了这些颗粒更有可能来自火器。它们与作为凶器的枪支最后发射时所产生的枪弹射击残留物是一致的，但并不是独有的。"
>
> ——王室诉伍顿等人，2012 年，第 62 段

换句话说，作为该案凶器的枪支是一个可能的来源，但没有证明它是夹克上残留物的唯一可能来源。在交叉询问中，她被质疑对这一评价有多确定。她回答说，她不能 100% 肯定这些球形颗粒的来源，但她提供了对自己意见的信心：

> "很难给出具体数字，但肯定超过 95%，因为除了汞弹药外，我还没有从高浓度锑和锡的颗粒中找到其他来源。"
>
> ——王室诉伍顿等人，2012 年，第 64 段

被辩方称为专家的道尔（Doyle）先生认为，夹克上的残留物可能来自至少三种类型的弹药，而由于没有汞，使得他对肖女士的证词产生了疑问。无论如何，分析数据的复杂性阻碍了对她研究结果的可靠解释。他引用了一些研究论文来支持他的观点，即使用雷酸汞底漆的枪支释放出的微粒中至少有一部分可以检测到汞，特别是考虑到夹克上的残留物数量。然而，在交叉询问中，除了雷酸汞之外，他无法提供可能产生这种化学成分残留物的其他弹药来源。

道尔提出，这样一套复杂的分析数据可以通过基于下列命题的似然比比值来进行更好的评价：

　　H_1：夹克上的锑和锡残留物是卡罗尔被杀时，这把 AK47 步枪发射的结果。

　　H_2：夹克上的锑和锡残留物有着其他不同的来源。

　　辩护主张的其他解释包括：杀害卡罗尔的枪支是单独发射的。在对分析结果进行深思熟虑后，他得出结论认为，在此基础上，枪弹射击残留物证据实际上为辩方（H_2）提供了比控方（H_1）更多的支持。

　　这种方法遭到了肖女士和她的同事的反对，他们指出，只有在有足够的统计数据，包括这一领域的专家所接受的合适数据库的情况下，才能采用似然比方法。她认为，"评价或似然比方法"不适合就枪弹射击残留物证据形成专家意见，她更倾向于采用"调查方法"。有人提醒法院注意王室诉 T 案（2010 年）中关于鞋印证据（第 12.5 节）的裁决，法官认为这一证据与本案有关，但他补充说，没有数据库并不妨碍专家证人提供评价意见。

　　在总结这一点时，法官再次重申，含有锡和锑的颗粒仅能表明存在枪弹射击残留物，但在北爱尔兰其他类似案件的经验支持下，有一些研究表明，即使发现了大量枪弹射击残留物，使用雷酸汞底漆所形成的残留物中也不含汞。因此，法院认为，夹克上的证据"很可能与枪支有关"，而且由于没有提出可信的替代解释，根据所有其他证据，最终得出的结论是，这些颗粒是在开枪谋杀斯蒂芬·卡罗尔时形成的枪弹射击残留物。

　　根据这一证据和其他许多证据，其中一些也与枪支有关，伍顿和麦康维尔都被判犯有谋杀斯蒂芬·卡罗尔的罪行。尽管他们在2014 年提出了上诉，但最终还是维持了原判。

14.5.2　2014 年王室诉吉科卡伊案

　　这起谋杀案的起诉几乎完全是基于间接证据，唯一的法庭科学证据与枪支有关。职业罪犯西玛·索戈耶娃（Cima Sogojeva）是一名居住在伦敦的阿尔巴尼亚人，他于 2008 年 10 月在伦敦的公寓遭

224

到了枪击并被刺死。后来在 2012 年被审判和定罪的嫌疑人是隆德里姆·吉科卡伊（Lundrim Gjikokaj），科索沃人，他曾向索戈耶娃借了一大笔钱，据说他是为了逃避债务而杀害了索戈耶娃。吉科卡伊声称在案发当天他曾探望过受害者，并偿还了部分贷款，但他说索戈耶娃在他离开时还活着。

关键的枪支证据与在公寓发现的弹壳有关，而其他证据是后来在吉科卡伊租来的汽车停放处附近的排水沟中发现的。案发 18 天后，警方从汽车内部提取到了两粒金属残留物。吉科卡伊在案发后还在继续使用这辆汽车，直到过了 9 天才被警方扣押。此外，他还拥有一些枪支，据他称是为了自卫，尽管用来杀害索戈耶娃的枪支并没有出现在审判中。案发 11 天后，警方对吉科卡伊的衣服进行了检查，但并没有发现任何金属颗粒。

225 对受害者的身体和衣服进行的检验发现了大量的 2 型枪弹射击残留物，还有 1 型的其他颗粒。在车内提取的两粒颗粒中，靠近座位上的是 1 型，而前门把手上的是 2 型。专家证人莫内汉（Moynehan）博士在证词中证实，枪弹射击残留物的这两种情况都非常棘手，在他看来，有三种可能的原因：

> i. 残留物的存在与案发时上诉人在公寓内的假设相符。
>
> ii. 这是由于污染导致。
>
> iii. 残留物的存在纯粹是因为偶然。
>
> ——王室诉吉科卡伊案，2014 年，第 29 段

莫内汉证实，他无法根据这三种情况提出评价意见，因为证据只有两粒枪弹射击残留物，而这不足以被认为能给出可靠的评价。他补充说，考虑到时间的推移，他也不期望能在被告的衣服上发现任何残留物，并且随着时间的推移，任何残留物都会显著减少。

对于以上三种情况，有两种已经得到了一定的解释。首先，有人提议将"排水沟靠近吉科卡伊停放的汽车"这一事实作为第一种情况的支撑。其次，事实表明，被告几天前在雷丁遭遇了一场

轻微的交通事故，他和他的汽车曾与一名警官有过接触，这名警官碰巧隶属于县警察战术枪支小组。这一事实可以用来支持第二种解释。

在上诉时，被告的律师辩称，莫内汉提供的证据是不可受理的，因为它没有可靠的结论，因此对法院来说没有任何证据价值。法官解释说，一名专家证人既可以提供"主要的科学意见"，也可以提供"评价性的科学意见"。这两种情况对法院都有价值，在本案中，第一种情况是完全可以接受的，因为它反驳了被告关于"在没有科学证据的情况下就将他与犯罪联系起来"的说法，因为枪弹射击残留物证据如下：

> "……与上诉人在场的情况一致，因此，他不能声称没有法医证据表明他不可能在现场开枪。"
>
> ——王室诉吉科卡伊案，2014 年，第 35 段

上诉时提出的真正问题是，陪审团将如何处理这一问题的主要科学意见。上诉法院支持初审法官，该法官建议陪审团不应在专家本人无法进行评价的情况下进行评价。如果陪审团认为排水沟中的弹壳与吉科卡伊有关，那么，通过汇总所有这些证据，上诉法院同意，他们可以得出结论：

> "……射击残留物证据表明，枪弹射向死者时上诉人在场。"
>
> ——王室诉吉科卡伊案，2014 年，第 43 段

由于其余的上诉理由也被驳回了，因此对吉科卡伊的定罪也得到了确认。

14.5.3　对枪弹射击残留物证据评价的审查

这两个同时发生的案件凸显了枪弹射击残留物证据在解释和评价方面的一些困难。首先，在利用残留物的化学成分进行分类时，需要注意这些化学成分并不一定是枪支所独有的。这在吉科

226 卡伊案中是简单明了的，但在伍顿案中就不能用这种分类方法，这是因为残留物组成成分的特殊性，而在吉科卡伊案，只发现两个微粒，这表明这两个微粒更可能是与射击残留物有过偶然的接触。在伍顿案中，可以将所提取到的成分特殊的颗粒解释为有着其他可能的非火器来源，而在吉科卡伊案中，可以将两个粒子的存在解释为与枪弹射击残留物材料有过偶然的接触。在伍顿案中，专家及其团队的经验对解释和评价具有重要影响。

这两个案例都揭示了目前正在使用的达成和描述评价意见的各种方法。事实上，在伍顿案中，道尔明确倾向于逻辑评价，这使他能够处理复杂的信息，而肖则认为这种"统计"方法在枪弹射击残留物背景下是行不通的。然而，在她的评价中，她引用了一个看似武断的95%的数字，意在表明她对统计数据的信心水平。在吉科卡伊案中，莫内汉博士对这些证据给出了三种解释——其中一种包含了毫无帮助的"一致"一词，但他声称，这是因为证据只包含了两个颗粒。

七年前，在巴里·乔治（Barry George）对其1999年在伦敦谋杀电视名人吉尔·丹多（Jill Dando）的第二次上诉中，贝叶斯推理的应用在评价单一的枪弹射击残留物证据方面起到了至关重要的作用。

14.5.4 2007年王室诉乔治案

巴里·乔治的案子主要是基于身份鉴定证据，以及在丹多被谋杀一年后在他家中一件夹克的内袋中发现的一粒枪弹射击残留物。在原审和第一次上诉中，尽管专家意见强调了这一结论的重要性不高，但法院的结论是，由于该颗粒在化学性质上与犯罪现场的残留物没有区别，因此它是相关的证据，其重要性是陪审团做出判决时需要讨论的问题。

在伊恩·埃维特（Ian Evett）博士和他的同事对这一证据进行审查，并得到了儿童权利审查委员会的支持后，提出了第二次上诉，并根据相互对抗的主张进行了新的评价：

H_1：乔治先生就是枪杀丹多女士的人。

H_2：乔治先生与这起案件没有任何的关系。

根据他们的经验，专家组制定了似然比估计数量级概率，并援引了案例评价和解释原则。对于这三个可能发现不同数量的残留物的情况，他们的概率估计值是：

对于 E 是"没有发现枪弹射击残留物粒子"：

$\Pr(E \mid H_1) \approx \Pr(E \mid H_2) \approx 0.99$

对于 E 是"发现了一个或几个粒子"：

$\Pr(E \mid H_1) \approx \Pr(E \mid H_2) \approx 0.01$

对于 E 是"发现了许多粒子"：

$\Pr(E \mid H_1) \approx \Pr(E \mid H_2) \approx 0.0001$

在控辩双方的两种假设下，这些概率都是相同的。因此结果是，在任何一种假设下，似然比都是统一的，这意味着证据的中立性，对法律辩论毫无贡献。这一新的证据使上诉法院相信，汇总枪弹射击残留物证据误导了陪审团的判断，因此上诉法院撤销了对乔治的定罪。

14.6　结　论

227

多种形式的微量物证的解释和评价可能对法律辩论产生重大的贡献，因为既有来源层级的信息，也有活动层级的信息，使专家证人能够直接回答许多法庭感兴趣的问题。然而，要成功做到这一点，就需要根据相互对抗的主张进行全面的逻辑评价，这种评价准确地反映了法院的需要，而专家也具备了这方面的知识和工具。尽管有大量研究支持在个案工作中采用这种做法，但这只是刚刚开始对一些从业人员产生影响，在研究领域以及在有效传播和应用这些发展成果方面，还有许多工作要做。

参考文献

1. Berger C. E. H. , Buckleton J. , Champod C. , Evett I. W. and Jackson G. (2011). Evidence evaluation: A response to the court of appeal judgment in R v T. *Science and Justice*, 51 (2), 43-49.

2. ENFSI guideline for evaluative reporting in forensic science [Online]. (2015). Available at https: //www. unil. ch/esc/files/live/sites/esc/files/Fichiers%202015/ENFSI%20Guideline%20 Evaluative%20Reporting [Accessed 24 October 2015].

3. EvettI. W. (1984). A quantitative theory for interpreting transfer evidence in criminal cases. *Journal of the Royal Statistical Society (Ser C: App Stats)*, 33 (1), 25-32.

4. People v Darnell M. Smith 968 NE 2d 1271 (2012).

5. R v Abadom [1983] 1 All ER 364.

6. R v Dobson [2011] EWCA Crim 1256.

7. R v George [2007] EWCA Crim 2722.

8. R v Gjikokaj [2014] EWCA Crim 386.

9. R v L and others [2010] EWCA Crim 1232.

10. R v Lewis-Barnes [2014] EWCA Crim 777.

11. R v Norris [2013] EWCA Crim 712.

12. R v Wootton and others [2012] NICC 10.

拓展阅读

1. Akulova V. , Vasiliauskiene D. and Talaliene D. (2002). Further insights into the persistence of transferred fibres on outdoor clothes. *Science and Justice*, 42 (3), 165-171.

2. Bennett S. , Roux C. R. and Robertson J. (2010). The significance of fibre transfer and persistence- a case study. *Australian Journal of Forensic Sciences*, 42 (3), 221-228.

3. Brozek-Mucha Z. (2014). On the prevalence of gunshot residue in selected populations- An empirical study performed with SEM-EDX analysis. *Forensic Science International*, 237, 46-52.

4. Bull P. A. , Morgan R. M. , Sagovsky A. and Hughes G. J. A. (2006). The transfer and persistence of trace particulates: Experimental studies using clothing fabrics.

Science and Justice, 46 (3), 185–195.

5. Caddy B. (Ed.) (2001). *Forensic Examination of Glass and Paint.* Taylor and Francis. London.

6. Coulson S. A., Buckleton J. S., Gummer A. B. and Triggs C. M. (2001). Glass on clothing and shoes of members of the general population and people suspected of breaking crimes. *Science and Justice*, 41 (1), 39–48.

7. Curran J. M., Hicks T. H., and Buckleton J. S (2000). *Forensic Interpretation of Glass Evidence.* CRC Press. Boca Raton, Florida.

8. Curran J. M., Triggs C. M., Buckleton J. S., Walsh K. A. J. and Hicks T. (1998). Assessing transfer probabilities in a Bayesian interpretation of forensic glass evidence. *Science and Justice*, 38 (1), 15–21.

9. Garofano L., Capra M., Ferrari F., Bizzaro G. P., Di Tullio D., Dell'Olio M. and Ghitti A. (1999). Gunshot residue: further studies on particles of environmental and occupational origin. *Forensic Science International*, 103, 1–21.

10. Grima M., Butler M., Hanson R. and Mohameden A. (2012). Firework displays as sources of particles similar to gunshot residue. *Science and Justice*, 52 (1), 49–57.

11. Grima M., Hanson R. and Tidy H. (2014). An assessment of firework particle persistence on the hands and related police force practices in relation to GSR evidence. *Forensic Science International*, 239, 19–26.

12. Hicks T., Vanina R. and Margot P. (1996). Transfer and persistence of glass fragments on garments. *Science and Justice*, 36 (2), 101–107.

13. Jackson F., Maynard P., Cavanagh–Steer K., Dusting T. and Roux C. (2013). A survey of glass found on the headwear and head hair of a random population vs. people working with glass. *Forensic Science International*, 226 (1–3), 125–131.

14. Lambert J. A., Satterthwaite M. J. and Harrison P. H. (1995). A survey of glass fragments recovered from clothing of persons suspected of involvement in crime. *Science and Justice*, 35 (4), 273–281.

15. Marnane R. N., Elliot D. A. and Coulson S. A. (2006). A pilot study to determine the background population of foreign fibre groups on a cotton/polyester T–shirt. *Science and Justice*, 46 (4), 215–220.

16. Morgan R. M., Cohen J., McGookin I., Murly–Gotto J., O'Connor R., Muress

S. , Freudiger-Bonzon J. and Bull P. A. (2009). The relevance of the evolution of experimental studies for the interpretation and evaluation of some trace physical evidence. *Science and Justice*, 49 (4), 277-285.

17. Romolo F. S. and Margot P. (2001). Identification of gunshot residue: a critical review. *Forensic Science International*, 119, 195-211.

18. Roux C. , Chable J. and Margot P. (1996). Fibre transfer experiments onto car seats. *Science and Justice*, 36 (3), 143-151.

19. Roux C. and Margot P. (1997). The population of textilefibres on car seats. *Science and Justice*, 37 (1), 25-30.

20. Roux C. , Langdon S. , Waight D. and Robertson J. (1999). The transfer and persistence of automotive carpet fibres on shoe soles. *Science and Justice*, 39 (4), 239-251.

21. Schwoeble A. J. and Exline D. L. (2000). *Forensic Gunshot Residue Analysis*. CRC Press. Boca Raton, Florida.

22. Scientific Working Group for Gunshot Residue (SWGGSR): Guide for primer gunshot residue analysis by scanning electron microscopy/energy dispersive x - ray spectrometry [Online]. (2011). Available at http://www. swggsr. org/ [Accessed 15 November 2015].

23. Torre C. , Mattutino G. , Vasino V. , and Robino C. (2002). Brake linings: A source of non-GSR particles containing lead, barium and antimony. *Journal of Forensic Sciences*, 47 (3), 494-504.

24. Wallace J. S. (1998). Discharge residue from mercury fulminate-primed ammunition. *Science and Justice*, 38 (1), 7-14.

25. Wallace J. S. (2008). *Chemical Analysis of Firearms*, *Ammunition and Gunshot Residue*. CRC Press. Boca Raton, Florida.

26. Wiggins K. , Drummond P. , Hicks T. and Champod C. (2004). A study in relation to the random distribution of four fibre types on clothing (incorporating a review of previous target fibre studies). *Science and Justice*, 44 (3), 141-148.

27. Wolten G. M. , Nesbitt R. S. , Calloway A. S. R. , Loper G. L. and Jones P. (1977). Final report on particles analysis for gunshot residue detection, Aerospace Corporation, El Segundo, CA, ATR-77, 7915-3 [Online]. (1977) Available at https: //www. ncjrs. gov/ pdffiles1/Digitization/43632NCJRS. pdf [Accessed 15 November 2015].

第15章

枪弹和工具痕迹证据

在鉴定科学中，对包括枪支类证据及其分支在内的机械损伤造
成的痕迹进行检验，仍是在基础研究方面具有很大潜力的领域之一。
在物理学、材料学、数学和计算机科学等领域的基础上进行研究的
目的在于，用基于定量测量和标准的方法取代定性分析的方法，从
而对证据进行概率评价。过去几年来，法院的论战揭示了专家在解
释和评价枪弹和工具痕迹方面所面临的困难。特别是在对痕迹来源的
一般种类进行识别认定时，要有针对证据独特性而提出的个性化主张。

本章主要将重点放在与枪支使用有关的痕迹上，一部分原因是
此类证据的数量大，尤其是在美国法院；另一部分原因是各种研究
文献对它的关注和重视，尽管其中的很多争论也适用于工具痕迹的
外延领域。在本章中，该术语将作为该法庭科学子学科的通用名称。

15.1　机械损伤的模式匹配

通过检验打出的弹头和弹壳来对枪支进行法庭科学鉴定，是工
具痕迹鉴定的一般学科中的一部分。尽管将此类痕迹的检验作为识
别来源枪支的手段可能是一种最常见的应用，并且潜在的客观测量
可能有助于法庭科学的进程，但是该工作领域的原理和许多实践都
是相似的。

犯罪现场工具痕迹的来源是一个表面对另一个表面的运动所造
成的摩擦损伤，例如子弹穿过枪管的膛线或凿子划过窗框留下的痕

迹。或者也可能是通过施加外力而使一个表面直接撞击另一个表面，例如，撞击弹壳底部的击针或作用在金属线上的钳口。前者导致子弹或窗框上出现锯齿状的条纹，而后者则在表面上形成特征性痕迹。因此，由于枪支或工具的设计和制造工艺、客体表面的性质以及撞击力，这些痕迹中将出现可识别的种类特征。另外，例如由于磨损、损坏或腐蚀而形成的一些个体特征也可以被识别，所做出的唯一性假设可以基于这些特征。尽管在微观水平上不一定相同，并且随着时间的流逝，可能会观察到细微的变化，但进一步的设想便是这些痕迹是可重现的。

特别是对于弹头的检验，许多类别的特征都可以直接测量，因为它们包括弹头本身的口径（直径）以及其中凸脊和沟槽的数量和尺寸（宽度和深度），据此能推断出枪管中膛线的设计及其扭转的角度/方向。在某些情况下，检验人员可能需要考虑所谓的子类特征，这通常是由于制造过程中的某些变化（例如工具的更换）或枪支使用时间较长（拆卸和清洁后）所致，这不会影响宏观的特征，但会导致细节特征本身发生细微的、系统性的、可观察到的变化。显然，区分（主）类别、子类别和个体特征的能力是法庭科学检验人员的一项关键技能。

所有工具痕迹的检验实际都是基于显微镜检验、详细观察以及使用比较显微镜来审查犯罪现场痕迹和样本痕迹。重点是比较所谓的能体现个体特征的痕迹，而有关特定类别痕迹稀有性的统计数据并不是重点。对结果的解释和评价完全基于专家的经验，是非常主观的。这种人工检验主要是基于痕迹的二维图像，但最近引入的激光扫描技术，能提供包含更多深度信息的三维成像，尽管这仍然不是最标准的做法。

15.2　工具痕迹证据的解释和评价

由于枪支上的工具痕迹绝大多数来自美国，因此我们将首先讨论美国的问题，然后对英国最近的做法进行简要的阐述。

15.2.1　美国的专家意见

枪支和工具痕迹协会（Association of Firearm and Toolmark Examiners，AFTE）的指导意见界定了审查证据后的四种评价结果。虽然解释阶段没有定量标准，但它提供了一些定性指标以指导检验人员，并为最后评价提供理由。这些都是来自 1998 年该协会在其期刊上发表的声明（Murdock，1998 年）以及随后在 2011 年对声明的小幅度更新。并非所有的检察官都了解该文件或按照该文件工作。

1. 认定

判断两个痕迹有着同一来源的明确结论是根据两个痕迹的表面形态"充分一致"得出的。这就要求在检材和样本中所观察到的个体特征的符合程度要高于经验所表明的假如他们没有共同来源的最佳情况，并且在样本有共同来源的其他情况下，证明符合的典型性。

> "如果两种工具痕迹之间'充分一致'，则意味着个体特征的一致性在数量和质量上都远远超过由另一个工具产生该痕迹的可能性，以至于被认为实际上是不可能的。"
>
> ——默多克（Murdoch），2011 年

在此基础上，专家将以如下形式陈述意见：经鉴定，可疑子弹是由嫌疑人的枪支发射的。

仔细观察，这种明确的意见陈述与 AFTE 准则中对其他来源的概率性提法——"……可能性……差距太大……实际上不可能"——之间存在差异。这种对于来源的绝对同一的说法，一直是一些争论的主题。

2. 无结论

如果种属特征是一致的，但个体特征的质量和数量不足以证明鉴定的合理性，那么专家意见就应该是无法给出结论。事实上，所观察到的个体特征可能存在一些矛盾之处，但这不足以为做出否定评价提供充分的理由。在这种情况下，典型的意见可能是：

　　"样本 Q1 是通过与 K1 手枪一样有着六槽右旋膛线的枪管发射的子弹，但从显微镜检验来看，Q1 子弹是不是通过 Kl 手枪的枪管发射的，无法得出明确的结论。"

　　　　　　　　　　　　——邦奇等人（Bunch et al.），2009 年

　　虽然这一评价没有排除参考手枪（K1）是子弹上膛线痕迹的来源（Q1），即这一结论可能具有某种重要的证明价值，但根据目前的做法，这一点无法以任何方式量化。因此，根据这些准则，专家的这一中立意见往往低估了证据的价值。

　　3. 否定

　　在许多方面，当检材和样本中所观察到的种属特征存在差异时，提供的评价是最直接的，因为这意味着二者不可能同源。因此，这一观察结果将疑似来源排除在可疑痕迹的来源之外，这将反映在专家意见中。例如，由于种属特征不同，可疑子弹不是由嫌疑人的枪支发射的。

232　　4. 不适合比对

　　痕迹中观察到的所有特征的质量和数量都不足以对证据进行任何细节对比，因此不可能有专家意见。

15.2.2　英国的专家意见

　　相反，在英国，从业人员采用了基于概率陈述的意见尺度表述，以定性评价为基础，然而并不排斥认定和否定的说法。这与 ENFSI（2006 年）关于痕迹和印迹的结论量表是一致的，在第 12.4 节鞋印证据的背景下已有过讨论。意见表述的形式既可以是对主张的引用，也可以是在形成观点时对背景统计信息的使用，还可以是对来源的后验概率的陈述。

　　例如，在王室诉查托等人案（R v Chattoo and others，2012 年）中，枪械专家检验了可疑猎枪弹壳和样本弹壳的单个重量和其他特征。他随后指出，在他实验室以前经手的案件工作中没有发现过这种特定类型的子弹，而且子弹的平均重量在实验室通常遇到且记录

的参考样品中属于偏低的程度。据此，他的意见是：

> "……这一调查结果为以下论点提供了佐证，即从猎枪中发现的子弹和从诺格里夫 97 号公路上发现的子弹有着同一来源。"
>
> ——王室诉查托等人案，2012 年，第 28 段

在王室诉罗登和另一人案（R v Roden and another，2008 年）中，专家对从受害者尸体上提取的子弹与被告人的朋友向树上试射的子弹的膛线痕迹进行了比较并作证。该枪起初无法找到，但后来从河里捡到时，枪已被腐蚀，无法发射。

> "他的结论是，从受害者身上提取的三颗子弹是用相似的锉刀枪管发射的，显微镜检验表明，这些子弹和射入树上的子弹的膛线特征是一样的。"
>
> ——王室诉罗登和另一人案，2008 年，第 16 段

然后，他提供了一些背景资料，说明了在这种样式的枪支中发现的种类特征的变化，这些特征并不是这种品牌和类型的枪支所独有的，最后他说：

> "他认为，证据有力地表明，他所检验的所有子弹都是用同一支枪发射的。"
>
> ——王室诉罗登和另一人案，2008 年，第 16 段

15.3 对工具痕迹评价的批判性审查

与法庭科学鉴定的其他领域一样，工具痕迹和枪支证据的审查在 NRC 报告（2009 年）中受到了批评。该委员会早些时候的一份出版物（《NRC：弹道成像》，2008 年）中的评论，就强调了该学科的缺点。这些批评集中在审查、解释和评价该证据的一些基本方面。

233

"与枪支有关的工具痕迹的独特性和可重复性这一基本假设的有效性尚未得到充分证明。"

——《NRC：弹道成像》，2008 年，第 81 页

"……工具痕迹检验人员的决定仍然是主观的，这一决定的依据没有明确的标准并且没有估计误差率的统计基础。"

——NRC，2009 年，第 154 页

这些针对唯一性、可重复性、缺乏客观标准和缺乏任何解释和评价的统计基础等假设的一般性批评，是所有法庭科学鉴定所共有的，并且与意见的形成相结合，其中包括对痕迹来源的类别鉴定。对于那些认为目前的做法不科学、不可靠且最终无法在法庭上被采纳的人来说，这些批评支持了他们的观点。除了这些基本问题外，现行方法中还存在着一些其他的争议。

尽管 AFTE 提供了指导，但仍然没有审查工具痕迹的检验规程，使所有专家能够对证据进行同样的检验，对他们的观察给予同样的权重，并根据规定的阈值解释他们的发现，从而与观点的概率尺度相联系。在这项工作中，已经明确了四个方面的具体困难（Schwartz，2005 年）。

某一特定痕迹中的个体特征组合是由多个特征组成的，每个个体特征可能都不是特殊性的。这意味着，如果只观察这些特征的一部分而不是全部的特征组合，就可能错误地确定痕迹的来源。上文提到的子类特征可能会与个体特征相混淆，因为使用磨损痕迹在某些情况下可能会导致这些特征随着时间的推移而改变，而在另一些情况下则可能会持续存在。目前还没有区分子类特征和个体特征的方法，因此，检验人员必须根据自己的经验，使用主观标准来识别痕迹中各种特征的性质，这一过程可能导致错误的认定。最后，人们认识到，所有有着特定来源的工具痕迹都会随着时间的推移而变化，因此，即使在检材和样本之间存在微小差异的情况下，也可能做出正确的鉴定。然而，如果检验人员错误地将这些微小差异认定

为是由与时间有关的使用磨损造成的，而没有考虑到其实际上有着其他来源，那么最终也有可能做出错误的鉴定。

尽管在评价枪支识别错误率方面进行了各种尝试，但许多研究中的实验设计和解释往往会在参与研究的人当中引起争议。主要是，如果不是不可能的话，也很难在案件勘查方面得出错误率。就那些模拟练习而言，检验人员在如何划分非结论性意见和鉴定意见之间的界限这一问题上存在最大的分歧。这两种结果对法院来说有着相当大的区别。

当然，包括对痕迹来源的判断在内的意见标准与方法论并不一致，尽管方法有缺陷，但它主要是基于主观观察，它提供了一个定性且连续的尺度，可以在此基础上进行解释。此外，关于痕迹来源的其他解释没有任何参考，而且没有任何适当的数据库，这导致无法为证据评价提供帮助，所以只能依靠检验人员有限的经验。因此，在美国的案例中，从来没有尝试过用统计学对工具痕迹进行概率解释，而在其他地方也只是在有限的非正式情况下开展过。

15.4 连续匹配纹线

对于线条类工具痕迹，如枪支枪管内膛线在子弹上产生的工具痕迹，计算连续匹配纹线（consecutive matching striations，CMS）的方法是为了提供一种定量的客观标准，以衡量检材痕迹和样本痕迹之间的匹配程度。在将任一工具痕迹与不同来源的样本痕迹进行比较时，会发现一些随机的匹配纹线。事实上，这种随机的纹线数甚至还高于在与真实来源的痕迹进行比较时发现的数。然而，如果是对连续匹配纹线进行计数，只要所需的数字阈值设置得足够高，就能够很好地将真实来源和其他备选来源区分开来。对于二维痕迹来说，根据经验得出的阈值一般是一组八条或两组五条的 CMS，而在三维情况下，这些阈值分别下降到六条或三条。在枪支检验中，应根据痕迹中被确定为个体特征的纹线来确定 CMS，而种属特征和子类特征则不被考虑。

234

当然，这一统计参数只适用于线条类痕迹，而不适用于撞击条件下产生的痕迹。此外，它也不是完全客观的，因为它首先依靠检验人员的主观判断来确定相关的纹线，特别是将这些纹线与可能存在的任何子类特征区分开来。而且 CMS 的统计基础可能也难以向法院解释。有人建议，工具痕迹专家可以使用 CMS 来支持基于传统主观评价的证词，尽管在法院诉讼中很少有证据表明这一点，而且事实上，一些专家在交叉询问中对这一概念的理解也有限。

15.5　数据库

弹道学中使用的最基本的数据库是能够根据痕迹中的种类特征的模式和数字测量来确定枪支的类型和制造商的数据库，例如联邦调查局所使用的一般膛线特征数据库。弹药也有类似的数据库。在英国，国家弹道学情报局（National Ballistics Intelligence Service，NABIS）的数据库具有更普遍的功能，它被作为与枪支犯罪有关的技术信息和其他信息的储存库，能够提供情报以协助调查。

在过去二十年左右的时间里，用于比较和拼接弹头和弹壳上的二维或三维痕迹图像的计算机系统已经被开发出来，其中最引人注目的是超电子取证产品公司（Ultra Electronics Forensic Products Inc）的综合弹道识别系统软件产品，其作为美国司法部内部运作的国家综合弹道信息网的一部分加以实施。该系统使用的是一个由执法部门输入生成的数据库，其中包含了从犯罪现场和可疑枪支中提取的弹头和弹壳上的痕迹的图像。通过这个数据库对新的犯罪现场痕迹进行搜索，可以在全国各地的枪支和犯罪之间建立潜在的联系。该系统并不给定痕迹的来源，而是提供一份包含着所有相似图像的简短清单，以帮助调查人员，并有可能将犯罪与罪犯联系起来。例如，纽约州曾试图从法律上要求所有新的枪支都必须在该系统上登记，但这一做法尚未扩大到纽约州之外。该系统目前在成像和软件性能方面的局限性使得该数据库中并没有储存到大量具有相似种属特征和子类特征的枪支的个体特征，因此 NRC 报告 2008 年得出结论：

　　"目前不宜对所有新枪和进口枪建立国家参考弹道图像数据库。"

——《NRC：弹道成像》，2008 年，第 239 页

　　但是，到目前为止，似乎还没有尝试通过利用统计数据（例如子弹或弹药的特定类别或个别特征的出现率）来提供对弹道证据的逻辑评价。

15.6　工具痕迹和似然比评价

　　鉴于对目前解释和提出专家意见的方法的批评，可以预想到，发展一种基于贝叶斯推理的全面的逻辑评价方法，将成为未来的一种趋势。虽然最近有人试图证明这种方法的可行性，但几乎没有证据表明这种方法得到了广泛的关注或对案件工作产生了任何影响。

　　以枪弹证据为例，从来源层级看，对抗性的命题可能是：

　　H_1：可疑弹壳是从嫌疑人的枪支中发射的。

　　H_2：可疑弹壳是由不明枪支发射的，而不是由嫌疑人的枪支发射的。

　　因此，通过评价通常情况下的条件概率，理论上可以计算出一个似然比。证据 E 是对枪支发射的弹壳上的痕迹特征的某种检验。如何将其量化，是最近研究的主题。例如，邦奇（2000 年）建议使用最大的 CMS 计数，并以两个命题下的典型 CMS 计数的概率直方图来证明这一点。他在一项批判性评价中得出结论，计算纹线的主观性、偏差以及在向法院解释时的困难，都可能会妨碍其在案件工作中的应用。

　　最近，邦奇和韦弗斯（Bunch and Wevers，2013 年）试图推广一种似然比方法，从商定的特征、观察到的内容以及关于物证的其他信息清单开始，并以此为基础进行解释和评价。然后引导检验人员根据经验和其他可获得的数据来估计必要的概率。最终结果将通

过相当于总似然比的口头意见来传达。虽然它依赖于定性标准和专家的经验，但是这在鼓励使用贝叶斯推理和根据对抗性命题提出意见方面具有一定的价值。

相比之下，里瓦和山普（Riva and Champod，2014 年）讨论了一种方法，其中证据 E 是基于通过激光剖面测量法得到的样本的三维轮廓，即弹壳上的击针头痕迹和弹底窝痕迹。然后，利用比较算法将数据还原成相似度分数，用于计算所需的概率密度。该研究使用的是具有相同种属特征的枪支，因此所产生的似然比完全来自每个枪支所展现的个体特征。这些个体特征在单一枪支内部和一系列具有相同种属特征的不同枪支（79 支 SIG Sauer 9 毫米鲁格口径手枪）之间的统计分布构成了生成似然比的数学基础。结果显示，这一方法辨别力非常高，错误率很低。这项研究表明，这种方法是可行的，但建立个案所需的统计数据库是十分不容易的，这会限制这种方法的进一步发展。

15.7　美国法庭中的枪支证据

在上诉法院的案件中，特别是在多伯特案之后，对枪支方面的工具痕迹的可接受性和评价问题引发了争论。尽管具有争议，但是近年来美国并没有任何法院认为这种意见不可采。但是，对于应当适用的限制条件，并没有形成一致的观点。不过，特别是在过去的十年左右，许多法院不愿意在没有某种限定的情况下接受对来源的明确认定。相比之下，在英国，当这种证据被提出时，似乎没有什么争议，尽管这种情况要少得多。为了说明这一点，这里将讨论美国法院近年来的三个案例。

15.7.1　2004 年美国诉希克斯案

德克萨斯州农民理查德·希克斯（Richard Hicks）因被警察在全国各地开车追捕而名声大噪。2000 年 12 月，午夜过后的一个小时，一辆由拉曼斯兄弟（Lamance brothers）驾驶的巡逻车跟随一辆白色卡车驶入了田野，随后詹姆斯·拉曼斯（James Lamance）被一枪击毙，卡车逃逸。警员们认为该卡车是由希克斯驾驶的，于是闯入了他家并以涉嫌谋杀罪逮捕了他。在对他的物品进行搜查后，警方找到了一支马林 30-30 型步枪（Marlin 30-30 rifle），连同在犯罪现场发现的一些 30-30 型弹壳，一起送交给了专家检验。杀死拉曼斯的子弹穿过了他的头部，但一直没有被找到。

在州法院的审判中，枪械专家约翰·比尼（John Beene）明确作证说：

> "……现场的弹壳是由在希克斯儿子卧室里发现的马林 30-30 型步枪发射的。"
>
> ——美国诉希克斯案，2004 年，第 24 段

然而，控方没有提出其他物证来支持对希克斯的指控，他和他的卡车在犯罪现场都没有得到确凿的辨认，法医病理学的证词对该枪支是否确实是造成拉曼斯死亡的原因表示怀疑。因此，陪审团宣判希克斯无罪。

此后不久，希克斯再次被捕，理由是他违反了禁止其持有枪支或弹药的限制令，此前他的前妻曾卷入一起事件。因此，他于 2003 年在联邦地区法院就这些新的指控接受了第二次审判，并在审判中被认定有罪。在随后的量刑听证会上，控方提交了证据，结果希克斯因谋杀拉曼斯警官而被判定犯有二级谋杀罪，并被判处 15 年监禁。此后，希克斯以包括枪支证据的可接受性在内的若干理由提出上诉。

希克斯批评了专家比尼的方法，他认为其没有达到多伯特案所要求的科学标准。在交叉询问中，比尼无法描述其工作中的一些技术细节，这些细节与痕迹本身的特点有关。他承认，他没有对其他马林 30-30 型步枪进行试射，以确定该案痕迹中的个体特征是否为希克斯的枪支所独有。最后，希克斯的律师声称，比尼未能提供有关检验、参考标准、错误率和支持该方法的科学文献等基本支持性

陈述。

上诉法院在答复中没有直接讨论其中的大部分问题，而是倾向于依靠其他证据，并声称这些证据表明这种意见确实可以接受。上诉法院接受了比尼的证词，即 AFTE 的方法和文献都证明了枪支检验的可靠性，包括子弹的比较，以及他的陈述：

"……枪支比较检验的误差率为零或接近零。"

——美国诉希克斯案，2004 年，第 32 段

值得注意的是，将发射后的弹壳与来自可疑枪支的样本弹壳进行比较，是一种已经使用了几十年的既定技术，这可以得出结论：

"没有任何一个案例能够表明比尼在这个或任何其他流程中采用的方法是不可靠的。"

——美国诉希克斯案，2004 年，第 31 段

由此可见，法院无条件地接受了比尼在原审中提出的明确意见。因此，法院驳回了包括这些具体理由在内的上诉，确认了对希克斯的定罪和判决。

15.7.2　2005 年美国诉达里尔·格林等人案

达里尔·格林（Darryl Green）、乔纳森·哈特（Jonathan Hart）和爱德华·华盛顿（Edward Washington）曾是暴力街头帮派成员，被指控于 2000 年 9 月对理查德·格林（Richard Green）实施了枪击，枪支证据包括两个已发射的 0.380 口径弹壳，一个是在案发现场发现的，另一个是在附近街道发现的，一周前那里曾发生了另一起枪击事件。此外，一年后警方还在埃斯蒙德街（Esmond Street）与该团伙有关的前院里发现了一支装满子弹的 C9 9 毫米手枪，其口径也是 0.380。专家证人欧谢（O'shea）警官在 2005 年的证词中认为，所有的这些弹壳都是由同一枪支发射的，该枪支就是在埃斯蒙德街找到的 C9 9 毫米手枪，并且他进一步将这一认定结论阐述为：

"排除世界上其他枪支。"

——美国诉达里尔·格林等人案，2005 年

被告人的律师提出了一项审前动议，以不可受理为由排除这一证词，尽管早些时候在单独的多伯特听证会上已经对其进行了审查。

欧谢在检验中遵循了常规方法，尽管他只将比较对象限定在了从收缴的枪支中发射的弹壳以及警察局持有的其他四枚已发射的 C99 毫米手枪弹壳，并将其作为确定种类特征的一种手段。然而，听证会对他的检验过程和他作为枪支鉴定专家的地位进行了详细审查，导致格特纳（Gertner）法官得出了一些批评性的结论。

经证实，虽然欧谢在弹道部门工作了七年，并声称其进行了数百次检验，但他所受的训练非常有限，没有经过熟练程度的测试，他和波士顿实验室都没有得到 AFTE 的认证。当被质疑时，虽然他引用了"大约 1.5%"的假阳性鉴定数字，但他无法提供任何关于枪支检验错误率的出版物来佐证自己的观点。

法官承认，弹壳上有许多工具痕迹，这些痕迹来自击针、枪膛表面以及弹壳从枪中射出时形成的划痕。即使法官认为这些痕迹是独特的，但检验人员在如何区分这些痕迹以及他们的培训、经验和所采用的方法如何影响检验结果等方面存在着重大问题。在本案中，弹壳痕迹的特性随时间的推移而可能发生的变化特别重要，因为该枪是在案发一年多以后才被发现的，而且人们承认，对于像 C99 毫米手枪这样由较软的钢制成的廉价枪支来说，磨损情况会更严重。此外，没有证据表明欧谢使用了联邦调查局关于一般膛线特征的参考出版物来确定这一特定枪支的等级特征。在使用其他 C99 毫米手枪的样本弹壳时，欧谢没有进行"盲审"检验，因为他知道哪些才是犯罪现场的物证，他也没有考虑实验室弹壳所来自的枪支是否与嫌疑枪支是在同一时间或同一地点制造的。这可能会带来偏见，因为他没有从痕迹的其他来源的角度进行比较和评价。

法官还十分严厉地批评了专家对于工作记录的保存情况。在最初的审查期间，欧谢对检验过程和测量结果没有进行任何的拍照和

记录，只是在多伯特听证会前不久，他才记录了一些照片以支持他的意见，但他承认这些照片的质量有限。事实上，法官评论说，即使欧谢指出了这些图像中的相关特征，法院也无法看到。欧谢也承认，他在得出意见时选择性地忽略了一些轻微的差异。当被问到在解释痕迹中所使用的标准时，欧谢重复了与 AFTE 方法类似的一般性陈述，而当谈到"充分一致"的定义时，他引用了 CMS 方法中的内容，他对其标准和应用的描述含糊不清。在进一步询问他的审查细节后，很明显，最后做出的意见是基于对证据的高度主观评价。

法庭还听取了辩方专家大卫·拉曼加（David Lamanga）的证词，他重点关注了控方证据中的一些关键弱点：

- 磨损的问题，特别是在这种特殊枪支使用的是软钢的情况下。
- 从同一支枪中射出的子弹上的细微痕迹的不可重复性。
- 在欧谢的检验中，忽视了（三维）痕迹的深度。
- 缺乏区分种属特征、子类特征和个体特征的标准。

最后，拉曼加对欧谢结论的评价是：这不是一个"负责任的专家"会得出的结论，并补充道：

> "提出意见的合法方式是统计意见。例如匹配的概率，而不是'我发现了几条匹配的纹线，所以就能够绝对匹配，从而排除了所有其他枪支'。"

——美国诉达里尔·格林等人案，2005 年

最后，格特纳法官同意，虽然工具痕迹的比较不是传统的科学，但它还是以观察为基础，有一定的经验依据，这种方法可能是可靠的。但在本案中，由于欧谢保存的记录不完善，使得任何人都无法复制其结果，这影响了其可靠性。有趣的是，法官没有对缺乏关于错误率的明确证词、缺乏能力测试和专家认证等方面进行过多的批评，只要专家的检验结果——检材和样本图像——可供法院查看和理解，那么总的来说，证词就是可以接受的。

> "如果陪审员不能查看和理解这些证词，那么它就只不过是

一句'相信我'的证词。"

——美国诉达里尔·格林等人案，2005 年

鉴于本案中提出的问题，她对法院长期使用弹道学证词这一情况表示关切。不过，她同意接受欧谢的证据，但对其解释和评价有所保留。

"很有可能，每一种枪支都会在弹壳上留下独特的'签名'，而且有可能用有效的科学方法来识别这种签名。问题是，专家在本案中使用的方法是否可以做到排除世界上所有其他枪支而'进行识别'。"

——美国诉达里尔·格林等人案，2005 年

检验结果可以在证词中提出，专家可以根据这些结果向法院讲述他所观察到的内容，并接受交叉询问。但是，专家不能给出结论，尤其是禁止用"排除世界上所有其他枪支"等措辞来向法庭提供绝对确定的痕迹来源。

15.7.3 2008 年美国诉格林案

查兹·格林（Chaz Glynn）是纽约"Bronx Bloods"帮派的成员，他被指控下令谋杀了一名敌对的毒贩。在 2008 年 6 月的一审中，据称格林提供了用于杀人的枪支，而弹道学证据对于将他的枪支与从犯罪现场找到的弹壳联系起来至关重要。然而，陪审团陷入了僵局，于是下令重审。在这一过程中，被告律师要求举行听证会，以《联邦证据规则》第 702 条规定的可靠性不足为由，排除控方弹道专家詹姆斯·瓦伦蒂（James Valenti）的证词。

在听证会报告中，法院认为，如果得出的结论表示这种证据是可靠的，那么鉴于解释和评价的主观性，需要决定专家意见中所表达的信任程度是否可以接受。这一点很重要，因为：

"……一旦专家的证词被接受为证据，陪审团就必须对专家

· 325 ·

的证词进行评价，并决定给予其何种权重，但由于他们本身缺乏专业知识，在这样做时必然会受到限制。因此，在这种情况下，法院如果接受这种证词，就特别需要合理地限制对专家意见的信任程度。"

——美国诉格林案，2008 年

在交叉询问中，瓦伦蒂承认，这一过程是定性的，结论是由各个检验人员根据他们的经验得出的，并且据此判断在何种程度上痕迹达到了足够的一致。据此，法院得出结论，这种方法"缺乏科学的严谨性"。然而，尽管纽约市警察实验室遵守了被称为主观且具有某种内在模糊性的 AFTE 准则，但枪支检验的基本假设和基本方法并没有导致检验人员"凭直觉工作"。同时据法院断言，这些假设和方法是"可信的"，并为"大多数实践性的案件提供了一个良好的工作假设"。

尽管缺乏科学的严谨性以及检验和解释方法中存在固有的不确定性，但很明显，枪支证据是足够可靠的，因为这是基于专业检验人员的经验及其以往的检验经历，因此是可以接受的。然而，过去的案例表明，专家意见有一种倾向，即夸大鉴定结论的确定性，或让法院了解与鉴定过程有关的零错误率。由于这些原因，有必要通过限制专家提出评价意见的范围，提醒陪审团注意这种意见所固有的局限性。

在本案中，瓦伦蒂曾表示：

"……从被害者身上找到的子弹，以及在两个相关犯罪现场提取的弹壳，都来自与格林有关的枪支……在弹道学上有合理的确定性。"

——美国诉格林案，2008 年

鉴于方法上的局限性，这种意见夸大了该结果的可信度。有人提议，一个可接受的替代办法是，通过使用更多的概率性语言，将评价的权重的确定性降低，该办法是：

更有可能的是，"从被害人身上提取的子弹和从两个相关犯罪现场找到的弹壳都来自与格林有关的枪支"。

在第一次审判中，法院允许对此进行修改：

至少，"从被害人身上提取的子弹和从两个相关犯罪现场找到的弹壳都来自与格林有关的枪支"的可能性更大。

然而，上诉庭审推翻了后一种意见，赞成前一种说法，理由是添加"至少"一词使该意见变得比之前更模糊了。虽然法庭可以接受这个含糊不清的概率性词语，但这个词语的使用没有任何客观的标准，似乎是随意地在专家结论中加入了怀疑的元素。据此，格林在二审中被定罪，并被判处终身监禁。

15.8 枪支案件的总结评价

虽然达里尔·格林案的上诉仅在希克斯案的一年之后，但是希克斯案和其他两个案件的结果有很大的反差。这表明法院对枪支证词的批评越来越多。在达里尔·格林案中，格特纳法官对专家和方法提出了批评，尽管最终她允许对鉴定结论进行陈述，但前提是该陈述不能强调绝对的确定性，而且法院要能够查看痕迹的图像，以使其得出自己的评价。在 2008 年格林一案中，上诉法院认为枪械专家容易提出夸大的意见，并要求使用概率性的语言来限定鉴定结论的说法，尽管其所建议的措辞似乎没有任何统计学依据。

相反，在英国提供的类似枪支证词的少数案件中，专家证人使用了类似于主观意见尺度的概率性措辞，从而避免像美国法院那样在明确陈述方面遇到困难。然而，这两个司法领域在提出枪支意见时，似乎都没有采用对抗性主张或贝叶斯推理。

参考文献

1. Bunch S. G. (2000). Consecutive matching striation criteria: a general critique.

Journal of Forensic Sciences, 45 (5), 955-962.

2. Bunch S. G. , Smith E. D. , Giroux B. N. and Murphy D. P. (2009). Is a match really a match? A primer on the procedures and validity of firearm and toolmark identification. *Forensic Science Communications*, 11 (3) [Online]. Available at https: //www. fbi. gov/about - us/lab/forensic - science - communications/fsc/ july2009/review/2009_07_review01. htm [Accessed 14 November 2015].

3. Bunch S. and Wevers G. (2013). Application of likelihood ratios for firearm and toolmark analysis. *Science and Justice*, 53 (2), 223-229.

4. ENFSI Working Group, Marks Conclusion Scale Committee, Chair: H. Katterwe. (2006). Conclusions scale for shoeprint and toolmarks examinations. *Journal of Forensic Identification*, 56 (2), 255-279.

5. Murdock J. (committee chair) (1998). Theory of identification as it relates to toolmarks. *Association of Firearm and Toolmark Examiners Journal*, 30 (1), 86-88.

6. Murdock J. (committee chair) (2011). Theory of identification as it relates to toolmarks: revised. *Association of Firearm and Toolmark Examiners Journal*, 43 (4), 287.

7. National Research Council, Cork D. L. , Rolph J. E. , Meieran E. S. , and Petrie C. V. , (Eds.) (2008). *Ballistic Imaging*. National Academies Press. [Online]. Available at http://www. nap. edu/catalog/ 12162. html [Accessed 15 November 2015].

8. National Research Council: Strengthening Forensic Science in the United States: A Path Forward, Document 228091 [Online]. (2009). Available at http:// www. nap. edu/catalog/12589. html [Accessed 10 October 2015].

9. R v Chatto and others [2012] EWCA Crim 190.

10. R v Roden and another [2008] EWCA Crim 879.

11. Riva F. and Champod C. (2014). Automatic comparison and evaluation of impressions left by a firearm on fired cartridge cases. *Journal of Forensic Sciences*, 59 (3), 637-647.

12. Schwartz A. (2005). A systematic challenge to the reliability and admissibility of firearms and toolmark identification. *Columbia Science and Technology Law Review*, 6, 1-42.

13. United States v Glynn, 578 F Supp 2d 567 (SDNY 2008).

14. United States v Darryl Green and others, 405 F Supp 2d 104 (2005).

15. United States v Richard Hicks, 389 F 3d 514 (5th Cir 2004).

拓展阅读

1. Bernstein D. S. (6 January 2006). Bad Ballistics, *Boston Phoenix* [Online]. Available at http://www. bostonphoenix. com/boston/news_features/this_just_in/documents/05177319. asp [Accessed 14 November 2015].

2. Biasotti A. A. (1959). A statistical study of the individual characteristics of fired bullets. *Journal of Forensic Sciences*, 4 (1), 34–50.

3. Chu W. , Thompson R. M. , Song J. and Vorburger T. V. (2013). Automatic identification of bullet signatures based on consecutive matching striae (CMS) criteria. *Forensic Science International*, 231 (1–3), 137–141.

4. Federal Judicial Centre: US Reference Manual on Scientific Evidence, 3rd Ed [Online]. (2011). Available at http://www. fjc. gov/public/pdf. nsf/lookup/SciMan3D 01. pdf/ $ file/SciMan3D01. pdf [Accessed 13 October 2015].

5. Giannelli P. C. (2007). Daubert challenges to firearms ("ballistics") identifications, 2007, Faculty Publications, paper 154 [Online]. Available at http://scholarlycommons. law. case. edu/faculty_publications/154 [Accessed 14 November 2015].

6. Giannelli P. C. (2011). Ballistics evidence under fire. *Criminal Justice*, 25 (4), 50–53.

7. National Institute of Standards and Technology (NIST): Forensic Database Firearms and Toolmarks Table [Online]. (2013). Available at http://www. nist. gov/oles/forensics/forensic–database– firearms–and–toolmarks–table. cfm [Accessed 15 November 2015].

8. Nichols R. G. (2007). Defending the scientific foundations of the firearms and tool markidentification discipline: responding to recent challenges. *Journal of Forensic Sciences*, 52 (3), 586–594.

9. Schwartz A. (2008). Challenging firearms and toolmark identification – Part One. *The Champion*, October, 10–19.

10. Tobin W. A. and Blau P. J. (2013). Hypothesis testing of the critical underlying premise of discernible uniqueness in firearms–toolmarks forensic practice. *Jurimetrics Journal*, 53, 121–142.

11. Tontarski Jr. R. E. and Thompson R. M. (1998). Automated firearms evidence comparison: A forensic tool for firearms identification - an update. *Journal of Forensic Sciences*, 43 (3), 641-647.

12. Ultra Electronics Forensic Technology [Online]. (2015). Available at http://www.ultra-forensictechnology.com/ibis [Accessed 23 December 2015].

第16章

专家意见和人身识别证据

在法医鉴定科学中，有许多类型的证据被用于识别人的身份，并在不同程度上取得了成功。这些所谓的生物特征包括耳纹、咬痕、面部识别以及用于识别个人的身体运动特征的步态分析。耳纹痕迹一般出现在相当特殊的犯罪现场中。咬痕证据比较常见，它与通过直接检查人类牙齿来鉴定个人身份的方法一起被列入了法医牙齿学领域。面部识别和步态分析是较新的技术，由于现在很容易就能获取到分析所需的图像，例如来自闭路电视监控系统的图像，再加上为了便于分析而开发出的数字图像处理工具越来越多，因此这些技术也变得越来越重要。然而，这些领域的工作都理所当然地受到了其他鉴定科学的批评，具体表现在科学基础薄弱、不合格的专家、主观的解释和武断的评价。其中许多问题一直是上诉法院和其他地方争论的主题，这构成了本章讨论的基础。

16.1 耳纹痕迹介绍

在瑞士和荷兰等少数几个国家，法院采用耳纹证据似乎是比较常规的做法，而在其他国家，包括英国和美国，耳纹证据只限于少数几个关注度高且有争议的案件，这引起了关于耳纹证据的科学基础和可接受意见的性质的重要争论。

需要考虑的基本问题是，当通过外力将一个人的耳朵压在一个表面（通常是窗玻璃）上时，疑似形成的痕迹的来源该如何判断。

243

244

其中的关键在于从耳朵本身的物理结构、对比过程的性质、耳纹在总人口中的特征分布等方面来了解影响痕迹产生的因素。换句话说，就是要判断任何一个特定的可疑耳纹有多常见，以及如何从这些因素的解释中形成意见。遗憾的是，严格处理这些问题本身就存在困难，这意味着在实践中，对耳纹证据的解释和评价是以定性分析为基础并以主观的方式进行的，这往往导致检验结果的确定性被夸大，包括对耳纹来源的认定。人们经常声称这是独一无二的，但这究竟是指耳朵本身，还是指耳朵留下的犯罪现场痕迹，往往并不清楚。而且在法庭辩论中，这种差异的重要性也经常被忽略。

在对耳纹证据领域进行的一次出色的批判性审查中，山普等人（2001 年）讨论了在为鉴定过程提供严格的基础方面需要克服的科学挑战，以及如何利用贝叶斯推理形成意见。为实现这一目标，由欧盟资助的荷兰 FearID 项目做出了重大贡献（例如，参见 Meijerman et al.，2004 年；Alberink and Ruifrok，2007 年）。然而，这些最新研究的成果尚未渗透到法律辩论中，在过去几年中，提交到上诉法院的案件似乎已经慢慢被忽视。

在过去发生的重要案件中，法院对耳纹证据采取了批判性的观点，当然，在英国和美国都是如此，尤其体现在试图限制该证据的权重，并禁止对耳纹痕迹的识别提出明确的意见。

16.2　2003 年、2008 年王室诉肯普斯特案

2001 年 3 月，马克·约翰·肯普斯特（Mark John Kempster）在英国南安普敦刑事法院被判定犯有四项入室盗窃罪。在其中一起案件中，关键的物证是窗棂上的一个耳纹，就在被强行打开的窗棂旁边。肯普斯特承认其最近为房主做了一些有关建筑方面的工作，但否认入室盗窃。法庭被告知，该窗户每月都会清洗。

在审判时，法院收到了两名专家证人关于耳纹证据的报告，但只有控方的专家证人麦高文（McGowan）女士亲自出庭作证，并接受了询问。麦高文女士是一名指纹鉴定专家，她在检验耳纹方面有

四年多的经验，并完成了由范德卢格特主持的课程，范德卢格特曾于 1998 年在达拉格案中作证（第 6.2.1 节）。辩方律师在对她进行询问时曾问道，"这个痕迹是否可能是由肯普斯特以外的人，特别是表弟等近亲属留下的"，她明确地回答说：

> "不，在我看来，我不认为这是由肯普斯特以外的其他人造成的。"
>
> ——王室诉肯普斯特案，2003 年，第 10 段

相反，第二位专家的意见不是绝对的，而是结构化的，似乎是通过考虑对抗性主张而提出的，并通过似然比来评价：

> "……耳纹的大小和形状以及……四个明显的特征都在一个或多个肯普斯特先生耳纹的对照样本中重现，这让我得出结论，它们为'马克·约翰·肯普斯特是厨房窗户上发现的耳纹的来源'这一观点提供了极强的支持……"
>
> ——王室诉肯普斯特案，2003 年，第 11 段

肯普斯特并不否认耳纹可能是他的，但他拒绝了关于耳纹与该盗窃案有关联的指控。在做出有罪判决后，肯普斯特提出了上诉，理由是耳纹证据不可靠，而且没有任何科学依据。此外，如果征求另一位辩方专家证人的意见，那么陪审团的决定可能会有所不同。这些理由与达拉格案中成功上诉的理由相同。

16.2.1　2003 年第一次上诉

与达拉格案一样，上诉法院接受了山普教授的证词，但他没有直接审查证据，而是根据麦高文在其报告中提出的意见和结果，着重对证据进行了评价。他强调，耳纹的分辨率和细节远不如指纹的纹线细节，比对的方法缺乏研究基础，且耳纹数据库的范围也相当有限。在评价方面，他在报告和交叉询问中做了三个关键陈述：

（1）耳纹证据可用于排除嫌疑人作为该痕迹来源的可能性。

（2）专家意见不应对犯罪现场痕迹与样本痕迹之间的比对进行评论。

（3）如果要接受耳纹比对的陈述意见，则应限于"可疑耳纹与样本耳纹一致"或类似的表述。

第三点被法院驳回，因为法院认为专家在就比对问题作证时不应受到限制，陪审团将根据整个法律辩论的情况决定证据的重要性。麦高文重申了她在审判中提出的明确意见，并提及她用了"对照上诉法院记录的"达勒姆全国耳纹数据库去检验她的调查结果，希望通过这种途径来加强她的意见，尽管法院似乎没有讨论过该数据库的性质和范围。

上诉法院承认山普提供的任何证据在审判中都是可以被采纳的，但不认为这会影响陪审团的最终意见，因为肯普斯特并未否认耳纹是他的，而且还有更多不利于他的证据，因此，与达拉格案相反，上诉被驳回。

16.2.2　2008 年第二次上诉

经 CCRC 移交，2008 年 5 月法院审理了第二次上诉，该上诉采纳了英格尔比（Ingleby）博士关于耳纹解释和评价的新证据，英格尔比博士是一名应用数学家，曾参与 FearID 法医耳纹分析研究项目。他审查了麦高文女士所做的工作，并提出了两项主要的批评：

首先，对犯罪现场耳纹和样本耳纹的详细检验表明，正如麦高文所声称的那样，两者的吻合并不精确，这些差异并不能解释为是由压力引起的变形或耳朵在窗户上发生了移动。其次，耳纹的质量只显示出了粗略的细节——大部分是耳朵的主要软骨褶皱，只存在两个他所认为的细微的解剖特征，而且这些特征在耳纹和指纹中的分离度还略有不同。因此，从他对细节特征的数量和质量的评价来看，他不同意麦高文的观点，即犯罪现场耳纹和样本耳纹一定是同源的。

麦高文在回答时确认，她相信细微的差异确实是由于压力不同造成的，特别是当两个细微部分的差异仅在 2.3~2.5 毫米的范围内时，且这还取决于测量的确切位置。此外，她认为这些特征——凹槽和结节——的性质是不寻常的，并评论说它们是"完全相同的位置"。

　　法官的结论是，耳纹证据是相关的并且是可以接受的，即使只有"粗糙的特征"，它也可以提供"匹配"，即意味着能够识别出来源。然而，要做到这一点，就必须使这些特征在压力和其他因素造成的不确定性范围内能够精确地重合。他同意英格尔比的看法，即情况并非总是如此，他通过自己对图像和纹线的检验证明了这一点：

> "……我们感到震惊的是，用于比较的耳纹的形状和大小极为相似，而且每个耳纹上的凹槽和结节也极为相似。我们认为，这就确定了现场的耳纹是上诉人留下的。但是，在进行了毛发特征的比较检查之后，我们也清楚地看到，它们并没有提供精确的匹配。"
>
> ——王室诉肯普斯特案，2008 年，第 28 段

在此基础上，对肯普斯特是不是该痕迹的来源仍存在大量的怀疑。因此，在原审中，这一证据不能证明对肯普斯特的有罪判决。上诉被维持，但肯普斯特仍在监狱中为其余三起盗窃案服刑。

16.2.3　对王室诉肯普斯特案的总结

　　那么，从这两起上诉的结果可以得出什么结论呢？它们对耳纹证据证词的可采性和评价范围的观点有很大的一致性。事实上，山普在第一次上诉中所概述的评价范围，与第二次上诉中法官结论中的观点有一定的相似性。在不同意山普的观点时，法官似乎是根据案件中的其他因素做出的裁决，而不是直接质疑专家证词。在第二次上诉时，法官注意到了检材与样本之间的细微差异，他亲自对图像进行了检验，这似乎影响了他的最终决定，即必须有"精确匹配"的粗略特征才能推断出身份。如果在第一次上诉时提出了类似的证词，结果可能会很不同。然而，一个非专业人员（这里指的是法官）

247 的解释和评价是否能够影响最后的结果，或推翻专家证人经过思考得出的结论，这可能是一个值得关注的问题，也是我们理解法院如何处理多种形式的鉴定证据的一个重要因素。

这个案例也说明了非专家完全倾向于从"寻找匹配"的角度来处理这一司法鉴定过程，而没有对做出评价时需要考虑的一些基本因素进行了解。首先，是耳朵和耳纹之间的混淆。在审讯中，麦高文的观点被引述为"没有两只耳朵是一样的"，而在第二次上诉中，这句话又被引述为"没有两只耳朵能留下相同的印记"。其中第一种说法可以说是正确的，尽管这是否会导致任何法庭科学后果仍然值得商榷，而第二种说法显然不是绝对正确的。第二点涉及是否有任何实质性的证据支持耳纹特征是常见还是罕见的说法，以及任何数据库与此的相关性。尽管在第一次上诉时提到了后者，但法院似乎没有注意到这一点对评价过程的影响。事实上，达勒姆数据库是由整个欧盟的从业人员在英国国家培训中心建立的，山普等人在 2001 年将这种数据库描述为是"没有法庭科学结构的图像库"。

16.3 1999 年联邦诉昆泽案

显然，美国迄今为止唯一一个上诉法院不得不面对耳纹证据的案件，只发生在肯普斯特第一次上诉前不久，大约与马克·达拉格的上诉同时发生。大卫·韦恩·昆译（David Wayne Kunze）于 1996 年在华盛顿州克拉克县因谋杀詹姆斯·麦肯（James McCann）以及企图谋杀他的儿子泰勒（Tyler）而被审判并定罪。两人的头部都被重物击打，根据现场情况，当时他们家中似乎发生了一起抢劫未遂案。尽管昆泽的外表与泰勒向警方描述的袭击者并不相符，但由于他的前妻正打算与麦肯结婚，因此他还是被怀疑了。唯一不利于昆泽的物证是在麦肯的卧室门外侧的表面上发现的一个耳纹，控方称这能证明昆泽与犯罪现场有关。

16.3.1 弗莱伊听证会

在审判前，昆泽以耳纹鉴定证据不可接受为由提出上诉，并申请举行审前听证会。负责解释证据的国家犯罪实验室专家迈克尔·格拉布（Michael Grubb）承认，虽然他对其他形式的痕迹证据有着丰富的经验，但他以前对耳纹检验并不了解。他声称，科学界已接受根据耳纹进行认定：

> "……耳纹只是另一种形式的痕迹证据……其他痕迹证据是科学界普遍接受的。"
>
> ——联邦诉昆泽案，1999 年

他认为他没有读过任何关于耳纹的研究文献，也不了解不同形状耳朵在人群中的出现情况，他的结论是：

> "昆泽先生可能是现场印痕的来源，更进一步说，我相信犯罪现场的印痕很可能是昆泽先生的耳纹和脸颊纹。"
>
> ——联邦诉昆泽案，1999 年

在听证会上，13 名科学界和行业内的证人被传唤，以证明耳纹鉴定是否被科学界所接受并得到科学研究的支持。但只有两名证人确认或暗示说是这样，其中一名证人是范德卢格特，他说荷兰法院的法官接受根据耳纹证据进行鉴定的原则，而且一般来说，其他领域的同行们都接受这一分支学科，尽管他并没有提到任何相关的公开文献。相比之下，另外 4 人提出了相反的意见，而剩下 7 人则不清楚耳纹鉴定在法庭科学领域中的地位。

摩恩森（Moenssens）教授补充说，他不知道有任何研究对该鉴定方法进行了科学验证，或确实证明了每个人的耳朵都是独一无二的。他同意可以进行比较工作，但：

"······问题是这种比较是否有意义。"

——联邦诉昆泽案，1999 年

联邦调查局的几位专家也认为，他们不知道该组织对犯罪现场的耳纹开展过任何工作。然而，法官显然与大多数专家的意见相反，他同意接受耳纹证据，并且他认为，可以通过观察比较的方法来识别耳纹：

"······所依据的原则和方法已充分确立，并在相关科学界得到了普遍接受。"

——联邦诉昆泽案，1999 年

16.3.2 审　判

除格拉布外，范德卢格特在审判中就他自己对图像的检验作证。他发现检材和样本的一些特征完全吻合，还有一些特征存在差异，但他说，这些特征可以用所施加压力的不同来解释。他承认，确定匹配所需的重合程度是相当主观的，没有商定统一的标准。最后，他被问及是否对昆泽是犯罪现场痕迹的来源的可能性有看法：

答：我认为被告的耳朵有可能是现场（犯罪嫌疑人的）耳纹的来源。

问：你对你刚才表达的意见有多大的信心？

答：我对这一观点有百分之百的信心。

——联邦诉昆泽案，1999 年

换句话说，他确定的是，昆泽很可能是痕迹的来源，而不是确定来源本身。从陪审团的角度来看，这不是一个明确的评价，它有可能误导法庭。在定罪后，昆泽再次就耳纹证据的可采性提出了上诉。

16.3.3　上　诉

上诉法院法官总结说，检材与样本之间的种属特征的对应关系可能导致专家得出这样的意见，例如，嫌疑人"不能排除"是痕迹的来源，或他"可能造成"犯罪现场痕迹，或痕迹"与"样本印记"一致"。在本案中，格拉布和范德卢格特的评价意味着耳纹与昆泽的关联性比以上这些陈述所暗示的更强。因此，他们一定是在种属特征之外，至少确定了一个个体特征，以证明该意见的合理性。为此，他们必须使用科学、专业或技术知识，所以争论的焦点是确定是否存在这样一个领域并为社会所接受。

上诉法院法官在审查了 13 名专家在审前弗莱伊听证会上的证词，并考虑到先例后，得出结论认为，科学界对法医证据的有效性存在重大争议，意味着科学界不接受该证据。对于耳纹鉴定来说，情况显然如此，因此这种意见是不被法庭接受的。然而，这一裁决适用于根据个体特征确定痕迹的来源，而不适用于向法院提交关于痕迹本身的事实观察。因此，专家证人可以对检材图像和任何样本图像的获取方法进行说明，这些图像可以提交给法院以供其进行观察比较，并对专家提供的任何可观察到的相似之处和不同之处做出评论。如果种类特征是对应的，那么可以提出意见，即不排除嫌疑人是犯罪现场痕迹的来源。但不允许提出关于绝对确定的意见，这将是法院受理意见的极限。由此可见，虽然没有明文规定，但在种属特征不一致的情况下，可以接受关于排除的意见。

因此，上诉得到支持，对昆泽的判决被撤销，并被下令重审。然而，由于检察官在第二次审判期间的不当陈述，法官宣布这次审判无效。之后，由于缺乏证据，控方放弃了第三次审判，在 2001 年撤销了对昆泽的指控。

16.4　耳纹证据案例的回顾

尽管术语和论点不同，但法院在这两个案件中的最终意见有很大的相似之处。对种属特征或个体特征进行比较，得出排除或不排除意见，被认为是可接受的证据。但是，在这两个案例中，都没有对耳纹特征所要达到的一致程度进行界定，解释的依据仅仅是专家的经验和判断。为了向鉴定或概率论的意见尺度发展，肯普斯特案强调的是整体轮廓的对应程度，并对附加特征有一定的参考。而在昆泽案中，重点在于评价中需要考虑的个体特征的数量和质量，并没有明确提到对应程度。一般来说，这两个因素都在推动这一过程朝着相似的方向发展。然而，在耳纹鉴定方面，不仅对方法的描述大相径庭，也没有对相关特征进行定义，而且所有鉴定人员的解释都是基于对数据的定性评价，没有形成一套普遍接受的标准。此外，基于对耳纹的适当群体特征的了解，对耳纹的其他解释也不会对评价产生任何明确的影响。

16.5　咬痕证据介绍

虽然在死后检查牙齿是一种进行人身识别的常见手段，因为它的基础在于人们普遍接受牙齿作为一种生物特征的独特性，但同样的原则不能延伸到由少量牙齿形成的咬痕上，这些牙齿被压进从食物到人体皮肤和组织等各种材料中。即使这些牙齿本身代表了一种独特的结构，但由于皮肤组织的弹性、行为特性以及咬合过程中力量的性质和作用，这种痕迹也会慢慢消失。尽管如此，对于如何向法庭传达对咬痕证据的解释和评价，以及是否可以将活动的牙齿或咬痕本身视为是独特的，法医牙科学界一直存在非常不同的意见。事实上，普雷蒂（Pretty，2003年）的一项调查显示，91%的受访者同意前一种观点，而78%的受访者支持后一种说法。过去四十年来，围绕咬痕分析的科学依据、可靠性及其作为专家意见的评价等许多

问题，在法庭内外，特别是在美国，进行着持续的辩论，并在 NRC
报告（2009 年）中受到审查：

> "……科学依据不足以得出这样的结论——咬痕对比可以得
> 出最终的匹配结果。"

——NRC，2009 年，第 175 页

然而，需要补充的是，通过咬痕比对来得出某人不是痕迹来源
的排除结论是合理的。

此外，对于咬痕的检查，存在着相互对立的程序，有时甚至是
有争议的程序，这些程序或是基于将咬痕与牙齿模型进行直接比较，
或是基于二维图像的重叠，或是基于计算机图像的比较。在某些情
况下，为了支持专家的意见，还纳入了来源不明的统计数据。尽管
缺乏大规模的群体研究，无法让检验人员了解咬痕特征的多样性和
独特性，但还是会出现这样的情况。所有这些都使人们对咬痕证据
的可靠性产生了怀疑，特别是对专家意见的局限性产生了怀疑。然
而，美国法院相当一致地接受了咬痕证据，且在许多案件中，专家
都声称确凿地认定了痕迹的来源。

16.6　ABFO 指南和专家意见

关于咬痕的证词包含了其他案件使用的典型的后验概率表述的
例子。这些例子包括"符合"和"很可能是"，以及"肯定认定"或
"匹配"，但在引用这些短语时往往没有一致的说法，即这些说法是如
何从专家的观察中得出的。同时，也不清楚这些短语的确切含义。

美国法医牙科学委员会（American Board of Forensic Odontology，
ABFO）在 20 世纪 80 年代认识到，需要建立检验、解释和评价咬痕
证据的标准，并于 1986 年制定了这些标准，不过，为了将观察到的
特征客观地反映到评价意见中而设计的评分系统后来被撤销了，以
待"进一步研究"。这些指导方针定义了术语以及检验和记录的过

251

程，并说明了个人需要获得专业认可的经验。它们包括对典型的种属特征和个体特征的描述，对这些特征的观察应构成系统检验的基础。决策树为检验人员得出评价意见提供了帮助，尽管这是基于纯粹的定性分析。重要的是，它还考虑了样本痕迹是来自开放的人群还是封闭的人群。咬痕检验人员需要解决两个问题：

首先，痕迹的来源是人类的牙齿吗？

根据对痕迹本身或是任何观察到的种属特征或个体特征的考察，可对本问题的观点提供三种结果。它们是：

（1）人类的牙齿产生了这个痕迹。

（2）这个痕迹"暗示是人的咬痕"，但细节不足以提供更明确的结果。

（3）人类的牙齿不是该痕迹的来源。

其次，对于咬痕的来源有什么看法？

对来源的意见应以五分制的表述形式提出，但有一项限制条件，即所提供的意见"具有相当程度的确定性"：

（1）确定性意见：该咬痕来自嫌疑人。

（2）该咬痕可能来自嫌疑人。

（3）不排除该咬痕来自嫌疑人。

（4）确定性意见：该咬痕不是来自嫌疑人。

（5）检验的结果是无结论。

如果没有确定可能的来源群体（开放的群体），则关于确定来源的明确结果（第一点）不允许作为有效意见。只有在审查了有限的来源群体（有限数量的嫌疑人）的情况下，这种意见才是适当的。在所有情况下，解释和评价在作为证词提交之前都应由第二位公认的专家进行审查。尽管有这些指导原则，但在这一量表上选择某种对应表述方式的理由是基于对种属分类和个体特征的不明确的定性评价。这些准则中的概率术语的含义是模糊不清的——"合理程度上对咬痕的确定性"究竟是指什么，这可能会误导法庭。

16.7　美国的咬痕案件

为了说明美国法院围绕着咬痕证词的辩论，我们将讨论一些值得注意的案例，尽管这些案例大多显示的是几十年前的历史惯例，但它们揭示了 NRC 报告（2009 年）中最近表达的关切。

16.7.1　1975 年人民诉马克斯案

1975 年，瓦尔特·马克斯（Walter Marx）因勒死女房东洛维·贝诺夫斯基（Lovey Benovsky）而被判犯有故意杀人罪。尸体上有死后的刀伤，更重要的是，验尸官认为，"尸体鼻子上有一个椭圆形的裂口"，这是一个咬痕，可能是凶手造成的。在审判中，控方声称马克斯是这一痕迹的来源，这一点得到了专家证词的支持。然而，马克斯以这种证据不可接受为由，对其定罪提出了上诉。

在详细讨论这一证据之前，需要概述一下对该咬痕的提取情况和检验方法。贝诺夫斯基夫人于 1974 年 2 月 2 日死亡，有关痕迹的第一批记录是两天后解剖时拍摄的照片。尸体随后被安葬，并在 3 月 23 日被挖出，以使用橡胶材料对咬痕进行了铸模。不久之后，又提取了马克斯的牙齿印记，并在牙石中制作了一个正面的模型。因此，检材与样本的比较是基于三维分析的。

三位牙医为控方提供了证词，他们都清楚这是一个新的案件，所以咬痕很深，所以他们能够"使用几乎前所未有的三维方法"进行分析。他们表示，这将极大支持他们对证据的意见。事实上，这三位牙医都同意提供对痕迹来源的明确认定。

16.7.2　上　诉

上诉时的辩论围绕着一个基本问题，即是否可以从牙齿上辨认一个人，更具体地说，在本案中是否有足够的证据证明这种匹配程度，同时排除所有其他的来源。法院似乎接受了第一点，因为连被告也承认，这种识别方法是可以接受的，尽管他们并不清楚能否区分整个齿列和其中某个牙齿的痕迹。专家们承认，根据咬痕辨认身份没有既定的科学依据，法官评论说，他们的证词：

> "……反映了他们对一个难得的机会的热情反应，那就是将法医牙科学发展或扩大到咬痕鉴定领域。"

> ——人民诉马克斯案，1975 年，A1a

　　鉴于所有参与人都认为，这些技术的使用以及本次审查中采用的方法都是新颖的，因此，在当时不能被科学界普遍接受。所以人们可能会认为，根据弗莱伊标准，这些证词在法律上不能被接受。然而，法官辩称，情况并非如此，因为人身识别技术本身并不新颖，也不是未经测试的，而且分析结果——包括基本数据、模型、照片、图表和图像——都已实际呈现在法庭上，供所有相关人员自行对专家的意见进行核实，而且如果他们愿意，还可以对该评价赋予不同的权重。因此，这意味着，法院可以在不具备任何专业知识和经验的情况下，通过专家的辅助来解释证据。上诉时专家意见的表达没有被质疑和讨论。

253　　另一个上诉理由是，据称专家在得出其意见时使用了数学概率和公式，这与加州在人民诉柯林斯案中的裁决相反（见第 8.1 节）。然而，法官接受了专家的陈述，即所有关于可能性的讨论都是一般性的，不涉及任何数字，目的是使他自己相信，马克斯牙齿上的不寻常特征的组合使该案中的痕迹有其他来源的可能性非常小。据此，上诉被驳回，对马克斯的定罪被维持。

16.7.3　1978 年联邦诉加里森案

　　在 1976 年亚利桑那州的另一个涉及勒死的案件中，使用统计资料提出意见及其可接受性的问题成为焦点。鲍比·乔·加里森（Bobby Jo Garrison）被判谋杀维尔纳·玛丽·马丁（Verna Marie Martin），死者身上有多处咬痕。在审判中，法医牙科学的专家小荷马·坎贝尔（Homer Campbell Jnr）的证词讲述了他是如何将加里森

的牙齿模型在蜡上留下的压痕与案件中的咬痕进行比较，并确定了
10 个相似点的。他认为，这是个很好的证据：

> "我的结论是，死者身上的咬痕，和我用加里森的牙齿模型
> 产生的咬痕是一致的。"
>
> ——联邦诉加里森案，1978 年

严格说来，这种意见意味着不排除加里森是痕迹的来源，因此
其分量有限。然而，他补充说："这种评价显然得到了加强"——

> "……在类似这种情况下，两套牙齿完全相同的概率系数大
> 约是百万分之八，也就是十二万五千分之一。"
>
> ——联邦诉加里森案，1978 年

在上诉中，加里森试图将后一证词视为不可靠而不予考虑，他
声称坎贝尔曾表示：

> "……死者乳房上发现的牙印，有百万分之八的可能性不是
> 上诉人的。"
>
> ——联邦诉加里森案，1978 年

虽然这明显是一个检察官谬误的例子，但上诉法院似乎并没有
认识到它在逻辑上的不正确，而是只关注评价中数字概率的使用。
最后，亚利桑那州最高法院做出了驳回上诉的决定，但两名法官提
出了异议。

由于坎贝尔只是引用了一个公开来源的概率，大多数人认为这
证明了这些数字的可靠性，因此是可以接受的。但如果他们仔细阅
读这一参考资料，就会清楚地知道，该内容针对的是完整的牙齿，而
不是咬痕。持不同意见的法官提供了一套更详细的论据来支持他们的
观点。第一，他们的结论是，由于这些数字实际上并不是由坎贝尔自
己得出的，所以他不知道其中所使用的公式，也不能解释每个变量的
权重。因此，"当讨论转向概率论时，他完全不懂这个领域"。

第二，他们认为坎贝尔错误地引用了他的参考资料，而这个概率实际上是十万分之八。不管是哪种情况，根据当地县城人口数量为 465 000 人，他们得出结论，这些统计数字意味着有 3.7 人或 37 人的咬痕无法与加里森的咬痕区分开来。这些数字表明，引用看似微小的概率来支持专家意见，可能会对陪审团产生非常大的误导。

第三，由于某些特征可能不是独立的，所以他们质疑是否适合将所有与痕迹中每个特征相关的概率结合起来，以得出最终的出现概率。最后，他们不同意将这一公布的数字应用在坎贝尔的数据中，因为他声称在得出结论时忽略了 10 个特征中的一部分，再加上对加权和乘积规则的怀疑，意味着正确的概率将远低于他宣布的数字。在此基础上，他们不同意多数人的意见，并以完全相反的方式去解释法律。

16.7.4　1986 年联邦诉斯廷森案

1984 年 11 月，伊昂·西乔什（Ione Cychosz）被发现死在后院，她曾遭到强奸和殴打，死前身上有几处咬痕。根据间接证据和两名专家证人关于咬痕来源的证词，罗伯特·李·斯廷森（Robert Lee Stinson）在次年的审判中被判定犯有谋杀罪。斯廷森对这一判决提出上诉，主要理由是咬痕证据的可接受性。

上诉法院确认了牙医兼临床病理学家约翰逊（Johnson）博士和法医牙科学家兼 ABFO 咬痕标准委员会主席罗森（Rawson）博士的专家地位。它赞同初审法院的观点，即对咬痕证据的分析是一个被接受和公认的科学领域，有"适当的对照和标准"，并得出结论认为，专家证人提出的这种证据为陪审团提供了宝贵的帮助：

> "通过直接查看检验中所使用的物证、模型和照片，陪审团能够自行判断斯廷森的牙齿是否真的与受害人身上发现的咬痕相符。"

> ——联邦诉斯廷森案，1986 年

约翰逊在其证词中说，他的检查是基于直接比较以及将案件中的咬痕与斯廷森牙齿的石膏印模进行重叠。有趣的是，斯廷森有一个孪生兄弟罗伯特·厄尔（Robert Earl），当时也从他那里提取了一个石膏印模，后来因特征差异很大而被排除了。由于在尸体上发现了好几个咬痕，约翰逊不仅声称能在对比中消除失真效应，而且他还能识别出一些重复出现的关键个体特征。在对证据进行了所谓的"详尽审查"之后，他得出结论说："我认为，这是个完美的证据"——

> "……在科学上有合理的把握，受害人身上的咬痕是斯廷森造成的。"
>
> ——联邦诉斯廷森案，1986 年

罗森对约翰逊的工作进行了独立审查，对他必须处理的证据的质量和数量印象深刻。他确认约翰逊的工作达到了 ABFO 的标准（他的评价是 ABFO 评分表上的第一点），并同意他的意见。他补充说，该证据是"压倒性的"。

在此基础上，上诉法院确认了原审判决，并得出结论：

255

> "本案中咬痕证据的可靠性足以从道义上肯定地排除一切合理的无罪假设。"
>
> ——联邦诉斯廷森案，1986 年

然而，斯廷森继续声称自己无罪，2005 年，威斯康星州无辜者计划受理了他的案件。通过对受害者衣服上的污渍进行 DNA 图谱检测，并对咬痕证据进行审查，他们成功地证明了斯廷森不是强奸和杀害西乔什的凶手，尽管直到 2009 年 1 月他才从监狱中获释，并被免除罪责。2012 年 4 月，根据 DNA 证据，小摩西·普赖斯（Moses Price Jnr）被指控犯有此罪。

16.7.5 法庭上的咬痕证词

回过头来看，现在有大量根据咬痕证据进行错误定罪的案例。其中最突出的情况是，一开始提供了肯定的鉴定，但后来被证明是无效的。也有类似的证词支持控方的例子，定罪在上诉中得到确认，但专家的意见却因可采性、科学依据、评价的统计基础和其他因素而受到进一步审查。此外，还有专家之间存在重大分歧的情况，越来越多的刊物对这一分支学科的许多内容提出了批评，特别是在对来源进行分类鉴定方面。从法院的角度来看，法官提出只要向法院提供鉴定的事实结果，并允许陪审团对证据做出自己的解释，那么咬痕证据就可以被接受，这一点值得关注。这相当于忽略了专家证人的一项关键技能和职责，即提供解释和评价，而将这一任务转交给未经培训并缺乏经验的陪审团成员，这对司法有着相当严重的潜在威胁。

16.8 人体生物特征：面部和步态

传统上认为，目击者提供的辨认证据在法庭上是能够被接受的，即事实证人根据记忆辨认某人，例如，让嫌疑人站成一排来进行辨认。近年来，在通过监控获取的图像质量较差或面部特征模糊不清，但仍可辨别出身体运动（步态）的特征时，就会征求专家的意见。这使得步态和面部识别方面的专家意见能够被采纳，有时还会在法庭上接受质证。第 6.1 节讨论了阿特金斯兄弟的案件，他们因面部识别证据而被定罪。他们对使用独断的尺度进行评价这一行为提出了质疑，但在上诉中被驳回了。然而，正如我们将看到的那样，这并不总是最终的结果。

16.8.1 1999 年王室诉胡克威案

在 1997 年 7 月对斯蒂芬·詹姆斯·胡克威（Stephen James Hookway）持械抢劫英国索尔福德一家银行的定罪中，面部识别证据

被证明是至关重要的。胡克威是五名戴着长筒袜面具的团伙成员之
一，辨认证据是唯一对他不利的证据。他在 1999 年的上诉中辩称，256
专家证人理查德·尼夫（Richard Neave）的证词本身不足以支持有
罪判决。

尼夫和他的助手对抢劫案中的静态照片和胡克威的样本图像进
行了对比。他们考虑了面部特征的比例和形态，使用图像重叠来帮
助比对，并考虑到了面具本身的扁平化效果。尼夫的结论是，胡克
威的特征与其中一名银行劫匪的特征"完全一致"，并表示：

> "非常有力地支持了上诉人是罪犯的说法。"
>
> ——王室诉胡克威案，1999 年

然后，他对这一说法进行了限定，声称这不是一个明确的识别。
在曼彻斯特地区，很可能存在一两个外表相似的人，包括胡克威的
兄弟，所以他不能排除银行抢劫犯是其他人的可能性。在交叉询问
中，他提供了他观察到的细节，他是据此得出的结论。

辩方没有对专家证人的资历或面部测绘技术的有效性提出质疑，
而是倾向于关注缺乏相关的数据库来支持该评价。正如尼夫所承认
的那样，由于这意味着不能排除另一名男子是蒙面罪犯的可能性，
所以他们声称这种证据本身不足以定罪。在驳回上诉时，法官说，
鉴于该证词是可以接受的，而且在法庭上已经进行了充分的辩论，
其重要性最终是由陪审团决定的。在提出意见时，使用"完全一致"
来证明对某一主张的"非常有力的支持"，而没有引用人口统计数据
来支持任何其他主张，使得这一证词无法令人完全信服。

16.8.2　2011 年王室诉奥特韦案

20 秒的监控录像显示，加油站中一名男子从一辆蓝色本田汽车
上走了下来，而这辆车后来被用来在曼彻斯特的一条街道上枪杀马
克·丹尼尔斯（Mark Daniels）。这段录像也为埃尔罗伊·奥特韦
（Elroy Otway）被判犯有谋杀罪提供了关键证据。虽然图像很清晰，

但看不清此人的脸。因此，通过分析此人的步态并与奥特韦在警察局拍摄的参考录像进行比较，此人的身份被确定，这也成为专家证词的基础。

在 2009 年对奥特韦的审判中，辩方对足迹专家大卫·布莱克（David Blake）的证词的可采性提出了质疑，理由如下：

（1）图像的比较是可以由陪审团自己完成的事情，不需要专家的意见。

（2）没有使用统计数据库来评估任何意见的重要性。

（3）没有科学依据或测量方法来支持步态分析。

（4）没有"充分认可的经验体系"来支持步态分析。

布莱克在其报告中对这一领域的描述使法官相信，步态分析是一个有充分组织的知识体系，他已经充分了解了常见的和较不寻常的步态特征的范围，并有资格提出专家意见。在驳回辩方的质疑时，257 法官允许布莱克提供"奥特韦的步态与监控中显示的步态相似"的描述，以帮助陪审团对该证据进行评价。然而，布莱克不能就奥特韦是汽车司机的可能性做出自己的评价。

然而，奥特韦在 2011 年提出了同样的问题作为上诉理由。还有一个说法是，虽然布莱克有资格去识别个人步态特征，但他没有资格在两个人之间比较这些特征，这一说法因站不住脚而被驳回了。然而，这种专家意见的局限性也得到了强调：

> "然而，我们同意……布莱克先生用匹配的可能性，甚至是基于布莱克先生临床经验的可能性来表达他的最终结论的能力是不充分的。"
>
> ——王室诉奥特韦案，2011 年，第 22 段

有人强调，一般来说，这种"足迹"证据的可采性应在个案基础上处理，以确保证词不超出特定专家的专业领域，而且法院应明确其对评价范围的限制。这一声明使得这一上诉与阿特金斯兄弟案的上诉相一致。

16.9　结　论

尽管所有这些生物特征识别的性质明显不同，但法院内部对于如何提出专家意见已经有了一些共识。可采性并不是一个主要的问题，法院倾向于纳入这种证据，即使它的可靠性是有限的。然而，在评价和解释该证据方面的问题较多，法院往往会对专家的解释进行限制，除了陈述意见和向陪审团提供解释外，还对专家的解释范围进行了限制，而缺乏数据库也是造成这一问题的原因之一。同样，允许专家进行适当评价的动力也因证据本身的直观性而受阻。法院很容易退而求其次，让由非专家组成的陪审团通过自己对图像的检验和比较，仅依靠专家证人的建议和指导来决定证据的重要性。

参考文献

1. Alberink I. and Ruifrok A. (2007). Performance of the FearID earprint identification system. *Forensic Science International*, 166 (2-3), 145-154.

2. American Board of Forensic Odontology (ABFO) Diplomats Reference Manual, section III [Online]. (2015). Available at http://www. abfo. org/resources/abfo-manual/ [Accessed 13 November 2015].

3. Champod C., Evett I. W., Kuchler B. (2001). Earmarks as evidence: a critical review. *Journal of Forensic Sciences*, 46 (6), 1275-1284.

4. Meijerman L., Sholl S., De Conti F., Giacon M., van der Lugt C., Drusini A., Vanezis P. and Maat G. (2004). Exploratory study on classification and individualisation of earprints. *Forensic Science International*, 140, 91-99.

5. National Research Council: Strengthening Forensic Science in the United States: A Path Forward, Document 228091 [Online]. (2009). Available at http://www. nap. edu/catalog/12589. html [Accessed 10 October 2015].

6. People v Marx [1975] 54 Ca. App 3d 100.

7. Pretty I. A. (2003). A web-based survey of odontologist's opinions concerning bitemark analyses. *Journal of Forensic Sciences*, 28 (5), 1-4.

8. R v Hookway [1999] EWCA Crim 212.

9. R v Kempster [2003] EWCA Crim 3555.

10. R v Kempster [2008] EWCA Crim 975.

11. R v Otway [2011] EWCA Crim 3.

12. State of Washington v David Wayne Kunze [1999], 22338-4-II.

13. State v Garrison [1978] 585 P 2d 563 (Ariz).

14. State v Stinson [1986] 134 Wis 2d 224.

拓展阅读

1. Clement J. G. and Blackwell S. A. (2010). Is current bite mark analysis a misnomer? *Forensic Science International*, 201 (1-3), 33-37.

2. Deitch A. (2009). An inconvenient tooth: Forensic odontology is an inadmissible junk sciencewhen it is used to "match" teeth to bitemarks in skin. *Wisconsin Law Review*, 1205-1236.

3. Earprint Burglary Conviction Tossed: Justice Denied, the magazine for the wrongly convicted [Online]. (2008). Available at http://justicedenied. org/issue/issue_41/jd_issue_41. pdf [Accessed 13 November 2015].

4. Giannelli P. C. (2007). Bite mark analysis, Faculty Publications, Paper 153 [Online]. Available at http://scholarlycommons. law. case. edu/faculty_publications/153 [Accessed 13 November 2015].

5. Halpin S. (2008). What have we got ear then? Developments in forensic science: earprints as identification evidence at criminal trials. *University College Dublin Law Review*, 8, 65-83.

6. Innocence Project: Descriptions of bite-mark exonerations [Online]. (2015). Available at http://www. innocenceproject. org/docs/Description_of_Bite_Mark_Exonerations. pdf [Accessed 13 November 2015].

7. Pretty I. A. and Sweet D. J. (2001). The scientific basis for human bitemark analyses- a critical review. *Science and Justice*, 41 (2), 85-92.

8. Pretty I. A. and Sweet D. J. (2006). The judicial view of bite-marks within the United States criminal justice system. *Journal of Forensic Odonto-Stomatology*, 24 (1), 1-11.

9. Pretty I. A. and Sweet D. J. (2010). A paradigmshift in the analysis of bitemarks. *Forensic Science International*, 201, 38-44.

10. Rawson R. D. , Vale G. L. , Sperber N. D. , Herschaft E. E. and Yfantis A. (1986). Reliability of the scoring system of the American Board of Forensic Odontology for human bite marks. *Journal of Forensic Sciences*, 31 (4) , 1235-1260.
11. Vale G. L. , Sognnaes R. F. , Felando G. N. and Noguchi T. T. (1976). Unusual three-dimensional bite mark evidence in a homicide case. *Journal of Forensic Sciences*, 21 (3) , 642-652.

第 *17* 章

可疑文件

　　可疑文件检验人员的检验对象包括笔迹和印刷文件中的多个方面，本章将对其中的几个方面进行审议。本章的重点将放在构成法院此类证据的大多数证据上，即确定笔迹和签名的来源，但也会对压痕字迹和其他不常见的情况做出评论。

　　鉴定笔迹和签名的核心原则在于只有在有足够多的笔迹的情况下才能进行检验，即没有两个人的书写方式会完全相同，也没有一个人的两次书写方式完全相同。因此，每一组笔迹的独特性、评价个人笔迹差异的必要性以及对不同人群笔迹风格多样性的详细了解，构成了将可疑笔迹与样本笔迹进行比较的过程，从而成为法院提出评价意见的基础。这种意见的可靠性不仅取决于这种方法的有效性，还取决于从业人员运用这种方法的能力。这些因素可能导致专家证人的证言相互对抗，并在法庭上对证据提出质疑，特别是在美国，在多伯特案之后。艾伦（Allen，2016 年）对可疑文件检验的原则和现行做法进行了精彩的讨论。

　　这项工作的范围很广，而且在任何特定案件中都可能存在一系列特殊情况，这意味着在主流法庭科学中，对可疑文件的检验可以说是自成一派。例如，除了受时间的影响外，笔迹还会受到健康状况和年龄的影响（Gale v Gale，2010 年），协助书写会导致出现"诱导式手写签名"（Barrett v Benn and others，2012 年），专家可能被要求提供关于书写速度的证词（R v Maynard and others，2002 年）。除了传统的笔迹之外，证据还可能是涂鸦（R v Previte，2005 年）、手印（US v Saelee，2005 年），或者是如母语为日语的人用英语打印的证据（US v Fujii，2000 年）。

为了了解这种范围如此宽泛的证言是如何形成并向法院提供的，我们需要研究一些关键的案例。然而，在此之前，需要进一步探讨法庭科学笔迹鉴定的方法。

17.1　笔迹和签名比较——科学的方法论?

比较和分析可疑笔迹和签名的总体过程是明确的，尽管对这两类证据的检验细节存在差异。在有足够数量的可疑笔迹和样本笔迹的情况下，鉴定人员将会确定两组笔迹的一系列特征及其自然变化。就笔迹而言，这些特征通常与单个字母及其组成的单词有关，而对于签名，则需要采取更灵活的方法，以适应这种书写可能采取的各种形式。然后是比较程序，以确定每一个特征是否在两组笔迹的自然变化范围之内，这就可以形成一个观点，即这些特征在可疑笔迹和样本笔迹之间是相似的还是不同的。最后，在评价阶段，对相似与不同之处进行权衡，使鉴定人员能够就样本笔迹的书写者是否也是可疑笔迹的来源得出意见，并以反映证据重要性的文字形式提出这一意见。

那么这是不是一种科学的方法呢? 这当然是一个明确的、合乎逻辑的程序，所有受过训练的鉴定人员都可以遵循这一程序，而且在每一点上，鉴定人员都采用了假设检验的方法来得出结论。然而，在整个审查过程中必须做出一定的判断，但目前并没有公认的定量标准能使之成为一个客观的过程。事实上，个别鉴定人员做出的定性评价可能有很大的灵活性。其中包括了以下具体问题：

（1）需要多少材料才能构成确定自然变化的充分样本?

可疑笔迹可能在长度和特征范围上有很大差异；可能只有一个可疑的签名；样本笔迹的范围可能也有限，可能没有包括某些字母或字符，或者可能不是同年代书写的。鉴定人员可能会认为样本笔迹的数量和/或质量不足以进行分析，并给出不确定的意见，不同鉴定人员对此的标准可能不同。自然变化的评价是一个主观的过程，没有明确的参考标准。

（2）在比较的过程中，应该利用哪些书写特征，其中一些特征是否应该比其他特征更有权重？

这些特征往往会针对可疑笔迹的内容，它们的选择由鉴定人员自己决定；鉴定人员不同，这些特征的数量和质量都会有所不同。特征既会包括一般特征，也会包括单个字母的详细结构和运笔方式等细节特征。

261

（3）用什么标准来得出笔迹具有相似性或差异性的观点？

既然对笔迹特征变化的评价是定性的，那么特征的比较也必须是定性的，并以鉴定人自己的标准为基础。虽然笔迹的变化具有连续性，但这意味着鉴定人可能会对笔迹中的每个特征的相似或差异得出一个明确的观点。

（4）这些异同点如何汇总成结论意见？

在某些情况下，当其中一种情况占主导地位时，可能会形成一个明确的观点，即确定或排除样本笔迹的书写者为可疑笔迹的来源。然而，对照样本需要采用标准来支持对来源的最终意见，例如确认没有明显的差异。当该种书写风格和特征在人群中较为常见时，这一点尤为重要。在其他情况下，例如在根据许多相似之处和一些不同之处形成意见时，需要将这些特征结合起来才能得出意见，而这一过程完全取决于鉴定人员的主观判断。

（5）如何向法院提交意见？

在笔迹和签名鉴定中，经常提供明确性意见，例如使用"确凿的证据"这一短语来支持或反对某一主张。其他结果通常会被映射到一个意见量表上，虽然量表中有不同程度的表述分类，但在具体程度或表述语言形式上并没有完全统一。不确定意见的形成可能是由于没有足够的材料以供分析，也可能是由于在分析过程中的比较阶段出现了中性结果。鉴定意见通常是根据证据的来源提出的，而基于贝叶斯推理的逻辑评价并不常见。尽管如此，人们已经不再试图通过解释过程来平衡这些相互对立的主张陈述。然而，鉴定人很少直接评论某种书写风格在人群中的出现情况，这就强化了笔迹和签名的唯一性假设。

尽管对笔迹和签名的鉴定有科学的框架支持，但这种缺乏确定标准的情况，可能会导致鉴定人员对相同的证据做出不同的评价，并导致难以证明这些结论的正确性。在讨论实例之前，需要进一步了解如何向法院传达意见。

17.2　专家意见的尺度

在向法院表达意见时，合格的鉴定人往往会对认定或排除做出明确的陈述。对一些人来说，这可能是他们希望提供的唯一证词，或者是法院会接受的证词，并且这类证词会以三分制来表示，其中包括一个不确定点。但在许多情况下，不具有结论性的证词仍然可能对法院有用，专家必须拟定一份声明，反映证据对任何特定命题的支持程度，以表明他们对结果的信心。鉴于比较和分析过程的主观性，以及缺乏量化的衡量标准，一个有许多分级点的量表并不合适。不过，大多数鉴定机构都会使用一个相对粗糙的量表，用口头陈述来校准，并用来向法庭传达证据的权重。不过，对于评分的点数或附加口头陈述的形式并没有达成普遍一致的意见。事实上，鉴定人员可能会按照第三方指定的量表来进行评价。近年来，各个司法辖区似乎普遍使用 5 分至 9 分的标准。

表 17.1　笔迹和签名证据的意见等级量表

(表格中的类别并不一定横向对应)

9 分法* (SWGDOC, 2013 年)	7 分法**	5 分法 (Ellen, 2006 年)	3 分法 (绝对明确意见)
认　定	认　定	证据确凿认定	证据确凿认定
非常可能	高度可能认定		
可　能	可能认定	证据支持认定	
有迹象认定			

续表

9分法* (SWGDOC, 2013年)	7分法**	5分法 (Ellen, 2006年)	3分法 (绝对明确意见)
无结论	无结论	无结论	无结论
有迹象否定			
可能否定	可能否定	证据支持否定	
非常可能否	高度可能否定		
否 定	否 定	证据确凿否定	证据确凿否定

* 以麦克-亚历山大等人（MCAlexander et al., 1991年）提出的建议为主要依据。

** 例如霍兰德（Holland）在杰罗德诉伊萨珠尔等人一案（Jarrold v Isajul et al., 2013年）中使用的方法。

除提供结论性意见外，还有一种说法是，在检验过程中会有其他证据提交给法庭，比如说如果意见是笔迹证据支持其他证词，那么就应该以口头方式提交。这就确定了五分层级制，其中包括支持或不支持该主张的"佐证"。

不同的层级是以定性的概率术语表达的，那些超过5分的层级，代表了鉴定人对其结论有效性的信心程度，但这并不是基于统计数据，而是基于科学原则和他们的经验判断。SWGDOC《法庭科学文件检验人员意见表述的标准术语》（2013年）规定了一个9分层级，提供了更细化但有限的指导，使意见表述能够选择适当的等级。其中包括一些评论，例如，当使用"强概率"时，这意味着检验人员"几乎肯定"有一个认定或否定的结论。只有当"一些关键特征"不存在时，检验人员心中的疑虑可能才会导致这样的说法：

"根据对被告人笔迹的检验，我认为，他很可能是可疑笔迹的来源。"

然而，考虑到大部分人可能不愿意使用这一尺度所提供的三个

中间等级，等级数从而被减少到 7 分甚至是 5 分。目前还不清楚这
种细微的区分是否会对法庭对这一证据的审议产生任何实际影响。且
陪审团是否能清楚了解到，上面给出的这一句陈述比"认定书写者身
份"的陈述低了两个等级？事实上，这种扩大尺度的使用已经在法院
受到了批评，例如在美国诉斯塔泽普泽尔案（US v Starzecpyzel）中。
由此可见，五分制在法庭上往往是最有用和最有效的，尽管应该注意
的是，这可以采取"支持性证据"或"可能"的口头形式。

正如埃伦（Ellen，2006 年）所指出的，在构思评价意见时，应
考虑到表达的明确性，在概率的归属和替代来源的声明之间取得平
衡，例如：

> "有支持性证据证明被告人是可疑笔迹的来源，但不应排除
> 其来源于他人的可能性。"

尽管有这些尺度，但正如我们将看到的那样，在实践中，审查
人员经常使用术语的变体和组合。SWGDOC（2013 年）也提出了关
于避免使用其他可能被法院误解的术语的建议。不出所料，这些术
语包括"可能有""符合""可能不同""有理由相信""限定的鉴
定"以及"不确定"。SWGDOC 指出，"无结论"比"不确定"更
可取，它认为"不确定"可能会被法院误解，但没有证据表明在英
国出现了这一特殊困难。

为了说明专家如何向法院提交专家意见，以及如何解决相互矛盾
的意见，我们将回顾一些在澳大利亚和英国上诉法院审理的相关案例。

17.3　2013 年杰罗德诉伊萨珠尔等人案

2006 年，杰罗德（Jarrold）先生出售了澳大利亚的房产，并获
得了所有的收益，因为他声称他从妻子那里得到了一份日期为 2006
年 6 月 5 日的授权书。他的妻子也同意，当年早些时候在威尔士的
一次会议上，他曾要求她签署一份这样的文件，但她拒绝了。2012

年，杰罗德夫人将她的前夫和其他一些参与房屋销售的人，包括国家土地产权登记员告上了法庭，要求获得该房产销售所得的一半收益，并指控杰罗德先生伪造了她在授权书上的签名。审判除了涉及一些旁证问题之外，还涉及对文件上签名的鉴定。由于原件已经丢失，只有一份复印件，因此鉴定工作受到了阻碍。这使得我们无法全面分析签名中墨迹的流畅性和细节。三位合格鉴定人就该签名提供了证词。杰罗德夫人传唤施特拉克（Strach）博士［继他的同事韦斯特伍德（Westwood）先生之后］，书记员传唤霍兰德（Holland）先生，杰罗德先生传唤拉克鲁瓦（Lacroix）先生。三位专家都得到了杰罗德先生和杰罗德夫人的笔迹样本，包括签名和笔迹，并被要求不仅要考虑可疑签名是否出自杰罗德夫人本人，还要考虑该签名是否由杰罗德先生伪造。三位专家都得出了不同的结论，并在交叉询问中对影响其证词权重的其他问题进行了辩论。

264　　### 17.3.1　施特拉克博士的证言

这项鉴定是由施特拉克的一位同事韦斯特伍德先生开始的，然后他在写完初步报告后将其交给了施特拉克。他证实，可疑签名和样本签名之间有许多不同之处，因此得出结论，可疑签名是杰罗德夫人签名风格的"异常版本"，因此这"不太可能是她写的"。为支持这一结论，他说：

> "……差异的存在，特别是在大量存在和/或重复存在的情况下，对于得出科学且合乎逻辑的结论至关重要。"
>
> ——杰罗德诉伊萨珠尔等人案，2013 年，第 596 段

他补充说，可疑签名不是通过描摹技术形成的，而是通过徒手临摹形成的。根据这个伪造的签名，他说：

> "……这个主张是支持该签名属于杰罗德先生，但……这还远远不是一个确定的结论。"
>
> ——杰罗德诉伊萨珠尔等人案，2013 年，第 38 段

在交叉询问中，有人提出，由于最初的工作是由韦斯特伍德做的，施特拉克没有对文件进行独立审查，他的证词有偏见，因为他是在阅读了韦斯特伍德的报告后才进行检验的，该报告中的结论与施特拉克的结论类似。法官认为，虽然施特拉克确实亲自审查了证据，并提出了更广泛的意见，但他得出的结论与韦斯特伍德的大体相同，他的报告中的一些段落基本上也是根据前一份报告中的结论来编写的。法官的结论是，这一证词：

"……由于缺乏独立性而受到影响，而且施特拉克在对主要证据进行审查之前就认为韦斯特伍德先生的结论是正确的。我在评价他的结论的权重时考虑到了这些因素……"

——杰罗德诉伊萨珠尔等人案，2013 年，第 631 段

17.3.2　霍兰德先生的证言

这位专家提供了两份报告，第二份报告几乎是在完成第一份报告后的一年才提交的，而且是基于范围更广的样本笔迹。这两份报告得出了截然不同的结论。他最初的结论是，杰罗德夫人"极有可能"是可疑签名的来源，但他修改后的意见是，她"极有可能"不是可疑签名的来源。他以很难从有限的参考样本中确定书写习惯的变化范围为由，解释了这一观点的巨大变化，他说：

"……由于提供了更多的样本，使他能够得出结论，这些不同之处实际上并不是由个人书写习惯的变化造成的，而是由不同人的书写习惯差异造成的，这意味着可疑签名'极有可能'是由其他人写的。"

——杰罗德诉伊萨珠尔等人案，2013 年，第 639 段

由于他是按七分制进行评价的，这一变化相当于将评分表上的 2 分增加至 6 分。在第一份报告中，他确实补充说，在没有检验授权书的原件的情况下，他无法提供"明确的意见"。他还说，由于签名

265 的差异很大，杰罗德先生"极有可能"不是签名的来源。而后来，他又把这句话修改为"无法就这个问题提出意见"。

在交叉询问中，他的观点发生重大变化的理由受到了质疑，有人质疑这两个尺度点上的意见是否有效，因为它是从复印件中得出的结论。

法官赞扬了霍兰德先生的独立，表明了与聘请他的书记员相反的观点，但法官指出，他在第一次报告中没有说明他的意见会因样本量过小而受到限制。法官的结论是：

> "在评价霍兰德先生的证据的权重时，我认为，他的最终结论与他在第一次报告中表达的结论截然相反，这一点很重要。霍兰德先生改变了他的意见，这不可避免地引出了一个问题，即如果连'极有可能'的结论都可能会根据新的证据被推翻，那么他目前的结论又有多少可信度呢？"
>
> ——杰罗德诉伊萨珠尔等人案，2013年，第654段

17.3.3 拉克鲁瓦先生的证言

第三位专家证人在初步报告中得出结论说，"有条件地支持"可疑签名出自杰罗德夫人的说法。然而，他在三位专家会面后不久编写的最终报告中说道，他的意见是，关于签名的书写者是谁并没有定论。拉克鲁瓦将他的评价分为5分，从非常有力的支持性证据到非常有力的反驳性证据。他是根据他所掌握的所有样本笔迹以及从那份有问题的授权书的复印件中得出的局限性来证明这一结论的合理性的（他的评分表上的第三点）。

> "笔画的性质、压力以及运笔特征等方面的信息都存在着缺失，而这些都是分析确定某一笔迹和签名来源的关键因素。"
>
> ——杰罗德诉伊萨珠尔等人案，2013年，第661段

他对签名是由杰罗德先生伪造的说法表示了类似的意见。在交叉询问中，有人认为拉克鲁瓦缺乏经验，他在检验文件时犯了一些

错误并忽略了一些细节。法官虽然承认他的经验不如其他两位专家，但并不认为他缺乏足够的专业知识来履行其作为鉴定人员的职责。

17.3.4 上诉法院法官的总结

在总结这三位专家的证词时，法官的结论是，杰罗德夫人不是可疑签名的书写者。这意味着签名是伪造的，而这只能是杰罗德先生所为。然而，这方面的证据不太令人信服，他补充说：

> "……然而，杰罗德先生的笔迹与可疑签名之间缺乏相似性，这往往会让人无法得出签名是伪造的结论。"
>
> ——杰罗德诉伊萨珠尔等人案，2013 年，第 695 段

就证据的重要性而言，三位专家都表达了使用复印件所带来的限制，特别是在评价中使用整个动态范围的量表。此外，法官认为，所有专家在制定和传达他们的结论时都出现了一些问题，从而降低了法庭对其的信任度，这需要反映在他们证词的特征上：施特拉克的结论缺乏独立性、霍兰德的意见出现前后变化以及拉克鲁瓦的错误观察。当把法庭科学证据与案件中的其他间接证据结合起来时，法官宣布杰罗德夫人没有履行必要的举证责任：

> "综合来看，专家意见并不能消除我对证明杰罗德夫人没有签署授权书所依据的旁证的严重怀疑。专家证据不能单独考虑，而应与所有证据一并考虑。不能'仅仅机械地比较各种可能性的结果'而找到证据。"
>
> ——杰罗德诉伊萨珠尔等人案，2013 年，第 701 段

一些"旁证"涉及杰罗德夫人签署授权书时的具体情况，以及在审判期间向法院提供的陈述和证据中的明显矛盾之处。在此基础上，杰罗德夫人提出上诉，在 2015 年的听证会上，法官误解了她的电话账单，从而错误地对她的部分证词产生了怀疑。这次上诉取得了成功，且法院下令重审。

17.4　2010 年盖尔诉盖尔案

2007 年 5 月，维拉·盖尔（Vera Gale）去世，她的两个子女就其三份手写遗嘱的真实性提起了遗嘱认证诉讼，据称这三份遗嘱是死者于 2002 年、2004 年和 2005 年签署的。遗嘱中提到，她打算将自己的房子和财产都留给女儿，而不是平均分配给所有子女。盖尔的女儿与她的母亲共同居住在这所房子里。2010 年，她的女儿在英格兰和威尔士高等法院大法官法庭的一次听证会上试图证明这些手写遗嘱的真实性。但她的儿子在听证会上声称，他的母亲当时没有书写这些遗嘱的能力。此外，还有盖尔的一些相关手写笔记，包括 2005 年的第 574（9）号文件，其中规定了她和女儿在她家共同生活时的条件。辩论的主要部分集中在对所有的这些文件的笔迹鉴定上。

法院根据医学证据确定，2002 年初左右，盖尔的精神状态能够支持其对遗嘱做出决定，而到 2004 年 2 月，情况就不是这样的了。在法庭上进行交叉询问后，法官裁定，两位证人提供的关于她签名的证据并不可靠，而且认为文件上的签名没有多少可信度。

17.4.1　静电压痕（ESDA）分析

经静电压痕检验，在 2004 年的遗嘱上发现了压痕字迹，与第 574（9）号文件上的字迹一致，即盖尔在 2005 年手写的遗嘱。这意味着，当盖尔写下 2005 年的遗嘱时，2004 年的遗嘱就垫在下面。然而经静电压痕仪检验后发现，这份 2004 年遗嘱上的墨迹和压痕交叉的地方，就是与压痕相对应的暗线断裂的地方，而墨迹线压痕则更为完整。这意味着该字迹是在压痕之后添加的，换言之，是在 2005 年之后添加的，这与遗嘱上 2004 年 2 月的日期相悖。值得注意的是，这一证词并不是作为一个绝对的评价，而"很可能"是对这些检验结果的解释。法官认为，专家汉迪（Handy）先生是一位"认真仔细且令人印象深刻的证人"，这可能加强了这一证据的重要性。第二位专家证人马什（Marsh）小姐大体上同意这个结论。

17.4.2 签名分析

对三份遗嘱上的签名的分析涉及两个问题：第一，这些签名是否由盖尔夫人所写；第二，这些签名是否与这些文件上的日期吻合？在这期间，盖尔夫人健康状况的变化能够反映在她的书写能力和写出清晰、一致的签名的能力上。汉迪在检查遗嘱上的签名时，使用了在 2002—2005 年期间她书写的参考样本。表明其健康状况恶化的迹象包括由于控笔不善而导致的笔画抖动以及提笔特征。即使是法官也能清楚地看到，所有可疑的签名与这一时期开始时的样本签名有很大的不同，而与后来的签名则更为相似。汉迪的结论是，这些检验结果提供了"非常有力的证据"，证明盖尔没有签署 2002 年的遗嘱，或者至少在 2004 年她的笔迹开始恶化之前没有签署过。

然而，专家的检查更进一步。汉迪在显微镜下检查了每个笔画的提笔和抖动，并提出了以下意见：

> "我注意到，在笔画线条中，有的地方的笔画有中断，有的地方的笔画有涂改，而且距离很近。与签名的整体外观所显示的控笔能力差相比，这一观察结果证明控笔能力良好。
>
> 部分笔画的抖动显得'不自然'，包括相对较小的笔画移动，特别是在文件 2 上。这份文件上的'M'包含了一些很浅的笔迹。"
>
> ——盖尔诉盖尔案，2010 年，第 113 段

据此，他得出结论，这三份遗嘱上的签名都不是盖尔所写的，而且有"确凿"的证据表明它们是伪造的。

> "三份遗嘱上的签名并非如其整体外观所显示的那样，是由一个因年老体弱而缺乏控笔能力的人所签。"
>
> ——盖尔诉盖尔案，2010 年，第 113 段

马什小姐也检查了签名，并附上了汉迪最初没有考虑到的 2002

年的另一个参考样本，该样本显示字迹开始明显变形了。她着重强调了这一点，认为这扩大了盖尔当时签名的变化范围，因此得出的意见是，对于这些签名是不是盖尔所写，证据是"不确定的"。当面对这个问题时，汉迪同意，如果将这个例子包括在内，他需要将自己的评价修改为"非常有力的证据"，以支持这些签名不是盖尔所写的说法。他补充说，直接比较表明，2002 年的这一额外的样本签名比所谓的遗嘱上的签名更加流畅。

在对断笔特征的观察，马什不同意汉迪的观点，她认为断笔的情况与作者控笔能力差"相一致"。汉迪回应说，对于偶尔出现的情况，这可能是对的，但整篇字迹多次出现断笔且描改的现象，都清楚地表明了这是由一个运笔能力良好的人所写，如果这些签名确实是真的，这本身就与盖尔日益衰退的书写能力相矛盾。马什被直接问及律师对她的评价，以及这些签名是不是伪造的：

> "'你是说，你不能说是，也不能说不是？'她的回答是：'是的，你不应该从不确定的种类中得出结论，除非你确定'。"
>
> ——盖尔诉盖尔案，2010 年，第 127 段

相比之下，汉迪的最后声明是，签名是：

> "……'绝对不是她的'，而且是她写的可能性太小了，所以可以忽略不计。"
>
> ——盖尔诉盖尔案，2010 年，第 127 段

面对专家们的这种意见冲突，法官裁定他更倾向于汉迪的证据。关键的证据与 2002 年的遗嘱不是真实的结果有关，因为盖尔无论如何都没有能力立下后来的两份遗嘱。在此基础上，他驳回了盖尔的女儿提出的要求。

在做出这一判决时，法官补充说，他认为签名证据并不像他所希望的那样具有决定性的证明力，他不得不完全依靠专家传达的证词，因为专家没有提供任何放大的特征图像，使他无法"放心地依

靠自己的观察"。这是一个有趣的例子，说明了法官对签名的鉴定过程和专家作用的看法。

17.5　1997 年布里奇沃特四号案

1978 年，报童卡尔·布里奇沃特（Carl Bridgewater）在斯托布里奇的紫杉树农场遭到了持枪抢劫并被杀害，该案不仅成为英国最严重的误判案件之一，而且还揭露了警察在调查犯罪时的腐败行为。同年晚些时候在同一地区发生的另一起农场盗窃案，虽然没有使用枪支，但三名嫌疑人文森特·希基（Vincent Hickey）、迈克尔·莫罗伊（Michael Molloy）和吉姆·罗宾逊（Jim Robinson）被捕。第四名男子，即文森特的表弟迈克尔·希基（Michael Hickey）后来也被列为紫杉树农场案件的嫌疑人。

四人在不同的警察局分别接受了讯问。当莫罗伊收到一份显然是由文森特·希基签署的紫杉树农场谋杀案的签名供词时，事件发生了突变。这导致警方从他那里获得了更多的供词，并在 1979 年对四人进行了审判和定罪，罪名是参与杀害卡尔·布里奇沃特，希基和罗宾逊被认定犯有谋杀罪，并被判处无期徒刑。尽管在 1989 年上诉失败，但越来越多的人认为他们的案件被误判了，在审查了供词和其他文件后，新的法庭科学证据证实了这一点。因此，在 CCRC 的支持下，第二次上诉得到了同意，并于 1997 年进行了审理。

17.5.1　莫罗伊的"供认"

莫罗伊在沃伯恩警察局接受审讯时，面对所谓的希基的供词（物证 56），他承认与其他人一起参与了在紫杉树农场的盗窃案，并造成了卡尔·布里奇沃特的死亡，并为此做了一份陈述（物证 54）。随后，在对物证 54 首页的部分内容进行 ESDA 分析时，专家发现在撰写该内容之前有压痕书写字迹，其中包括一份手写的警告和一个声称是文森特·希基的签名。该陈述的格式与沃伯恩警察局使用的陈述表一致，但与关押希基的雷迪奇警察局的陈述表不同。

哈德卡索（Hardcastle）博士和雷德利（Radley）先生对 ESDA 痕迹上的笔迹和签名进行了专家分析，由于不是原始文件，因此笔迹和签名受损，但很明显，签名不是希基的。笔迹样本取自与两名嫌疑人中的任何一人有过接触的 12 名警察，其中包括为莫罗伊录取口供的珀金斯（Perkins）和利克（Leeke），且文件检验人员被要求回答物证 54 中部分或全部压痕字迹来自警务人员的说法。专家的意见是，压痕笔迹与利克提供的笔迹之间没有重大差异，与其他 11 名警官的笔迹之间有重大差异。

而该签名能提供的比较范围则较为有限，与珀金斯书写的签名有着一些共同特征以及一些不同之处。据此，哈德卡索的结论是，签名可能是珀金斯写的，而雷德利在口头证据中说：

> "尽管有一些不同点，但大多数细节与珀金斯的笔迹有着很强的相关性。在我审查的样本中，珀金斯的笔迹与'文森特·希基'的笔迹最为吻合，他最有可能是'文森特·希基'这一签名的书写者。"
>
> ——王室诉希基等人案，1997 年，第 5 部分，第 15 页

一名心理学专家提供的其他证词指出，罗宾斯（Robbins）警官口述的访谈记录中有三分之一的句子与书面供词（物证 54）完全相同，如果这两份记录是单独制作的，那么这一事实是极不可能的。此外，哈德卡索和第二名笔迹专家也提供了关于书写速度的证据。珀金斯声称，他用了 20 分钟的时间根据莫罗伊的口述写下了书面供词，并由莫罗伊通读和检查。据此，哈德卡索估计珀金斯的书写速度为每分钟 170 个字符，这是他以前从未见过的速度，而第二位专家估计珀金斯的书写速度为每分钟 214 个字符。两人都认为，从字迹的外观来看，并不是由快速书写形成的，而且他们也认为如此快的书写速度是不可能的。对警方在面谈时打字的笔记也得出了类似的结论。上诉法院法官的结论是：

"……那么珀金斯在上诉人受审时叙述的面谈和证据 54 所示的录口供陈述，这是极不可能，甚至是不可能发生的。因为该证人告诉陪审团，他们确实是这样做的。"

——王室诉希基等人案，1997 年，第 5 部分，第 15 页

因此，上诉法院裁定，参与审问莫罗伊的警察使用了欺骗的手段来获取所谓的供词，这种压迫性的做法使得这种供词不能作为证据。由此可见审判时的判决是误判，上诉得到了支持。于是，四人被释放，而杀害卡尔·布里奇沃特的凶手也一直没有找到。

17.6 2005 年王室诉普雷维特案

2002 年 4 月，伊恩·普雷维特（Ian Previte）因将英国游客卡罗琳·斯图特尔（Caroline Stuttle）从澳大利亚昆士兰州伯内特河的一座桥上扔下而被判处谋杀罪。2005 年上诉时，法庭对一个不寻常的笔迹证据进行了辩论。在审判中，控方出示了在桥附近野餐区的一张桌子上发现的一块明显的涂鸦，据称是普雷维特写的，他说：

"我把女孩扔下了桥，我感到很抱歉。"

——王室诉普雷维特案，2005 年，第 8 段

普雷维特的律师声称，初审法官错误地采纳了笔迹专家的意见，而该专家证明普雷维特可能是涂鸦的来源。

两位完全有资质的笔迹专家在审判中提供了证据。两人都使用了从狱中取得的五页普雷维特的书写样本。独立专家马莱纳（Marheine）先生认为，这些涂鸦由"非常简单、稚嫩的笔迹"组成，字数太少，无法进行比较，也无法说明所有字迹是否都是由一个人所写的，因此他得出了一个不确定的意见。他告知法庭，他的评价标准是基于一个九分制的量表，最上面的一个等级是肯定意见，然后再分三个等级——极有可能、很可能和可能，最后得出一个中性意见。与此相反，警方的质量控制专员赫蒂阿拉奇（Hettiarachchi）先

生使用的是五分制, 在确定性结论和无法得出结论之间只有一个分值, 而这个分值被表述为"迹象", 他得出的意见是:

> "……有迹象表明, 这些话很可能是上诉人写的。"
>
> ——王室诉普雷维特案, 2005 年, 第 8 段

271 在接受交叉询问时, 赫蒂阿拉奇解释说, 在比较参考笔迹和涂鸦之间的相似性和差异性时, 他将后者归因于作者的书写风格或当时使用的是宽头笔。他说, 在涂鸦中, 作者倾向于以大写字母开头, 而在普雷维特的笔迹中, 他的名字和"法院"一词也使用了大写字母, 上诉法院认为这种说法不太可信。当被问及涂鸦的作者是否可能不止一人时, 他说, 如果没有潜在嫌疑人的样本笔迹, 他就无法回答这一问题。这促使上诉法院的法官评论说, 赫蒂阿拉奇是一个很好的例子:

> "……在处理他的任务时, 需要做的是证明提供给他的样本笔迹与案件中的可疑笔迹有无共同点, 而不是盯着会被问及的问题, 事先索要其他样本材料。"
>
> ——王室诉普雷维特案, 2005 年, 第 52 段

尽管辩方律师认为这一证词有许多缺陷, 因此在陪审团中不应有什么权重, 但审判法官还是接受了赫蒂阿拉奇先生的证据, 并宣布应由陪审团根据他们所听到的情况来决定普雷维里特是不是该涂鸦的书写者。在上诉时, 即使专家的意见在某种程度上不能令人满意, 但专家的作用仍是为陪审团提供意见, 以协助其做出决定, 而这也相当于是赞同了原审时的观点。事实上, 就笔迹证据而言, 上诉法院的法官还更进一步:

> "……陪审团的职能不仅仅是决定是否接受某位专家的证据。陪审团作为本案的事实审判者, 有权对照着样本来查看有争议的笔迹, 并形成自己的结论。"
>
> ——王室诉普雷维特案, 2005 年, 第 53 段

因此，正如这位法官所言，笔迹分析是一项陪审团成员可以积极参与的任务，如果他们愿意的话甚至可以绕过专家证人的意见。

17.7　笔迹和签名证据的可采性和其他问题

虽然阿尔伯特·奥斯本（Albert Osborn）在 1910 年出版的《可疑文件》（Questioned Documents）为文件的法庭科学鉴定奠定了基础，特别是在美国，但直到该作者在州诉豪普特曼案（State v Hauptmann，1935 年）——林德伯格婴儿案——中的证词被证明对确定"豪普特曼为赎金笔迹的书写者"这一事实起到了至关重要的作用时，笔迹和签名证据才成为法院眼中的法庭科学证据的主流。尽管该学科已成为一个既定领域，但在往后的 50 年，美国的文件检验在几个方面：其可靠性、科学性，实际上是否为法院常识之外的专门知识领域以及其可采性受到了审查和质疑。

与英国不同的是，在美国，被要求在笔迹分析中提供证据的专家证人的种类相当多，其中包括一些专注于从个人的笔迹中推断出其性格和心理特征的专家（绘图专家），以及许多受过奥斯本传统教育和培训的专家，还包括介于两者之间的所有专家。这种多样性对法律界来说是非常混乱的，因为他们基本上不知道其中的区别，这就导致了为某一个案件指定的专家并不一定是合适的，这对证词的影响非常明显。甚至在多伯特案之前，有些人就在质疑笔迹和签名分析是否确实是一个科学或专业的专门知识领域（例如，参见 Risinger et al.，1989 年）。该学科缺乏学术基础，几乎没有发表过任何研究报告，没有既定的培训标准，也没有公认的专业认证机构。笔迹的专业知识是通过学徒制甚至在某些情况下是通过自学获得的。1977 年成立的美国法庭科学文件检验员委员会是这门学科的认证机构。

事实上，有人质疑，对于那些可以直接由法院本身通过对证据的观察检验而得出的意见，专家是否还应该向法院提交。例如，如果没有专家的介入，签名之间的相似点或差异点对非专业人员来说

272

是否不明显？除了可能直接检验证据的法律专业人士或陪审团成员的结论之外，还经常提倡进行能力测试，以确定专家的专业知识以及其是否能够提供证据价值。在一些情况下，旨在评价专家的成功率和估计错误率的盲法试验为法庭辩论做出了一定的贡献。事实上，其中一些研究还包括了与非专业人士进行相同工作的比较。文献中对这些研究本身进行了讨论和批评，强调了设计这种实验的困难，而且这种研究正在进行。

对于在弗莱伊标准管辖范围内的那些州来说，专家的证词通常被接受，因为这是一个既定的专家证据领域。事实上，1949 年美国法庭科学院（American Academy of Forensic Sciences）成立时，文件检验是七大创始部门之一。随着 1975 年《联邦证据规则》第 702 条的出台，这类证据仍然很容易被接受。不可避免的是，笔迹和签名分析的科学基础受到了多伯特标准和后来的 NAS 报告（2009 年）的审查。然而，尽管有这种持续的争论，但人们仍继续承认它。例如，承认它是一个专业知识领域，而不一定是一个有科学依据的领域。

17.8　在美国法庭中的可采性与评价

在一些值得关注的案件中，法官限制了专家的证词，例如，只能描述他们对文件的观察，从而排除了评价性的结论（US v Hines，1999 年），或将意见限制为对文件作者身份的明确说明（US v Starzecpyzel，1995 年）。

17.8.1　1995 年美国诉斯塔泽普泽尔案

这是在多伯特案之后，对专家证言提出的第一个质疑，对该案的讨论具有指导意义，不是因为案件本身的细节——关于签名真实性的争议——而是因为它确定并批判性地审查了法庭科学程序本身的许多关键问题。在该案中，罗伯塔（Roberta）和斯塔泽普泽尔（Starzecpyzel）被指控从罗伯塔年迈的姑姑那里偷了一百多件艺术品，他们在据称是授权他们出售画作并保留收益的文件上伪造了姑

273

姑的签名。专家的结论是这些签名不是罗伯塔的姑姑所签，但被告对专家的证词提出了质疑，理由是他的专业知识不可靠，因为其使用的科学方法从未根据多伯特案规定的标准得到验证。

在上诉中，当有资质的鉴定人玛丽·凯利（Mary Kelly）就笔迹或签名检验过程的各个阶段接受交叉询问时，她的回答是明确的，但当被问及鉴定人就分析的某一方面得出结论所援引的详细标准时，她表明这是基于鉴定人的经验而不是客观标准。例如，关于所需的比对样本的数量：

> "问：如何判断足量的概念？凯利女士：是根据具体鉴定人的培训和经验来判断的。问：所以说，对样本量是否足够的问题并没有衡量标准？凯利女士：是的。没有办法衡量。"
>
> ——美国诉斯塔泽普泽尔案，1995 年

同样，她也无法提供客观的定义，说明什么是书写特征中的细微差异和重大差异。法院认为，这些都是鉴别一个人的书写习惯与另一个人的书写习惯是否有本质差异的基本标准。凯利坚持认为，当提供足够数量的样本笔迹时，专家"通过特定的方法"，可以就可疑笔迹的来源得出可靠的结论。当被问及她的专业领域所依据的科学研究时，她无法向法庭提供期刊文献。

> "考虑到凯利女士在文件检验领域的崇高地位，以及政府为其案件和证人预留了相当长的准备时间，但她还是无法提供足够的支撑性研究，这导致了一种推论，即与文件检验相关的可用的科学研究很少。"
>
> ——美国诉斯塔泽普泽尔案，1995 年

与此相反，辩方传唤的专家则重点指出，目前缺乏笔迹和签名分析的验证和错误率研究，也没有强有力的统计证据支持或反对文件检验的可靠性或基本原则。事实上，萨克斯教授引用了一些研究报告，他声称，这些研究报告显示，鉴定人员与非专业人员在检验

同一证据时的结论几乎没有区别。

经过对这些证据的审查，法院对文件检验的科学依据的裁定相当明确：

> "总之，多伯特听证会上的证词坚定地证明了，文件检验尽管有认证项目、专业期刊和其他科学的形式，但在多伯特之后，其不能被视为'科学……知识'。"
>
> ——美国诉斯塔泽普泽尔案，1995 年

然而，法院随后根据《联邦证据规则》第 702 条审议了这一证据，并得出结论认为，虽然法院判定签名分析不能作为科学证据接受，但只要它"有助于事实审判者"，就可以作为非科学证据接受。凯利令法庭相信，签名分析是基于一套系统知识，而有经验的检验人员可以利用这套系统知识对可疑签名的真伪达成有效的意见。这些都是充分的理由，能使该证据在没有参照多伯特标准的情况下被采纳。在裁决的附录中，法官对专家做了以下评论：

> "……虽然文件检验人员可能在'实验室'里工作，可能依靠诸如'文件的科学检验'之类的教科书，但文件检验人员并不是科学家——他们更像是专业技术人员。"
>
> ——美国诉斯塔泽普泽尔案，1995 年

然而，尽管检验人员的结论是基于确定的特征点以及确定的相似之处和不同之处，但法院认为，这不一定是按意见量表进行评价的有效基础，例如基于九分法的评价，因此法院可以排除这种证词。换句话说，检验人员通常只能对可疑签名的真实性或其他方面提供明确的意见。在 1999 年锦湖轮胎公司诉卡迈克尔一案的裁决后，就可接受性而言，这种对非科学证据的降级被有效地撤销了。

17.8.2 1995 年美国诉贝拉斯克斯案

同年，美国另一个上诉法院似乎采取了与斯塔泽普泽尔案不同

的观点，不过它还是再次接受了专门证据。1991 年，埃德温·贝拉斯克斯（Edwin Velasquez）因一系列与毒品有关的罪行而受审并被定罪。在同一审判中，他的两名同伙被判有罪，主要是根据专家邦茹（Bonjour）女士提供的证据，即在用于装运毒品的标签上发现了他们的笔迹。1995 年，法院审议了一项上诉，理由是主审法官拒绝接受登博克斯（Denbeaux）教授的专家证据，该证据试图质疑笔迹证据的可接受性。上诉人认为，尽管登博克斯教授具有学术专长，但他没有任何办案经验，也从未有过被聘为专家证人的经历。而且，由于接受了邦茹的证据，初审法院实际上已经认可了其证据的可接受性。

在审查多伯特标准时，贝拉斯克斯案的上诉法院承认斯塔泽普泽尔案的裁决，但在考虑邦茹的证词时，它似乎又是遵循了第 702 条规则中"审慎"的指导，以确定笔迹证据是否属于"科学、技术或其他专业知识"。在这样做的时候，法庭首先关注邦茹作为一名合格鉴定人的主体资质，然后对她的分析方法进行了审查。她描述了对可疑笔迹和样本笔迹在数量和质量上的评价，并列举了一些关于这些特征的例子，然后补充道：我认为，这些笔迹的数量和质量都很重要——

　　"书写的每一个笔画都是一种特征。要想达到鉴定的效果，就必须证明它们，如果它们不完全一致，我就必须有一个很好的理由来解释为什么不一致……一旦我进行了比较，我就会权衡我所看到的异同点的价值，确定这是否一致，或者可能一致，或者我不确定，或者它不一致。"

　　　　　　　　　　　　　　　　——美国诉贝拉斯克斯，1995 年

最后，她证实，不仅她本人在每次笔迹检验中都会采用这种方法，她所熟悉的其他被询问的文件检验人员也采用了这种方法。在此基础上，法院采纳了她的证据，上诉法院也确认了这一点。在本案中，两个法院都对这种详细的方法感到满意，并没有询问她在分

275

析中的主客观标准的程度。

然而，上诉法院以同样的方式认为，登博克斯的证词也应在原审中被采纳。尽管他没有办案经验，但他拥有的专业知识使他能够批判性地审查他人的标准和方法。尤其他的批评意见已经受到了同行审查，因为他曾与萨克斯教授共同发表过论文。上诉法院提出，他的意见是相关的，如果被采纳，可能会影响陪审团对笔迹证据的评价。

> "他对笔迹检验领域以及对邦茹女士在本案中的分析提出的批评，将有助于陪审团给予邦茹女士的证词一个适当的权重。"
>
> ——美国诉贝拉斯克斯，1995 年

因此，法院在考虑可否受理时，再次决定接受该意见，同时保留在决定证据的重要性时对其中的任何质疑进行考量的权利。因此，法院接受了上诉，并下令重审。

17.9 结　论

近年来，美国法律界和学术界的批评者似乎一直在质疑笔迹检验意见的可采性，而其他地方则基本没有受到质疑。但是，在应对根据特定的标准做出主观判断的审查，以及鉴定意见矛盾等问题时，仍然存在困难。尽管他们试图使意见表述标准化，但在向法院提供意见以及如何与专家的意见相联系方面仍存在很大的差异。

参考文献

1. Allen M.（2016）. *Foundations of Forensic Document Analysis*：*Theory and Practice.* Wiley-Blackwell, Chichester, UK.

2. American Board of Forensic Document Examiners ［Online］.（2015） http：// www. abfde. org/index. html ［Accessed 11 November 2015］.

3. Barrett v Benn and others ［2012］ 2 All ER 920.

4. Ellen D.（2006）. *The Scientific Examination of Documents*；*Methods and Techniques*,

3rd Ed. Taylor and Francis. Boca Raton, Florida.

5. Gale v Gale ［2010］ EWHC 1575 （Ch）, HC02871.

6. Jarrold v Isajul and others ［2013］ VSC 461.

7. Jarrold v The Registrar of Titles and T Jarrold ［2015］ VSCA 45.

8. McAlexander T. V. , Beck J. and Dick R. （1991）. The standardization of handwriting opinion terminology. *Journal of Forensic Sciences*, 36 （2）, 311–319.

9. National Research Council: Strengthening Forensic Science in the United States: A Path Forward, Document 228091 ［Online］. （2009）. Available at http://www. nap. edu/catalog/12589. html ［Accessed 10 October 2015］.

10. R v Hickey and others ［1997］ Court of Appeal （Crim Div）, Official Transcript.

11. R v Maynard and others ［2002］ EWCA Crim 1942.

12. R v Previte ［2005］ QCA 95.

13. Risinger D. M. , Denbeaux M. P. and Saks M. J. （1989）. Exorcism of ignorance as a proxy for rational knowledge: The lessons of handwriting identification "expertise". *University of Pennsylvania Law Review*, 137, 731–792.

14. SWGDOC: Standard Terminology for Expressing Conclusions of Forensic Document Examiners ［Online］. （2015）. Available at http://www. swgdoc. org/index. php/ standards/published–standards ［Accessed 11 November 2015］.

15. US v Fujii, 152 F Supp 2d 939 （Illinois, ND III, 2000）.

16. US v Hines, 55 F Supp 2d 62 （Massachusetts, 1999）.

17. US v Saelee, 162 F Supp 2d 1097 （Alaska, 2001）.

18. US v Starzecpyzel, 880 F Sup. 1027 （SDNY, 1995）.

19. US v Velasquez, 64 F 3d 844 （US Virgin Islands 3d Cir 1995）.

拓展阅读

1. Giannelli P. and Imwinkelried E. （2000）. Scientific Evidence: The fallout from Supreme Court's decision in Kumho Tires. *Criminal Justice*, 14, 12–19.

2. Moenssens A. A. （1996）. Handwriting identification evidence in the post–Daubert world. *University of Missouri at Kansas City Law Review*, 66 （2）, 251–343.

3. Mnookin J. L. （2001）. Scripting Expertise: The history of handwriting identification evidence and the judicial construction of reliability. *Virginia Law Review*, 87, 1723–1845.

4. Park R. C. （2008）. Signature identification in the light of science and experi-

ence. *Hastings Law Journal*, 59, 1101-1157.

5. Risinger D. M. (2007). Cases involving the reliability of handwriting identification expertise since the decision in Daubert. *Tulsa Law Review*, 43 (2), 477-595.

6. Risinger D. M with Saks M. J. (1997). Science and nonscience in the courts: Daubert meets handwriting identification expertise. *Iowa Law Review*, 82, 21-74.

第18章

血迹形态分析

血迹形态分析是法医调查的一个领域，其在科学依据和专家证
人的专业知识方面受到了特别的挑战。有些人认为，对血迹形态的
解释是常识性的问题，因为法官和陪审团可能会收到原始证据，并
被期望在独立于专家的情况下做出评价。由于支撑这一领域的相关
研究很少，而且许多法律专业人员对此类证据不熟悉，因此很难达
到这一观点的要求。这导致血迹形态证据往往被法院低估。

本章首先对血迹形态证据的性质做了一些介绍，然后讨论了法
院面临的主要问题，并通过一些著名的案例进行说明。关键问题包
括科学如何为专家意见提供信息，提出和评价血迹形态证据的方法，
关于解释的主要辩论以及如何处理专家之间的分歧。

18.1　血迹形态证据的性质

血迹形态分析（bloodstain pattern analysis，BPA）包括检验和解
释犯罪现场遗留的各种形式的血迹，通常会出现在个人受到暴力攻
击或伤害之后。它在法医学的分支学科中几乎是独一无二的，因为
它是基于生物学、物理学和数学的综合原理。在大多数情况下，对
血迹形态进行观察和测量所得到的复杂结果，是根据犯罪现场的活
动来解释的。

血迹形态分析的原则在许多已有的文献中都有描述，包括詹姆斯、
奇什和萨顿（James，Kish and Sutton，2005 年）、加德纳和贝弗尔

（Gardner and Bevel，2009 年）和旺德（Wonder，2014 年）等著作中。总部设在美国的国际血迹形态分析协会（International Association of Bloodstain Pattern Analysis，IABPA）和血迹形态分析特别工作组（Special Working Group on Bloodstain Pattern Analysis，SWGSTAIN），都在积极通过教育、培训和鼓励研究的方式来加强实践，后者发布的指导文件旨在制定标准和促进整个学科的最佳秩序。在英国，法庭科学监管机构最近制定了《血迹形态分析业务和行为守则》。

血迹形态的分类以及专家用来描述和交流其观察结果的术语是与当前讨论相关的基本方面。简而言之，血迹形态可分为以下几大类：

（1）通过血液对客体表面的撞击而形成的血迹，其中重力提供了动力（被动形成的血迹）。

（2）除重力外，施加外力所产生的血迹，通常是由物理攻击直接造成的，如碰撞血迹、挥洒血迹或喷溅血迹等。

（3）血液通过与客体表面接触所形成的血迹。

（4）血迹形态证据会因一些额外的因素，如时间、稀释、环境和生理或物理变化而发生改变。

分类非常重要，因为围绕血迹解释的争论往往集中在血迹形态的适当分类上，也就是产生证据的活动是什么。

18.2 法庭中血迹形态分析专家意见存在的问题

18.2.1 血迹形态分析的基础理论

从根本上说，血迹形态分析的许多科学基础来自物理学，因为血液是复杂的流体（流体力学或流变学），有时也被称为"血迹动力学"。此外，还需要对血迹的生物学和病理学性质有一定的了解。当然，问题不在于对这个通用领域的理解不透彻，也不在于它不定量，因为流体力学一般来说肯定是这样的。关键问题在于，应用在血迹证据中的尺度标准是非常复杂的。对于撞击、喷溅类的血迹来说，根本不可能预测外伤后抛洒出的所有血滴的数量、大小、速度和方向。而从血迹中反过来推测外伤的所有细节，也是一个不可能的挑战。然而，在这个领域显然有许多开展基础研究的机会，最终可以支持和加强法医案件工作中对血迹形态的分析和解释。尽管存在这些困难，但似乎还没有出现过根据弗莱伊和多伯特规定，血迹形态分析被视为不可接受的证据的重大案例。事实上，该证据的可接受性可归因于实践中用于解释血迹证据的直接的科学原则范围有限，其中一些原则建立在基础物理学之上，但在大多数情况下，分析过程只是以相当近似或定性的方式进行。

这些考虑因素意味着，专家很少提供实质性的技术细节来支持　279
解释，这可能会在法庭上造成一种印象，即证词只是基于形态上的视觉评价。当然，这可能会导致律师、法官和陪审团忽视专家的意见，并试图自己进行解释和评价。这是很危险的，因为大多数专家都认为，血迹形态分析是一个更为复杂和精密的过程，而不是简单地将犯罪现场血迹形态与实践中研究的例子相匹配。

专家只有利用基本原则分析血迹，才能确定各种可能的情况，并对这些情况进行权衡，从而对证据提出最终的意见。此外，如果专家通过实验重建对特定血迹形态解释的科学依据，将被法院视为加强了这种解释。这一点的重要性体现在许多例子中，法院从相互对抗的专家那里得到了对血迹的不同解释，例如细小/雾状的血迹是来自枪伤、喷出的血迹是来自动脉血管破裂。

证词的基础应建立在对犯罪现场准确而详细的观察基础上，以确定事实依据，从而合乎逻辑地形成对血迹含义的意见，只有专家才能满足这两方面的要求。除非专家对事实材料进行核实，否则就无法向法庭提供关于该证据重要性的评价。

18.2.2　专家资格

通过对案件的叙述可以看出，关于血迹证据的证词可能由拥有各种背景和专业知识基础的人提供。在各法域，似乎有三类专家：

（1）具有一定的工作经验，参加了一些血迹形态分析的短期培训课程，不一定有深厚的基础科学教育背景的执法人员。

（2）通常具有生物学而非物理学背景，在实验室和犯罪现场环境中从事这一领域的工作，拥有开展实验的设备，并对这一领域的持续发展保持关注的专家。

（3）医学专业人员，通常是病理学家，其主要专长是死因分析，他可能参与解释血迹形态证据，甚至在某些情况下进行实验室研究。

每一个人都可以做出贡献，但没有一个人是理想的专家证人，因为他们的知识和专长都可能有一些局限性，特别是在分析和解释时所使用的方法上，以及在向法院传达结果时可能使用的专业术语上。在每一种情况下，对经验、培训和学术背景之间的权衡是不同的。因此，法官是否应该具有在生物学、物理学和数学等方面的最低教育水平，以便接受专家证词，这是一个很重要的问题。事实上，NRC 报告专门评论道：

> "鉴于严格客观的假设检验的重要性和流体力学的复杂性，这种强调经验而不强调科学基础的做法似乎是错误的。"
>
> ——NRC 报告，2009 年，第 178 页

280　　报告还批评了向法院提供血迹形态分析证据时缺乏明确的科学依据：

> "一般来说，血迹形态分析人员的意见主观性大于科学性。"
>
> ——NRC 报告，2009 年，第 178 页

在回顾这些例子时，值得注意的是，专家证词的表述往往缺乏科学的精确性和修饰性，这可能会给法院留下这样的印象，即对血迹形态的分析和解释缺乏有效的科学依据。例如，将保罗·柯克（Paul Kirk）早在 1966 年谢帕德（Sheppard）一案中的证词（第18.3 节）与稍后讨论的其他一些较新的例子进行比较。

专家的地位和法庭经验也可能起作用，特别是当一位有经验的

医学专家开始提供血迹形态分析意见时。法院可能不会宣布证据不可接受，而是认为一个相对缺乏经验的证人提供的证词的分量不如一个较有经验的专家的证词。当然，与其他一些形式的证据一样，血迹形态分析的专家可能会越俎代庖，得出比现场观察更详细的结论。最后，在一些法域，血迹形态分析案件中专家的独立性一直是一个问题，特别是当该专家还是一名执法人员时，其往往会与控方的调查人员一起工作。

18.2.3　法院和律师对血迹形态分析的认识

在法庭上，特别是在英国，血迹形态分析相对来说并不常见，大多数法律专业人员，甚至是法官，在血迹形态分析方面的经验都很有限。因此，它往往只是作为辅助角色出现。在概念上以及在对法律辩论的贡献上，它与大多数其他形式的法医证言完全不同。因此，许多律师可能没有信心去对血迹形态分析的专家证人提出有意义的问题以及进行深入的交叉询问。出现这种情况的部分原因可能是他们不熟悉该领域背后的科学，不了解该证据的潜力和局限性。有时，法院也可能没有意识到血迹形态分析作为证据的全部潜力，因此在辩论中可能没有给予其应有的认可。相反，法院需要认识到自身的局限性，即使在最基本的案件中，也不要试图在没有专家协助的情况下进行血迹形态分析。例如，NRC 报告的结论是：

“血迹形态分析的不确定性很大。”

——NRC 报告，2009 年，第 179 页

知情的辩方大律师有可能向陪审团说明血迹形态分析中广泛存在的不确定因素和错误来源，从而削弱控方证据的重要性。

18.2.4　血迹形态分析证据的评价和意义

专家在对犯罪现场进行观察和测量后，利用科学原则对这些数据进行解释，从而得出合理的结论，最后根据其他解释、不确定因

素以及个人经验对这些结论进行审查，并对证据的重要性做出评价。至少这是我们可能预料到的情况。然而，情况并非总是如此。

281　　如果不详细了解结论是如何得出的，就不可能进行适当的评价。不幸的是，对于血迹形态分析证据来说，这种情况太常见了。其他解释可能会导致专家之间的争论，而不是被视为每个专家自己的评价过程的一个组成部分。在庭审作证时，专家可能会让陪审团认为证词的分量超出了合理的范围，特别是围绕犯罪现场活动的生动的叙述。如果解释过于简单和直白，法院可能会认为分析不成熟，缺乏科学依据，从而降低其证据权重。最后，尽管这不符合目前关于评价和陈述的观点，但以明确结论表述专家意见证言的情况并不少见。

18.3　血迹形态分析的科学基础：
玛丽莲·谢帕德谋杀案

尽管它现在已成历史，但玛丽莲·谢帕德谋杀案（Murder of Marilyn Sheppard）的特点是，它是第一个系统地解释了血迹形态证词的案件，并在交叉询问时以科学解释为基础。事实上，专家证人保罗·柯克在 1966 年二审中的证据被伊姆温克利德（Imwinkelried，2000 年）描述为"……美国法庭科学史上的开创性事件"。

1954 年 7 月，山姆·谢帕德在俄亥俄州海湾村的家中发现了他的妻子玛丽莲·谢帕德的尸体，当时玛丽莲·谢帕德躺在他们的卧室里，她的头部被人用钝器残忍地敲击了多下。现场有大量的血迹证据，包括山姆·谢帕德的伤口，他说这是由于他与一名身份不明的入侵者搏斗造成的。之后不久，山姆被逮捕，因为警方没有发现能表明现场有第三人的证据，并且警方认为杀人动机与他的婚外情有关。此外，山姆没有令人满意的不在场证明，他的裤子上有一大块血迹，手表上也有小块血渍。在 10 月的审判中，没有就血迹证据提出专家证词，辩护律师也没有收集任何重要的证据来支持该案。最终，山姆·谢帕德被判犯有二级谋杀罪。

事件发生后不久，加州大学伯克利分校犯罪学教授保罗·柯克获准进入犯罪现场，并进行了详细检查，最后他于 1955 年 4 月，即判决后的第四个月发表了一份报告。目前还不清楚为什么没有传唤他参加一审。在出现新的证据之后，包括找到了一名潜在的嫌疑人，并在伊利湖附近的岸边发现了潜在的凶器——一个凹陷的手电筒，该案终于上诉成功，并在 1966 年 2 月开始了第二次审判。在这次审判中，保罗·柯克的证词是基于他对血迹喷溅证据所进行的清晰而有效的科学解释，这对辩方宣称山姆·谢帕德无罪起到了关键作用。在庭审开始时，柯克确认，在他所有的犯罪学工作中，都进行了自己的实验，能够为他随后的法庭证词提供信息和支持。在此，我们将重点讨论柯克提出的要点。

受害人被发现时是躺在床上的，血迹遍布四周的墙壁、窗户和暖气片。在描述了他的观察结果之后，柯克继续向法庭解释从单一的血迹形状中可以推断出什么，并以他自己所做的实验来支持他的说法。这些解释详细说明了撞击速度和撞击角度对血迹形态的影响，包括对长条状血迹和向前飞出的血滴特征的形成的描述。他的解释是基于识别喷溅形态、凶器在摆动时产生的弧形血迹以及停止时产生的较大的滴落血迹。他对现场提取的血迹样本进行了血型测试，以确认它们来自受害者。有趣的是，他还发现了一处单独的血迹，它不属于谢帕德夫妇中的任何一人。他在就谢帕德手表上发现的血迹作证时，区分了喷溅血迹和转移血迹，并宣称谢帕德裤子上的血迹是由于溶血现象而渗透在裤子上的。他的主要结论与凶手的位置和击打的轨迹有关，这些结论支持了辩方的论点：

> "凶手的位置在床的东侧下端，也就是那张床的东北方向，他所站的位置，是在没有血迹的区域；头部的位置就像我所指示的那样，稍稍偏向床的西侧，向下大约一半。而这一块区域作为一个中心，会将受害者的所有血迹都往一个方向喷溅，因为这个区域没有血迹。这是房间里他唯一可以站立的地方。"

> ——山姆·谢帕德的审判笔录，1966 年，第 1090 页

他更详细地检查了这些血迹形态，以评价关于袭击者的惯用手的假设。天花板上没有喷溅的血迹，这证实了击打的轨迹基本在一个水平面上。他的结论是，这些击打动作是由左撇子所为，当有人质疑是否可能是由右利手反手击打时，他反驳说，检验结果不支持用更有限的摆动长度来解释该假设。

纵观笔录中 94 页的直接询问和 12 页相对简短的盘问，很明显，柯克证词中的科学权威性和逻辑解释，以及第二位专家证人和控方律师在交叉询问中没有提出任何实质性的质疑，都有力地支持了辩方的陈述和山姆·谢帕德的无罪判决。

山姆·谢帕德在被无罪释放后不到四年就去世了，但这并不是故事的结束。1997 年，谢帕德的儿子对凯霍加县提起了民事诉讼，指控其非法监禁，该案在 2000 年进行了第三次民事审判，对潜在凶器上的新信息进行了辩论。但有趣的是，最终陪审团中的大多数都认为谢帕德确实有罪。

18.4　血液证据出示的三种方法

谢帕德案的独特之处在于，一位著名的专家证人对证据做出了权威的解释和评价，并提供了详细的科学依据。然而，这与最近的一些案件并不一样，在这些案件中，专家证人采取了各种方法。

18.4.1　活动与主张：2013 年王室诉汤普森案

2010 年 7 月，詹姆斯·汤普森（James Thompson）因在英国南港早教中心商店外多次踢打安东尼·约翰逊（Anthony Johnson）的头部，最终导致约翰逊死亡而受审。汤普森在现场被一名路过的休班警察拘留。案件起因于一次外出的酒后争吵，尽管被告声称自己是正当防卫，但他还是被判有罪。他以受害人的挑衅和他因此失去了自我控制能力为由提出上诉。在上诉时，法院审查了审判中的血迹证据。地面上和商店外面的一根柱子周围有大量的血迹，汤普森的衣服上沾满了受害人的血迹，他的右鞋，特别是脚趾周围也有血迹。

在这里，对证据的解释和评价是松散的命题，使用了类似于其他分支学科的法庭科学意见的语言和文字，对一组相当简单的血迹证据，结合现场活动情况进行了解释。对柱子上的血迹形态的解释是：

"……与在较低的水平高度下对血施加的力一致。"

——王室诉汤普森案，2013年，第21段

对此可以提出两种机制：在地面上产生的碰撞血迹或从受害人的呼吸道中喷出的血滴。对这一血迹证据的评价是，它：

"……支持受害人在早教中心区域受伤和倒地流血的结论。"

——王室诉汤普森案，2013年，第21段

对受害人鞋上的血迹分布的检查，以及在其眉毛上方发现的一个印记，使专家得出结论说，这为汤普森应对受伤负责的说法提供了"适度支持"。总的来说，她的结论是：

"……有强有力的证据支持这样的结论，即上诉人参与了对受害人的攻击，他在攻击过程中踢了受害人的头部。"

——王室诉汤普森案，2013年，第22段

法官驳回了他的上诉，确认了对约翰逊的定罪。

在本案中，专家证人通过使用一些概率性语言，使关于血迹形态证据的意见更符合法院可能收到的关于其他形式的法庭科学证据的评价性陈述。

18.4.2　无专家证言：1998年王室诉怀特案

乔迪·怀特（Jody White）在安大略省的一家酒吧和朋友发生争吵后，被判定犯有谋杀未遂罪，但他于1998年提出上诉，理由是法官在指示陪审团时犯了法律错误，没有就陪审团应如何看待证据提出较为全面的看法。这场争吵是从舞池开始的，但后来发展成了在

楼上斗殴，被害人因颈部静脉被割断而大量出血。该案的争议在于，这场斗殴究竟是因为怀特在舞池中砍伤了被害人的后颈而引发的，还是因为被害人先追着怀特上楼，二人在打架的过程中导致被害人的颈部受伤。在后一种情况下，怀特应该是出于自卫。关于所发生的事情，证人的证言之间相互矛盾，因此现场的血迹似乎是确定事实的关键。然而，尽管现场有照片记录和草图，但在审判中双方没有提供专家证词来帮助法院解释血迹证据。

> "没有专家证据可以帮助陪审团决定从血迹的性质和位置可以合理地推断出什么结论。"

> ——王室诉怀特案，1998 年，第 14 段

上诉法院法官描述了现场图像中血迹证据的位置和性质，这些血迹出现在楼梯脚和楼上，但问题是舞池里的血迹是如何形成的。辩方称，这些血迹的位置与刺杀是发生在楼上的并不矛盾。

在审判中，一名血管外科医生提供了关于伤口性质和出血情况的专家证据。然而，这并不包括对血迹及其形成的具体说明。上诉法院法官通过自己对现场照片的解释审查了这一证据：

> "在未经训练的人看来，舞池中至少有四处血迹似乎是由血液直接滴在地板上形成的，而不是由酒吧的顾客在追赶过程中弄到地板上的。然而，由于没有专家证据解释血迹的位置和外观形态的重要性，而且考虑到申诉人的血可能在开始流血时就已经喷出了一段距离，因此我无法说实物证据使上诉人的立场站不住脚。"

> ——王室诉怀特案，1998 年，第 26 段

他的评价是，这个证据"更符合官方的立场，而不是上诉人的立场"。不过，他也认为，如果陪审团在血迹证据方面有如此程度的不确定性，他们很可能会更倾向于自卫的观点。因此，他撤销了定罪，并下令重新审判。

18.4.3　以叙述形式重构活动：2010 年王室诉霍尔案

2001 年 8 月，杰奎琳·麦克莱恩（Jacqueline McLean）的尸体在安大略省汉密尔顿的一间空置公寓中被发现。从尸体的精液拭子中提取的 DNA 证据确认了卡尔·霍尔（Carl Hall）的身份，他声称，虽然他与麦克莱恩女士自愿发生了性交，但他并没有杀害她。尽管如此，霍尔于 2006 年被判谋杀罪，也随即提出了上诉，理由与法医证据没有直接关系，而是与审判法官的行为有关。血迹形态的证词提供了一个很好的例子，说明专家为法院提供了叙述性评价。

在对该公寓进行检查后，专家证人描述了现场发生的一系列活动，他说，这些活动是产生血迹证据的原因：

> "死者至少在公寓的大门附近被打过一次；
>
> 她很可能从门口被抬到客厅地板中间，在地毯上发现有积血；
>
> 她穿着牛仔裤和内裤（内裤后面都有血迹），被人用胳膊或肩膀拖到通往阁楼的楼梯内侧边缘，阁楼楼梯底部有两摊较小的血迹为证；
>
> 她是被拖着双脚上楼的，这让她的头部在楼梯的每个台阶上都留下了转移血迹；
>
> 她在阁楼上被重新换了位置，鉴于血泊的形态，她的头很可能被移动过；
>
> 她在阁楼上至少被打了一次，当时她已经躺在了地上并在流血。并且，她还穿着内衣，但在内衣暴露出来后，她至少又被击打过一次。"
>
> ——王室诉霍尔案，2009 年，第 49 段

专家进一步解释说，她的牛仔裤被拉到大腿中部，她内裤上的血迹表明，在袭击过程中内裤是完好无损的。此外，右膝上方和周围有血迹，但左膝上没有，这表明袭击者可能是坐在她的右膝上击

285

打她的头部。他还注意到，有证据表明，袭击者在现场走动时身上有血迹。他说，楼梯底部和楼梯边墙壁上的转移血迹"很可能"来自袭击者的走动。受害人袜子上的转移血迹"可能是由袭击者拖着尸体的脚踝上楼梯时造成的"。他补充说，由于可疑凶器是一根钢条，体积较大，喷溅血迹会在袭击者身体的部分位置受到阻挡。但是，小腿和脚上"可能"出现一些喷溅血迹。

通过以这种方式提供证词，专家将犯罪现场的一系列活动汇集了起来，向法庭描述了这种情况，说明了所观察到的血迹证据，并在陪审团的脑海中描绘了犯罪可能是如何进行的。叙述中的每个阶段都有物证支持，尽管证据的重要性因点而异。例如，虽然她"至少被打了一次"，但在这一描述之后，她又"可能是被拖着走的"。在一些地方，叙述中提到了支持性的血迹形态证据，而在其他地方则没有提供。这种叙述策略是成功的，因为它以直接且容易理解的形式向陪审团提供了专家证词。另一方面，在许多地方，专家的解释及其科学依据都会受到质疑，在这个例子中，似乎没有考虑到其他的情况。

当然，在提出这样一个完整的方案时，专家的解释有可能已经超出了证据所能证明的范围，而且为了使整个叙述具有连续性，其可能忽略了评价中不够确定的领域。同样，有了这种方法，就有可能将证据中不确定的部分视为对解释更可靠的其他部分的确认，而不是在活动的每个阶段寻求独立的评价。

审判之后，霍尔于 2012 年被宣告谋杀杰奎琳·麦克莱恩的罪名不成立。但他在 2000 年供认了与该案无关的其他谋杀案，因此仍然被关在监狱里。

18.5 喷溅血迹的相关问题

在对血迹进行分类时，最有争议的是一种由一组非常小的血滴（通常被描述为细小的喷溅）组成的血迹。然而，这种形态的血迹是否一定是喷溅血迹，它是如何产生的，它可能是由接触转移造成的吗？在以下案件中，这是主要讨论的问题。然而，这些案件也揭示了应如何要求具有不同背景和专长的专家就血迹形态证据提供证词，以及案例实验在为专家意见提供科学支持方面的重要性。

18. 5. 1　1995 年、1999 年王室诉奥格雷迪案

1992 年 5 月，在加拿大温哥华杰拉尔德·奥格雷迪（Gerald O'Grady）及其妻子的公寓里，当奥格雷迪正在隔壁房间看电视时，他的妻子则在厨房遭到了袭击并被残忍杀害。她的头部被厨房抽屉里的一把极为锋利的钢刀砍中，现场有大量的血迹。奥格雷迪在发现她后，试图对她进行抢救。当警察赶到时，他的身体和衣服上都有明显的血迹。奥格雷迪于 1993 年因谋杀妻子被捕、受审并被定罪，但辩方认为这是入侵者所为。血迹和血迹喷溅的证据是起诉该案的核心，当后来有了新的证据时，奥格雷迪于 1995 年对其定罪提出了上诉。

造成奥格雷迪的衬衫和裤子上出现血迹的行为是上诉听证会讨论的主要焦点。控方声称，这些血迹是奥格雷迪用刀砍其妻子头部时产生的中速击打喷溅血迹。另一方面，根据奥格雷迪自己的证据，辩方称这些血迹来自奥格雷迪试图对妻子进行口对口抢救时的行为。在本案中，有两种机制引起了争论：第一种机制是，这些血迹来自被害人试图呼吸时喷出的血，而血堵塞了她的呼吸道；第二种机制是，在奥格雷迪进行抢救时，她嘴边的血因被奥格雷迪施加了气压而向外飞溅。后一点在最初的审判中很少受到关注。

控方传唤了三名专家证人，就血迹证据提出意见。第一位是西尔维斯特（Silvester）上士，他是皇家骑警的血迹形态分析员，而另外两位，格雷（Gray）和弗里斯（Ferris）博士是法医病理学家。

西尔维斯特说，中速喷溅血迹可能是由控方所指控的攻击行为产生的，但他无法确认观察到的血迹是否为中速击打所喷溅出的血迹。要做到这一点，他必须排除所有其他可能的情况，而在本案中他无法做到这一点。他补充说，证据还可以：

"……与口对口人工呼吸时吸入的血滴一致。"

——王室诉奥格雷迪案，1995 年，第 7 段

此外，他认为，第三种机制，即在受害者血淋淋的脸颊上吹气，也是对观察结果的一种可能解释。

与此相反，格雷对基于呼气的解释不予认可，因为她在验尸时没有发现受害人的呼吸道里有血迹，只是在鼻孔里有一些血迹。弗里斯承认，他的意见完全是基于阅读他人的笔记。尽管如此，他还是认定这些血迹是由攻击造成的中速击打喷溅血迹，他还排除了呼气的机制，理由与格雷相同。事实上，他补充说，血迹与击打表面的距离是在"18 英寸到 2 英尺之间"。这与西尔维斯特估计的"不超过 6 英尺"形成了鲜明的对比。陪审团是根据这些意见做出有罪判决的，看来他们可能认为病理学家的证据比西尔维斯特的全面且谨慎的观点更重要。

上诉法院考虑的新证据涉及西尔维斯特在最初调查时进行的一项没有记录的实验，但他在审判时没有报告。在这项实验中，西尔维斯特在手臂上放了一些红色的液体，然后通过用嘴对着他的手臂吹气，从而使液体产生一种喷溅形态。虽然这在他的衬衫上形成了一些小滴的红点，但他并没有得出结论说，这一实验为奥格雷迪衬衫上的证据提供了完整的解释。不过，他却说：

> "我通过实验所得到的喷溅形态与上诉人衬衫上观察到的血迹形态相似。因此，我不能排除这样的可能性，即这个模拟实验解释了在奥格雷迪先生衬衫上观察到的小块喷溅血迹。"
>
> ——王室诉奥格雷迪案，1995 年，第 13 段

上诉法院认为这一新证据是重要的，不是因为它给评价增加了什么，而是因为它是以科学实验为基础的，尽管性质有限：

> "似乎有一个事实基础，使得西尔维斯特的实验结果可能与本案中血迹的形成方式有关。"
>
> ——王室诉奥格雷迪案，1995 年，第 19 段

287

上诉法院认为，如果西尔维斯特在最初的审判中向陪审团提出了这一证据，并与其他专家的意见一起参与辩论，那么陪审团可能会做出不同的决定。上诉法院据此维持了上诉，并下令重新审判。在 1996 年的第二次审判中，陪审团未能达成一致的裁决。在 1999 年进行了第三次审判，奥格雷迪再次被判定犯有谋杀罪，并被判处终身监禁。

此后，奥格雷迪再次提出上诉，理由包括不应允许弗里斯就血迹形态的产生提出意见，因为他是一名病理学家。对此，弗里斯表明了他在血迹形态分析方面的经验，并表示分界线是"数学分析和记录"，他坚定地认为这属于血迹形态分析者的职权范围。

最终，上诉法院裁定，根据王室诉莫罕案（见第 2.3.1 节）和弗里斯在预审期间提供的证据，这一上诉应被驳回。奥格雷迪于 2004 年死于狱中。

18.5.2　1999 年王室诉詹金斯案：审判与初次上诉

在审判和上诉之间摇摆不定的案件中，西恩·詹金斯（Sion Jenkins）于 1998 年 2 月谋杀其 13 岁的继女比莉·乔·詹金斯（Billie Jo Jenkins）的案件值得人们关注，因为在该案中专家们关于血迹证据的争论对案件的结果至关重要。比莉·乔在英国黑斯廷斯的家中粉刷天井门时，被一个金属帐篷钉砸死。她的继父詹金斯声称，他是在她奄奄一息时发现她的，其衣服上的所有血迹都是在对比莉·乔实施抢救时形成的。然而，詹金斯还是被逮捕了，在 1998 年的第一次审判中，关键的起诉证据是，他的鞋子、裤子和夹克上的血迹是对受害者进行攻击时形成的喷溅血迹。

这 158 处血迹并不明显，在外观上呈现出相当细小的雾状。控方传唤了两名专家证人。韦恩（Wain）先生说，这些血迹的外观和分布与控方关于詹金斯是袭击者的说法一致。他认为，这些是"典型的"袭击者身上的细小喷溅血迹，当武器撞击在已经血迹斑斑的表面上时，就会出现这种情况。第二位专家证人支持了这一观点。辩方还有两名专家提供了更为谨慎的证词。他们提请注意，这种攻击可能导致血滴

288

大小的变化，且观察到的形态并不是他们所说的典型形态。然而，这两位专家都承认，这些证据与控方的主张"并非不一致"。

根据病理学家的报告，受害人的呼吸道有血液阻塞，辩方专家进行的实验表明，在这种情况下，两秒钟内会从肺部呼出 2.8 升空气，可以产生一种非常细小的撞击喷溅形态的血迹，与詹金斯衣服上的血迹不一样。气溶胶专家麦考希（McAughey）博士开展了进一步的实验，他得出的结论是，要在大约 0.5 米远的距离上产生一个喷溅状的图案，需要的气流速度大约是韦恩实验中使用的气流速度的三分之二。然而，病理学家希尔（Hill）博士认为，考虑到比莉·乔的伤势，她无法达到这些实验所需的呼吸深度，他认为这些实验"完全不现实"，并补充说：

> "……通过呼吸喷出血液的可能性非常小，可以不考虑。"
>
> ——王室诉詹金斯案，1999 年，第 37 段

在做出有罪判决后，西恩·詹金斯试图以若干理由提出上诉，包括大卫·丹尼森（David Denison）教授提供的新证据，他对关于造成喷溅血迹的呼气解释进行了许多进一步的实验。上诉法院试图对许多专家从各种科学和医学角度提供的一系列术语、事实和生理学信息进行说明。讨论的关键结果是，以受害人的状况，是否有可能在她的肺部产生一定程度的压力，以提供必要的气流，使血液在她的下呼吸道飞散，在她的鼻子处形成所需的血滴分布，然后又使这些血滴有足够的能量在空气中再飞行 0.5 米。虽然丹尼森的实验被认为是有价值的，但他争辩说，这些实验需要在鼻腔瓣膜处发生血液堵塞，这与希尔和其他人的证词相矛盾，即堵塞出现在下呼吸道。法官接受了后一种解释。法庭对詹金斯和受害人的相对位置进行了详细讨论，以获得所观察到的喷溅形态，法官的结论是：

> "……即使做到了这一切，喷溅出的血液似乎也达不到上诉人衣服上发现的高度。"
>
> ——王室诉詹金斯案，1999 年，第 161 段

这些新的证据被认为是相关的且有价值的，但由于它没有解释案件的事实，没有提供足够的理由来推翻原来的判决，因此上诉被驳回。

18.5.3　王室诉詹金斯案：2004 年第二次上诉与两次重审

CCRC 对这一案件产生了兴趣，此外，丹尼森教授在对受害人肺部问题进行新的组织学检查时，发现了间质性肺气肿的证据。这是一种气体压力在主要呼吸道以外的肺组织中积聚的情况，可能是由于损伤导致呼吸道堵塞造成的，例如，在本案中，是由于喉部痉挛或在尸检前血凝块脱落造成的。辩方还聘请了一名加拿大的血迹形态专家乔·斯莱姆科（Joe Slemko），他为该案提供了进一步的支持：

> "重要的是要看哪里有血迹，但也要看哪里没有血迹……引起我注意的是外套胸口部位的血迹。这是一处浓缩的、不清楚的血迹，只能是由过去的事件形成的。"
>
> ——吉布森（Gibson），2006 年

根据这些新的证据和他们对案件的审查，CCRC 于 2004 年提出了第二次上诉。对于在第一次上诉中提出的詹金斯衣服上血迹的另一种解释，现在被认为不是由比莉·乔肺部的主动压力造成的，而是在詹金斯第一次把比莉·乔抱在怀里并移动她的时候由突然释放的间质性肺气肿引起的被动压力造成的。此外，在解释衣服上细微血迹的洇散时，之前并没有考虑过微风和涡流的影响。

上诉法院认为，这种对血迹的新的替代解释使定罪并不可靠，因为它可能影响到陪审团在审判中对詹金斯定罪的决定。法院允许了上诉，并下令重审，但陪审团在 2005 年 4 月未能做出判决。因此，法院进行了第三次审判，结果还是一样。此时，主审法官承认，该案件无法定罪，他于 2006 年初宣布了正式的无罪判决。

法院在处理相互矛盾的专家意见时所面临的困难并不是血迹形态证据所独有的，但值得注意的是，CCRC 负责人格雷厄姆·泽利克

（Graham Zellick）教授在该案的最终判决后经常引用的一句话：

> "陪审团机制很可能是理想的，或者至少是决定谁说的是真话的最佳机制"，他说："但是，如果是要决定一些世界顶尖专家正在争论的详细技术问题，我觉得这太异想天开了。"

> ——吉布森，2006 年

18.6　不同专家意见：2006 年王室诉佩雷特案

1996 年，詹姆斯和卡罗尔·佩雷特（James and Carole Perlett）在安大略省弗兰西斯堡他们家的卧室里被枪杀。他们的儿子，也是詹姆斯报了警，他声称被一个蒙面入侵者的枪打伤。作案凶器是他父亲的靶式手枪，该手枪在现场被找到了。尽管有他的陈述，还有其他各种证据，但詹姆斯·佩雷特还是于 1998 年 10 月因谋杀其父母而被捕并受审。然而，在对一名专家证人施加政治压力的指控发生争议后，该程序被宣布为无效审判。虽然这本身与目前的讨论无关，但其中相关的血迹证据，却是有讨论意义的。

290　　在前一年的初步听证会上，专家菲利普（Philp）先生描述了卧室的部分墙壁，他在那里发现了一个空隙——一个不太明显的没有血迹的区域——并认为是凶手的手臂阻挡了血滴的轨迹。由于在佩雷特的衣服上没有发现血迹，这个证据被认为支持了辩方的主张。然而，由于菲利普后来请了病假，这项工作就交给了他的同事纽曼（Newman）先生，他只根据现场的照片，把这个证据重新解释为"明显的空白"，他的结论是：

> "……鲜血从吉姆·佩雷特额头的两个弹孔中以不同的角度喷向墙壁。"

> ——杨诉《多伦多星报》案（Young v Toronto Star Newspapers），2003 年，第 49 段

这种解释既不利于辩方，也不利于控方。因此，两位专家及其同事审查了证据，同意对这两种证据的解释给予同等的重视。这就有效地降低了有利于被告的证据的权重。这两位在同一研究所工作的专家，不仅对这一血迹性质的认定存在分歧，而且他们的解释和评价也使法院走向了不同的方向。尽管如此，经过二审，佩雷特于1999 年 3 月被判定犯有二级谋杀罪。

2005 年，佩雷特以若干理由提出上诉，包括列入新的证据，以及对法医病理学家彼得·潘（Peter Pan）博士在审判中提供的关于血迹随时间变化的证词提出质疑。

詹姆斯·佩雷特声称，他在枪声响起后的几分钟就报警了，警察在 5 分钟后赶到。然而，警官和医护人员的陈述证实，当他们到达时，受害者的血液已经"凝固、干涸、呈深褐色"，现场虽然有相当多的血迹，但血已不再从尸体中流出。这一点在现场照片中得到了体现，这也是潘的证词的基础。他的结论是，受害人的伤口流了大约 15 分钟的血，随后又至少有 20 分钟的凝血期，这意味着警察至少在枪击案发生后的 35 分钟才到达，而不是佩雷特所说的 10 分钟左右。经过询问，潘承认了几点，这削弱了其意见的科学依据。尽管如此，法院还是接受了他的意见，将其作为控方的证据。

在上诉时，佩雷特声称，他的辩护律师本应反对接受潘的证据，因为有关血迹的流出和血迹随时间的变化缺乏任何科学依据，因此该证据是不可靠的。这一点被驳回，因为法官裁定，潘的证词中的任何弱点都与证据的重要性有关，而不是其可采性。在审查新证据时，上诉法院考虑了安大略省首席病理学家基亚松（Chiasson）博士的证词：

> "事实上，潘博士涉足的领域并不属于法医病理学的范畴。在我看来，作为一个法医病理学家，潘博士如何确定本案失血时间的长短是不可想象的，因为这种计算没有科学依据。因此，他在这个问题上的证言是不可靠的。他关于衣服和血液干涸过程的证词同样不可靠。"

——王室诉佩雷特案，2006 年，第 146 段

291 在交叉询问中，基亚松采取了不太严厉的态度，只是说他主要关注的是，他根本不清楚潘的意见的依据。此外，法医生物学家纽曼在一份宣誓书中声称，潘对凝血的解释有一些公开的科学支持，他认为所说的时间间隔是保守的。法官将这一立场总结如下：

> "因此，对于这个新的证据，潘和基亚松两位专家，在失血问题上的意见不一致。潘博士和纽曼先生在血衣和血液干涸问题上的意见基本一致，而基亚松博士则表示不同意。"

——王室诉佩雷特案，2006 年，第 150 段

总的来说，他不认为新证据会损害潘的证词的可靠性，而且在任何情况下，对这一血证的解释都不是控方的核心。因此，他驳回了佩雷特提出的整个上诉。

18.7　结　论

这些案例表明了在法庭上提出和评价血迹形态分析证据的一些困难。即使是比较简单的案例，也应当请专家出面，因为只有这样才能提供评价意见。相关案件实验的科学解释和结果的性质及清晰程度为证言提供了宝贵的支持。然而，法律界人士必须加强对 BPA 原则和实践的教育，以便他们能够更有效地询问专家，确保能把证据的全部意义揭示给法庭。虽然法医病理学家和血迹形态分析员并肩工作的情况很常见，但这两种专业是不同的。那些就血迹形态分析作证的人不仅要充分熟悉基本科学，而且还要熟悉该学科的最新研究，因为只有通过严格应用可靠的科学，才能调和对证据的不同解释。最后，意见可以也应该建立在主张、对其他解释的评价以及使用概率表述的基础上，这将为法院提供对证据的平衡性视角。

参考文献

1. Cuyahoga County Court of Common Pleas, "Volume 04, 1966 Trial Transcript (Re-

trial of Samuel H. Sheppard）; Testimony; State Rests; Motions for Directed Verdict and Time". 1966 Trial Transcripts – Sam Sheppard Case, Book 1 [Online]. (1966). Available at http://engagedscholarship. csuohio. edu/sheppard_transcripts_ 1966/1 [Accessed 7 November 2015].

2. Forensic Science Regulator: Codes of Practice and Conduct, Bloodstain Pattern Analysis FSR−C−102 [Online]. (2015). Available at https: //www. gov. uk/government/ uploads/system/uploads/attachment_data/file/484905/C102_Bloodstain_Pattern_Analysis_2015. pdf [Accessed 18 December 2015].

3. Gardner R. M. and Bevel T. (2009). *Practical Crime Scene Analysis and Reconstruction*. Taylor and Francis. Boca Raton, Florida.

4. Gibson C. (9 February 2006). Case turned on 158 spots of blood, *BBC News Report*. Available at http://news. bbc. co. uk/1/hi/england/southern_counties/4661302. stm [Accessed 7 November 2015].

5. Imwinkelried E. (2000). Forensic science: bloodspatter analysis. *Criminal Law Bulletin*, 36, 509.

6. International Association of Bloodstain Pattern Analysts (IABPA) [Online]. (2015). Available at http://www. iabpa. org/ [Accessed 8 November 2015].

7. James S. H. , Kish P. E. and Sutton T. P. (2005). *Principles of Bloodstain Pattern Analysis: Theory and Practice*. CRC Press. Boca Raton, Florida.

8. National Research Council: Strengthening Forensic Science in the United States: A Path Forward, Document 228091 [Online]. (2009). Available at http://www. nap. edu/catalog/12589. html [Accessed 10 November 2015].

9. R v Hall [2010] ONCA 724: C46090 & C45057.

10. R v Jenkins [2004] All ER (D) 295 (Jul).

11. R v Jenkins [1999] Case No: 98/4720/W3.

12. R v O'Grady [1995] CA017621.

13. R v O'Grady [1999] BCCA 0189CA023203.

14. R vPerlett [2006] 82 OR (3d) 89.

15. R v Thompson [2013] EWCA Crim 1746.

16. R v White [1998] Court of Appeal for Ontario, C24249.

17. Special Working Group on Bloodstain Pattern Analysis (SWGSTAIN) [Online]. (2015). Available at http://www. swgstain. org/ [Accessed 8 November 2015].

18. Wonder A. Y. withYezzo G. M. (2015). *Bloodstain Patterns: Identification, Interpretation and Application*. Academic Press. Oxford, UK.

19. Young v Toronto Star Newspapers [2003] Ontario Superior Court of Justice 99-CV-162162.

拓展阅读

1. Giannelli P. C. (2001). Scientific evidence in the Sam Sheppard case. *Cleveland State Law Review*, 49, 487-498.

2. Gopen A. D. and Imwinkelried E. J. (2009). Bloodstain pattern evidence revisited. *Criminal Law Bulletin*, 45 (3), 485.

3. Murray D. C. (2000). An advocate's approach to bloodstain pattern analysis evidence, parts 1 and 2 [Online]. *IABPA News*, 16 (2), 1-10 and 16 (3), 1-15. Available at http://www.iabpa.org/uploads/files/iabpa% 20publications/June% 20Sept% 202000% 20News.pdf [Accessed 7 November 2015].

第19章

相互矛盾的专家意见：婴儿猝死综合征和医学专家证人

法医病理学是一个非常广泛的领域，几乎所有涉及突然死亡或 293
可疑死亡的案件都需要病理专家的报告。然而，在绝大多数案件中，
专家的意见基本上是事实性的，没有争议的。但在少数案件中，可
能会出现相互矛盾的证词。本章重点讨论的是在英国大约 10~15 年
前发生的一系列涉及多个婴儿死亡的案件，称为"婴儿猝死综合征"
（SIDS），以说明法医病理学和涉及医学专家证人出庭的案件中可能
出现的一些重要问题。

19.1 知名专家：争议与矛盾

婴儿猝死综合征是指年幼的婴儿突然意外死亡，而在死后的检
查中未能确定明显的致死原因。在 20 世纪后半叶，关于婴儿猝死综
合征的事件越来越引起人们的关注，这促使专家对其进行研究和调
查，以确定这些事件的实际情况以及可能增加婴儿猝死综合风险的
任何因素。在极少数情况下，婴儿的死亡会被列为可疑事件，并受
到警方的调查，结果其父母，最常见的是母亲，会因谋杀罪而被捕。
这类案件会受到媒体的极大关注，从而助长了对母亲的诽谤。

在其中一些案件中，出现了两个或多个婴儿死亡的情况，其原
因要么是婴儿猝死综合，要么是父母一方的谋杀。这类审判的重点
显然是对死因的分析，在没有其他实质性证据的情况下，法律辩论 294
集中在医学专家证人的意见上。在某些情况下，谋杀罪的定罪后来

在上诉中被撤销，这些案件揭示了在提出和评价医学意见方面的重要问题，特别是在具有对抗性的罕见事件方面。

病理学家或医生在传达意见时，其中的大部分都是定性的，并以个人在该领域的经验为基础，他们可能会利用自身的权威地位来提高证词的权重，从而有可能使其具有不应有的重要性，并将其他解释排除在法院的考虑范围之外。这种做法可能会让陪审团对该意见产生过度的信任，认为专家是无懈可击的。此外，过于自信的表达方式可能会让专家证人在法庭不知情的情况下，偏离到他们的专业知识领域范围之外，例如在解释统计数据方面，从而导致出现错误以及误导陪审团的意见。如果两位医学专家提供的意见相互矛盾，问题可能就会变得更加复杂。如果向法院提交的其他证据很少，而且证词本身涉及罕见的事件，没有什么科学依据来支持专家的意见，这种情况就会更加严重。法院应如何解决这种情况，审判是否能够得出结论？

19.2 2000 年、2003 年王室诉克拉克案

1996 年 12 月，萨利·克拉克（Sally Clark）和史蒂芬·克拉克（Stephen Clark）年仅 3 个月的长子克里斯托弗（Christopher）意外死亡，死因是呼吸道感染。这可以被归为婴儿猝死综合征，又称"摇篮死亡"，因为死亡是突然的，而且之前没有任何实质性症状。随后，尸体被火化了，但保留了一些验尸证据。然而，仅仅一年多以后，他们的第二个儿子哈里（Harry）也在类似的情况下死亡，这使得专家对其进行了详细的尸检，发现这也许并不是意外事件，而可能是由于摇晃和闷住婴儿造成的。因此，萨利·克拉克因涉嫌谋杀其两个孩子而被捕。在 1999 年的审判中，大部分证据都是医学证据，与尸检有关。几位专家证人都提供了证据，其中包括罗伊·梅多（Roy Meadow）教授，他指出了一些特征，使其不认为本案中婴儿的死亡可归咎于婴儿猝死综合征，而认为是由于非自然原因造成的。克拉克案的实质是，造成克里斯托弗死亡的不明原因、有争议

的轻伤以及对哈里的进一步尸检排除了婴儿猝死综合征造成死亡的可能性，再加上梅多认为，在一个家庭中发生两起因婴儿猝死综合征死亡的情况，可能性极低，即使发生了也是罕见的，这意味着唯一合乎逻辑的结论是这对父母杀了他们的两个孩子。

梅多的这一证词虽然只得到了其他一些医学专家的部分支持，但却有力地促使陪审团做出了有罪的判决。克拉克于2000年提出上诉，但没有成功，理由包括与哈里的病理检验有关的新的医学证据以及统计界对梅多证词的批评。由于此次未成功，2003年，根据进一步的医学证据显示哈里死于急性细菌感染，以及对统计学问题的更深入考虑，克拉克提出了第二次上诉，但判决也被推翻了，克拉克被释放。萨利·克拉克于2007年去世。

在此，应重点讨论罗伊·梅多教授的争议性证词，特别是他使用统计数据和论据来支持其观点的做法，以及其最终是如何成功受到质疑的。

19.2.1　梅多的证言

控方预测辩方会将死因说成是婴儿猝死综合征，因此准备了统计证据，以便根据近年来发表的关于英国人口中婴儿猝死综合征病例的研究报告，证明这种可能性很小。这项研究——婴儿期意外猝死，1993—1996年对死胎和婴儿死亡保密调查（Confidential Enquiry into Stillbirths and Deaths in Infancy，CESDI）的研究——旨在为揭示家庭中倾向造成SIDS的因素提供指导。虽然这项研究的内容广泛，在472 823人中确定了363个真正的SIDS病例，但这并不是一项严格的统计工作。然而，这些数据（其中一些列在表19.1中）对克拉克案中提出的证据具有重要意义。

梅多认为克拉克家庭很富裕，因此采用了不适用任何因果关系的婴儿猝死综合征概率，即每8543人中就有一人死亡。然后，他提出了对两个孩子因婴儿猝死综合征死亡的概率估计，即将这一数值平方化。正如他在审判中所说：

"……风险是 1∶8543 个活体婴儿。因此，在这样的家庭中，两个婴儿都死亡的概率是 1∶73 000 000。"

——王室诉克拉克案，2000 年，第 118 段

然后他又补充说：

"……每年大约有 70 000 个婴儿出生，所以说每一百年就有一次偶然发生。"

——王室诉克拉克案，2000 年，第 114 段

表 19.1　影响英国人口中 SIDS 发生率的因素

词组定义		发生 SIDS 的概率
平均概率		1/1303
吸烟者	在家吸烟	1/737
	不在家吸烟	1/5041
收　入	无工资收入	1/486
	至少有一份工资收入	1/2088
母亲的年龄	年龄在 26 岁及以下	1/567
	年龄在 27 岁及以上	1/1882
因素数量	这三个因素都没有	1/8543
	任何一个因素	1/1616
	任何两个因素	1/596
	这三个因素都有	1/214

注：这些日期取自王室诉克拉克案（2000 年）第 121 段，已纳入 CESDI 研究的表 3.58（Fleming et al.，2000 年）。

他打算用这些陈述来支持这样的论点，即克拉克案中所发生的情况，如果被认为是双重 SIDS 的话，是罕见的。因此，法院面前的替代方案是，谋杀必须是唯一的解释。在引用了这些统计数字以及他的证人证词中的医学证据后，梅多得出结论："我认为，这是个很

好的解释"——

> "这两起死亡事件都不能归结于婴儿猝死综合征。每一例死亡都很不寻常，都有特征表明是由父母造成的。"
>
> ——王室诉克拉克案，2000 年，第 110 段

法官在总结控方案情时进一步强调了这一点，包括他们对统计数据的使用：

> "……控方认为这两起死亡事件并非巧合，是非自然死亡。"
>
> ——王室诉克拉克案，2000 年，第 131 段

梅多的证词，特别是他使用的统计数据，构成了第一次上诉的部分理由。首先，同一家庭中发生两次婴儿猝死综合征的概率计算方法和引用的概率被认为是不正确的。使用乘法将两个概率结合起来的做法只有在这两个量是独立的情况下才有效，但人们认识到，一个家庭中如果发生了一次婴儿猝死综合征死亡事件，那么受到遗传因素和环境因素的影响，第二次发生这种死亡事件的可能性就会增加。换句话说，第二次死亡的概率是以第一次死亡的发生为条件的，这将导致两次 SIDS 死亡的概率明显大于梅多所引用的概率。然而，尽管上诉法院接受了这一数学错误，但它并不认为概率本身的准确性与该案相关，只是认为这一概率在数字上非常小。

在此之前，有必要讨论一下梅多滥用统计数字以及后来被称为梅多定律的言论的一个可能的起源。在他们的《法医病理学》（Forensic Pathology，1989 年）一书中，迪马约（DiMaio）认为 SIDS 事件是随机的，这意味着在一个家庭中发生的其他 SIDS 死亡事件应该以同样的方式被视为独立事件。因此，他们提出用基本的乘法规则推导出总概率。所以对于多个 SIDS 事件，在发生第二次和第三次 SIDS 后，总概率会迅速下降。在此基础上，他们写道：

> " '……虽然一个母亲再次发生婴儿猝死综合症的可能性不

大，但也有可能……，我们认为，第三例婴儿猝死综合征是不可能发生的，属于凶杀案。"

——迪马约和迪马约，1989年，

引自卡彭特等人（Carpenter et al.），2005年

后来这句话被梅多改编成了他臭名昭著的"法则"：

"……二次发生是可疑，三次发生是谋杀，除非有其他证据……对任何遇到这些悲剧的人来说，这都是一个明智的工作规则。"

——梅多，引自卡彭特等人，2005

据称，梅多的陈述实际上将萨利·克拉克的罪行与这一统计概率联系在了一起，因此落入了检察官的谬误陷阱（第7.6.2节），法官没有警告陪审团这一风险是错误的。上诉法院再次对此表示不认同，认为梅多的意见是基于他对医学和统计学证据的专家观点。如果梅多没有明确证明检察官的谬误，那么从当代报纸的报道中可以看出，法庭上的其他人确实存在这种印象。

297　　为了支持他们的上诉，辩护律师提交了两位著名的统计学家埃维特（Evett）博士和达维德（Dawid）教授的报告，他们对梅多在最初审判中使用的统计数据提出了批评。除了指出作为上诉理由的主要部分中的数学错误，以及原始数据质量的内在不确定性外，他们还提出了一个更基本的问题，即法院应如何评价有关SIDS发生率的统计数据。他们质疑在没有任何关于婴儿死于父母谋杀的统计数据的情况下，梅多所提供的意见的内在逻辑。换句话说，他们主张根据两个相互对抗的命题，即死亡是由于婴儿猝死综合征或死亡是由于谋杀，对证据进行权衡评价。尽管考虑到这两种事件在人群中的罕见性，将其量化是一项具有挑战性的任务，但达维德根据报告的死因提供了一个说明性的计算方法，该计算方法表明，双重婴儿猝死综合征的可能性是双重谋杀的30倍左右，尽管在计算时引用的是梅多所使用过的有缺陷的发生概率（Dawid，2000年）。然而，上

诉法院驳回了这一点，并援引 1998 年亚当斯案（第 8.3 节）作为法院拒绝对证据进行逻辑评价的先例：

> "已确定的对抗性命题是母亲谋杀双胞胎婴儿。这也许可以用统计概率来表示，但从法律上讲，这种做法是不现实的……这不是法院会做的工作。"
>
> ——王室诉克拉克案，2000 年，第 160 段

19.2.2　2003 年的第二次上诉

第二次上诉是 2003 年，在 CCRC 转交之后，新证据是基于对哈里的肺部组织的微生物检测。该证据表明，他感染了急性细菌。病理学家在最初的审判中承认了这一证据，但在其报告中没有披露。除了重新考虑所有医学证据外，上诉法院还对案件中的统计证据给予了一定的关注，特别是对于陪审团对同一家庭中发生两起婴儿猝死综合征死亡事件的罕见程度产生了夸大印象的问题。在这样做时，上诉法院重点关注了梅多的证词。

法院批评梅多总是一贯强调他所认为的统计学上罕见的一个家庭有两个婴儿猝死综合征的情况，而且他在这样做时使用了数字数据。尽管他在报告中列出了各种声明，表示对这些数据的适用性持保留意见。法院认为，以这种方式提出意见可能会严重影响陪审团对案件的思考：

> "把七千三百万分之一的证据和相关的统计数字摆在陪审团面前，说这相当于是每过一个世纪才会在同一个家庭里发生两起这样的死亡事件，即等于说，如果不考虑其他证据，就可以大致确定这是一起谋杀案。"
>
> ——王室诉克拉克案，2000 年，第 175 段

在撤销对克拉克的判决时，法官承认新的医学证据使她的定罪变得不确定，但他补充说，如果上诉法院充分考虑统计证据及其在

审判中的陈述，很可能会得出同样的结果。

298   有意思的是，皇家统计学会对审判和第一次上诉时的统计学证词和辩论的性质十分关注，其主席于 2002 年致函英格兰大法官，指出在刑事审判中，特别是在克拉克案中，统计学证据的提出存在不足之处，特别是由那些不擅长统计学的人提出的统计学证据（Green，2002 年）。这是对梅多证词的直接批评。

19.3   贝叶斯分析：谋杀还是 SIDS?

    在克拉克案上诉期间和上诉之后，学术界对该案提出的统计问题产生了兴趣。其中第一个问题涉及需要采取一种平衡的方法，以便能够以合乎逻辑的方式评价法庭辩论所依据的两个主张。第二个问题是关于在这种计算中使用的实际数字，如何从已公布的数据中得出这些数字以及判断其是否可靠。前面已经提到了达维德教授的贡献，他继续使用贝叶斯定理的概率版本对这些命题进行了评价。第二项发展来自雷·希尔教授，他发表了两篇论文，描述如何估计 SIDS 和谋杀造成的双重甚至三重死亡的概率，并将其应用于这个问题。希尔的讨论是基于每个命题下的相对概率，但在贝叶斯评价计算中使用他的数字是有启发意义的。

    按照达维德（2002 年）的说法，这些命题可以表述为：

    H_1：两个婴儿都是被母亲杀害的。

    H_2：两个婴儿都死于婴儿猝死综合征。

    证据 E，只是两个孩子的死亡。既然这个结果是由任何一个命题引申出来的，那么似然比必然是统一的：

$$LR = \frac{Pr\ (E \mid H_1)}{Pr\ (E \mid H_2)} = \frac{1}{1} = 1$$

    为了得出对后验概率的看法，需要利用已公布的数据计算出与先验概率有关的两个概率。根据希尔（2004 年）的工作，将依次考虑这两个概率。

19.3.1 Pr(H_2) ——同一家庭中发生两起 SIDS 死亡的概率

研究的起点是对死胎和婴儿死亡保密调查的研究，这一研究的时间与克拉克案的研究时间相近。这些数据的缺点是显而易见的，但通过利用这些数据，并根据一些可识别的相关信息提供估计数，可以很好地说明如何利用有限的数据来源解决统计评价问题。

这些数据主要是为了查明与婴儿猝死综合征（SIDS）发生率增加有关的因素，而对于相对富裕的克拉克家来说，这类因素估计都比较少。然而，一个相反的因素是，这种情况在男婴中的发生率是女婴的两倍，而克拉克家的两个孩子都是男孩。有趣的是，梅多的证词并没有提到这一事实。由于没有关于这一系列社会和其他阶级因素的完整数字资料，最合理的办法是完全忽略这些因素，而采用调查得出的平均概率，即每 1300 人中有 1 人（精确到两位有效数字），鉴于调查所依据的人口众多，这一概率是可靠的。

幸运的是，同一调查可以用来估计同一家庭中两次 SIDS 死亡的概率，因为它包括了家庭内多次婴儿死亡的数据。希尔调查了那些有两个婴儿死亡的家庭，数据表明，在 323 个出现过 SIDS 的家庭中，有 5 例出现了两次 SIDS 死亡的情况，在 1288 个对照组中，有 2 例在出现了 SIDS 死亡后又出现了已知原因的第二次死亡。这些数字需要被谨慎对待，因为绝对发生率是个位数，而且调查是在 SIDS 死亡人数随时间减少的时期进行的。然而，这些数字提供了第二次 SIDS 死亡的依赖系数 D_s 或概率的估计：

$$D_s = \frac{5/323}{2/1288} \approx 10$$

早些年当 SIDS 的发生率较高时的调查数据，为希尔提供了 D_s 的估计值接近 5，但令人欣慰的是，该估计值仍在同一范围内。此外，更详细的分析使希尔得出了他更满意的数字 $D_s = 5.7$。

$$Pr（H_2）= \frac{1}{1300} \times \frac{1}{1300} \times 5.7 \approx \frac{1}{296\ 000}$$

19.3.2 Pr（H_1）——同一家庭中发生两起婴儿谋杀的概率

英国的国家统计数字提供了计算这一概率的起点。这些统计数字表明，在相关时期，在总共 650 000 名活产婴儿中，有 30 名婴儿被父母谋杀。然而，对双重谋杀概率的估计受到了阻碍，因为如果第一起犯罪被发现，那么第二起犯罪就不应该发生了。尽管如此，希尔还是能够通过对数据的审查，得出考虑到第一个孩子被谋杀，第二个孩子也被谋杀的概率为 $D_m \sim 176$ 这一结论，意料之中，这个依存度较高。因此：

$$Pr（H_1）= \frac{30}{650\ 000} \times \frac{30}{650\ 000} \times 176 \approx \frac{1}{2\ 670\ 000}$$

19.3.3 后验概率

利用贝叶斯定理的概率（第 7.4.1 节的公式 3），可以从这些数字中计算出谋杀的后验概率 P_1，使用：

$$P_1 = \frac{Pr（H_1 \mid E）}{Pr（H_2 \mid E）} = LR \times \frac{Pr（H_1）}{Pr（H_2）}$$

在对与克拉克案有关的双重死亡情况进行分析之前，先推导出婴儿单次死亡的概率，这很有启发意义。因此：

$$P_1（single\ death）= 1 \times \frac{30/650\ 000}{1/1300} = 0.06$$

换句话说，婴儿猝死综合征作为死因的可能性是谋杀的 17 倍。

两名婴儿死亡的情况也是如此：

$$P_1 \text{ (double death)} = 1 \times \frac{1/2670\ 000}{1/296\ 000} = 0.11$$

现在，谋杀的概率较高，但也只是略高，而婴儿猝死综合征作为两名婴儿死亡原因的可能性是谋杀的 9 倍。尽管在得出这些数值时使用了估计的方法，但重要的是，在两种情况下，婴儿猝死综合征比谋杀的可能性更大。

为了完成他的研究，希尔试图分析一个三胞胎婴儿死亡的案例［因为这与帕特尔（Patel）一案有关，将在第 19.5 节中讨论］，并利用推测性的估计，得出 $D_s \sim 26$ 和 $D_m \sim 2167$ 的依赖关系：

$$P_1 \text{ (triple death)} \approx 0.55$$

这表明，SIDS 出现的可能性约为谋杀的两倍。即使考虑到估计的不确定性，希尔也提出，这一计算为后验概率提供了一个中性结果，他将其总结为：

> "当同一个家庭发生三起猝死事件时，统计数字并不能有力地说明这些死亡事件是婴儿猝死综合征的可能性更大，还是凶杀案的可能性更大。"

——希尔，2004 年

总之，这一分析和这些计算表明，当以平衡的方式评价证据，明确考虑到相互对抗的命题时，对同一家庭中两个不明原因的婴儿死亡，如克拉克一案，婴儿猝死综合征的解释比父母谋杀的解释可能性更高。

19.4　2004 年王室诉坎宁斯案

安吉拉·坎宁斯（Angela Cannings）的案件与萨利·克拉克的案件有相似之处，但实际上却提出了不同的问题，她被判定犯有掐死两个婴儿的罪行，而其第三个孩子也在婴儿时期意外死亡。不同的是，数字形式的统计数据在法律辩论中没有发挥任何作用，事实上，考虑到克拉克案的后果，这种证据可能会被避免使用。相反，法院的注意力集中在权衡医学专家的对抗性证词上，包括显示坎宁斯家庭内部潜在遗传因素的新证据。

301   在发表专家意见时，梅多教授再次强调，尽管他没有引用任何统计数据，他的结论是，在这三名婴儿中，多发性婴儿猝死综合征非常罕见：

> "这个家庭之前有一个孩子死亡的事实是相关的，因为结合这种情况，这是一个非常典型的孩子因窒息而死亡的故事。所以我的医学诊断是很有可能是窒息而死。"
>
> ——王室诉坎宁斯案，2004 年，第 131 段

许多医学专家证人就纯医学和病理证据进行了一些辩论，其中一些人认为，不应排除将三胞胎婴儿猝死综合征作为一种解释。事实上，戈尔丁教授认为，只要存在一个以上的无法解释的婴儿猝死，就必须归咎于父母谋杀的这一结论，已成为一种"时尚"，没有任何科学或其他证据支持：

> "……有几个案例似乎发生过这种情况（闷死），但不清楚在许多发生过不止一个婴儿猝死的家庭中，其关于死亡原因的说法是否就是闷死。这些结果还没有经过我所说的适当的统计分析。它们大多是儿科医生的一种直觉……没有任何科学依据。"
>
> ——王室诉坎宁斯案，2004 年，第 21 段

坎宁斯大家庭中婴儿猝死的例子加强了辩方的论点，这表明婴儿猝死综合征可能有遗传倾向。医学研究表明，某些类型的婴儿猝死综合征与遗传有关。她外婆姐姐的两个孙女，也就是她的二表姐，曾在婴儿期猝死，被证实为是 SIDS 病例。更重要的是，她祖母自己

也有两个孩子是在婴儿时期猝死的，不过由于这些事件发生在七十年前，所以没有详细的医学数据。虽然上诉法院对这一信息的可靠性表示怀疑，但它确实承认，坎宁斯同父异母的妹妹在婴儿时期曾遭受过明显的生命危险事件（apparent life - threatening event，ALTE），可能是 SIDS 事件。这一事实明显要重要得多。

医学统计学家卡彭特教授就学术研究给出了证言，其中一项研究考察了三个不明原因的婴儿死亡案例。他总结了研究人员笔记中的结论：

> "最后一次案件会议的结论是，这三个孩子的死亡都是无法解释的婴儿猝死综合征。这次会议讨论了父母杀害孩子的可能性，但证据不支持这种解释。"
>
> ——王室诉坎宁斯案，2004 年，第 142 段

2005 年，卡彭特和他的同事发表了对多胞胎婴儿死亡病例的详细医学统计研究结果，他们得出结论：婴儿二次死亡并不"罕见"，其中绝大多数（80%~90%）是自然原因造成的，其他三胞胎死亡病例也有发生。

上诉法院反驳了梅多的意见，承认三个婴儿的死亡并不必然意味着父母的谋杀。有证据表明，在某些情况下，例如，遗传因素可能促使这种死亡可归因于自然原因。法官强调了专家证据在本案中的关键作用，但又补充说，即使是非常合格且有经验的专家也可能出错，他直接批评了梅多在证词中采取的"过分教条化"的做法。他的结论是，定罪是不确定的，坎宁斯应该被释放。

坎宁斯一案表明，当两名或多名专家证人提供了相互矛盾的证词时，特别是在多胞胎婴儿死亡等罕见事件的原因方面，法院，特别是陪审团会遇到困难。该案的重要性促使英格兰和威尔士总检察长戈德史密斯（Goldsmith）勋爵在坎宁斯上诉结果出来后向上议院发表声明，他建议在这种情况下不要继续进行审判程序：

> "上诉法院昨天对安吉拉·坎宁斯定罪上诉案的判决具有重

要而深远的影响。该判决表明，在婴儿不明原因死亡的案件中，如果审判的结果完全或几乎完全取决于杰出的、有声望的专家之间的严重分歧，那么继续进行审判往往是具有风险的。我和上诉法院一样，对这种定罪表示不安。"

——总检察长戈德史密斯勋爵，2004 年

因此，他发起了 CCRC 对其他类似案件的审查，以调查定罪的风险。

19.5 2003 年特鲁普蒂·帕特尔案

与克拉克案和坎宁斯案不同的是，在特鲁普蒂·帕特尔（Trupti Patel）的案件中，她因导致他人窒息死亡而被起诉，她的三个孩子都是在婴儿期猝死，但由于她在 2003 年 6 月的审判中被判无罪，因此该案从未提交上诉法院。第一，萨利·克拉克的上诉成功意味着现在的法律制度会比以前更加谨慎地看待多发性婴儿猝死综合征的死亡问题。第二，家族内的遗传因素会导致婴儿出现猝死的倾向，尽管直到现在这还是一个罕见的事件，但人们越来越认识到这一点。第三，正在重新评价婴儿在接受心肺复苏术时发生肋骨骨折的概率。

希尔教授和卡彭特教授分别提供了专家证据，以支持以下观点：从帕特尔家三名婴儿的突然死亡中，无法从婴儿猝死综合征和谋杀这两种相互矛盾的原因中得出结论。被告人年迈的祖母作证说，她的 12 个孩子中有 5 个在年幼时突然死亡，这有力地表明了家族遗传因素。最后，一位病理学家在帕特尔的一个孩子身上观察到了肋骨骨折，但关于该证据重要性的意见却被推翻了，这个问题值得进一步讨论。

19.5.1 肋骨骨折的证据

当对婴儿使用心肺复苏术时，很少会发生肋骨骨折的情况，但人们承认，从 X 射线图像中识别骨折不一定是直接的。当然，如果

不是因为特别的理由去寻找，骨折可能不会被注意到。另一方面，对婴儿的虐待显然会造成这种伤害，在这种情况下，验尸时就会 303 发现。

帕特尔案中的一位儿科病理专家在最初的报告中说，在其中一名婴儿身上观察到的肋骨骨折"极不可能"是由于心肺复苏术造成的，因为他从未遇到过这种情况。这类意见再次基于了错误的推理，而基于逻辑评价的陈述将对证据进行更有力的评价。

为明确起见，我们将控辩双方的主张定义为：

H_1：婴儿受到了身体虐待。
H_2：对婴儿进行了心肺复苏。

并同时定义了：

E：观察到的肋骨骨折情况。

首先，在发表这一意见时，专家证人根据他在心肺复苏术后观察到肋骨骨折的罕见性的这一经验，指出 $Pr(H_2 \mid E)$ 非常小，这为条件概率 $Pr(E \mid H_2)$ 提供了依据，是对条件的转换。由于肋骨骨折在身体遭受虐待后更为常见，这意味着 $P(E \mid H_1) >> Pr(E \mid H_2)$，因此 LR>>1，即有利于起诉案件。

两年后，在审判中，这位专家证人改变了主意，因为他最近在检查其他婴儿时发现，在一个月内有三例因心肺复苏术而出现肋骨骨折的病例。内政部病理学家同意这一修改后的观点，认为他可以：

"……不再明确表示肋骨骨折不是因为抢救。"
——萨瓦格和艾莉森（Vasager and Allison），2003 年

这一意见大大回避了之前的说法。从逻辑评价的角度来看，这一新证据增加了 $Pr(E \mid H_2)$ 的价值，从而大大降低了可能性比率。因此，现在病理学家的意见对控方的支持力度大大降低，以至于肋骨骨折证据在随后的法律辩论中被撤回了。

19.5.2 法官的总结

帕特尔案审判法官的总结（引自坎宁斯上诉案）很好地概括了在这些罕见事件和法院完全依赖知名专家证人提出相互矛盾的意见而没有任何客观科学证据支持的情况下，评价解释所面临的困难。法官强调，关键的一点是，三次死亡不一定意味着它们是非自然的，他描述了法院将如何处理更直接的单一原因的例子，无论常见还是罕见。然后，他转而讨论了两个相互对抗的罕见事件——多重婴儿猝死综合征或父母谋杀——作为多重死亡的原因。

> "假设这两个事件都是罕见的。然而，即使它们再罕见，也同样有可能成为死亡原因，因为它们正在相互对抗。
>
> 我们必须看另一个可能的原因，或其他原因的可能性。案件中可能发生的危险是，人们通常认为一个家庭中有三次 SIDS 死亡是非常不寻常的，由此推出是非自然死亡。然而，三次都是窒息死亡会有多罕见……我们根本不知道。我们还没有任何关于这方面的证据。很明显，这几乎不常见吧？这是不同死亡原因之间的竞争，没有人可以评价其可能性。"
>
> ——王室诉坎宁斯案，2004 年，第 165 段

19.6 结 论

尽管这一系列案件基本都来自英国，但评价与婴儿猝死综合征有关的医学证据所提出的问题也出现在其他司法辖区。例如，在威尔逊诉马里兰州案（Wilson v State of Maryland，2002 年）中，父亲为其孩子购买的保险单为法院的审议增加了新的考虑因素。不过，关键问题基本相同：

医学专家在提出统计资料以支持自己的意见时，需要确保自己对这些数据有充分的理解，并确信自己的解释是有效的、可靠的。

否则，统计工作最好留给统计人员去做。

根据一种解释来评价证据，无论这种解释多么不可能，都不一定意味着另一种解释就是真正的解释。事实上，在此基础上的法律辩论很容易导致检察官的谬误和陪审团在证据的重要性上被误导。因此，就算不能证明婴儿是自然死亡的，也不代表父母的谋杀就是合乎逻辑的观点。基于对相互对抗的命题进行详细考虑的意见，为解释和评价所有法医证据，包括医学证据提供了合适的基础。

然而，知名专家根据其对证据的主观评价而提出的这种相互对立的解释，在意见出现严重分歧的情况下，并不一定能为法律论证提供明确的途径。如果这是法院面前的唯一的证据，那么它可能无法为诉讼提供一个合理的基础。

参考文献

1. Attorney-General (Lord Goldsmith), Lords Hansard, 20 January 2004, column 907 [Online]. Available at http://hansard. millbanksystems. com/commons/2004/jan/20/r-v-angela-cannings [Accessed 14 December 2015].

2. Carpenter R. G., Waite A., Coombs R. C., Daman-Willems C., McKenzie A., Huber J. and Emery J. L. (2005). Repeat sudden unexpected and unexplained infant deaths: natural or unnatural? *The Lancet*, 365, 25-35.

3. Dawid A. P. (2000). Sally Clark Appeal: Statement of Professor A P Dawid [Online]. Available at http://www. statslab. cam. ac. uk/~apd/SallyClark_report. doc [Accessed 5 November 2015].

4. Dawid A. P. (2002). Bayes's theorem and weighing evidence by juries. In R. Swinburne (Ed.). *Bayes's Theorem*. OUP. Oxford, UK.

5. Di Maio D. J. and Di Maio V. J. M. (2001). *Forensic Pathology*. New York: CRC Press.

6. Fleming P., Bacon C., Blair P. and Berry P. J. (Eds.) (2000). *Sudden Unexpected Deaths in Infancy, The CESDI (Confidential Enquiry into Stillbirths and Deaths in Infancy) Studies 1993-1996*. London: The Stationery Office.

7. Green P. (2002). Letter from the President of the RSS to the Lord Chancellor regarding the use of statistical evidence in court cases [Online]. (2002). Available at

http://www. rss. org. uk/Images/ PDF/influencing-change/rss-use-statistical-evidence-court-cases-2002. pdf [Accessed 5 November 2015].

8. Hill R. (2004). Multiple sudden infant deaths- coincidence or beyond coincidence? *Paediatric and Perinatal Epidemiology*, 18, 320-326.

9. R v Cannings [2004] All ER (D) 124 (Jan).

10. R v Clark [2000] All ER (D) 1219.

11. R v Clark [2003] EWCA Crim 1020.

12. Vasager J. and Allison R. (12 June 2003). How cot deaths shattered mother's dreams. *The Guardian* [Online]. Available at http://www. theguardian. com/society/2003/jun/12/medicineandhealth. lifeandhealth1 [Accessed 15 December 2015].

13. Wilson v State, 803 A 2d 1034 (Md 2002).

拓展阅读

1. Hill R. (2005). Reflections on the cot death cases. *Significance*, 2, 13-15.

2. Wilson A. (2005). Expert testimony in the dock. *Journal of Criminal Law*, 69 (4), 330-345.

3. Wilson A. (2005). Court of Appeal: Multiple infant deaths: expert witness testimony. *Journal of Criminal Law*, 69 (6), 473-476.

附 录

部分法律术语

人身攻击（ad hominem）：攻击证人的性格而非其证据的实质。

平等武装权力（equality of arms）：在对抗性环境中，辩方与控方一样，享有陈述案情、询问证人并与之辩论的权利。

事实认定者（fact-finder）：负责确定案件事实的人；法官或陪审团，取决于法庭的性质。

诉讼时效（in limine）：在审判开始时或开始前；通常用于有关证据可采性的审前听证。

片面之词（ipse dixit）：仅凭个人或团体发表的声明，没有任何佐证。

司法认知（judicial notice）：这种说法允许法庭在不听取任何证词或其他证据的情况下认定一个无可争议的事实，并指示陪审团也可以这样做。其目的是缩短审判时间。

误审（mistrial）：审判在自然结束前终止，例如，由于诉讼过程中的偏见性错误或陪审团陷入僵局。

附带意见（obiter dicta）：法官顺便说的与法律有关但与正在讨论的案件无直接联系的内容。这些内容不提供具有约束力的先例，但可能具有说服力，可能包括反对判决。

多数意见（plurality）：上诉法院的多数意见。

事实法庭（tribunal of fact）：在法庭上做出裁决的人，通常是陪审团，有时是法官。

基本争点（ultimate issue）：法庭必须最终裁决的问题；通常是

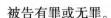

被告有罪或无罪。

预备讯问（voir dire）：在主要听证之前对案件的某些方面进行询问；陪审团通常不在场。

译后记

    本书讲述的内容围绕科学和科学观点如何影响庭审中的法律辩论，主要面向那些法庭科学专业方向的本科生、研究生以及从业人员。因此，本书更适合对法庭科学以及与证据审查和分析有关的技术问题有基本了解的读者，在适当的章节内容中也会对相关的科学知识进行扩展和外延。

    本书以法庭为背景。书中使用了来自不同司法管辖区的真实法律案例（主要包括英美法律体系下的案例）来展示专家意见的演变过程，说明专业技术人员和法律专业人士所面临的困难，并为从事相关专业的广大教师在课堂讲授和实践指导活动中提供一个具有现实背景的参考依据。

    本书的特色是将科学技术原则与法律实践相结合。专业技术的发展和进步既受到专业领域的影响，也受到法律环境的影响。因此，我们有必要对法律实践中经常依赖的专业技术研究进行一些讨论，这些研究旨在解决当前的困难，并可能对未来的科学证言产生直接影响。

    本书内容主要分成三个部分：

    第一部分有两个目的，一是回顾法庭科学在过去三十年中对法庭审判的影响，二是提供解释和评价科学证据的方法现状及其将继续发展的总体背景。

    第二部分重点关注作为专家证人的专业技术人员，以及如何通过对检验结果的解释，特别是通过似然比进行逻辑评价来形成科学意见；其中包括对围绕提供此类意见的许多问题的讨论。

第三部分介绍了不同科学证据类型下的科学意见。从完整的DNA图谱开始，由定量方法讨论转向其他类型的证据，如对鞋印、玻璃和纤维等的分析，这类证据的解释可能更加偏向定性化；而在笔迹和血迹形态分析等证据中，意见的形成更多的是依赖专家的专业知识背景和经验。

在我的第二部译著即将出版之际，我首先要感谢我的团队成员——杨雅棋、姚烨、霍玲慧、陈琦四位优秀的硕士研究生，她们的参与使我的翻译工作得以顺利完成。

同时，我要感谢"中央高校基本科研业务费专项资金"（中国政法大学）的资助，本书才得以顺利出版。

最后，我还要感谢中国政法大学出版社的冯琰编辑和她的团队，她们为本书的顺利出版提供了非常专业的审校意见；以及在翻译工作期间给予过我帮助的各位同事、朋友和家人。

李　冰
2023 年 12 月 8 日
于北京